U0687345

高等学校市场营销学系列教材

品牌管理

第二版

Brand Management

主 编 黄 静
副主编 王文超

WUHAN UNIVERSITY PRESS
武汉大学出版社

图书在版编目(CIP)数据

品牌管理/黄静主编 . —2 版.—武汉：武汉大学出版社,2015.11(2022.3
重印)
高等学校市场营销学系列教材
ISBN 978-7-307-16532-8

Ⅰ.品⋯　Ⅱ.黄⋯　Ⅲ.品牌—企业管理—高等学校—教材　Ⅳ.F273.2

中国版本图书馆 CIP 数据核字(2015)第 196583 号

责任编辑:范绪泉　　　责任校对:李孟潇　　　版式设计:韩闻锦

出版发行:**武汉大学出版社**　(430072　武昌　珞珈山)
　　　　(电子邮箱:cbs22@whu.edu.cn　网址:www.wdp.com.cn)
印刷:湖北金海印务有限公司
开本:787×1092　1/16　印张:23.5　字数:487 千字　插页:1
版次:2005 年 6 月第 1 版　　2015 年 11 月第 2 版
　　2022 年 3 月第 2 版第 5 次印刷
ISBN 978-7-307-16532-8　　定价:39.00 元

总　序

以电子技术为代表的第三次科技革命加速了经济全球化的进程，以高科技产业及信息产业为基础的网络经济使各国企业营销突破了时空界限。各国交叉文化的出现使各国消费者消费需求趋同化，如当今，中国的青少年和美国的同龄人一样，穿Nike 鞋，喝 Coca Cola，吃 McDonald，听 Backstreet Boys。然而，经济全球化并没有使全球市场同一化。由于各国营销环境的差异性使各国顾客需求仍存在巨大的差异，顾客需求随着市场经济不断发展越来越个性化，期望也越来越高，大市场不断细分，成为特定市场和定制化市场，甚至"人分市场"（即 一人一个细分市场），有的学者因此而提出人类社会已经从产品经济、服务经济过渡到了体验经济（Experience Economy）。

新的市场环境给市场营销理论和实践带来了新的挑战，但同时也为市场营销理论的发展带来了新的契机。根据营销环境的变化研究新的营销理论与实践，是每一个营销理论工作者义不容辞的责任。

市场营销学是建立在经济学、行为科学及现代管理理论基础上的一门综合性边缘管理学科。市场营销学自创立以来，尤其在近年来，其理论及应用范围得到了迅速的发展和扩大。一方面，市场营销学从基础市场营销学（或者说消费品营销学）拓展到产业营销学、服务营销学、国际营销学、社会营销学、政治营销学、绿色营销、关系营销及网络营销等范畴；另一方面，基础营销学自身又扩展成为各个独立的部分，诸如市场调研、消费者行为、产品管理、分销管理、广告管理、销售管理、营销审计等。现代营销理论的深化和拓展对于培养 21 世纪市场营销高级人才，以及指导与推动我国企业营销的发展具有重要的意义。

我们编写这套市场营销学教材，目的是在介绍市场营销理论的基础上，对其各分支进行较系统、深入的研究，同时吸收学科前沿的研究成果，以适应市场营销理论发展及教学的需求。这套教材主要包括：《市场营销学》、《国际市场营销学》、《营销调研》、《消费者行为学》、《品牌管理》、《销售管理》、《分销管理》、《广告管理》、《服务营销》及《网络营销》共十部。

这套教材具有系统性、前瞻性和实践性的特点。它们不仅涵盖了市场营销方面的基本知识、基础理论与基本技能，而且介绍了当今营销理论的新领域与新观念，并结合 21 世纪新时代特点，从战略观念的高度重新审视市场营销理论体系。另外，这套教材也非常重视理论与实践的结合，每章除设有小结及习题外，还附有案例及案例分析讨论题，这既有助于学生通过案例与习题加深对有关营销理论的理解，同时也有利于培养学生分析问题及解决问题的能力。

这套教材的作者中既有学术界的著名学者，也有中青年学术骨干。他们不仅在教学科研方面卓有成就，而且还为许多知名企业开展过管理咨询活动，他们的经验与阅历对编写好教材具有重要的意义。

这套教材主要供市场营销专业的本科生使用，也适用于经济类学生和管理类其他专业的学生以及企业经营管理人员阅读。

这套教材在编写过程中，吸收了国内外同行的研究成果，得到了武汉大学出版社的大力支持和帮助，对此，我们深表感谢。

高等学校市场营销学系列教材编写组

第二版前言

历史上任何巨大社会变革的驱动力皆来自新技术，互联网的出现，给当今社会带来了前所未有的变化，时间和空间概念被彻底颠覆，手机互联网让我们随时随地的传递、交流文字、甚至语音、图片等信息。信息不对称黑箱会越来越少，社会化媒体的出现使品牌管理面临诸多新的挑战，品牌管理之道也会顺应营销环境而悄然改变。从大多数学科的发展规律来看，实践总是先行于理论，如企业在互联网运营模式、运用大数据、社会化媒体方面已经积累了丰富的品牌营销实践。许多企业在互联网背景下进行品牌管理渐渐探索出了成功之道。

《品牌管理》自出版以来，得到广大教师和学生的好评，此次改版也是在征求了广大读者意见的基础上进行的调整。根据读者的建议，本次改版保留了第一版合理的逻辑体系及主要内容，主要是对第一版中的案例和数据进行了全面更新，保留了少数经典案例。新的案例和数据紧扣时代发展脉搏，以满足读者对企业品牌管理最新发展动态的了解。我们除了更新各章节穿插的案例外，对每一章的课后案例都进行了更替，如我们采用了："褚橙：传递励志精神"、"TCL 的'中年危机'"、"通用汽车兴衰启示录——成也多品牌，败也多品牌"、"吉利汽车收购沃尔沃"、"中粮大而不强"、"怕上火喝什么？——解读加多宝和王老吉之争"、"超级优衣库"等近年来企业经营品牌成功和失败的案例。

本次改版依然沿用第一版的理论逻辑，全书为 17 章，由武汉大学经济与管理学院市场营销与旅游管理系黄静教授主编，河南财经政法大学王文超教授副主编。参加改编的人员如下：黄静（前言、总撰），王伊礼（第 1 章、第 6 章），袁方（第 2 章、第 3 章），邹渝鹏（第 4 章、第 5 章），董雅婷（第 7 章、第 8 章），刘洪亮（第 9 章、第 10 章、第 11 章），林荫（第 12 章、13 章），颜垒（第 14 章、第 15 章），王正荣（第 16 章、第 17 章）。刘洪亮、王伊礼对全篇初稿进行了总体完善。

本书再版得益于武汉大学出版社财经分社范绪泉博士的热心支持和大力扶持，在此深表感谢。也非常感谢一直以来使用本书的读者们对我们的鼓励，尤其要感谢大连大学的温韬老师长期对我们的肯定，温老师对本书的再版给出了非常中肯的建议。在改版的过程中，我们参阅了国内外大量的文献和资料，在此对这些文献的作者一并致谢。

我们努力修订此书，也许离读者的要求还是会有距离，肯请广大读者不吝赐教，以便我们能写出更好的教材为品牌管理理论和实践提供有益的指导。

黄　静

2015 年 11 月于武汉大学

第一版前言

"品牌"二字已成为当今人类生活中出现频率最高的关键词之一。消费者对品牌的青睐使得企业别无选择地要将品牌营销进行到底。品牌资产是企业在未来市场赢利的战略性资源，如何有效地进行品牌管理、建立企业的强势品牌是中国企业在进入 WTO 后所面临的重大挑战。品牌实践发展的需要催生了品牌理论研究的丰硕成果，有关品牌研究的文献可谓汗牛充栋，这些研究成果为企业塑造品牌提供了极好的指导意义。品牌研究的文献基本分为两大类：一类注重于品牌理论的介绍；另一类则偏向对品牌实践的描述和分析，语言文字呈现出浓厚的文学色彩，可读性极强。在品牌理论研究的著作中，有关品牌理论的研究体系及内容并没有形成如《市场营销管理》的共识模式，目前，还未见到一本系统介绍品牌理论的教科书。

《品牌管理》一书致力于系统、全面地介绍品牌营销的基本理论。其理论体系的构建围绕企业如何进行单个产品的品牌营销、品牌系统（多个品牌）管理和品牌资产管理展开。全书从四个层面分析品牌营销。层面一：单个产品的品牌营销，主要分析如何塑造单个产品的品牌，内容包括品牌定位、品牌设计、品牌个性、品牌形象、品牌传播、品牌文化和品牌更新；层面二：品牌系统（多个品牌）的管理，主要包括品牌系统策略、品牌延伸和品牌系统管理组织形式；层面三：品牌资产的管理，主要内容包括品牌资产的建立、评估和保护；层面四：品牌营销新趋势，主要内容包括品牌领导及品牌国际化。

本书的主要目标顾客是：

大专院校营销管理、企业管理、公共管理等专业本科生和研究生；

企业的品牌管理人员及中高层营销管理人员；

对品牌营销感兴趣的所有人员。

通过本书的阅读，读者可获得以下独特的利益：

第一，系统、全面地了解品牌管理理论；

第二，了解品牌系统管理的理论；

第三，了解品牌营销理论的新趋势；

第四，通过书中案例了解中国与其他国家和地区的企业品牌营销实践。

全书共十七章，由武汉大学商学院市场营销系黄静教授主编，河南财经学院王文超博士副主编。参加编写的有：黄静（前言，第 1、3 章），王家国（第 2 章），郑莉（第 4 章），易益（第 5 章），黄静、王家国（第 6 章），黄静、潘晓靖（第 7

1

章），王文超（第 8 章），曾伏娥、李媛媛（第 9 章），彭解冰、邓美容（第 10 章），曾伏娥、黄静（第 11 章），陈文容（第 12、13 章），王利军（第 14、15 章），陈文容、黄静（第 16 章），王文超、王利军（第 17 章）。陈绍泉、马刚、秦红为本书提供了部分章节的初稿。

在本书的编写过程中，参阅了国内外大量的文献和相关资料，在此向文献的作者表示深深的谢意。武汉大学教务部、武汉大学出版社及武汉大学商学院在整个教材的编写中给予了大力的支持和帮助，在此一并致谢。

编者水平的有限性使得书中的不足和错误在所难免，恳请广大读者批评指正。

编　者

2005 年 6 月于武汉珞珈山

目　录

第一编　总　论

第二编　产品品牌管理

第四编　品牌资产管理

第一编

总　论

第一章

品 牌 概 述

　　步入 21 世纪，人类社会高速运转的旋律将企业间的竞争推向白热化，过度的市场竞争带来了产品和服务的极大丰富。厂家在寻求产品核心利益的差异化方面已显得力不从心，塑造品牌、在消费者心中树立独特的品牌个性成为企业产品区别于竞争对手产品的利器。进行品牌营销是企业获得竞争优势的战略工具。本章着重介绍品牌的内涵、与品牌有关的几个概念、品牌特征和品牌的意义及品牌的种类。

第一节　品牌的内涵

一、品牌的界定

　　从品牌营销的实践来看，品牌的出现可追溯到 19 世纪早期，酿酒商为了突出自己的产品，在盛威士忌的木桶上打出区别性的标志，品牌概念的雏形由此而形成。可见品牌是为了帮助消费者识别不同的产品特征而出现的。下面是一些代表性的品牌定义。

　　品牌是一种错综复杂的象征，它是品牌的属性、名称、包装、价格、历史、声誉、广告风格的无形组合。品牌同时也因消费者对其使用的印象及自身的经验而有所界定（D. Ogilvy，1955）。

　　美国市场营销学会对品牌的定义是：品牌是一种名称、术语、标记、符号或设计，或是它们的组合运用，其目的是借以辨认某个销售者，或某群销售者的产品及服务，并使之与竞争对手的产品和服务区别开来。

　　早期的品牌界定主要强调品牌是一个区别其他产品的标志，其内涵相对狭窄。随着品牌营销实践的不断发展，品牌的内涵和外延也在不断扩大。如果说品牌最初只是一个区别性的标志，那么，当今时代的品牌已成为消费者的价值源泉。一个品牌凝聚着消费者的综合印象，在消费者心中发挥着重要的经济职能。品牌的价值在于它在消费者心中独特的、良好的、令人瞩目的形象。如苹果手机品牌不只是手机上的苹果名称和标识，而是苹果的名称及标识能在消费者心中唤起的对该品牌手机的一切美好印象之和。这些印象既有有形的，也有无形的，包括社会的或心理的效应。

品牌已成为一种强有力的武器，不仅能改变一个行业的前景，一些强势品牌甚至能深深根植于整个民族的心智，成为民族文化的一部分。可口可乐"快乐的、自我的"品牌理念已成为美国文化的象征。

哈金森和柯金（Hankison and Cowking，1993）从下述六大方面阐述了品牌的定义：视觉印象和效果；可感知性；市场定位；附加价值；形象；个性化。

理查德·科赫在其著作《金融时报有关管理和金融方面的索引》中对品牌的定义为："是给一个组织所提供的产品和服务的一种视觉图案或名字，目的是将它与竞争对手的产品区分开来，并且使得顾客确信产品是拥有高品质和持久的质量的。"该定义强调了品牌给消费者带来的利益。

美国三位咨询专家则从关系的角度对品牌进行了界定："在供应商和买家之间创造一种互动的承认关系，超越孤立的交易和特殊的个体。"在这里，品牌被认为是一种关系，而不仅仅是一种产品。

品牌就是一种传递关键数据到市场影响抉择的速记方法。在多数以消费者为中心的工业中，品牌是一个取得差异化和竞争优势的重要手段，当顾客缺乏数据做出见多识广的产品选择时和在竞争者之间差异性很小或没有的时候，它们的影响力最显著。需要额外补充的是，当消费者将决策看得更为重要的时候，品牌更具重要性。

二、品牌的内涵

品牌从本质上说，是向消费者传递一种信息，一个品牌内含六层意思。

（一）属性

一个品牌首先代表特定产品的属性。例如"海尔"表现出的质量可靠、服务上乘、"一流的产品，完善的服务"奠定了海尔中国家电第一品牌的成功基础。特定的属性附着在一定的产品上，不同品牌的产品表现为不同的属性差异。消费者可以根据不同的品牌区分出同类产品的属性差异，据此选择自己所需求的产品。

（二）利益

消费者购买利益而不是购买属性。从消费者视角，品牌属性就是品牌功能和情感利益。"质量可靠"会减少消费者维修费用，给消费者提供节约维修成本的利益；"服务上乘"意味着极大方便了消费者。

（三）价值

品牌的价值特指可以兼容多个产品的理念，是品牌向消费者承诺的功能性、情感性及自我表现型利益，体现了制造商的某种价值感。品牌的价值是一种超越企业实体和产品以外的价值，是与品牌的知名度、认同度、美誉度、忠诚度等消费者对品牌的印象紧密相关的、能给企业和消费者带来效用的价值，是产品属性的升华。例如："高标准、精细化、零缺陷"是"海尔"体现的服务价值。品牌价值需要通过企业的长期努力，使其在消费者心目中建立起一定的价值，再通过企业与顾客之间保持稳固的联系加以体现。

（四）文化

品牌的内涵是文化，品牌属于文化价值的范畴，是社会物质形态和精神形态的统一体，是现代社会的消费心理和文化价值取向的结合。"海尔"体现了一种文化，即高效率、高品质。而"小糊涂仙"则象征"难得糊涂"的价值观。

（五）个性

品牌的个性是品牌存在的灵魂，品牌个性是品牌与消费者沟通的心理基础。从深层次来看，消费者对品牌的喜爱是源于对品牌个性的认同。"海尔"最突出的品牌个性是真诚。"沃尔玛"则会使人感受到它"勤俭、朴实"的个性。

（六）使用者

品牌暗示了购买或使用产品的消费者类型。品牌将消费者区隔开来，这种区隔不仅从消费者的年龄、收入等表象特征体现出来，更多地体现在消费者心理特征和生活方式上。如买奔驰车的人是追求彰显身份和地位的成功人士。

品牌的内涵在于它除了向消费者传递品牌的属性和利益外，更重要的是它向消费者所传递的品牌的价值、品牌个性及在此基础上形成的品牌文化。品牌属性、品牌利益、品牌使用者、品牌价值、品牌个性及品牌文化这六种要素共同构成品牌的内涵，这六者是一个紧密联系的统一体，具体关系见下图（图1-1）：

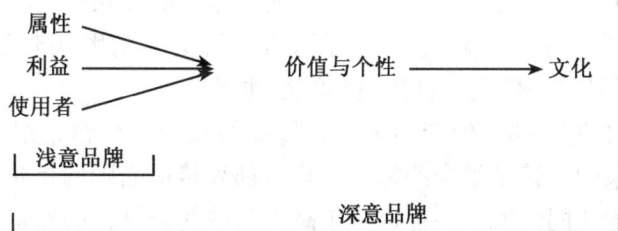

图 1-1　品牌内涵关系图

如图 1-1 所示，"属性、利益和使用者"是形成一个品牌的基础，而品牌价值和品牌个性是在此基础上的浓缩和提炼，而文化则是进一步的升华。如果一个公司把品牌仅看成是某一个元素的符号，它就忽略了品牌内容的关键点。品牌的挑战是要深度地开发品牌的意义，如果一个品牌只具备了"属性、利益和使用者"这三个基本要素，我们称它为浅意品牌；能被看出所有六层意义，我们称它为深意品牌。在品牌的六大元素中，价值处于中心地位，品牌的价值是品牌的精髓，是成为深意品牌的关键。品牌价值是在浅意品牌基础上的升华，一个品牌最独一无二且最有价值的部分通常会表现在核心价值上。强势品牌无一例外是靠其核心价值获得消费者的品牌认同。"让我们做得更好"使飞利浦作为大型电子品牌的核心价值倍增，"IBM 就是服务"的核心价值让消费者认知蓝色巨人的内涵。

第二节 品牌的基本概念

一、品牌与产品

提及品牌，最为相关的名词是产品。品牌与产品有诸多联系，但两者毕竟不同。产品是具体的，消费者可以触摸、感觉或看见（有形物品可视，无形的服务可感觉或感受）；而品牌是抽象的，是消费者对产品的感受总和。没有好产品，品牌必然不会在市场上经久不衰；但是，有了好产品，却不一定有好品牌。两者既有区别又有联系。

（一）品牌与产品的区别

史蒂芬·金认为："产品是工厂里所生产的东西，品牌是消费者所购买的东西。产品可以被竞争者模仿，品牌却是独一无二的。产品易过时落伍，但成功的品牌却能经久不衰。"所有的品牌都是产品，但是并非所有的产品都是品牌。产品是工厂里制造的东西，品牌则是由消费者带来的东西。具体分析如下：

1. 产品是具体的存在，而品牌存在于消费者的认知中。品牌是消费者心中被唤起的某种情感、感受、偏好、信赖的总和。同样功能的产品被冠以不同的品牌后，在消费者心中产生截然不同的看法，从而导致产品大相径庭的市场占有率。例如，同样的运动衫被标上"耐克"的标识后，消费者的购买热情会大增，穿上"耐克"牌运动衫俨然一位实现自我超越的运动明星。

2. 产品最终由生产部门生产出来，而品牌形成于整个营销组合环节。品牌是根据产品设计出来的。营销组合的每一个环节都须传达品牌的相同信息，才能使消费者形成对品牌的认同。如，一种定位于高档品牌的产品，必然是高价位，辅之以精美的包装，在高档商店或专卖店出售。商业传播与品牌的关系更加密切，强势品牌的产品广告投入要大大高于一般品牌。

3. 产品重在质量与服务，而品牌贵在传播。品牌的"质量"在传播，品牌的传播包括所有的品牌与消费者沟通的环节与活动，如产品的设计、包装、促销、广告等。传播的效用有两点：一是形成和加强消费者对品牌的认知；二是传播费用转化为品牌资产的一部分。

4. 任何产品都有生命周期，强势品牌可常青。激烈的市场竞争，消费者需求的不断变化是产品不断更新换代的必然，科学技术的迅猛发展为产品更新提供了技术可能。不断地开发新产品是企业赢得消费者的重要手段，任何产品都会在完成其历史使命后退出市场舞台。作为品牌载体的产品也只有不断更新才能使得品牌之树常青。

（二）品牌与产品的联系

1. 产品是品牌的载体，品牌依附于产品。品牌是附着在产品上的名称或标识。离开了产品，品牌将不复存在。产品不一定必须有品牌，但是在每一个品牌之内却均有产品。消费者对品牌的信赖是建立在对产品信任的基础上的。"海尔"品牌在消费者心中形成的第一个印象是张瑞敏带领工人砸烂了一批不合格的冰箱，该举动在消费者心中树立了"海尔"品牌是高质量代名词的理念。品牌对产品的依附具体表现为：

（1）品牌利益由产品属性转化而来。品牌所提供给消费者的利益（包括功能性利益和情感性利益）是由产品的属性转化而来的。如奔驰的"工艺精湛、制造优良"的属性可转化为功能性利益"我可以放心使用"；"昂贵"可转化为情感性利益"开奔驰车是成功、有地位的象征"。

（2）品牌核心价值是对产品功能性特征的高度提炼。品牌核心价值具有抽象性，它不再是具体产品或服务，然而这种抽象的思想、特征并不是由营销人员设计的，而是对产品和服务的功能性特征进行提炼的结果。沃尔沃的"安全"在于工程师在每一个设计决策中首先考虑的是安全问题，所有技术参数都必须让位于安全的技术参数。当他们决定在最新型号产品的仪器上增加一个全球定位系统时，必须确认屏幕便于阅读，离驾驶员的视野比较近，从而不使驾驶员分心。当一些顾客要求沃尔沃制造敞篷车时公司决定拒绝，因为"敞篷车不安全"。

品牌的核心价值建立在具体的产品和服务的基础上而又高于它们，是对它们的特征的概括和抽象。品牌核心价值会使品牌独具魅力，利用品牌核心价值进行的品牌延伸会使得消费者更容易接受新产品。

（3）品牌借助产品来兑现承诺。品牌对消费者的承诺通过消费者消费产品来兑现。企业以各种传播手段和方式向广大消费者传播品牌信息、品牌承诺，消费者接收品牌信息，并通过购买、消费该品牌的产品来感受这种承诺的存在与否。消费者感知、接受、信任品牌承诺的根本在于，消费者在消费该品牌产品后的实际感受与品牌承诺的一致性。许多品牌正是因为没有实现品牌承诺而失信于消费者，消费者的回报则是放弃对该品牌的购买。

2. 产品质量是品牌竞争力的基础。消费者对品牌的信任首先是基于对该品牌产品质量的信任。产品质量的好坏直接关系到消费者在消费产品中获得的功能性效用，如果功能性效用不能得到满足，就会产生负面情感性效用。2015年3月16日起，保时捷将召回部分2015年款进口918斯派德汽车，据该公司统计，在中国大陆涉及28辆。原因是被召回车辆前桥上装配的某批次下控制臂的耐用性无法得到保证。在产品质量方面永不妥协是卓越品牌的一贯态度。纵观世界品牌发展史，强势品牌无一例外皆是产品品质优良的楷模。相反，许多品牌的衰落也是败在产品质量的不稳定上。

二、品牌与名牌

在政府官员、企业界及消费者的口语中，往往用名牌来比喻强势品牌，"树精品名牌战略"的口号比比皆是，用名牌替代品牌，导致企业品牌营销走入误区。品牌与名牌的区别是明显的。如前所述，品牌深远的内涵使得企业塑造品牌必须是一个系统工程，品牌价值、个性和文化的形成是一个不断积累、丰富、完善和更新的过程，品牌是企业整体素质的体现。名牌，顾名思义是指知名度较高的品牌（知名度是品牌特征的一部分）。一个只有知名度的品牌，无法形成强势品牌。将名牌视同为品牌表现在企业的品牌营销行为上便是，做品牌就是做广告。在中国企业的品牌营销历史上，追求品牌知名度而不注重品牌其他内涵的品牌都是昙花一现，秦池、爱多等品牌运用的模式给我们留下了深刻的教训。

品牌是一个持续树立的过程，涉及企业运作的方方面面，只有真正树立品牌意识，加上科学管理，优秀的人才，先进的营销策略，过硬的产品质量，才能实现可持续性发展，产品才具有竞争力、生命力，才能打造一个真正的强势品牌。企业只有精心打造自己的品牌，才会有成功的演绎。

三、品牌与商标

品牌（Brand）与商标（Trade Mark）是极易混淆的一对概念，两者既有联系又有区别。有时，两个概念可等同替代；而有时却不能混淆使用两个概念。品牌并不完全等同于商标。有关品牌的内容在前面已做介绍，下面重点介绍商标的概念及商标与品牌的区别联系。

（一）商标的概念

商标是产品文字名称，图案记号，或两者相结合的一种设计，向有关部门注册登记后，经批准享有其专用权的标志。在我国，国务院工商行政管理部门商标局主管全国商标注册和管理工作，商标一经商标局核准即为注册商标，商标注册人享有商标专用权，受法律保护。假冒商标，仿冒商标，抢先注册都构成商标的侵权。我国《中华人民共和国商标法》于 1982 年第五届全国人民代表大会常务委员会第二十四次会议通过，1993 年第七届全国人民代表大会常务委员会第三十次会议修正。

（二）商标与品牌

商标与品牌既有联系又有区别，其联系主要表现为：它们都是无形资产，都具有一定专有性，其目的都是为了区别于竞争者，有助于消费者识别，所以商标与品牌经常被混淆使用。有人认为二者无本质区别，其实不然。两者区别主要表现在：品牌无须办理注册，一经注册，品牌就成为商标。商标一般都要注册（我国也有未注册商标），它是受法律保护的一个品牌或品牌的一部分，其产权可以转让和买卖；品牌主要表明产品的生产和销售单位，而商标则是区别不同产品的标记。一个企业的品牌和商标可以是相同的，也可以不相同；品牌比商标有更广的内涵，品牌代表一定文化，有一定个性，而商标则是一个标记。商标是一个法律概念，而品牌是一个市场概念。

第三节 品牌的特征和意义

一、品牌的特征

品牌的特征主要表现在五个方面：

（一）品牌是以消费者为中心的

在对于品牌的概念认识上，普遍存在着一种误区，把品牌看成企业自己的东西，一种商标权，忽略消费者作用。然而，国际现代品牌理论特别重视和强调品牌是一个以消费者为中心的概念，没有消费者，就没有品牌。品牌的价值体现在品牌与消费者的关系之中，品牌具有一定的知名度和美誉度是因为它能够给消费者带来利益，创造价值。而且品牌知名度和美誉度本身就是与消费者相联系，建立在消费者基础上的概念，市场才是品牌的试金石，只有消费者和用户才是评判品牌优劣的权威。

（二）品牌是企业的一种无形资产

品牌是有价值的，品牌的拥有者凭借品牌能够不断地获取利润，但品牌价值是无形的，它不像企业的其他有形资产直接体现在资产负债上。品牌价值有时已超过企业有形资产的价值。当然，现在对品牌价值的评估还未形成统一的标准，但品牌是企业的一项重要无形资产已是事实。正因为品牌是无形资产，所以其收益具有不确定性，它需要不断的投资，企业若不注意市场的变化及时地调整品牌产品的结构，就可能面临"品牌贬值"的危险。

（三）品牌具有排他专有性

品牌排他专有性是指产品一经企业注册或申请专利等，其他企业不得再用。一件产品可以被竞争者模仿，但品牌却是独一无二的，品牌在其经营过程中，通过良好的质量、优质的服务建立良好的信誉，这种信誉一经消费者认可，很容易形成品牌忠诚，它也强化了品牌的专有性。

（四）品牌是企业竞争的一种重要工具

品牌可以向消费者传递信息，提供价值，它在企业的营销过程中占有举足轻重的地位，品牌使消费者与产品之间产生联系，消费者以品牌为准，在媒体不断多样化信息爆炸的时代，消费者需要品牌作为标识，也准备为他们崇拜的品牌多付钱。因此，品牌策略备受关注，品牌经营成了企业经营活动中的重要组成部分，品牌作为进军市场的一面"大旗"具有举足轻重的作用。正如著名美国广告研究专家Larry Light 所言，未来的营销是品牌的战争——品牌互争长短的竞争。商界与投资者将认清品牌是公司最珍贵的资产。此一概念极为重要，因为它是有关如何发展、强化、防卫等管理生产业务的一种远景，拥有市场比拥有工厂重要多了，唯一拥有市场的途径是先拥有具有市场优势的品牌。

二、品牌对消费者的意义

（一）有助于消费者识别产品的来源或产品制造厂家，从而有利于消费者权益的保护

我国于1993年第八届全国人民代表大会常务委员会第四次会议通过的《中华人民共和国消费者权益保护法》规定："保护消费者的合法权益是全社会的共同责任"，"消费者因购买、使用商品或者接受服务受到人身、财产损害的，享有依法获得赔偿的权利"，"经营者应当标明其真实名称和标记"，另外，同一品牌商品表明应该达到同样的质量水平和其他指标，这样也维护了消费者利益。

（二）有助于消费者避免购买风险，降低消费者购买成本

行为学家研究表明，消费者在购买行为中存在五种可感知的风险：金钱风险，买这个东西可能会浪费钱；功能风险，买这个东西并不像期待中的那么好；生理风险，我可能会受伤；社会风险，买这个东西朋友会怎么看；心理风险，买这个东西可能会感到内疚或是不负责任。卡菲勒认为：消费者的不安全感是品牌产品存在的基础。大多数对购物存有戒心的消费者最大的问题是产品本身的模糊性：只有在把产品买到手并使用后才能对产品的质量有所把握和了解，然而，许多消费者并不愿意这么做。这就要求产品的外观和外在因素能体现产品的内在特质。品牌是一种外在标志，把产品中无形的，仅靠视觉、听觉、嗅觉和经验无法感觉到的品质公之于众，给消费者安全感。品牌代表着产品的品质、特色，认牌购买缩短了消费者的购买过程。在这个信息爆炸的年代，对于生活节奏日益快速的人们来说无疑可减少他们的时间压力，降低为购买商品所付的精力。世界著名庄臣公司董事长杰姆斯·莱汉说："如果你心中拥有一个了解信任的品牌，那它将有助于使你在购物时能更轻松快捷地做出选择。"

（三）品牌能彰显消费者的身份和地位

消费者购买品牌不仅仅是钟情于品牌所具有的功能性利益，更在意品牌的某些社会象征意义。不同的品牌往往蕴涵着特定的社会意义，代表着不同的文化、品位和风格。被消费的商品一方面转化为身体、心理的满足——愉悦，另一方面上升为符号并纳入整个社会文化系统。杰尼亚西装就代表着品质与优雅，开着奔驰与宝马可以享受的不单单是驾驶的乐趣，劳斯莱斯轿车是尊贵与典雅的化身，兰蔻的幽幽女人香也获得了无数人的推崇。品牌的社会象征意义，可以显示出消费者与众不同的个性特征，加强和突出个人的自我形象，从而帮助消费者有效地表达自我；可以获得消费同种品牌的消费者群体的认同，或产生与自己喜爱的产品或公司交换的特殊感情，从使用该品牌中获得一种满足。

三、品牌对生产者的意义

（一）培养消费者忠诚

品牌一旦形成一定的知名度和美誉度后，企业就可利用品牌优势扩大市场，促成消费者品牌忠诚，品牌忠诚使销售者在竞争中得到某些保护，并使他们在制定市场营销企划时具有较大的控制能力。知名品牌代表一定的质量和其他性能，这比较容易吸引新的消费者，从而降低营销费用，所以有人提出品牌具有"磁场效应"和"时尚效应"。

（二）稳定产品的价格

强势品牌能减少价格弹性，增强对动态市场的适应性，减少未来的经营风险。由于品牌具有排他专用性，在市场激烈竞争的条件下，一个强势品牌可以像灯塔一样为不知所措的消费者在信息海洋中指明"避风港湾"，消费者乐意为此多付出代价，这能保证厂家不用参与价格大战就能保证一定的销售量。而且，品牌具有不可替代性，是产品差异化的重要因素，减少价格对需求的影响程度。比如国际品牌可口可乐的价格均由公司统一制定，价格弹性非常小。

（三）降低新产品投入市场的风险

一个新产品进入市场，风险是相当大的，而且投入成本也相当高，但是企业可运用品牌延伸将新产品引入市场，借助已成功或成名的名牌，扩大企业的产品组合或延伸产品线，采用现有的强势品牌，利用其知名度和美誉度，推出新产品。采用品牌延伸，可节省新产品广告费，而在正常情况下使消费者熟悉一个新品牌名称花费是相当大的。国际研究认为，创造一个名牌，一年至少需要 2 亿美元的广告投入，且成功率不足 10%。目前我国一些知名企业大都采用品牌延伸策略，"娃哈哈"这一品牌就延伸到该公司的许多产品系列上，如该公司的八宝粥、果奶、纯净水等。品牌延伸策略同时也存在着风险，新产品可能使消费者失望并可能降低公司其他产品信任度，而且如果推出的新产品和已有产品关联度低的话，可能就会使原有品牌失去在消费者心目中的特定定位，所以公司在采用品牌延伸策略时，必须研究原有品牌名称与新产品关联度如何，以免造成两败俱伤。

（四）有助于企业抵御竞争者的攻击，保持竞争优势

新产品一推出市场，如果畅销，很容易被竞争者模仿，但品牌是企业特有的一种资产，它可以通过注册得到法律保护，品牌忠诚是竞争者通过模仿无法达到的，当市场趋向成熟，市场份额相对稳定时，品牌忠诚是抵御同行业竞争者攻击的最有力的武器，另外，品牌忠诚也为其他企业的进入构筑壁垒。所以，从某种程度上说，品牌可以看成企业保持竞争优势的一种强有力工具。可口可乐公司总经理伍德拉夫扬言："即使我的工厂在一夜之间烧光，只要我的品牌还在，我就马上能够恢复生产。"可见，品牌价值是如此之大。

第四节　品牌的种类

依据分类标准的不同，品牌种类可分为多种：制造商品牌、中间商品牌及联合品牌（以品牌所有权为标志）；区域品牌、国内品牌及国际品牌（以品牌辐射的区域为标志）。本书以品牌所依托的载体——产品为标准对品牌进行分类，在该种标准下的品牌种类之间存在较大的差异，这些不同类别品牌的塑造存在策略上的根本差别。产品是品牌的载体，随着社会的不断发展，产品的内涵日趋扩大，产品已从有形物品扩大到服务、人员、地点、组织、事件等。我们以产品的类别为标志对品牌进行如下分类。

一、产品品牌

产品品牌是指有形产品的品牌，如宝马、娃哈哈、百事可乐等。品牌的起源源于对产品品牌的研究，迄今为止有关品牌的理论主要围绕着产品品牌而建立。产品品牌的相关理论有品牌定位、品牌名称设计、品牌标志设计、品牌个性、品牌形象、品牌传播、品牌文化、品牌更新。多个产品品牌构成的品牌系统管理则涉及品牌系统策略、品牌延伸、品牌系统管理组织。品牌资产理论也是以产品品牌为依托而建立的。

二、服务品牌

服务品牌是指品牌以无形的服务为载体。在服务业快速发展的当今时代，服务品牌已比比皆是。如联邦快递、花旗银行、动感地带等。与有形产品相比，服务的无形性、易变性、生产与消费的同步性等特点决定了以服务为基础的品牌是以多种相互作用为特点的。一件产品可以描述为一个"物体"，而服务则是一种行动。

（一）服务品牌与产品品牌的区别

英国学者 De Chernatony 等（1999）通过对 20 位品牌专家的调查对服务品牌与产品品牌的区别得出以下结论：（1）品牌概念在物质产品和服务中是类似的，因为它被界定为顾客心中理性的和感情的感知组合。（2）服务和物质产品品牌化的原则在品牌概念层次上基本是一致的，但在实施方法上有不同的侧重。（3）服务组织，特别是金融服务企业，在将品牌发展成为一种简化顾客比较和选择竞争性服务产品的工具方面没有给予足够的重视。（4）服务品牌与顾客有许多的接触点，面临着服务质量不稳定的问题，这种情况可以通过"愉悦顾客"的文化，通过更好的培训及更开放的内部沟通得到改善。（5）成功的服务品牌来自对关系的维护，来自员工和顾客对特定功能和情感价值的尊重。（6）从实践看，服务品牌缺乏情感纽带，识别性不足。

消费者与服务品牌的接触看不到有形的东西，但能感受到"服务企业做事的方式"。由于服务的无形性、不可分割性、生产及消费同时存在以及无法储存四大特质，决定了服务品牌有别于一般的产品品牌。

1. 表现形式不同。产品品牌是以有形产品为主体的；而服务品牌的表现形式则是无形的，带有情感性的服务内涵。

2. 媒介不同。产品品牌是通过产品进行沟通和传递的；而服务品牌则是通过人来沟通和传递的，比产品品牌更难把握，更加强调规范性和一致性。

3. 运用对象不同。一般品牌运用的对象是产品；而服务品牌运用的对象是行为过程。

4. 运用方式不同。一般品牌运用的方式是对实体的消费，而服务品牌运用的方式是对服务水平的消费。

5. 功能的区别。McDonald（2001）认为虽然在营销中品牌对于产品和服务的功能是一样的，但在实际操作过程中它们之间仍然存在着区别。例如，在服务企业中，品牌作为一个特殊角色起着极其重要的作用。强势品牌往往可以增加消费者对无形服务的信任，减少消费者所感知到的财务风险、社会风险和安全风险等。

6. 服务品牌强调服务的特征。

（1）认同性。可记忆的，能被社会公众所形成共识的服务，包括为服务品牌起一个名称，树立公众形象，向大众表明规范承诺。

（2）独特性。服务品牌必须具备自己的个性，要有被人们去描述的可区分其他品牌的作用。

（3）一致性。产品品牌的一致性和连贯性完全可以通过产品的一致性来体现，与传统产品不同，服务的无形性决定了要保持前后一致性的操作是很难的，这也正是影响服务品牌的关键。

（4）服务品牌被认知的长期性。消费者对服务品牌从现实认可到参与是一个漫长的过程，在激烈的竞争中，经营者惟有不断地根据顾客的需求更新自己特色，历经无数次比较、鉴别、改进方能确立服务品牌在消费者心中的形象和地位。

（5）服务品牌品质的独占性。服务品牌提供的是一种劳务，是一个服务行为过程。这要求服务者必须具备综合技能和知识，如服务技能或服务知识、服务销售技术、职业道德、判断能力和消费心理学知识等。所有这一切又是服务提供者经过长时间的不断演化才被顾客公认而成为一种服务规范，并以品牌形式确定，其他服务者只能模仿而不能完全学会。

（6）服务品牌的高满意度。服务品牌，应最能了解消费者的消费需求和购买习惯，能直观地察看到消费情况的变化，面对面地听取顾客的消费诉求，最迅速地调整营销策略。

（二）服务品牌的质量

服务品牌与产品品牌在理念和概念层次上存在许多共同点，但服务品牌的建设要突出服务品牌的本质特征。服务具有两重性，即作为结果的服务和作为过程的服务，顾客不仅关注服务的结果，同样也关心服务的过程，服务消费在很大程度上是过程消费，顾客价值基本上是在服务过程中形成的，服务品牌的价值主要取决于顾客对服务过程的体验。服务品牌的驱动力来自顾客对服务过程的体验。

关于服务品牌质量维度的研究有：

Blankson & Kalafatis（1999）认为，服务品牌的好坏是有别于物理产品的，它在很大程度上依赖于服务企业雇员的行为和态度。

Debra Grace & Aron O'Cass（2003）在其《服务品牌联想的探索性观点》一文中指出，影响服务品牌质量的维度主要包括：服务设施、以往服务体验、口传效应、雇员。相比较传统的产品品牌，价格、广告、品牌名称和品牌形象则对服务品牌质量影响不那么大。

服务品牌化必须重视顾客的感知服务质量，由于服务的过程性特点和服务交互过程质量对顾客价值的影响，决定了企业加强服务质量的管理以形成良好的顾客感知价值，有利于服务品牌化。

发掘或设计出衡量服务品牌好坏的标准是建立强势服务品牌的关键。

Chertnatoy & Segal Horn（2003）指出成功服务品牌的"三大原则"：

1. 聚焦的定位（Focused Position）。员工与顾客之间传递的简洁明了的品牌利益。

2. 一致性（Consistency）。所有股东所持的共同的看法和消费者的品牌体验保持一致。

3. 所提供的价值（Values）。品牌提供的核心价值，明晰地根植于企业和员工心中。

其他影响服务品牌成功要素有：系统、模式、沟通、创新、关系、情感、附加价值、承诺和比较优势。它们都是服务品牌成功的必要条件但并非是充分条件，这其中员工是服务品牌建立的关键，员工承诺预示了顾客承诺。

（三）服务品牌的建立

服务品牌建立的核心是对服务过程的管理，保证它们提供给顾客全面的接触，产生好的品牌关系。企业应超越经济和理性的联系，建立情感纽带。情感是服务内存要素，也是品牌最重要的价值体现。总之，服务品牌建设要突出服务的本质特征，创建服务品牌应摆脱物质产品领域中过度的功能利益竞赛和过分依赖广告宣传和标识设计的局面，将重点集中在服务过程和顾客体验。品牌关系很大程度上是在服务接触的过程中创造的，一线员工具有核心作用。

1. 注重员工的培训。服务品牌的建立不能只是通过媒体的传播，更多是依靠企业中的每一位员工，从首席执行官到基层员工，员工是服务品牌的有机组成部分，服务品牌的创建是企业全体员工共同努力的结果。服务品牌的塑造意味着所有的员工必须以提供与品牌承诺相一致的方式为消费者提供服务。如麦当劳和迪斯尼都有高水平的人员培训中心和确保提供统一服务的复杂系统。对消费者而言，员工是服务的主体，是为消费者履行合同的唯一人员，通过对员工的全面培训，加强他们对品牌的承诺意识，是服务品牌成功的关键。迪士尼品牌的成功源于企业坚持了这样的主张：员工认识到，无论何时在公众面前，他们总是在舞台上。企业让员工时刻将自己作为演员来完成对顾客的服务。

2. 将无形变有形的品牌营销。服务品牌营销中面临的主要问题之一是消费者必须与无形的服务打交道，为了克服这一问题，营销者可将服务企业作为品牌。金融领域的研究表明，消费者对特定的金融产品几乎不太清楚，他们也常常不希望知道太多，但他们更愿意认为最知名的企业有最好的金融产品。消费者选择银行最重要的一个准则是声誉。使品牌有形化还可以通过尽量多地使用与品牌有关的实物，如员工的制服、办公室布置、服务的环境、硬件设施等。与服务企业接触的第一印象如停车场、大厦的设计，接待区域的设计，卫生间的设计等，所有这些都为消费者对服务品牌的认知提供了依据。

三、其他类型品牌

以产品的类别为标志还可将品牌分为：个人品牌、组织品牌、事件品牌及地理品牌。

(一) 个人品牌

个人品牌是指品牌以个人为载体。个人品牌通常被认为起源于好莱坞的明星，如查理·卓别林，克拉克·盖伯，玛丽莲·梦露；今天，个人品牌涵盖了影视、体育、政治、商业、医院、学校等领域的知名人物。社会的发展使得个人品牌无所不在，如名师、名医、名剪（理发师）、名厨、金牌调酒师、首席小提琴手等。许多学生去新东方上培训班是出于俞敏洪和他的励志成长经历；羽毛球运动员林丹和他的传奇成绩是许多人喜欢羽毛球运动的重要原因；《奥普拉脱口秀》平均每周吸引3 300万名观众，并连续16年排在同类节目的首位，这与奥普拉·温弗瑞无与伦比的个人魅力是分不开的。

在服务型的企业中，消费者对服务品牌的认知，通常包含着对某些核心人员的信赖。

(二) 组织品牌

组织品牌是指品牌以组织作为载体。组织是一个特定的社会单元或集团，它有明确的组织活动目标，有精心设计的结构和协调的活动性系统，并与外部环境相联系。组织的概念是广泛的：企业、机关、学校、医院、寺庙等都是组织。对企业而言，产品品牌和组织品牌的塑造是两种不同的概念，有许多企业是以企业名称作为产品的品牌，如微软、特百惠、飞利浦、格力等，企业对以企业名称命名的产品品牌的塑造并不等于对组织品牌的塑造。将组织作为载体来塑造品牌，该载体所涵盖的内容比一个产品要广泛得多。组织品牌成为战略规划中不可分割的一个部分。组织从构成要素上是人、财、物的组合；从运行流程上有资金流、信息流、权力流、制度执行流程、业务运行流程等；从与消费者的关系上，组织是提供产品或服务的机构，是产品或服务品牌质量的保证。

组织品牌是产品或服务品牌的基础和平台，在产品品牌越来越多的今天，每种产品品牌很难在短期内建立消费者信任，借助于品牌延伸的产品失败率也居高不下，打造企业品牌是建立消费者信任识别的一条捷径。宝洁公司虽然实施多品牌战略，但在宝洁所有产品品牌广告的最后都会有一句让消费者不能忘怀的话："宝洁公司优质产品。"以直销为主的安利公司进入中国市场后，对其企业品牌的打造不遗余力，中国消费者对安利这个企业品牌的熟悉度高于对其各种产品的熟悉度，消费者对安利公司产品品牌的认知通常是："安利的某某产品很好。"

各种组织对品牌塑造的需求都在加深，高校在朝着知名大学奋斗，医院也要塑造强势品牌。组织品牌的塑造是一个更大的系统工程。不同行业的组织还有其行业特征影响组织品牌的塑造。

（三）事件品牌

事件品牌是指品牌以事件为载体。事件通常是体育、艺术节、商业会展、节庆等。如美国的 NBA 篮球赛、大连的服装节、广州的广交会、奥运会等。随着各类事件的增多，事件品牌的塑造成为必然，对顾客的争夺使得事件主办者不得不寻求将事件举办出自我的个性、注重事件给顾客带来利益的独特性。事件一方面给顾客带来某种利益，同时还是吸引企业进行产品品牌传播的载体。而企业是否选择某事件作为载体，取决于该事件吸引顾客的规模、顾客的喜好度及顾客的类型等。

（四）地理品牌

地理品牌是指品牌以地方和地点为载体。如国家品牌、城市品牌、旅游目的地品牌等。

本章小结

品牌从本质上说，是传递一种信息。一个品牌能表达六层意思：属性、利益、价值、文化、个性和使用者。属性、利益和使用者是浅意品牌，价值、文化和个性构成深意品牌。

品牌与产品的区别表现为：产品是具体的存在，而品牌存在于消费者的认知中；产品最终由生产部门生产出来，而品牌形成于整个营销组合环节；产品重在质量与服务，而品牌贵在传播。任何产品都有生命周期，强势品牌可常青。

品牌与产品也有诸多联系：（1）产品是品牌的载体，品牌依附于产品。品牌对产品的依附具体表现为：品牌利益由产品属性转化而来。品牌核心价值是对产品功能性特征的高度提炼。品牌借助产品来兑现承诺。（2）产品质量是品牌竞争力的基础。

品牌与名牌的区别在于，品牌具有丰富的内涵，名牌是指知名度较高的品牌。

商标与品牌的区别主要表现在：品牌无须办理注册，一经注册，品牌就成为商标了。商标是一个法律概念，而品牌是一个市场概念。

品牌具有四个方面的特征：品牌是以消费者为中心的；品牌是企业的一种无形资产；品牌具有排他专有性；品牌是企业竞争的一种重要工具。

品牌对消费者的意义表现在三个方面：有助于消费者识别产品的来源或产品制造厂家，从而有利于消费者权益的保护；有助于消费者避免购买风险，降低消费者购买成本；品牌能彰显消费者的身份和地位。

品牌对生产者的意义有：培养消费者忠诚；稳定产品的价格；降低新产品投入市场的风险；有助于企业抵御竞争者的攻击，保持竞争优势。

我们依据产品的类别将品牌分为：产品品牌、服务品牌、个人品牌、组织品牌、事件品牌及地点品牌。

复习思考题

1. 举例说明品牌的内涵。
2. 品牌与产品的区别是什么？
3. 品牌与名牌的区别？
4. 品牌与商标的关系如何？
5. 简述品牌的特征。
6. 品牌对消费者的意义有哪些？
7. 品牌对企业的意义有哪些？
8. 简述服务品牌的特点。
9. 简述组织品牌的特征。

案 例

褚橙：传递励志精神

昔日烟草大王褚时健事业跌入谷底，年逾八旬种橙子东山再起，伴随着这一传奇故事的广泛流传，2012 年，褚时健种植的橙子，第一次进京便火遍京城。本来只是一个普通的橙子，因为被冠以褚橙的名字，意外地被贴上"励志橙"的标签，迅速引爆流行。褚橙火爆背后让我们看到的更多是褚时健传递给消费者的励志精神。

中国"烟王"的跌宕人生

在中国经济发展史上，褚时健是一个无法绕开的争议人物。1979 年，51 岁他成为玉溪卷烟厂厂长，这是一位到了烟厂才开始抽烟的厂长。褚时健一手将这间地方小厂打造成亚洲第一烟草企业，被称为"烟王"。1995年，他唯一的女儿因被怀疑收受贿赂而遭逮捕，并在狱中自杀。那一年的中秋节，褚时健一个人蜷缩在办公室，盖着一条毯子看着电视，悲凉至极。

1999年1月9日，褚时健因贪污被判处无期徒刑，后减刑至17年。该案引发了国企领导人薪酬制度的改革。就在褚时健被判刑的第二年，红塔集团新总裁拿到了100万年薪，而褚时健当了18年的厂长，全部收入仅88万。

74岁保外就医后，与妻子承包荒山开始种橙。褚老谈及为何选择种橙子，曾表示是受了美国新奇士品牌的启发。那年，有个亲戚带了美国橙子给褚时健品尝，但是口感偏酸。"为什么我们就不能种出口感更适合中国人的橙子呢？"国外的555、万宝路等香烟在中国横行时，褚时健就想要做中国最好的烟并且做到了；这次，75岁的褚时健决定种橙子。

2002年，褚时健投身冰糖橙这个行业时，云南的冰糖橙市场已经饱和，但当他吃到来自澳洲的进口橙子时，就想创自己的牌子。熟悉褚时健的人说，这就和当年他看到国外的著名香烟品牌万宝路时的反应一样，一个劲儿地想要创造中国自己的高档香烟品牌。

褚时健和妻子在橙园搭了工棚，吃住都在这里。他要在这块贫瘠的土地上种出极品橙子，把国外橙子比下去。

白手起家困难重重。橙子刚挂果时，褚时健年年都会遇到不同问题，果树不是掉果子，就是果子口感不好。这个没什么爱好的老人，买来书店所有关于果树种植的书，一本一本地看。后来橙子不掉了，但口感淡而无味，既不甜也不酸，褚时健睡不着，半夜12点爬起来看书，经常弄到凌晨三四点，最后得出结论，一定是肥料结构不对。这种果子褚时健不敢卖到市场上，怕砸了牌子。第二年，褚时健和技术人员改变肥料配比方法，果然，口味一下就上来了。据说，这种用烟梗、鸡粪等调制的有机肥，成本虽只有200多元，效果却赶得上1 000元的化肥。"好的冰糖橙，不是越甜越好，而是甜度和酸度维持在18：1左右，这样的口感最适合中国人的习惯。"褚时健说。

近几年云南干旱，但褚老的果树却仍然能够吸收甘甜的山泉水。原来，为了能够将山泉水引到果园林，当年褚时健搭建了5条管道，一条水管将近200万元，当时仅有100多万元的褚时健只能向朋友借，朋友们没有一个不借的，并且还放下话："你是稳稳当当的，没有把握不会向人借钱。"

另外，褚老让农民剪去多余的枝叶，每棵树只留240~260朵花，目的是为了让每个橙子都能享受足够的阳光和养分。据透露，目前褚老还在酝酿加工饮料产品，而竞争目标对准的就是国际品牌都乐。

如今，85岁的褚时健从"烟王"变身"橙王"。他的果园年产橙子8 000吨，利润超过3 000万元，固定资产8 000万元，跟他种橙的110户农民，每年可以挣3

万到8万元。褚时健已经习惯了种好橙子，带领老百姓致富的路径，他认为用钱生钱不是一个很正的道儿，不想弄个褚橙的概念，然后去圈钱。他想实实在在地做点事情。

褚橙已成励志范本

褚橙首次进京的消息经媒体报道后，远在美国的王石在微博上留言："巴顿将军说过，衡量一个人的成功标志，不是看他登到顶峰的高度，而是看他跌到低谷的反弹力。"

这条微博被转发了近4 000条、评论超过1 000条。随后，徐小平、梁冬、杨锦麟、龚文祥、白云峰、龚曙光、何力、老狼等各界精英人士纷纷写下微博，表达对褚时健的"敬佩与支持"。

褚橙的大客户则来自在京的企业家们，他们成箱购买，与员工分享。北京的写字楼里，白领们在品尝褚橙时不忘加上一句："吃个褚橙，有正能量。"中国房地产经纪人联盟秘书长陈云峰，给公司所有理事每人订购一箱，因为"褚橙真的很励志"。企业家热捧褚橙还有另一层含义，近两年经济形势不好，对于正在打拼、努力走出困境的中国企业家来说，"他们太需要一个励志故事了"。

高龄再创业的褚时健，展现了一个真正企业家该有的勇气与魄力。"褚橙帝国"依赖的不是人脉换来的特殊资源，也不是靠原始积累的资本。他所依靠的，是在市场中发现新商机的才识，是从技术研发到品牌开发、销售渠道建设等环节的稳扎稳打，是紧跟电子商务的深谋远虑。正是这种可贵的企业家精神，让他的人生和事业再次腾飞。

如今，褚时健种植的褚橙作为一种附加值很高的励志符号，上市后一直价格不菲，卖得不错。在不做任何商业广告的前提下，褚橙在北京曾创下5分钟卖800箱的纪录。其实，褚橙市场看好的背后，则是广大消费者对褚老风雨人生内在价值的一种认同和认可！

资料来源：黄榆. 当橙子遇上励志故事. 中工网—工人日报. 2014-12-10-06；雷祖波. 褚橙传递励志精神. 商界招商网，2012-12-06；吉祥. 褚时健85岁"逆袭"　昔日红塔烟王今日褚橙王. 大众网—齐鲁晚报，2012-11-26，有删改.

○ **案例思考题**

1. 分析褚橙所蕴含的品牌内涵。
2. 褚橙能够成功的因素是什么？

第二编
产品品牌管理

第二章　品牌定位

品牌管理的首要任务是对品牌进行定位，品牌定位是品牌营销的前提和基础。一个企业的品牌若没有一个清晰的整体定位，势必导致各产品事业部之间的资源浪费，这种浪费不仅体现在广告支出、宣传开支上，更是一种消费者心中形象的重叠与交错，不但不能给消费者留下深刻的印象，而且还影响消费者的忠诚度。因此，企业要想塑造一个强势品牌，必须给品牌一个明确的市场定位。品牌定位就是为企业的品牌在市场上树立一个明确的、有别于竞争对手的、符合消费者需要的形象，其目的是在消费者心中占领一个有利的位置。本章主要阐述定位理论的渊源、品牌定位的定义、品牌定位的原则、品牌定位的意义、品牌定位决策步骤及品牌定位策略。

第一节　品牌定位概述

一、定位理论的产生

1969 年 A. 里斯（Al Rievs）和 J. 特劳特（Jack Trout）在美国营销杂志《广告时代》和《工业营销》上发表了一系列有关定位的文章，首次提出了定位这一概念。他们认为要在这样一个传播过度和产品越来越同质的时代里赢得顾客，有必要使自己的产品独树一帜。

在定位概念被提出之前，市场营销经历了产品时代和品牌形象时代两个阶段。在产品时代，市场上新产品品种较少、商品的同质性不强，市场竞争主要由产品本身的性质特点和功能利益的差异来实现。因此企业只需要做出最好的产品并拿出钱推销就行了，在这个时期，瑞夫斯的 USP（Unique Selling Proposition）适应了市场竞争的需要，成为了营销理论的主流。USP 理论要求产品所诉求的立足点是竞争对手做不到或是无法提供的功能和利益，必须表现出本品牌和产品的独特之处。可是到了 20 世纪 50 年代后期，随着技术革命的兴起，企业以产品功能的差异来吸引消费者就变得越来越困难了。因为当你能够制造出足够好的产品时，你的产品将被淹没在各种各样的仿制品的海洋里。随着产品时代的分崩离析，品牌形象时代已悄然来临。

在品牌形象时代，成功的企业发现，随着产品之间的差异性在不断缩小，在产品销售中，声誉或者形象比任何一个具体的产品特色都更加重要。在 20 世纪 60 年代，大卫·艾克（David Acker）提出品牌形象论，他认为企业的每个广告都是对某一品牌形象的长期投资，并以他所成功策划的哈撒韦衬衫（Hathaway）、劳斯莱斯（Rolls-Royce）轿车、舒尔斯（Schweppes）饮料的案例来证实他的观点，由此而引发了品牌形象宣传的热潮。这一理论的特点是要利用广告为企业的品牌塑造良好的形象，并且要长期维持这种良好的形象，因为顾客追求的是"实质利益加心理利益"，所以要利用广告宣传形象来满足其心理利益。然而正如仿制产品毁了产品时代一样，在品牌形象时代的各个企业为了建立自己的声誉，拾人牙慧，缺乏创意，只有少数的公司取得了成功。同时也应注意到，在那些取得成功的企业中，大多数主要依靠突出的技术成就而非引人注目的广告宣传，施乐和宝丽莱就是少数中的两家。

然而随着时代的改变，创新已经不再是通向成功的关键。A. 里斯（Al Rievs）和 J. 特劳特（Jack Trout）预言定位时代的来临，他们认为，要想在这样一个传播过度（Over Communication）的社会里取得成功，企业必须在预期顾客的头脑里占据一席之地，这个一席之地不仅要包括企业的长处和短处，还包括竞争对手的优点和弱点。仅靠发明或发现新东西是不够的，企业同时还必须第一个打入预期顾客的大脑才行，比如 IBM 并没有发明计算机，真正的发明者是斯佩里（Sperry）和兰德（Rand）两人，但是却是 IBM 在预期顾客头脑里取得了第一家计算机生产厂商的地位。他们还认为在预期顾客的大脑里存在着一级一级的小阶梯，这些顾客会按产品的一个或多个方面在这些阶梯上进行排序，定位就是要找到这些小阶梯并与某一阶梯联系上，以此在预期顾客的大脑中树立起本企业产品或品牌的独特方面。根据这样一种思想，形成了定位理论。

二、品牌定位的定义

A. 里斯和 J. 特劳特认为："定位要从一个产品开始，这个产品可能是一种商品、一项服务、一个机构甚至是一个人，也许就是你自己。但是，定位不是你对产品要做的事，定位是你对预期顾客要做的事，即是要在预期顾客的大脑里定位。"当然这样一种看法会造成一种假象即定位似乎要对产品本身做些什么似的，然而定位是一个从外向内的过程，即要从顾客的角度出发。因此他们给定位下的定义是："如何在预期顾客的头脑里独树一帜。"营销学之父菲利普·科特勒给定位下的定义是："定位是指公司设计出自己的产品和形象，从而在目标顾客心中确立与众不同的有价值的地位，定位要求企业能确定向目标顾客推销的差别数目及具体差别。"

为了较好地理解定位的含义，还可以从以下的几种角度来阐述：①企业通过设计出自己的产品与形象，以求在顾客心目中占据与众不同的有价值的地位。② 顾客关于某品牌的所有联想的集合，包括产品品质、价格、包装、形象等。③ 顾客通过比较不同品牌所形成的对某品牌的独特认识、印象。④ 定位不是要创造出新的、不同的东西，而是要改变人们大脑里早已存在的东西，找出那些早已存在的联系并把它们重新连接起来。

品牌定位就是以某种方式使产品或服务适合广泛市场中的一个或几个细分市场，使之除竞争外成为富有意义的艺术和科学。具体来说就是希望顾客感受、思考和感觉该品牌不同于竞争者的品牌的一种方式，可以通过目标顾客、顾客需求、品牌利益、原因、竞争性框架以及品牌特征来描述。以上所列 6 个元素分别从不同的方面对品牌定位进行界定：①目标顾客，指通过市场细分来筛选出品牌所要满足的潜在的顾客。②顾客需求，是指通过识别或创造顾客需求，以明确品牌是要满足顾客的哪一种需求，是功能性需求还是情感性需求。③品牌利益，指品牌所能提供给顾客的竞争对手无法比拟的产品益处或情感益处，这样一种益处能有效地吸引顾客。④原因，指为品牌的独特性定位提供的有说服力的证据，是产品采用了独特的配方还是新颖的产品设计、包装等等。⑤竞争性框架，指明确品牌的产品所属的类别以及品牌的竞争者。⑥品牌特征，指品牌所具有的独特的个性，可以说是给顾客提供一个选择本品牌的理由。

三、品牌定位的意义

品牌定位是在预期顾客的头脑中占据一个有利的地位，给预期顾客留下深刻、独特、鲜明的印象。英国 NOP 咨询公司对 62 家制造公司的调查研究表明：新产品的成功关键在于产品有独特的市场定位的占 58%，成功关键在于新产品在性能上优于竞争对手的占 44%；新产品的开发失败最主要是因为没有独特的市场定位的占 37%，认为开发失败最主要是因为缺乏优势品质的占 18%。品牌是否有独特的定位是竞争胜利的关键，一个品牌必须向预期顾客提供他们所需要的、所期望的、能基于此做出购买决策的利益点。品牌定位之所以受到企业高度重视，是因为它具有不可低估的营销意义。

（一）品牌定位可以使企业在竞争中脱颖而出

品牌定位宣称的是，对于挑剔的消费者，品牌不同于竞争的产品或服务形成的原因，也就是给品牌提供了一个竞争性的理由。市场竞争经历了产品竞争到市场竞争，在产品竞争的条件下，企业可以凭借提供给顾客质优价廉的产品来获得他们的心，或者说给产品一个独特的销售主张引起消费者的购买，并以此从竞争中胜出。然而在品牌竞争时代，只有给品牌一个独特的形象，或者使消费者认定品牌有一个与众不同的形象，才有可能获得消费者的认同，也才有可能在竞争中区别于竞争对手，在市场中获得一席之地。当今是一个信息爆炸的时代，浩如烟海的信息充斥着各种各样的媒体，对于信息传递影响最大的是国际互联网的出现，它使得整个地球变得越来越像地球村了，人们从来就没有像现在这样觉得世界是如此的小，通过它几乎就能听到世界前进的脚步。当今时代消费者被包围在数不清的、有用或无用的信息中。但是由于大脑的局限性和选择性，消费者只能记住少量感兴趣的信息。消费者对信息的吸收并没有因为信息的增加而增加，他们仍然只是选择对他们有用的信息和感兴趣的信息。这样就迫使企业一方面要简化自己品牌的信息，另一方面要努力使自己的品牌与众不同，只有这样才能吸引消费者的关注。怎样才能与众不同呢？这也就是品牌定位的目的所在，品牌定位通过找到顾客心智中的空隙并占据该空隙，提供本品牌的差别化利益。同时，企业还要寻求和品牌定位一致的媒体发布品牌信息，和目标顾客达成有效沟通、传播。

（二）品牌定位有助于企业整合营销资源打造强势品牌

市场营销的一个基本理念是：每一件产品都不可能满足所有消费者的需求，每一家公司只有以市场上的部分特定顾客为其服务对象才能发挥其优势，才能提供更有效的服务。因而明智的企业根据消费者需求的差别将市场细分化，并从中选出有一定规模和发展前景的符合企业目标和能力的细分市场作为企业的目标市场。然而仅仅选定目标市场是不够的，关键在于要针对目标市场进行产品或品牌定位，要以这个定位为出发点，制定营销组合策略来服务于目标市场。当然，企业服务目标市场的成败包括了很多的因素，但是作为起点的品牌定位如果没有一个有竞争性的、独特的定位将极有可能导致企业的失败。品牌定位是企业打造一个品牌的起点，有了一个好的品牌定位，并且还得要围绕这个定位来组织企业的营销资源为这个定位服务，加强这个定位。这样一个过程也就是品牌定位引导营销活动，反过来营销活动也会加强品牌定位的过程。

企业可以控制的营销资源包括常说的4Ps组合策略，营销组合策略的制定要根据品牌所要服务的目标顾客的需求和特点，目的就是要在恰当的地方、合适的时机、用合适的价格向目标顾客提供满意的产品。品牌的定位为企业的营销组合策略指明了哪些是恰当的地方、什么时候是合适的时机、怎样的价格才是合适的价格、以及怎样的产品才是合适的产品。品牌定位加强了策略的一致性，例如世界名表"劳力士"的定位就是一个象征个人身份地位的高价品牌，这样的一个定位要求高价支撑，它本身就是奢侈品，如果低价就会与品牌形象相违背；"劳力士"的品牌定位还要求销售点必须是在高档商店、名品专卖店等，如果在一般的购物中心销售只会损害它的品牌形象；当然，"劳力士"的品牌定位决定了它的广告制作要精益求精，反映出它的定位。品牌通过它的定位整合企业的营销资源，形成策略的一致性，一方面加强了品牌的定位，另一方面定位为企业的营销活动指明了努力方向。

（三）品牌定位为顾客提供差别化利益

品牌定位的目的就是要在目标顾客心中形成一个对该品牌的独特的印象，即是认为该品牌与众不同。通过定位向顾客传达品牌与众不同的信息，使品牌的差异性清楚地凸现于顾客面前，从而引起顾客对品牌的关注，并使其产生联想。

定位的目的就是要提炼出品牌的差别化利益，这种利益可能是价值上的，也可能是功能上的、情感上的。并且要向顾客传播这种差别化利益，以获得顾客的认同。

四、品牌定位的原则

（一）品牌定位要源自于对目标顾客的透彻了解

品牌定位就是要改变以往营销"从内向外"的做法，进而采用"由外向内"的方法，产生这样一种转变的原因在于以往的做法不能够找到一个好的切入点，以便和顾客产生共鸣，获得他们的认同。如果品牌不能定位在顾客所偏爱的位置或者说他们的需要，那么这一定位就不能占据顾客的心，也就达不到定位的目的。只有认准了顾客需求，才能进行市场细分，找到品牌所要满足的目标顾客群。星巴克咖啡（Starbuks）在变革美国咖啡业中所获得的巨大成功为我们提供了最好的佐证。星巴克咖啡的品牌创建者通过市场调研了解到咖啡消费者对咖啡有功能性和情感性这两方面的需求，并且识别出功能性的需求是："我想喝一种味道更醇厚、更浓郁的咖啡，我在找能和咖啡混着喝的更多的方法，我要喝纯正的咖啡。"以及情感性需求："我把喝咖啡看成是一种社交的机会……而且我希望它不仅仅是一种经历，我在追寻的是咖啡娱乐。"星巴克咖啡就是把握住了人们的这两种需求以及其多层次，特别是情感性需求的多层次，为自己找到了一个很好的定位点，使其与传统的罐装咖啡相比更有竞争力，更能获得消费者的青睐。另一个失败的案例则从反面为我们提出了警示。在美国强生公司早期研制出一次性婴儿尿布时，为了向妈妈们推销这种产品，该公司把一次性尿布定位于它的功能属性即方便、一次性。然而很快强生公司发现妈妈们很少购买这种尿布，为了找出原因，强生公司在一部分妇女中开展了一项调查。最终找到了妈妈们很少购买这种婴儿尿布的原因就在于强生公司把宣传的重点定位在了方便性上，这样一来年轻的妈妈们认为如果使用这种尿布会让别人认为自己是一个懒惰的媳妇，所以就不太愿意购买。为此，强生公司把这种一次性婴儿尿布重新定位于舒适、干爽、卫生、可以很好地保护婴儿的屁股，并在新制作的广告中加以宣传。就这样，一个重新的定位、迎合妈妈们心理的定位给一次性婴儿尿布带来了新的生机，从此销路大开。

虽然我们都知道顾客需求在品牌定位中的重要性，但是真正地和顾客交流并了解他们的需求并不是件容易的事。我们常常根据以往的经验来判断顾客的需求，然而需求是在不断变化的，就像我们拥有了电风扇还想拥有空调一样。我们可以使用以下几种方法了解顾客需求：

1. 定期和顾客交谈、创造和部分顾客接触的机会，以了解需求的变化。比如宝洁公司为了掌握顾客需求的变化，在某些地方开设洗衣房，免费给顾客洗衣服，创造了一个和顾客直接接触的环境，在与家庭妇女们的闲聊中知道她们对宝洁洗衣粉的评价和有哪些要求。

2. 根据自己作为顾客的经验来估计消费需求的变化。营销人员同样也是消费者，也有同一般顾客一样的各种需求，出于这一考虑，也可以把自己的经验作为判断的一个方面。当然我们不能完全依赖这种方法，否则就会陷入一个想当然的境地，犯下没有从顾客的角度出发的严重错误。我们不能把这种方法当做判断的直接来源，但是可以作为验证的手段。比如福特公司在它的 T 型车获得成功后，并没有意识到顾客需求的变化，而是想当然地认为它的 T 型车仍然是顾客所需要的，然而事实是怎样的呢？随着当时经济的发展，人们的需要已经不是廉价的难看的 T 型车所能满足，开始希望拥有漂亮的、象征身份地位的高档车。

3. 关注竞争对手。当我们不能有效把握顾客需求的时候，不妨看看作为领导者的竞争对手，他们满足了顾客哪些方面的需求，还有哪些需求还没有满足。百事可乐在进入美国市场前，美国市场是可口可乐一统天下，于是百事可乐仔细研究可口可乐的缺点，发现了可口可乐瓶装的容量较小，年轻人喝一瓶不过瘾，喝两瓶又多点。于是百事可乐就使用了细长的塑料瓶，容量比可口可乐多 50%，可价钱与可口可乐一样。百事可乐在全国设自动售货机，同样的钱放进百事可乐自动售货机中，出来的百事可乐比可口可乐多 50%，青年人喝完了觉得痛快，从而获取了一定的市场份额。

4. 定量研究。指通过对部分顾客的长期追踪，借用数学工具分析所获得的数据，以掌握顾客需求的变化。根据定量研究得出的顾客需求变化可以作为营销决策的依据，但要考虑其他因素的影响。

（二）品牌定位要与产品本身的特点契合

品牌定位的根本是要为消费者提供一种竞争对手无法提供的独特利益，这种独特的利益是基于品牌所依托的产品本身的属性所决定的，脱离了产品的特点及使用价值的品牌定位对消费者而言只能是沙漠中的空中楼阁。产品本身的特征是品牌定位的基础。如"宝来"车定位为"驾驶者之车"：

奔跑，奔跑者之间的语言

他，他们

天生的运动者

以奔跑为生以奔跑为乐

以奔跑为表情以奔跑为语言

以奔跑为态度以奔跑为价值

不以物喜，不以己悲

平凡态度，超越平凡

宝来，超越平凡

这种定位正是源于产品本身的特性：如驾驶者宽敞的座位空间、加速快的性能等使汽车爱好者真切地感受到驾驶的快乐。

针对近年来所形成的"宁伤身体，不伤感情"的饮酒文化，劲酒制定了以

"健康饮酒"为核心的整合传播体系，致力于培养消费者健康饮酒的意识。

从"常饮劲酒，精神抖擞"的直白诉求到"劲酒虽好，可不要贪杯哦"的善意提醒，再到"劲酒可以冰着喝"的贴心提示，劲酒在进行广告传播时反复强调健康饮酒、健康生活方式的理念，给人耳目一新的感觉。特别是"劲酒虽好，可不要贪杯哦"的传播口号为劲酒带来了极高的品牌美誉度，这一传播口号从消费者的立场审视饮酒文化，充满了人情味，顺应了人们追求健康的心理要求。

劲酒长期通过中央电视台的广告传播，树立起了高品质保健酒的品牌形象，确立了"健康饮酒"的营销观念和品牌内涵。2013 年上半年，劲酒在行业萧条的背景下依然保持了 18%的销售增长速度，年销售额已突破 60 亿元，这正源于自身产品的正确定位。

（三）品牌定位要依据企业的资源特征

品牌定位是品牌营销的指南针，它界定了品牌运营的方向、手段及所需要的企业资源。理想的品牌定位只是为品牌营销奠定了成功的基础，能否有效地实施品牌定位取决于企业对品牌定位的管理能力或者说品牌营销的执行力。一个定位于国际化的品牌，不仅需要有雄厚的技术、资金实力，更需要具备进行全球市场营销的能力。耐克就是在确定了全球化经营的战略之后，开始了世界之旅。注重对领导性市场的控制和引导，带动其他层次市场的追随和拥戴，甩掉固定资产的包袱，走专利技术和全球营销路线。耐克购买了空气垫这一专利技术就是其营销策略的表现。在品牌营销实践中，有许多品牌皆是由于后期缺乏对品牌定位的执行力，即企业无力去执行品牌的定位，事实上起到了为竞争对手培育市场的作用，从而导致品牌的衰落。

（四）品牌定位要关注竞争者

定位理论的精髓就是要突破陈规、创造性地定位，将自己与竞争对手彻底区分开来，只有这样才有可能在目标顾客心目中形成独特的位置，墨守成规、人云亦云的定位不可能在纷繁复杂的信息中别具一格、脱颖而出。在白酒市场，茅台酒是大曲酱香型白酒的鼻祖，以"国酒茅台，喝出健康来"的口号对品牌进行传播，它不仅有深入民心的国酒形象，更是老牌白酒的代表，有其深厚的历史底蕴。在白酒市场激烈的拼杀中，"我是江小白"故意反其道而行之，定位于 80、90 后具有个性的年轻人，打造"屌丝型，文艺心，追求简单生活"的青春小酒品牌，以颠覆者的姿态获得了极好的市场成绩。"七喜"把自己当做可乐之外的另外一种选择，一方面避免了与可口可乐和百事可乐的直接交锋，另一方面非可乐的定位使自己在所有饮料中独树一帜，代表所有可乐之外的饮料。

（五）品牌定位要遵循简单化原则

品牌定位要简单化，要从无数的创意构想中抽取一两个最具代表性的要点高度概括出品牌的本质特征，同时还要能简单到使顾客由这个定位特征联想到更多的品牌利益及品牌差异点。品牌定位简单化的意义在于这样做可以更好地进入目标顾客的心智中，同时还可以消除由于信息过于复杂而产生的歧义，一个简单的定位、一条简单的信息更能够长久地占据目标顾客的大脑。品牌定位中避免将品牌的所有特点进行罗列，特别是竞争对手也有的特点，这种定位只会让顾客对品牌产生模糊、无特点的印象。例如，德国大众汽车公司以生产微型车著称，它的"甲壳虫"品牌就定位于"小"这一个简单的利益点，正是这个"往小里想"（Think Small）的定位给"甲壳虫"带来了巨大的成功。如果大众公司仍然因循守旧地将"甲壳虫"定位于质量好、品质优越、易于驾驶等这些利益的综合，就反映不出"甲壳虫"与众不同的地方，也不能让顾客记住它，因为很多汽车都具有这样的要素。众所周知，"沃尔沃"汽车是安全车的代名词，安全成了"沃尔沃"的定位点，而且这也是一个成功的定位。然而"沃尔沃"曾经把自己定位成一种可靠、豪华、安全、开起来很好玩的车，但是这样多功能的、综合的定位只会模糊顾客对"沃尔沃"的印象，并造成定位不清晰，不易记住，还和别的车比起来没有什么不同。自己什么都是，顾客往往可能认为你什么都不是。"沃尔沃"就是认识到这一点，修正定位，突出安全这一点，很快就从竞争中脱颖而出。所以，品牌定位要追求简单化，不要顾此及彼，顾此及彼反而会弄巧成拙。

（六）品牌定位要始终如一，不要随意改变品牌的定位

品牌经过最初的定位，在顾客心中形成一个特殊的品牌形象，并且把这个形象根植于心中不易改变。一方面，一旦品牌的定位在顾客的心中形成，要去改变这样的定位就有可能招致顾客的反感。另一方面，企业投入大量的营销资源去形成一个品牌的定位是一件艰巨的任务，如果随意改变品牌的定位将会导致资源的浪费。所以随意改变品牌的定位是一件得不偿失的事情，品牌定位的任务一方面是要形成一个独特的定位，另一方面是要长久坚持这个定位。

但是，实际上很多的企业并没有坚持它们品牌的定位，在获得一定的成功后常常掉入我们所谓的 F. W. M. T. S 陷阱。即是"忘记了使他们成功的根本"（Forget what made them successful）。例如"艾维斯"把自己定位为汽车租赁业的第二而大获成功，然而在卖给 ITT 公司后不久，认为自己不再也不能满足于第二的位置，于是对外宣称："艾维斯要当第一"（Avis is going to be No. 1）。"艾维斯"这样做忘记了以前把自己定位于第二是因为和汽车租赁业的老大赫兹公司联系在了一起，引起了消费者同情弱者的怜惜心的共鸣。如果"艾维斯"不能发现赫兹公司的可以利用的弱点，并攻击这种弱点，就注定做不了第一，而且还有可能招致赫兹公司的打击，很有可能连第二的位置都不保。从另一个方面来看，"艾维斯"定位于第二仅是存在于消费者头脑中的一个概念，并且是一个不易改变的概念。如果"艾维斯"不能真正地让消费者看到怎样去争取第一，或者说是提供物质上的利益，那么这样的一个口号还有可能引起他们的反感并导致定位的混乱，给其他的竞争者造成可乘之机。没坚持如一定位造成竞争中被动的还包括饮料行业巨子"可口可乐"，在 20 世纪 50 年代，"可口可乐"频繁定位于"美味的标志"、

"冰凉有劲的可乐滋味"、"真正的提神"之间，以至于在"百事可乐"和"七喜"的夹攻下竟然要改变自己的配方！简直就忘了"可口可乐"在人们心中形成的真正的可乐的形象，从而招致人们的强烈反对，也给"百事可乐"和其他饮料商以可乘之机。

品牌定位并不是一成不变的，在某些情况下，比如由于品牌的销售额下降或预测到其他的市场机会的时候，企业可以根据具体情况尝试去改变品牌的定位，以使品牌定位更能符合消费者的需求。坚持品牌定位主要是指对于一个成功的定位，在顾客头脑中已成型的定位，企业要试图去改变这种定位往往是得不偿失的，所以品牌定位需要长久的坚持。

第二节　品牌定位决策步骤

为品牌定位是一个科学地整合分析目标消费者需求、市场竞争状况、企业资源特征的过程。在为品牌建立定位以前，需要回答如下的基本问题：我们的品牌在潜在顾客心目中已形成什么样的定位；企业希望自己的品牌有个什么样的定位；为建立品牌的这一定位必须要进攻哪些竞争品牌，并超过他们；企业是否有足够的资金占有并维持这一定位；企业是否有坚持这一定位策略的气魄；品牌的创意方式是否与它的定位策略相匹配。具体而言，品牌定位决策遵循以下步骤：

一、确认品牌竞争者

确认品牌竞争者是一个需要全面广泛考虑的过程，品牌竞争者不仅包括同种类产品的品牌，还包括其他种类产品的品牌（直接和间接的替代产品品牌）。例如一个白酒品牌要和其他各种定位的白酒竞争，还要考虑和葡萄酒、啤酒的竞争，因此企业必须考虑到所有可能的竞争者及其对消费者产生的各种影响。确认品牌竞争者是一个行业竞争分析过程，这个分析过程为品牌定位打下基础。

二、评估消费者对竞争者品牌的看法

在确认了品牌竞争者后，企业就要考察消费者对竞争品牌的看法，消费者认为哪些属性对评价一个品牌最重要。一般而言，对于大多数品牌，消费者都要考虑产品的各种用途和属性。为了明确这个问题，要求企业组织专门的营销调研，如邀请消费者试用产品以及参加专题讨论会、共同参与调查过程，以了解消费者在选购品牌时会认为哪些产品属性更重要。如一个消费者在选择一个汽车品牌时会考虑诸如汽车的可操作性、安全性、装饰这样一些属性及其他因素，这一步是选择竞争性定位的基础。

三、明确竞争者品牌的定位

在确认了产品的相关属性及其对消费者的重要性之后，企业必须明确每个竞争品牌是怎样在这些属性上定位的。从这里企业可以得知竞争品牌之间是如何相互区别的，明确竞争品牌的定位是在消费者研究的基础上得出的结论。一般而言，探求竞争品牌的定位可以采用竞争性框架的方法，竞争性框架就是根据产品的某些属性来做一个树形图，并分别细分这样一些属性，最后把所有的竞争性品牌按这些属性在这个树形图上"对号入座"，以明确竞争品牌的差异性定位。

四、分析消费者偏好

我们通过采用不同的市场细分变量如生活方式、购买动机、人口特征等把市场细分成了不同的细分市场，在每一个细分市场中都可能有不同的购买动机和重要属性的排序。企业要做的就是要分清哪些购买动机、哪些属性是重要的，并且要找出它们之间的差异。为此，企业可以设想有一个理想的品牌，它具有了消费者所有选择中偏好的目标，这些偏好还可能是那些想象出的而在现实中并不存在的。设想这个理想品牌的目的是为了帮助企业细分市场的不同偏好和理想，或者是找到这些偏好和理想的倾向。

五、做出品牌定位决策

依照前四个步骤便可以明确企业的品牌定位。然而科学的决策过程并不一定完全带来科学的定位决策。营销是一门80%的科学加上20%艺术的学科，在对品牌定位进行最后的决策时还需要考虑以下的几个问题。

（一）选择的市场细分策略是否合适

通过市场细分找到目标市场是品牌定位的基础，企业要考虑目标市场是否支持自己的进入，以及是否对公司的品牌感兴趣。当品牌选择了一定的定位后，品牌的产品要能够支持这样的定位，如果产品可以满足目标市场对品牌要求的利益的时候，我们认为企业选择的细分市场策略是恰当的，并且品牌的定位也是成功的。但是，如果产品不能满足目标顾客对品牌要求的利益，那么企业就要考虑市场细分策略的合理性。无论企业给品牌一个什么样的定位，都要能够使目标顾客得到他们想从这个品牌得到的东西——无论他们追求的是什么。比如"宝马"车的目标顾客是那些富有的、有地位的、年轻的、不受传统约束的新一代人士。"宝马"能给他们提供所追求的象征身份、地位的汽车。

（二）选择企业的哪些竞争优势作为品牌定位基础

企业需要为品牌定位决策考虑目前企业所有的哪些竞争优势可以利用，或者是要为品牌形成某一定位而要发展哪些竞争优势。可以从迈克尔·波特提出的价值链去寻找企业潜在的竞争优势，每个企业都是为设计、制造、营销、运输产品等而采取一系列活动的实体。价值链把企业分解为在策略上相互关联的5项主要活动和4项支持活动。主要活动为运入后勤、经营、运出后勤、市场营销、服务，支持性活动为企业的基础设施、人力资源管理、技术开发、采购。从价值链上看企业具有的是差别化优势还是成本优势、创新优势，它们可以给品牌带来哪些差异化的理由，品牌能不能以它们作为定位的一个或几个基本点。

（三）企业是否拥有足够的资源宣传品牌定位

众所周知，给品牌建立一个定位是昂贵的，需要企业投入大量的资源。一个广告，甚至是一系列的广告都不一定能给品牌一个富有竞争力的定位。为建立品牌的竞争性定位，要求企业整合内部的资源，进行长期的努力确保定位目标的实现。广告是宣传企业品牌定位的一个手段，但它并不是唯一手段。企业要整合包括人员、产品、公共关系一系列因素来宣传、体现品牌的定位。如果不能长期为形成品牌的定位而努力，则一切为品牌定位的努力都会白废。美国零售业巨子"西尔斯"百货曾经一度在几种定位间徘徊："到底是高档品经销商还是为顾客提供廉价的商品？"无法在消费者心中形成一个独特的定位。与此相反，零售业新贵"沃尔玛"则一开始就把自己定位于为顾客提供廉价的商品，宣传自己天天低价。在顾客的心中占据了廉价商品提供商的地位。当然，即使品牌获得了成功的定位，也很有可能引来竞争者的比附，躲避和维持品牌区别性定位的代价很高。如"莱特"啤酒是第一个定位于低度啤酒的品牌，在它获得成功后引来一群竞争者如百威、库尔斯、施里茨等。但是"莱特"并没有能力攻击这些竞争者和维持自己的定位，进而丧失了这个独特的定位。

（四）品牌间竞争的激烈程度如何

企业必须了解在市场上品牌的定位能否长期坚持，以及在竞争品牌的攻击下有哪些优势可以支持这个定位。如果一个品牌定位为最佳品质，那么企业就要有能力生产出最佳品质的产品来，否则这样的定位就会落空。如果定位为最低成本，就必须做到成本最低，就像"沃尔玛"为了维持自己的最低成本，引进实时管理技术，及时、集中采购，降低了库存成本和采购成本，以此来维持自己的成本优势。另外，通用食品（General Foods）的经验是从不首先进入一个市场，当竞争者开发了一个新市场后，通用食品只是改进自己的产品并参与这一新市场的竞争，而且往往都能抢占很大的市场份额。所以当企业面临通用食品这样强大的竞争对手时，不能不去考虑开发并维持这种品牌定位的困难。

（五）现有的品牌定位策略是否有效

企业需要考察现有定位策略的有效性，如果现有定位策略不那么有效，企业就要考虑更换定位策略，否则将会在竞争中陷入被动。反过来，如果要改变现有的、有效的定位策略，这种改变是不明智的，也会使品牌在竞争中陷入被动。改变定位策略一般出现在管理者对现有的定位主题产生厌倦，希望换一个更新的主题，但是这样做往往会在市场上引起混乱，削弱品牌的定位。一般而言，考察品牌定位策略有效性的指标就是品牌的市场占有率，至少，品牌的市场占有率下降说明品牌的定位有问题，企业需要进一步分析原因。除非有足够的理由证明改变定位策略是必要的，否则不要轻易改变品牌的定位。

六、监控品牌的定位

一旦品牌的定位建立起来以后，企业就需要监控它在市场上能否有效地维持，企业可以通过记录下不同时期研究出来的品牌形象来了解品牌的定位状况。这样做一方面可以及时发现消费者观念的改变并采取相应措施应对，另一方面也可以确定竞争者品牌的状况。

第三节　品牌定位策略

品牌定位策略通常集中于目标顾客或竞争者，这两种方式都要满足目标顾客所需要的品牌利益，前者将品牌与目标顾客能获得的利益相联系并建立有利的品牌形象，后者通过与竞争者品牌联系并加以区别，以获得目标顾客对本品牌的独特认识，进而形成一个有利的定位。一般而言，有以下八种定位策略供企业选择。

一、品牌属性或利益定位

品牌定位的一种常用方式是借用产品的某些特征或利益（从消费者视角）为基础将本品牌与竞争者品牌相区别。以属性或利益定位要求具备两个条件：一是产品的属性能带给顾客实在的利益，二是产品的属性或利益是竞争品牌所不具有的、并且不能被竞争品牌复制。如"劳斯莱斯"汽车具有独特的属性，即坚固、耐用、无故障、没有噪声、汽车中的艺术品，可以给顾客带来与众不同的情感上的利益。"劳斯莱斯"是财富与地位的象征，并且"劳斯莱斯"的这些属性或利益是别的品牌所不能复制的，因为在所有人的心中，"劳斯莱斯"是精益求精的杰作，是了不起的汽车艺术品，是任何其他的汽车都不能代替的。"劳斯莱斯"就借用了它的这些属性和利益定位成为汽车中的佼佼者。

借用产品属性和利益定位要求企业不断地改进产品质量，赋予产品独特属性，这是一个长期的过程。这种方法适用于那些长久以来追求卓越产品质量的品牌，并且在消费者中间享有良好口碑的产品。

二、价格/质量定位

有的品牌经常使用价格/质量定位，这种定位使用两种方式。一是用广告宣传品牌具有一流的质量，同时与质量相比只有二流的价格。另一种方式是强调具有竞争性价格的产品的质量或价值。采用这种定位策略要求品牌要能够说明确实具有一流的质量并且要让消费者信服，同时对品牌的价格消费者能体会到的确是实惠的。一般采用这种定位策略的都是高价品牌，如丰田公司推出"雷克萨斯"汽车是就采用了这样的定位策略。一方面丰田公司给"雷克萨斯"的设计以"奔驰"汽车来要求，要有与"奔驰"一样的高质量、一样的豪华装饰。另一方面与"奔驰"比起来"雷克萨斯"的价格确要低许多。"雷克萨斯"定位于豪华汽车，但是与产品本身比较起来确有相对低的价格，以此来吸引那些向往豪华汽车而又不想花费太多的钱的顾客。

采用这种定位策略要求企业要能够制造出质量优异的产品，并且还要能忍受赚取少量利润的压力。这种策略在市场上有一个高质高价的品牌时使用成功率最高，就像"雷克萨斯"之所以获得成功是因为市场上有"奔驰"。人人都想拥有"奔驰"，但又不是人人都有能力购买。

三、产品用途定位

这种定位策略一般都在产品具有某些特殊的用途或多种用途时采用。当企业在开发出一种创新产品时，以产品的独特的用途来吸引顾客不失为一个好主意，在3M 公司开发出一种可随处张贴而又不损伤被贴物表面的"便事贴"时，对"便事贴"的定位就是利用了它的随处可贴的用途。使用产品用途定位策略时要求产品的多种用途能给消费者带来实际的利益，同时消费者也不会因为享受了多用途而支付更多，否则这种多用途就会招致失败。如夏普公司曾经推出了一种电视机和录像机结合的产品，然而这种多用途并没有给这个新产品带来成功。

四、产品种类定位

通常一种产品会面临该产品种类之外产品的竞争。例如航空公司一方面要与其他航空公司竞争，另一方面还要面临其他替代交通工具如汽车和火车的竞争。音乐CD 制造商必须与磁带行业竞争。为此，一些品牌就把自己定位为某一类产品或某一类产品的对立面，如很多人造黄油制造商就定位在天然黄油的对立面。

以产品种类定位最著名的例子就是七喜的"非可乐"定位，七喜明确表明自己不是可乐，使得七喜成了可乐以外的另一选择。如果不想喝可乐，那么七喜是你的最佳选择。以产品种类定位时要产品能体现出作为某一类产品的特点，就像人造黄油是黄油，但是又不是一般的黄油，因为是通过人工合成的。

五、品牌使用者定位

这种定位策略是把品牌与一群特殊的使用者联系起来，如我国体育类发行量最大的报纸《体坛周报》把自己定位于为关心国内外体育信息的读者提供全面的、及时的体坛消息，尤其突出了为那些关心欧洲五大足球联赛的读者服务。太太口服液则定位为 35~50 岁的女性。统一鲜橙多的首发上市，定位于白领女性人群，"统一鲜橙多，多喝多漂亮"一语中的。精准的定位使得统一企业获得了果汁市场上的领先地位。Meters/bonwe 将目标消费群定位在 16～25 岁有活力和时尚的年轻人群，倡导青春活力和个性时尚的品牌形象，给人以平等友善、具有责任感的社会形象。品牌使用者定位策略要求这群使用者要为数众多，而且要便于区别，这样才能突出品牌的形象。

六、竞争者定位

竞争者定位也叫比附定位，这种定位策略是指企业为本品牌定位要借用竞争者品牌，即和竞争者品牌间接联系起来，也是给竞争对手重新定位。对于定位策略，竞争者可能与本企业的产品或服务同样重要。特劳特和里斯通过观察发现，不理会竞争者的策略已经不再适用，在今天的市场上，一个产品或品牌的定位策略可以是针对某个特定竞争者的，这个竞争者最好是市场上的领导者。使用这一定位策略最知名的例子是艾维斯，它的定位专门针对汽车租赁业的老大赫兹公司。艾维斯把自己定位为老二，它的广告语为："我们是第二位的，所以我们更努力。"这是一个突出的定位，间接地把自己和行业老大赫兹公司联系在了一起，可能很多人不知道艾维斯，但是一定有很多人知道赫兹，如果把艾维斯和赫兹联系起来就会有很多的人知道艾维斯了。"海飞丝"在 20 世纪 80 年代初进入中国洗发水市场，经过多年的市场培育，在消费者中形成高度品牌认知：去屑就是"海飞丝"。要想在去屑的功能上进行定位只有借力打力。丝宝集团旗下的洗发品牌"风影"的定位是"去屑不伤发"，正是"不伤发"的诉求对"海飞丝"进行了重新定位，由此获得消费者的青睐。

当然，运用竞争者定位策略时最好还要使用其他的定位策略，以便使品牌更加易于区别。

七、文化定位

文化定位策略就是把品牌和某一特殊的文化联系起来，它可以获得顾客的心理认同和引起情感共鸣，以使在顾客的大脑中以品牌代替一种文化，从而形成一种文化定位。如我国绍兴土产商行的品牌"孔乙己"就是使用的一种文化定位，通过借用鲁迅先生笔下的孔乙己这个人物形象进行品牌定位。使用文化定位策略的还有麦当劳，它的文化定位使得麦当劳成了快餐文化的代表。谭木匠定位于中国传统文化，推出了"花开富贵，竹报平安"、"凤求凰"、"鹊桥仙"等系列产品，在产品设计中融入传统文化元素，体现了它与众不同的文化特色，深深地打上了传统文化的烙印。

八、品牌再定位

品牌再定位策略就是变更或改变品牌的定位。当品牌在销售额下滑或发现有新的市场机会时，为获得品牌新的增长与活力，企业可以考虑品牌的重新定位，即再定位。当然，一般来说，改变品牌原有的定位要比为一种新品牌定位困难得多，因为要进行新的品牌定位首先要清除品牌在顾客头脑中原有的定位，然而这并不是一件容易的事，顾客并不会轻易改变对原有品牌定位的印象。因此，品牌再定位的关键是要把品牌改变后的新定位不断传递给顾客，只有加强这一新的市场形象才能使新的品牌定位成功。

使用品牌再定位策略一般发生在以下几种情况下：

1. 品牌一开始的定位就是有问题的、是错误的，得不到顾客的认可，这要求品牌重新定位。

2. 品牌原有定位是正确的，但是在竞争者推出一个新品牌后，并且与本品牌相比有相似的定位，侵占了本品牌的一部分市场，导致品牌市场占有率下降。

3. 消费者需求发生了变化，本品牌的定位已经不能获得消费者的完全认可。

4. 企业的营销目标发生了变化，要求定位策略随之变化。

坚持品牌定位是品牌营销所强调的一般原则，如果市场情况发生变化，原有品牌定位不能为品牌带来消费者认同并开始丧失市场竞争优势，此时企业必须考虑是否对品牌进行重新定位。如美国米勒公司的瓶装"仿香槟啤酒"曾经风靡一时，然而在巴德维瑟公司、施里茨公司和帕布斯特公司推出类似的啤酒后，销量不断下滑，前景十分暗淡。在菲利普·莫利斯公司收购了米勒后，重新为米勒啤酒定位，将米勒啤酒更名为"米勒好生活啤酒"，并以"劳动者"形象占领了蓝领啤酒消费市场。米勒啤酒凭借这一全新的定位获得了极大的成功，一跃成为全美第二品牌。

本章小结

定位就是要在预期顾客的大脑里独树一帜，获得一个独特的地位。定位不是要定位于某一具体的空间位置，也不是定位品牌产品的物理特性和功能利益，更不是品牌竞争优势的源泉，虽然定位可以给品牌带来竞争优势，品牌的竞争优势最终是来自于产品。

品牌定位是品牌营销的起点，品牌定位就是要在目标顾客的大脑里占据一个独特的位置，即是形成一个有价值的、和其他品牌比起来有价值的形象。通过定位可以使品牌在竞争中脱颖而出，品牌定位可以给目标顾客带来差别化的利益，同时定位有助于企业整合营销资源打造强势品牌。

品牌定位要遵循以下原则：首先定位要源自于对目标顾客的透彻了解；其次品牌定位要突破陈规，创造性地定位；再次品牌定位要遵循简单化原则；最后，品牌定位要始终如一，不要随意改变品牌的定位。

品牌定位决策要遵循以下六个步骤：确认品牌竞争者；评估消费者对竞争者品牌的看法；分析消费者偏好；明确竞争者品牌的定位；做出品牌定位决策；然后再

监控品牌的定位，以决定是否要改变品牌的原有定位。一般在品牌决策时还要考虑的问题包括：选择的市场细分策略是否合适？选择企业的哪些竞争优势作为品牌定位基础？企业是否拥有足够的资源宣传品牌定位？品牌间竞争的激烈程度如何？现有的品牌定位策略是否有效？

品牌定位可以采用以下八个策略：利用品牌产品的属性及利益定位、价格/质量定位、产品用途定位、产品种类定位、品牌使用者定位、竞争者定位、文化定位、品牌再定位。

复习思考题

1. 定位是什么？如何理解品牌定位？
2. 品牌定位的意义是什么？
3. 讨论品牌可以采用哪些定位途径？并结合实际就各种定位途径举一个实例。
4. 一般品牌定位要遵循哪些定位原则？
5. 什么是品牌再定位？哪些因素促使企业对品牌进行再定位？并找出一个最近正在进行再定位工作的品牌加以讨论。

案 例

哈根达斯一炮走红的秘密

哈根达斯（Haagen-Dazs）的"矜贵"是举世闻名的，动辄上百元的价位让普通冰淇淋自惭形愧，也让它享有"冰淇淋中的劳斯莱斯"的美称。经历了 40 多年的风雨兼程，哈根达斯已在全球 55 个国家开设了 700 多家专卖店和几万家零售点，从西方到东方，从蓝眼睛到黄皮肤，它跨越了地域和种族的限制，成为追求高雅时尚生活人士的共同语言。在许多人心里，哈根达斯卖的不是冰淇淋，而是对生活的梦想！

洞察市场，哈根达斯一炮走红

20 世纪 50 年代，美国冰淇淋市场竞争越来越激烈，40 多岁的马塔斯敏锐地发现，低价冰淇淋市场已日渐成熟，小作坊式的冰淇淋生产根本不可能有大的作为。另外，由于冷冻技术的发展，许多制造商在冰淇淋中加入了更多的空气、稳定剂和防腐剂，以延长产品的保质期并降低成本，使冰淇淋质量大不如前。于是，马塔斯立志要生产纯天然、高质量、风味绝佳的冰淇淋产品，抢占高品质冰淇淋的市场空间。他推出三种口味的高档冰淇淋：香草、巧克力和咖啡，主要针对一些高级餐厅和商店，1961 年产品正式命名为"Haagen-Dazs"。

马塔斯高价位的经营策略无疑具有风险性，然而最终让他获得了极大的成功。哈根达斯上市后很快一炮走红，并在全球带来了一场冰淇淋革命。在随后的几十年里，哈根达斯尽管几易其主，但其"矜贵"的品牌形象却一直未变，马塔斯独到的商业眼光和其后对"矜贵"品牌形象的维护，让哈根达斯至今仍独秀于顶级冰淇淋行列，成为优质生活和品位的象征。美国《时代》杂志曾赋予哈根达斯"冰淇淋中的劳斯莱斯"的美名尽善尽美，哈根达斯演绎"矜贵"。

正如许多顶尖奢侈品牌，哈根达斯走的是"曲高和寡"的经营路线，它必须突显自己"矜贵"的品牌个性。马塔斯在创立哈根达斯之初，便明确地喊出了自己的宣言"制造最好的冰淇淋"，在其后的发展历程中，无论是制作选料、产品定价，还是专卖店设立、宣传策略等，哈根达斯都尽善尽美，体现出对"矜贵"傲人品质的孜孜以求，使品尝哈根达斯冰淇淋成为一种难忘的体验。

在产品制作上，马塔斯舍弃当时偏重外观而忽视口味的做法，不吝成本，严格地选用100%天然的原料。为保证傲人的品质，哈根达斯不懈地寻找世界上最优质的原料，不含任何防腐剂、人造香料、稳定及和色素，在冰淇淋中加入更多鲜奶油，并努力降低冰淇淋的空气含量。采用脱脂奶、新鲜奶油、蔗糖及经过严格品质鉴定的新鲜蛋黄是哈根达斯骄人口味的秘密，正如哈根达斯所宣称的：每一口的哈根达斯冰淇淋都比一般的冰淇淋更加香软幼滑，品尝后顿觉齿颊留香。至今，哈根达斯仍延续了这一优良传统，全球出售的哈根达斯都是选用100%天然原料，而且每道制作工序都有严格的质量检测保证。

在产品定价上，哈根达斯与和路雪、雀巢不一样，走的是高价位路线，目标消费群是处于收入金字塔顶层的注重生活品位、追求时尚的年轻人。哈根达斯冰淇淋的价格令普通人"望价却步"，一份"梦幻天使"78元，一个冰淇淋球25元，一个主题冰淇淋更是在百元以上。然而，哈根达斯的高价位依然引来大批信徒趋之若鹜，拥护者已经将哈根达斯视为高品质生活的象征。

在专卖店设立上，1976年鲁本·马塔斯的女儿多丽丝·马塔斯（Doris Mattus）在美国开了第一家哈根达斯专卖店，其高雅的设计获得巨大的成功，随后，哈根达斯专卖店如雨后春笋般在世界各地出现。哈根达斯为了维护其"矜贵"形象，专卖店绝不会设立在嘈杂的超市或杂货店里与廉价冰淇淋为伍，其专卖店均设于时尚繁华路段，由设计师精心设计，有时，哈根达斯一间旗舰店的投资会超过数百万美元。幽静的角落，温情的音乐，柔和的灯光……哈根达斯用温馨、轻松、时尚、浪漫的氛围包围每一位光顾者，让顾客在品尝冰淇淋的同时，体会优雅的"哈根达斯一刻"。如今，哈根达斯已在全球55个国家拥有约700个专卖店，年销售额逾10亿美元（约合82.8亿元人民币）。

在宣传策略上，为了维护其"矜贵"形象，哈根达斯几乎不做针对广大受众群的电视广告，它的广告偶尔出现在一些时尚杂志上，大都是极富视觉冲击力的平面广告。当然，哈根达斯很看重"口口相传"的效果，因此对光顾者"进来一个，抓住一个；抓住一个，巩固一个；巩固一个，发展一批。"消费者热情的口碑传播也成了哈根达斯的杀手锏。另外，哈根达斯精美的菜单里令人目不暇接的主题雪糕也许比广告更具诱惑力，当你面对菜单里诸如"浓情脆意"、"爱琴海之舟梦"、"心怡情怡"、"梦幻天使"、"情迷黑森林"、"梦牵霞飞"等美妙新奇的冰淇淋名字时，你怎能不垂涎欲滴而乖乖投降呢？哈根达斯还有一个独特的宣传策略，就是将产品贴上爱情标签，一句"爱我，就请我吃哈根达斯"的广告语，让吃哈根达斯就像送玫瑰一样，哈根达斯俨然成为"小资男女"的浪漫爱情信物，令许多情侣们衍生出甜蜜美好的遐想。哈根达斯在情人节时还特别推出"情侣冰淇淋"，免费拍情侣照，罗曼蒂克的促销手段让情侣们流连忘返。

对"矜贵"品质尽善尽美的追求，使哈根达斯成为"高贵时尚生活方式"代言人。

中国之旅，哈根达斯融入东方情结

1996 年，哈根达斯进入中国，在上海南京路开设了中国第一家专卖店，随后，哈根达斯在北京、广州、杭州、深圳、青岛等 10 多个城市闪亮登场，目前已经在中国内地开设了 50 家专卖店，零售点达到 1000 多个。

哈根达斯是个异国品牌，当许多人对圣诞节和情人节等舶来品热情追捧时，哈根达斯却将自己的西方浪漫风情融入传统的东方情结中，牢牢抓住了中国消费者的心。

2000 年千禧之际，哈根达斯为中国消费者推出了匠心独具的"冬日狂欢精选"系列，包括哈根达斯冰淇淋火锅、3 款冬日精选菜式和专为新千年倾情奉献的"千禧之约"冰淇淋蛋糕。特别是哈根达斯冰淇淋火锅将西方的冰淇淋同中国的传统火锅融为一体，给中国消费者带来美好新奇的体验。

哈根达斯深谙中国人品茶之道，特意将同属东方的日本抹茶融入冰淇淋中，让你在浓郁的茶香中体会到一种别样的冰淇淋甜蜜。哈根达斯 2001 年 4 月推出的"抹茶"冰淇淋包括"抹茶手卷"和"茶的物语"，"抹茶手卷"将清香的抹茶冰淇淋融于奶昔中，而"茶的物语"则融合鲜奶、炼乳及蜜红豆。哈根达斯将东方茶文化融入西方的冰淇淋中，掀起了一场绿色风暴。

2001 年中秋节前，哈根达斯又推出独具创意的"月饼冰淇淋"。在设计精美的月饼礼盒中，4 款不同口味的"月饼冰淇淋"异彩纷呈，有以芒果雪芭为馅、以巧克力为皮的月饼冰淇淋，还有由草莓和芒果搭配而成的月饼冰淇淋……当你中秋佳节举头赏月，品尝着清滑香浓、莹润剔透的"月饼冰淇淋"时，怎能不深切地感受到哈根达斯"一切都值得回味"呢？

如今，哈根达斯已成为享誉全球的品牌，无论在哪里，只要一提到"哈根达斯"，人们心中便会激起温馨、甜蜜、时尚的涟漪，在消费者心里，哈根达斯卖的不是冰淇淋，而是对美好生活的梦想！

资料来源：哈根达斯一炮走红的秘密．中国教育在线，2012-12-06.

案例思考题

1. 结合案例谈谈你是如何看待品牌定位重要性的？
2. 从品牌定位策略上看，"哈根达斯"是如何成功实现品牌定位的？

第三章　品牌设计

品牌定位是为市场确定并塑造品牌整体形象，并通过功能利益和情感利益占据消费者心智并存留特定位置的全过程。作为品牌外部视觉形象设计的"品牌设计"，自然是全过程中的一个核心环节。没有顾客乐于接受的品牌外部视觉形象，就不能有效地进行品牌传播，诱使顾客购买品牌标定的商品，品牌整体定位就失去了意义。因此，品牌设计可谓意义重大。为了明确品牌设计全过程，本章阐述品牌名称设计、品牌标志设计、品牌形象设计三个方面的内容。

第一节　品牌名称设计

一、品牌名称的意义

每一个品牌都有自己的名称，否则就无法与外界进行交流和沟通。品牌名称是品牌构成中可以用文字表达并能用语言进行传播与交流的部分。

每个人都有自己的名字，而且每个人的名字都力求有一定的讲究、有特殊的含义。和人一样，企业品牌亦要有一个好听的名称——一个好的品牌名称是企业的宝贵财富。20 世纪 70 年代初，美国美孚石油公司为了适应形势的需要，动用 7 000多人、耗资 1 亿美元给自己取了一个满意的新名字：埃克森。品牌名称的重要性由此可见一斑。

品牌名称提供了品牌联想，最大限度地激发消费者的"直接联想力"，这是成功品牌名称的基本特征之一。品牌名称作为品牌之魂，体现了品牌的个性和特色，它使消费者自然而然地产生一种很具体、很独特的联想。一提到某一品牌名称，人们会很快对该品牌所代表的产品质量、形象、售后服务等产生一个总体的概念。例如：可口可乐、百事可乐代表了丰富的美国文化意蕴；佳能、尼康代表了高质量的数码相机；苹果、三星则象征先进的移动智能电话技术等。

品牌名称对产品的销售同样有着直接的影响。以日本的胶卷市场为例，在富士公司独垄市场之前，富士公司和樱花公司同时作为日本胶卷市场的两大巨头。20世纪 50 年代，樱花公司在胶卷市场上的市场占有率超过了 50%，然而后来富士的市场份额越来越大，以致最终击败樱花公司，成为市场霸主。根据调查，樱花公司失败的原因并不是产品质量问题，而是产品名称。在日文里，"樱花"一词代表软性的、模糊的、桃色的形象，樱花公司因此而受到其樱花牌胶卷名称的拖累。相反，"富士"一词则同日本的圣山"富士山"联系在一起。樱花牌胶卷受制于这一不幸形象，各种广告宣传均无济于事，只有节节败退。但是据美国一家著名调查机构曾以"品牌名和效果相关研究"为题，对全美大大小小的品牌名称做深入探讨，结果发现：只有12%的品牌名称对销售有帮助；有36%的品牌名称对销售有阻碍；而对销售谈不上贡献者，则高达52%。由此可见，品牌名称的设计在实业界还要进一步充实完善。品牌名称作为品牌的核心要素会直接导致一个品牌的兴衰。因此企业在一开始就要确定一个有利于传达品牌定位方向且有利于传播的名称。

二、品牌名称设计的类型

里斯、特劳特指出："在定位时代中，你要做的最重要的营销决策便是为产品取个名称。"好的产品是一条龙，而为它起一个好的品牌名字就犹如画龙点睛，成为神来之笔，对提高品牌知名度、扩大产品品牌的市场份额，有着很重要的作用。好的品牌名称是品牌被消费者认知、接受、满意乃至忠诚的前提，纵观世界上一些著名的国际性企业，它们的名称既是各具特色的，又都遵循着共同规律，还包含着诸多精彩的偶然创意。下面，我们就从国内外知名品牌的成功经验或失败的教训中总结出品牌命名的一些基本类型。

（一）按品牌文字类型划分

按品牌文字类型划分，品牌名称可分为文字品牌名和数字品牌名。

1. 文字品牌名。文字品牌名是品牌命名的常用选择。但在运用中文还是外文的选择上不同的企业则有不同的决策。一方面我们看到国外品牌进入中国市场时都要为已有的品牌名称翻译一个对应的中文名，如家乐福、奔驰、可口可乐；另一方面，一些中国企业却喜欢用外文为自己的品牌命名，特别是服装类品牌，如"only"、"sports"等，这与消费者对世界上最好的服装出于法国和意大利的认知有关。此外中文品牌中的汉语拼音也是一种品牌名称模式，如"Haier"、"TAHAN"（太和）等。

2. 数字品牌名。即以数字或数字与文字联合组成的品牌名称。尽管各国文字有较大的差异，但数字却是全世界通用。采用数字为品牌命名容易为全球消费者所接受，但也需考虑各国对不同数字的含义的理解。避免与目标市场国消费文化相冲突。如日本人回避数字4，西方人忌讳数字13。"7-11"是世界最大的零售商和便利店特许商，在北美和远东地区有2.1万家便利店，该公司用"7-11"为企业命名的意思则是用自己从1946年推出的深受消费者欢迎的早7点到晚11点开店时间的服务特色命名的，至今已成为世界著名品牌。较著名的数字名称还有999胃泰、555香烟、香奈儿5号香水（Chanel No. 5）等。

（二）按品牌名称的字意来源划分

按品牌名称的字意来源可分为：企业名称品牌名、人物名称品牌名、地名品牌名、动物名称品牌名及植物名称品牌名。

1. 企业名称。是指将企业名称直接用做品牌的名称。企业式名称又可分为两种类型：全称式和缩写式。全称式如摩托罗拉公司的摩托罗拉手机、索尼公司的索尼电器等；缩写式名称是用企业名称的缩写来为品牌命名，即将企业名称每个单词的第一个字母组合起来，这种类型的品牌名称较著名的有：IBM，全称为International Business Machine，汉译名称为国际商用机器公司，电脑产品的品牌名称为 IBM；3M，全称为 Minnesota Minning & Manufacturing Co，汉译名称为明尼苏达采矿制造公司，公司所有的产品都以 3M 为品牌名称，类似的还有 TCL、LG、NEC 等。

2. 人物名称。即以商品的发明、制造者或以对这个商品有名气的特殊爱好者取名。品牌的名称有可能是古代名人，如"特洛伊的海伦"（Helen of Troy）；东坡鸡——苏东坡最爱吃的鸡。也可能是创业者、设计者的名字，例如：张小泉剪刀——这种剪刀的最初制造者是张小泉；路易·威登——这一奢侈品品牌的创始人就叫路易·威登。这种因人取名的产品能借助名人的威望及消费者对名家的崇拜心理，以语言文字作媒介，把特殊的人和产品联系起来，激发人们的回忆和联想，借物思人，因人忆物，容易留下深刻的印象。

3. 地名名称。即以产品的出产地或所在地的山川湖泊的名字作为品牌的名称。以地名命名的产品通常是想突出在该地方生产此产品所具有的独特资源是其他地方不具备的，由此而形成独一无二的其他产品无法替代的产品品质，以突出产品的原产地效应，例如：茅台、白兰地、燕京、青岛啤酒等都是地名或地名的演变。这种方法可利用消费者对著名产地产品的信赖心理，给消费者以真材实料，品质上乘，具有独特地方风味的感觉，从而树立起对产品的信任感。

4. 动物名称。即以动物的名称为品牌名称。动物式名称常能给消费者留下深刻的印象，著名的有鳄鱼、小天鹅、熊猫、凤凰、金丝猴、白鳍豚、圣象、神龙等。在不同民族的文化背景下，同一动物所暗示的象征意义有时截然不同。

5. 植物名称。即以植物的名字作为品牌名称。如苹果牌电脑、草珊瑚含片、牡丹牌电视机、西瓜霜润喉片等。同样，不同国家和地区的居民对植物所延伸的含义有不同的理解。菊花在意大利被奉为国花，但在拉丁美洲和法国的有些国家则被视为妖花，人们只有在送葬的时候才会用菊花供奉死者，我国的菊花牌电风扇如果出口到这些国家，销售前景必然暗淡。

三、品牌命名的原则

消费者对品牌的认知始于品牌名称，企业要确定一个有利于消费者认知、能传达品牌发展方向和价值意义的名称，需从市场营销、法律及语言三个层面遵循以下原则：

（一）市场营销层面

1. 暗示产品利益。从名称的字面可联想到品牌的利益。品牌名称应暗示产品的某种性能，含蓄地表达出其特征和用途，以便于消费者望文生义，了解商品的本质，加快认知过程，迎合消费者对商品实用的心理要求。如"999胃泰"，它暗示该产品在医治胃病上的专长；"好记星"牌英语电子学习工具，它与"好记性"同音，暗示英语学习记得牢、效率高。类似的还有"草珊瑚"含片、"汰渍"牌洗衣粉、"佳洁士"牌牙膏、健力宝、奔驰、家乐福、捷达、金嗓子等。

2. 具有促销、广告和说服的作用。一些品牌名称让消费者就是为了名字也要去购买。如蒙牛的"随便"雪糕，农夫山泉旗下的"尖叫"运动饮料，和路雪的"绿舌头"雪糕等。

3. 与标志物相配。品牌名称与标识物和谐。名称与标识物共同构成消费者对品牌的认知，在为品牌命名时需注意两者的协调。品牌标志物是指品牌中无法用语言表达但可被识别的部分，当品牌名称与标志物相得益彰时，品牌的整体效果会更加突出。

4. 与公司形象和产品形象匹配。如"养生堂"与从事健康事业的企业形象非常匹配。

5. 适应市场环境原则。消费者总是从一定的背景出发来评价品牌名称，而不同的国家或地区消费者因民族文化、宗教信仰、风俗习惯、语言文字等的差异会导致文化背景及品牌认知的不同。因此，品牌名称要适应目标市场的文化价值观念，入乡随俗，否则会产生不利的影响。今天已风靡全球的世界名牌金利来初创时期本名"金狮"，一天，其创始人曾宪梓先生送两条金狮领带给他的一位亲戚，谁知这位亲戚很不高兴，说："我才不戴你的领带呢，金输金输，什么都输掉了。"原来，港话"狮"与"输"读音相近，而这个亲戚又是个爱赌马的人，香港赌马的人很多，显然很忌讳"输"字。那天晚上曾先生一夜未眠，为改金狮这个名字，绞尽脑汁，最后终于想出了将 GOLDLION（意为"金狮"）改为意译与音译相结合，GOLD 一词译意为"金"，LION 音译为"利来"，这样一改，"金利来"这个名字很快就为大家所喜爱，在现代社会里，谁不希望"金利来"呢？显然它迎合了人们图吉利、讨口彩的心理。"蝙蝠"电扇为国内名牌，如到美国仍用此名会让人望而生畏，因为在那里蝙蝠代表凶神恶煞。

（二）法律层面

1. 具有法律的有效性。品牌名称受到法律保护是品牌被保护的根本，在为品牌命名时应遵循相关的法律条款。企业在许多情况下往往由于信息的不对称，导致品牌名称与其他企业品牌名称的重复，并造成无法估量的损失，这类的例子举不胜举。因此，品牌命名首先应考虑该品牌名称是否有侵权行为，品牌设计者要通过有关部门，查询是否已有相同或相近的名称被注册，如果有，必须重新命名。其次，要向有关部门或专家咨询该品牌名称是否在商标法允许注册的范围以内。有的品牌名称虽然不构成侵权行为，但仍无法注册，难以得到法律的有效保护。例如：武汉的一家餐饮企业最初取名为"小南京"，在短短的几年内该企业迅速成为武汉乃至湖北地区人尽皆知的餐饮品牌。当餐饮者准备申请注册时才知道，我国商标法规定县级以上行政区划的地名或者公众知晓的外国地名是不能作为商标名称进行注册的，当然也就不会受到法律的保护。幸运的是该企业运用了"南京"的谐音"蓝鲸"，将"小南京"改为"小蓝鲸"，加上一定程度的宣传，使消费者较快认可了新品牌名称。

2. 相对于竞争的独一无二性。尽管同一名称使用在不同类别的产品中是被法律认可的，但企业在给品牌命名时最好做到独一无二。据统计，我国以"熊猫"为品牌名称的有300多家，以"海燕"、"天鹅"为品牌名称的分别有193家和175家，全国取名为"长城"的产品（企业）有200多个。法律上虽然允许，但消费者却难以识别，无疑会使这些品牌的竞争力降低。

（三）语言层面

1. 语音易读。语音易读表现为：品牌名称容易发音；当读到或听到时令人愉快；在所有的语言中能以单一的方式发音。这是品牌名称最根本的要求，只有让消费者很快地熟悉品牌名称，才能高效地发挥它的识别功能和传播功能，让消费者进一步产生联想和购买欲望。

2. 语形简洁。名字单纯、简洁明快，易于和消费者进行信息交流；而且名字越短，就越有可能引起公众的遐想，含义更丰富。日本《经济新闻》的一项调查结果表明，品牌名称的长度与消费者的认知相关：品牌名称长度为4个字的平均认知度为11.3%，5~6个字的为5.96%，7个字的为4.86%，8个字的认知度仅为2.88%。因此著名品牌多为2~3个字，常见的有：微软、奔驰、家乐福、海尔等。可见，名称越简洁越有利于传播，能使品牌在最短的时间内建立起较高的认知度。

3. 语言标新立异。品牌名称贵在标新立异，避免与其他品牌相混淆，这样才有利于发挥品牌名称独特的魅力，以显示超凡脱俗的个性。如"SONY"、"花花公子"、"宝马"等。柯达（Kodak）一词在英文字典里根本查不到，是柯达公司创始人乔治·伊斯曼独具匠心和深邃思考的结晶。"K"是伊斯曼母亲名字的第一个字母，将"K"字母用在品牌名称上一方面表达他对母亲的缅怀，同时，伊斯曼还认为"K"能代表一种事物的突出部分和间断，具有坚固、锋利等特征。所以"柯达"（Kodak）品牌的前后两个字母都是"K"。

4. 语义启发积极联想。赋予品牌名称相关的寓意，通过品牌名称与产品功能在意念上的联系，来启发人们丰富的想象力，让消费者从中得到愉快的联想，为之解囊，这种方式，对品牌营销和占领市场往往有很大帮助。例如，中国的"春兰"空调，就给人以美好温馨的联想——春天是温暖的，兰花是清香的，春天的兰花让人感觉一阵清新迎面扑来。再加上广告词"只要你拥有春兰空调，春天将永远陪伴着你",这种亲切感往往使消费者在购买空调时把其作为首选。其他如"孔府家酒"象征着悠久的历史、灿烂的文化、中国的儒家文化;"健力宝"则寓意运动、强健的体魄;"杏花村"汾酒以"借问酒家何处有,牧童遥指杏花村"的诗句来比喻美酒;"美加净"化妆品更是明示其美容与净化功能。中国文字富有深刻内涵和底蕴,一个好的品牌名称应尽可能使其寓意含蓄而隽永,这对美化品牌形象、促进品牌营销大有益处。但是,在借喻品牌名称的联想功能时,也应顺其自然,适可而止,不宜牵强附会,过分夸张,否则不但不能为品牌增辉,反而给人以虚伪、浮夸的感觉,引起人们的反感。

外国品牌也很重视寓意和联想功能。例如,德国大众汽车公司生产的"桑塔纳"是美国加利福尼亚州一座山谷的名称,山谷中还经常刮强大的旋风,这种旋风也叫"桑塔纳",大众公司以"桑塔纳"命名其中一种小汽车的品牌,使人们想象这种小汽车像旋风一样快速和强劲。瑞士雀巢品牌的奶粉和咖啡,比喻其"舒适"和"依偎"的寓意,像小鸟在鸟窝里一样安详和受到良好照顾一样。一些外国品牌翻译成中文时,把音译和意译结合起来,寓意其产品功能,是一种很有新意的再创造,其联想之妙也很独到。例如,美国的 Coca-Cola 饮料,原文并无特殊意义,但译成中文"可口可乐"以后,使这种饮料被赋予又可口又可乐的美称,令人拍案叫绝。其他如,把德国 Benz 小汽车译成"奔驰",美国 Avon 化妆品翻译为"雅芳"。外国品牌名称翻译必须适合中国的国情,具有中国味,这将会对产品在中国市场上的开拓起到推波助澜的作用。

四、品牌命名的策略

(一) 目标市场策略

该策略以目标消费者为对象,根据目标市场的特征进行命名。通过品牌名称将这一目标对象形象化,并将其形象内涵转化为一种形象价值,从而使这一品牌名称清晰地告诉市场:该产品的目标消费者是谁。以该策略命名的品牌名称要迎合消费者心理、文化或品位特征,其传达出来的寓意要与目标消费者的年龄、性别、身份、地位等相符。暗示产品消费对象的品牌命名通常较直观,例如"劲士"、"太太"、"清妃"、"方太"等。"太太"这一名称就直接表明了这种口服液的消费者是那些"太太"们,一改其他保健品那种男女老少均可用的无目标诉求方式。"太太"字面本身有两层含义:一是年龄,一般是对 30 岁左右的已婚妇女的尊称;二是其生活形态,多指有闲阶层或有一定地位的已婚妇女。"太太"的名称不仅清晰地界定了目标消费群,同时也暗示了这一消费群富足而悠闲的生活状态。

迎合目标消费者的心理并非易事,需要对目标消费者所处的社会文化背景进行深入的研究。"富康"轿车寓意中国人民向往富裕、安康的生活。法国的"毒药"香水,1985 年在法国上市时,巴黎一大型百货公司每 5 秒钟便售出一瓶,产品扩散速度如此之快,完全得益于其品牌名称"毒药"——该名称一反传统女性温柔、顺从、附庸的角色，突出了西方女性追求解放、平等、独立的强烈愿望。

（二）产品定位策略

该策略以产品特征为焦点，让品牌名称立足于产品本身的功能、效应、利益、使用场合、档次和其所属类型，其好处是使消费者从中领会到该产品的功效。例如"海飞丝"洗发水，它巧妙地表明"去头屑"的定位概念；"小护士"暗示该产品像护士一样精心保护你的肌肤；"美肤宝"护肤品有利于消费者产生美化肌肤、焕发新生光彩的自然联想；闻名全国的"舒肤佳"香皂，它把消费者在消费这种产品功能特质时能够期待产生的心理和生理感受作为品牌命名的起点，一方面向人们显示了其品牌属性，启动了一个定位的过程，同时也能给消费者一种诱惑、期待或承诺，因而成为一个十分成功的品牌命名。

（三）描述性与独立随意性策略

即用一些独立的带有描述性的字或词来随意地拼凑品牌名称，在不经意间达到意想不到的效果。例如可口可乐（Coca-Cola），前半部分来自于当时正在报晓的一只雄鸡（Cock），后半部分则来源于 Cold（冷）来代表饮料的清凉，两者合二为一，本身没有什么意义，可它们的结构、读音实在是妙，不管是谁看一遍都会记住它。

（四）本地化与全球化的选择策略

经济全球化导致全球营销时代的来临，品牌命名必须考虑全球通用的策略。一个完善的品牌应当易于为世界上尽可能多的人发音、拼写、认识和记忆，在任何语言中都没有贬义，这样才利于品牌名称在全球市场上传播。品牌名称绝对全球通用往往并不现实，因此在执行上，更多采用的是"全球思考，本土执行"和"全球兼顾当地"的做法。

全球品牌命名策略首先考虑如何使品牌名称适合当地，在向全球推广时，可采用另起名或翻译原有名称的方法。如宝洁公司的飘柔洗发水在美国叫 Pert-Plus，在亚洲地区改名为 Rejoice，在中国则是飘柔。将本国品牌名称翻译成他国文字时，采用音译和意译相结合的策略，能更好地译出一个品牌名称。"Benz"如果直译便是"本茨"，译为"奔驰"则是一个极佳的品牌名。"Coca-Cola"最初被译为"科科啃腊"，之后才被译为"可口可乐"这一绝妙的名称。高露洁（Colgate），佳能（Canon）都是音译和意译完美结合的典范。

另一种方法是从一开始就选择一个全球通用的名称。世界著名的宏基（Acer）电脑在 1976 年创业的英文名字叫 Multitech，经过 10 年的努力，Multitech 刚刚在国际市场上小有名气，却被一家美国计算机厂指控宏基侵犯该公司商标权。前功尽弃的宏基只好另起炉灶，前后花去近 100 万美元，委派著名广告商奥美进行更改品牌名称的工作。前后经历大半年的时间，终于选定 Acer 这个名字。与 Multitech 相比，显然 Acer 更具有个性和商标保护力，同时深具全球的通用性。它的优点在于：蕴涵意义，富有联想，有助于在出版资料中排名靠前，易读易记。如今 Acer 的品牌价值超过 1.8 亿美元。

五、品牌命名的程序

现代品牌命名是一个科学、系统的过程，而不再是以前随意性的名称选择，专业化的企业品牌命名一般遵循以下过程：提出方案，评价选择，测验分析和调整决策。

（一）提出备选方案

品牌设计者要根据命名的原则，收集那些可以描述产品的单词或词组。虽然品牌命名有着诸多原则，但一般来说一个品牌名称不能满足所有准则，除非设计得非常好，因此，命名时要有针对性地制定命名原则。如果产品要是在国际市场上销售，适应市场环境就要放在第一位。当然，在收集备选名称时，运用最多的还是头脑风暴法。头脑风暴法可以集思广益的方式在一定时间内得到大量的候选品牌名称，运用的范围非常广，具体收集候选品牌名称的方法则因企业而异，如丝宝集团在为洗发水起名字的时候，便是让营销人员尽可能列出与头发相关的字，然后进行组合，并要求品牌名称不是语言文字的习惯组合，但能很好地寓意产品，如"舒蕾"、"风影"便是这样组合的产物。

（二）评价选择

有了十几个甚至是几十个符合条件的候选品牌名称，下面的问题就是在它们之中挑出最佳名称。具体做法是组织一个合理的评价小组，评价小组的成员最好包括语言学、心理学、美学、社会学、市场营销学等各方面的专家，由他们做初次评价。可供评价筛选的原则除了前面我们已经阐述的原则外，品牌名称还应该预示出企业良好的经营理念；不应该选择带有负面形象或含义的品牌名称；从长远角度考虑，要避免品牌名称高度狭窄的定位，以利于将来的品牌延伸。

（三）测验分析

专家对品牌名称的评价和筛选并不能决定最后的品牌名称，消费者才是最终的决定者。因此，对选择的方案需进行消费者调查，了解消费者对品牌名称的反映，而问卷调查则是最有效的形式。调查问卷中应包括以下内容：名称联想调查，即选定的品牌名称是否使消费者产生不理解的品牌联想；可记性调查，了解品牌名称是否方便记忆，通常的做法是挑选一定数量的消费者，让他们接触被测试的品牌名称，经过一段时间后，要求他们写出所有能想起来的名称；名称属性调查，即调查品牌名称是否与该产品的属性、档次以及目标市场的特征一致；名称偏好调查，即调查消费者对该名称的喜爱程度。

（四）调整决策

如果测试分析显示的结果不理想，消费者并不认同被测试的品牌名称，就必须考虑重新命名，切不可轻率决定。

第二节 品牌标志设计

品牌标志是指品牌中可以被识别、但不能用语言表达的部分，即运用特定的造型、图案、文字、色彩等视觉语言来表达或象征某一产品的形象。品牌标志分为标志物、标志色、标志字和标志性包装，它们同品牌名称等都是构成完整品牌概念的基本要素。品牌标志自身能够创造消费者认知、消费者联想和品牌偏好，进而影响品牌标志所体现的产品品质与顾客的品牌忠诚度。

一、品牌标志的作用

品牌标志设计对强势品牌的发育、生长、繁衍有着重要的影响，心理学家的研究结论表明：人们凭感觉接收到的外界信息中，83%的印象来自眼睛，剩下的11%来自听觉，3.5%来自嗅觉，1.5%通过触觉，另有1%来自口感或味觉。标志正是品牌给消费者视觉的印象。

与产品名称相比，品牌标志更容易让消费者识别，品牌标志作为品牌形象的集中表现，充当着无声推销员的重要角色，其功能与作用体现在以下几个方面：

（一）品牌标志形象深动更易识别

我们看到，不识字的幼童看到麦当劳金色的"M"，便想到要吃汉堡包。喜欢汽车的幼童看到四个相连的圆圈，就知道是奥迪，看到三叉星环的标志会大声叫出奔驰。

（二）品牌标志能够引发消费者的联想

风格独特的标志能够刺激消费者产生美好的幻想，从而对该企业产品产生好的印象。例如：米老鼠、康师傅方便面上的胖厨师、旺仔牛奶上的胖仔，以及骆驼牌香烟上的骆驼等，这些标志都是可爱的、易记的，能够引起消费者的兴趣，产生好感。而消费者一般倾向于把某种感情从一种事物上传递到与之相联系的另一种事物上，因此，消费者往往会爱屋及乌，把对品牌标志的好感转化为积极的品牌联想，这非常有利于企业以品牌为中心开展营销活动。

（三）品牌标志便于企业进行宣传

品牌标志是最直接、最有效的广告工具和手段，品牌宣传可以丰富多彩，各种艺术化、拟人化、形象化的方式均可以采用，但核心内容应该是标志。企业应通过多种宣传手法让消费者认识标志、区别标志、熟悉标志、喜爱标志，不断提高品牌标志及其所代表的品牌知名度和美誉度，启示和激发消费者的购买欲望直至形成购买行为。

二、品牌标志设计的原则

品牌标志是一种"视觉语言"。它通过一定的图案、颜色来向消费者传输某种信息，以达到识别品牌、促进销售的目的。美国商标协会对好的商品标志特征界定如下：简单、便于记忆、易读易说、可运用于各种媒体形式、适合出口，细致微妙，没有不健康的含义，构图具有美感。因此，在品牌标志设计中，我们除了最基本的平面设计和创意要求外，还必须考虑营销因素和消费者的认知、情感心理。这些方面构成了品牌标志设计的五大原则，即营销原则、创意原则、设计原则、认知原则和情感原则。

（一）营销原则

品牌标志是对品牌内涵的外在显现，因此从营销的视角，品牌标志的设计要以产品特质为基础，准确传递产品信息，彰显品牌的利益，体现品牌价值和理念，传递品牌形象，企业形象的象征，成为消费者识别品牌的鉴别器。我国航空公司多以飞翔类动物图案作为标识，体现其服务的特质。如中国国际航空公司采用红色凤凰的造型，凤凰是传说中的鸟王，具有超强的飞行能力，红色代表吉祥。该标志图形简洁典雅，红色凤凰昂首翘尾、生机盎然。

（二）创意原则

从标志创意的视角，品牌标志设计须做到简洁、新颖独特、一目了然，给消费者以强烈的视觉冲击。在信息爆炸的时代，消费者对复杂、大众化的信息几乎是难以入目，或者过目即忘。因此，标新立异的标志创意是消费者青睐品牌标志的重要原则。匠心独运的品牌标志易于让消费者识别出其独特的品质、风格和经营理念。因此，在设计上必须别出心裁，使标志富有特色、个性显著，不仅在视觉效果上要抓住消费者的注意力，而且在心理效果上要抓住消费者的心，使消费者看后能留下耳目一新的感觉。宝马（BMW）车以高雅的设计和卓越的功能著称于世，它的象征标志是一个圆，由蓝白两色将其分成四份；福特汽车以品牌名称"Ford"变体直接作为品牌标志；"三菱"汽车的标志——三个菱形拼成的图案，都因清晰、醒目给消费者留下深刻的印象。

（三）设计原则

标志由线条、形状及色彩组合而成，因此从艺术设计的视角，品牌标志的设计在线条及色彩搭配上应遵循布局合理、对比鲜明、平衡对称、清晰与简化、隐喻象征恰当的原则 。平衡是指各要素的分布要令人赏心悦目，留下和谐的视觉印象；对比是利用不同的大小、形状、密度及颜色，以增强可读性，更加吸引人们的注意力。

不同的线条形状隐含着不同的寓意，如表3-1所示：

表 3-1　　　　　　　　　　　　　　　　　线条与寓意

线　　条	寓　　意
直线	果断、坚定、刚毅、力量,有男性感
曲线或弧线	柔和、灵活、丰满、美好、优雅、优美、抒情、纤弱,有女性感
水平线	安定、寂静、宽阔、理智、大地、天空,有内在感
垂直线	崇高、肃穆、无限、宁静、激情、生命、尊严、永恒、权力、抗拒变化的能力
斜线	危险、崩溃、行动、冲动、无法控制的情感与运动
参差不齐的斜线	闪电、意外事故、毁灭
螺旋线	升腾、超然、脱俗
圆形	圆满、简单、结局平衡感和控制力
圆球体	完满、持续的运动
椭圆形	妥协、不安定
等边三角形	稳定、牢固、永恒

图形和图案作为标志设计的元素,都是采用象征寓意的手法,进行高度艺术化的概括提炼,形成具有象征性的形象。图形象征寓意有具象和抽象两种。具象的标志设计是对自然形态进行概括、提炼、取舍、变化,最后构成所需的图案。人物、动植物、风景等自然元素皆是具象标志设计的原型,采用何种原型取决于产品的特征和品牌内涵。常用的图形有太阳、月亮、眼睛、手、王冠等。抽象的标志设计则是运用抽象的几何图形组合传达事物的本质和规律特征。几何图形构成抽象设计的基本元素,"形有限而意无穷"是抽象设计的主要特征。

色彩在标志设计中起着强化传达感觉和寓意的作用,色彩通过刺激人的视觉而传递不同的寓意。可口可乐标志的红底白字给人以喜庆、快乐的感觉;雪碧的绿色则带给人们清爽、清凉及回归自然的遐想。一位学者认为:"销售商必须用蓝色容器或至少是以蓝色为主,糖才能卖出去,坚决不能用绿色。蓝色代表'甜蜜',绿色代表'苦涩',谁愿意去买苦涩的糖呢?"

色彩运用于品牌标志的基础是它给人带来丰富的联想。不同色彩带来不同的联想意义,常见的色彩与联想的意义见表 3-2。

劳斯莱斯轿车设计标志可谓是图形与色彩运用的经典。20世纪初,劳斯莱斯汽车公司的第一任总经理克劳德·约翰逊邀请《汽车画册》的绘画师塞克斯为其劳斯莱斯轿车设计标志。经过多次研究,塞克斯决定以"飞翔女神"为其标志,而且以气质高雅的埃莉诺·索恩顿小姐为女神原型,埃莉诺小姐身材修长,体态轻盈,淡金色的长发、深蓝色的眸子、小巧而尖挺的希腊型鼻子,无不显示出美的旋律。以她为原型的"飞翔女神"代表着"静谧中的速度,无震颤和强劲动力"。克劳德将它称为"雅致的小女神"、"欣狂之魂,她将公路旅行作为至高享受,她降落在劳斯莱斯车头上,沉浸在清新的空气和羽翼振动的音乐声中"。"飞翔女神"充分体现了劳斯莱斯轿车高雅的气质。

表 3-2　　　　　　　　　　　　　　　色彩与联想的意义

色彩	正面联想意义	负面联想意义
白色	纯真、清洁、明快、喜欢、洁白、贞洁	志哀、示弱、投降
黑色	静寂、权贵、高档、沉思、坚持、勇敢	恐怖、绝望、悲哀、沉默
灰色	中庸、平凡、温和、谦让、知识、成熟	廉价
红色	喜悦、活力、幸福、快乐、爱情、热烈	危险、不安、妒忌
橙色	积极、乐观、明亮、华丽、兴奋、欢乐	欺诈、妒忌
黄色	希望、快活、智慧、权威、爱慕、财富	卑鄙、色情、病态
蓝色	幸福、深邃、宁静、希望、力量、智慧	孤独、伤感、忧愁
绿色	自然、轻松、和平、成长、安静、安全	稚嫩、妒忌、内疚
青色	诚实、沉着、海洋、广大、悠久、智慧	沉闷、消极
紫色	优雅、高贵、壮丽、神秘、永远、气魄	焦虑、忧愁、哀悼
金色	名誉、富贵、忠诚	浮华
银色	信仰、富有、纯洁	浮华

(四)认知原则

从消费者对品牌标志的识别和认知视角来看,品牌标志在图形及色彩的运用上要做到简洁明了、通俗易懂、鲜明醒目、容易记忆,并符合消费者的风俗习惯和审美价值观。如,奔驰的"三角星"标识代表发动机在海、陆、空的强劲马力和速度,在车主和车迷的大脑中会形成这样的认知:所有喜爱汽车的人对这个商标产生的反应是信赖、崇敬、自豪和满足。在品牌标志设计中往往存在这样的误区,即过分追求图形的艺术性,高度抽象,而忽略大多数消费者的可识别性。

(五)情感原则

一个能直击消费者情感深处的品牌标志必须符合以下特点:浓郁的现代气息、极强的感染力、给人以美的享受、标志符号让人产生丰富的、美好的联想。消费者看到它有一种天然的亲近感。

NIKE 标志的一勾,使人想到运动场上运动健将的速度,由运动联想到生命的意义,人生的乐趣在于不断的追求,竞争、奋斗、挑战极限构成了现代生活的主旋律。可口可乐的弧线使人想到流水的自然和快乐。

三、品牌标志设计风格

20 世纪以来,标志的设计风格经历了从现代主义风格到后现代主义风格两个演变阶段。在商业传播中,现代主义文化强调对进步和未来的信仰,从工作中求得解放。后现代主义文化丢弃了等级，以个人的自我发展和自我统治为中心，无法容忍他人的操纵，这种文化为西方年轻一代所崇尚。

（一）现代主义风格

现代主义艺术风格盛行于20世纪初的欧洲，代表性人物有毕加索、蒙德里安、哥本等。现代主义风格的基本理念是：强调和谐统一、"装饰即是罪恶"、"简单就是美"、"美在比例"、"越少就是越多"。表现在设计行为上便是，把装饰部分减少到最基本的圆、方和水平或垂直线等几何图形。但这种过于方正或圆滑的风格从视觉上缺乏美感。

（二）后现代主义风格

20世纪50年代出现了后现代主义的萌芽，到20世纪60年代逐步发展成熟。后现代主义风格的理念是：强调感官愉悦、随心所欲、漫不经心；注重的是暂时性、片刻性，不严肃，不经意，无关联性。20世纪80年代初，后现代主义风格运用到标志设计中，它摒弃了现代主义和谐统一的原则，不求明朗、利落、清晰单纯，追求包容、繁杂、模糊、暧昧，二单元并存而又不统一。采用后现代主义风格设计的标志呈现出一种有趣且丰富的复杂性，造成视觉上的多样性和活力，与现代人的审美观相匹配。

四、标志色的运用

在品牌标志设计中，色彩的选择需考虑商品、对象、季节、文化和时代等特点。

（一）商品

不同种类的商品标志应选择相应的色彩及其组合。常用的商品类别与色彩的关系见表3-3。

（二）对象

不同的目标顾客由于受年龄、性别、民族、受教育程度等因素的影响对色彩的感知和理解不尽相同。如儿童喜欢鲜艳、单纯的暖色，年轻人则偏爱深沉、个性的冷色。男性选择坚实、强烈的颜色，女性青睐柔和、典雅、高贵的色彩。

（三）季节

色彩分为冷暖。由暖至冷的色彩顺序为：红、橙、黄、绿、紫、黑、蓝。如夏季服装最好采用中性及冷色。而冬季消费品则适合以红、橙、黄色为基本色。

（四）文化

在品牌国际化的运作中，需特别注意不同文化背景的民族和国家对色彩的喜好和禁忌。如亚洲人将灰色等同于廉价。美国人却认为灰色是昂贵、高品质的象征。法国人忌讳墨绿色，美国人则没有特殊禁忌。

（五）时代

社会的发展和时代的变迁，也伴随着人们对色彩偏好的改变。从人们对服装流行色的选择，我们深切地感受到，色彩也是各领风骚数几年。如，20 世纪 80 年代日本人喜欢红色的汽车，20 世纪 90 年代开始偏爱白色。

表 3-3   商品与色彩

商　品	常用色彩
建筑材料	黄色、橙色
宝石	黄色、紫色
早餐食品	黄色、橙色
香水	黄色、紫色
咖啡	黄色、橙色
学生用品	黄色、橙色
肥皂	黄色、绿色
夏季露营用品	黄色、绿色
饼干	红色、黄色
药品	蓝色、银色
保健品	浅红、金红
旅游、航空服务	蓝色、绿色
夏季饮料	黄色、绿色

本章小结

品牌设计包括品牌名称设计、品牌标志设计。

品牌名称提供了品牌联想，最大限度地激发消费者的"直接联想力"，这是成功品牌的基本特征之一。

按品牌文字类型划分，品牌名称可分为文字品牌名和数字品牌名。

按品牌名称的字意来源可分为：企业名称品牌名、人物名称品牌名、地名品牌名、动物名称品牌名及植物名称品牌名。

品牌命名需遵循市场营销、法律及语言三大原则。市场营销原则包括：暗示产品利益；具有促销、广告和说服的作用；与标志物相配；与公司形象和产品形象匹配；适应市场环境原则。法律原则包括：具有法律的有效性；相对于竞争的独一无二性 。语言层面的原则包括：语音易读；语形简洁；语言标新立异；语义启发积极联想。

进行品牌命名需要讲究策略。品牌命名策略有：目标市场策略；产品定位策略；描述性与独立随意性策略；本地化与全球化的选择策略等。进行品牌命名还需要遵循一定的程序。一般说来，专业化的企业品牌命名一般遵循以下四个过程：提出方案、评价选择、测验分析和调整决策。

品牌标志是指品牌中可以被识别、但不能用语言表达的部分，即运用特定的造型、图案、文字、色彩等视觉语言来表达或象征某一产品的形象。品牌标志分为标志物、标志色、标志字和标志性包装，它们同品牌名称等都是构成完整品牌概念的基本要素。品牌标志自身能够创造消费者认知、消费者联想和品牌偏好，进而影响品牌标志所体现的产品品质与顾客的品牌忠诚度。

品牌标志作为品牌形象的集中表现，具有以下作用：品牌标志形象深动更易识别；品牌标志能够引发消费者的联想；品牌标志便于企业进行宣传。

品牌标志设计需要遵循五大原则：即营销原则、创意原则、设计原则、认知原则和情感原则。

在品牌标志设计中，色彩的选择需考虑商品、对象、季节、文化和时代等特点。

○──── 复习思考题

1. 品牌命名中应遵循什么原则？
2. 品牌名称可划分为哪几种类型？
3. 举例说明品牌命名中应采用什么策略和程序。
4. 品牌标志设计中应遵循哪些原则？
5. 品牌标志具有哪些功能和作用？
6. 举例分析品牌标志设计中对色彩的选择需考虑哪些影响因素。

案　例

"去渍霸"更名为"好爸爸"的另类思考

"去渍霸"更名为"好爸爸"了！随着《爸爸去哪儿》第二季的开播并持续火热，"去渍霸"更名为"好爸爸"的广告飞过大江南北。

2014 年 6 月 27 日，立白集团宣布投入 10 亿元启动"去渍霸"更名为"好爸爸"的计划，并将"好爸爸"作为"洗衣露"的品牌，而不是"洗衣液"的品牌。

"去渍霸"更名为"好爸爸"，朋友圈里褒贬不一，褒奖者说立白"好爸爸"借助《爸爸去哪儿》节目的火热，能极大地提升品牌影响力；贬者说"去渍霸"是一个非常适合洗涤类产品的品牌，其品牌名称比"好爸爸"更能体现产品的价值内涵。

好端端的立白"去渍霸"为什么会有改名之举？

笔者推测，立白之所以勇敢地实施改名之举并投巨资推广，主要原因如下：

1. 立白自认为开创了一个全新的品类——洗衣露，而"去渍霸"品牌在消费者已有的认知中代表的是洗衣粉和洗衣液，为了同洗衣液品牌进行区分，洗衣露需要重新开创一个品牌。也就是说，即便是没有"好爸爸"这个品牌名称也会有其他品牌名称替代"去渍霸"。当然，开创新品类也是立白敢于投入10亿元启动这个项目的重要原因，否则，只是简单地更名为"好爸爸"洗衣液，立白是不可能拿重金砸这个品牌的。

2. "去渍霸"洗衣液在市场上的业绩表现并不能令立白企业满意，它不仅无法超越蓝月亮等竞争对手，在自己的同胞兄弟立白洗衣液面前也抬不起头，处于一个非常尴尬的位置，极有可能成为鸡肋产品。

3. 加多宝更名成功，给了"去渍霸"一个信心，认为"去渍霸"的品牌资产也可以借助节目的影响转移到新品牌身上。看得出来，立白还是希望能将"去渍霸"高端洗涤品的专业品牌形象这一心智资源移植到"好爸爸"身上，否则，直接将洗衣露品牌起一个新的品牌名就行了，何必多此改名一举？

"去渍霸"更名为"好爸爸"，开创洗衣露品类，好还是不好？笔者认为，这是一个彻头彻尾的昏招。"去渍霸"更名为"好爸爸"，至少犯下以下几点严重的错误。

1. 洗衣露是个伪品类，立白缺乏火眼金睛。洗衣露能否真正形成一个新的品类？笔者认为，洗衣露不会形成一个全新的品类，而是一个地地道道的伪品类。大凡能真正形成一个品类，一定会在产品功能价值、产品的物质形态、使用方式等其中一方面是迥然不同的，否则，不能算是营销学上的新品类。洗衣液和洗衣粉是两个不同的新品类，啫喱膏、啫喱水与摩丝也是截然不同的新品类，是因为它们呈现的产品物质形态或使用方式是完全不同的；去屑洗发水和防脱洗发水也是两个不同的新品类，是因为它们的品类价值是完全不同的，能成为解决不同问题的两类。但是，洗衣露和洗衣液不仅呈现的功能价值没有差异（洗衣露诉求的亲肤不足以构成品类间的差异），两者的产品物质形态和使用方式也没有太大的区别，不具备成为新品类的条件。

当然，如果好爸爸洗衣露这一产品的推出能引起众多品牌的跟随，尤其是领导品牌阵营的跟随，这一伪品类也可能因为众多领导品牌的共同教育而发育成为一个真正的品类。这个道理就像"劣币驱逐良币"。

2. 品牌名称没有去渍霸更贴切。品牌名称绝非一个简单的商标代号或符号，它是品牌战略的一个重要组成部分，品牌名称的核心要素是能提供品牌的联想并以其自身蕴含的内涵价值使得产品获得持久的市场优势。最高明的品牌命名方法是品牌名称最好能反映品牌定位，诉求差异化价值，产生销售力。产品力的一个重要构成要素就是品牌名称。品牌命名策略不单单是给某一产品取个名称这么简单，实际上"品牌命名"是一种竞争，是定位过程的开始。我们之所以说"品牌命名"而不是"产品命名"就是因为"命名的过程"是一个将市场、定位、形象、价值等转化为营销力量的过程。

"好爸爸"PK"去渍霸"，显然后者更能反映品牌的定位和差异化价值，而

"好爸爸"充其量只是一个情感价值的品牌名称，在大竞争时代，理性价值的力量远远比感性价值更强。退一步讲，"好爸爸"品牌名称能带来的情感价值和感受能否影响到主要目标消费群家庭主妇也未知可否，这一情感联想也是非常牵强的，靠"好爸爸"这一品牌名称就能打动妈妈群体？

不可否认，在竞争不充分的时代，不少品牌名称并没有积极的品牌价值内涵，也销售得非常好，或者依靠高举高打的广告轰炸也能取得一定的销售业绩，但是在大竞争时代，如果有更好的机会为品牌命名何必还犯这么低级的错误呢？

一位卖场洗涤区促销阿姨说，真搞不懂为什么要改"好爸爸"这个名。看来，"好爸爸"没有深入阿姨的内心。

3. 时效性节目不利于品牌长期战略。"去渍霸"更名为"好爸爸"无非是看中了《爸爸去哪儿》这一节目的火热，先不谈节目能否真正对"好爸爸"品牌旗下的产品销售产生积极的影响，即便是能产生积极的影响，但节目的火红都有着一定的周期性，谁能保证《爸爸去哪儿》一直保持较高的收视率而不会被竞争节目取代？谁又能保证《爸爸去哪儿》会一直办下去？而品牌则是长期的，可口可乐、百事可乐等百年品牌比比皆是，没有节目支撑的"好爸爸"会一直红火下去吗？

品牌名称借助节目的热点，只能说明策划人的目光短浅，难道当节目收视率下降之时或节目停播之时，"好爸爸"再次更名？

4. 更名陷入"以子之矛攻子之盾"的悖论。与"王老吉"迫不得已更名为"加多宝"不同，如果"去渍霸"是一个非常成功的品牌为什么还要改名呢？如果"去渍霸"不是一个成功的品牌，又有什么舍不得、丢不掉的品牌资产值得"好爸爸"去借助的呢？

假如立白自认为开创了一个全新的品类——洗衣露，从心智认知上来看，因为"去渍霸"品牌在消费者已有的认知中代表的是洗衣粉和洗衣液，为了同洗衣液品牌进行区分，洗衣露需一个全新的、没有任何心智资源负担的品牌来指代。也就是说，从品牌运作策略来看，立白应该直接将洗衣露产品命名为"好爸爸"品牌就行了，没有必要借力"去渍霸"品牌进行改名。

假如立白不是因为自己开创了一个全新的品类——洗衣露而改名，而是因为"好爸爸"品牌名称能比"去渍霸"品牌带来的情感价值更强或因节目的火热而改名，以期更利于产品的销售，洗衣露只是其次，那么即便不是开创洗衣露品类，立白也能达到自己的目的，何必冒着品类教育的风险和成本去开创洗衣露这样一个自认为的新品类呢？按此逻辑用"好爸爸"品牌做成熟的洗衣液、洗衣粉品类就可以了。

"去渍霸"敢于改名也许是受到了加多宝改名成功的影响，认为改名是一件轻易而举的事情，但立白没有深入分析加多宝为什么要改名以及为什么能够改名成功。首先，王老吉更名为加多宝是迫不得已的选择，如果不是商标危机和官司，如果王老吉是自己的孩子，加多宝集团是不会改名的，这场改名运动耗费了企业大量的资源。其次，加多宝巧妙地借助红罐这一消费者心智中具有唯一性的品牌视觉资源成功地实现了品牌认知的切换。最后，王老吉和加多宝对"正宗凉茶"和"怕上火"品牌定位的争夺更是引发了一场激烈的商业战争，激活了这场改名运动，结果双方都成了其中的受益者，而受害的是第三品牌。当然，加多宝为什么能改名成功的战略和战术执行远不止以上方面，这并不是本文要探讨的范畴。

但是，即便立白"去渍霸"有改名的必要性，立白"去渍霸"在改名策略上显然没有抓住关键性的品牌核心资产来完成品牌认知的切换，仅仅靠赤裸裸的广而告之是缺乏力度的。

当然，"去渍霸"更名为"好爸爸"并不意味着产品不会动销，10 亿元的市场推广费用，就是起个阿猫阿狗的品牌名称也能让消费者产生购买欲望，但能否达到立白集团对"好爸爸"的殷切期望就难说了。

"去渍霸"更名为"好爸爸"，究竟是"去渍霸"最终成就了"好爸爸"，还是"好爸爸"坑了"去渍霸"？

资料来源：高继中."去渍霸"更名为"好爸爸"的另类思考.中国营销传播网，2014-07-14.

案例思考题

1. 你认为"去渍霸"更名为"好爸爸"是否合适？
2. 一个品类应该具备哪些要素？你认为洗衣露作为一个品类会成功吗？为什么？

第四章　品牌个性

每个人都具有自己独特的性格，品牌也正如人一样具有性格，我们把品牌的这种性格称为品牌个性。品牌个性指产品或品牌特性的传播以及在此基础上消费者对这些特性的感知，是品牌管理者与消费者之间沟通的结果。本章从品牌个性的概念、区别品牌定位、品牌形象入手，分析了品牌个性的特点和价值。在此基础上，介绍了品牌个性的两大基本理论：品牌—顾客关系测评模型和品牌个性量表。最后提出了如何有效塑造品牌个性。

第一节　品牌个性的定义

一、个性与品牌个性

要了解品牌个性，首先我们应对个性有所了解。个性（Personality）也称人格，该词来源于拉丁语 Persona，最初是指演员所戴的面具，其后是指演员和他所扮演的角色。心理学家引申其含义，把个体在人生舞台上扮演的角色的外在行为和心理特质都称为个性。个性的形成既受遗传等生理因素的影响，又与后天的社会环境密切相关。因此，个性就是个体在多种情境下所表现出来的具有一致性的反应倾向，是个体对外界环境所做出的习惯性行为。对消费者的研究表明，消费者的个性直接影响着消费者的购买行为。消费者的个性预示并在一定程度上决定了消费者是否更倾向于采用创新性产品；是否更容易受他人的影响；是否对某些类型的信息更具有感受性等。这些心理特征不仅对产品选择产生影响，而且还会影响消费者对促销活动的反应以及消费者何时、何地和如何消费某种产品或服务。

品牌与人有很多相似之处，它有外形、有个性、有品牌文化、有寿命，甚至也有许多品牌隐私，芸芸众生中，具有鲜明性格特征的人令人难以忘怀，例如周星驰的滑稽、赵本山的土气等。然而就如同世界上没有两个性格完全相同的人一样，有的人活泼，有的人孤僻，有的人高傲，有的人谦卑……品牌作为一个特殊的"人"，它也具有性格，品牌有着特殊的文化内涵和精神气质，这就是品牌个性。品牌个性是品牌与品牌之间识别的重要依据，美国著名品牌策略大师大卫·艾克

60

（David Acker）曾在其品牌形象论中提出："最终决定品牌的市场地位的是品牌总体上的性格，而不是产品间微不足道的差异。"因此，对于消费者而言，品牌个性已成为某品牌区别于其他品牌最重要的特征。

所谓品牌个性，是指产品或品牌特性的传播以及在此基础上消费者对这些特性的感知。品牌个性可从投入与产出两方面进行解释。从品牌执行者角度来看，品牌个性是品牌执行者期望通过沟通所要达到的目标，是传播者所期望的品牌形象。这是把设计好的品牌个性植入消费者大脑的过程。而站在消费者角度，品牌个性是消费者实际对设计好的品牌个性的感知、认可能力的再现，是消费者对该品牌的真实感受与想法，这是品牌个性输出的过程。

二、与品牌个性相关的概念

（一）品牌个性与品牌定位

品牌定位是针对目标市场确定、建立一个独特品牌形象活动的结果。品牌定位是对企业的品牌形象进行整体设计，从而在目标消费者的心目中占据一个独特的有价值的地位的过程或行动。可见，品牌定位的着眼点是目标消费者的心里感受，在当今科学技术和现代信息工程高度发展的时代，市场竞争异常激烈的条件下，产品功能方面的属性越来越趋同，所以越来越多的企业更倾向于把对品牌的情感诉求作为竞争的焦点。品牌个性是品牌情感诉求的集中体现，它是指企业所确定的能使顾客易于识别其品牌的一种方法。

1. 品牌定位是确立品牌个性的必要条件，品牌个性必须通过品牌定位来表现。品牌个性不同于品牌定位。如果说品牌定位是企业品牌管理者拿出来经常向消费者宣传的品牌认同，由内而外的；那么，品牌个性就是消费者对品牌人格化的评价，它是由外而内的，即假设这个品牌是一个人，他是一个什么样的人？品牌个性虽然不同于品牌定位，但两者是有着密切联系的。品牌个性作为企业核心竞争力，其表现为一种能为企业进入市场提供潜在机会，并能借助最终产品为所认定的顾客利益做出重大贡献且不易为竞争对手所模仿的能力。品牌个性为企业提供机会及为顾客利益做出贡献，需要通过品牌定位来实现。而相应的，在品牌消费的时代，对于品牌定位来说，其必须依据品牌的个性来确立产品、企业在消费者心目中的位置。品牌定位不明，品牌个性则显得模糊不清，产品也就无法叩开消费者的心扉。随着科学技术和生产力的不断发展，产品的同质化程度越来越高，在产品的性能、质量和服务上难以形成比较优势，只有其人性化的表现才能深深地感染人们。可以想象，一个没有个性的品牌或产品，要想在消费者心目中占据有利的位置谈何容易。

2. 品牌个性就是要在品牌定位的基础上创造人格化、个性化的品牌形象。品牌个性代表特定的生活方式、价值观念与消费观念，目的是与目标消费者建立有利的情感联系。作为产品的感性形象，品牌个性所提倡的生活方式既要与产品的特色相适应，又要能引发符合目标消费者个性欲求的、心理上、情感上的联想，如热情奔放、休闲安逸、浪漫情怀等，目的是激起消费者的购买欲望，此时的产品已不仅仅是某种具有自然属性的商品，而且是一种有生命、有个性的东西，是消费者生活中的一个好朋友。由此，品牌个性成了品牌与消费者沟通的媒介，即品牌通过个性获得消费者的认同，而消费者通过品牌的个性来表现自己（情感、想法、价值观等）。对品牌执行者而言，他们希望品牌个性与其品牌定位是一脉相承的，品牌个性要反映品牌定位。如果一个产品是发动机润滑油，它的定位是保护高性能的发动机，其品牌个性的内涵与一个温文尔雅的商务人员就对不上茬儿，可是这样的润滑油的品牌个性与高速度的汽车就很匹配。如果是儿童食品，聪明和惹人爱的品牌个性似乎是与品牌定位一致的，但对于那些采取更加实际的态度，比较看重食品营养的父母来说，可能就没有什么推动力了。

3. 品牌个性并不完全决定于品牌定位。即使是相同定位的品牌在消费者的眼里也会呈现出不同的个性特征。例如当年的孔府家酒和孔府宴酒，两个品牌都是生产以孔府文化为背景的白酒，都曾有高频率的广告支持，价格、目标人群等定位也相差不大，但两个品牌带给人的个性感觉却是不一样的，孔府家被看成具有纯朴的、顾家的、诚恳的个性，而孔府宴则被认为具有外向的、文人气质的、世故的个性。

综上所述，品牌个性不同于品牌定位。因为品牌定位是品牌管理者希望消费者在其头脑中对品牌所产生的一种差异化的"印记"，是品牌管理的起点；而品牌个性是品牌人格化特征的体现。

（二）品牌个性与品牌形象

品牌形象的涵义更广，与品牌个性的区别和联系分析如下。

1. 品牌形象包涵了品牌个性。品牌形象是存在于人们心智中的图像和概念的群集，是关于品牌知识和对品牌主要态度的总和，包括了品牌个性、产品属性、用户与品牌利益的关系或原因。品牌形象包括硬性和软性两种属性，品牌个性属于软性的属性。品牌形象是指人们如何看待这个品牌，它是人们对品牌由外而内的评价。而品牌个性则是品牌所自然流露的最具代表性的精神气质，它是品牌的人格化表现，一般以形容词来描述。比如"海尔"的品牌形象是独特的服务、最具实力的中国家电企业、品质卓越、真诚、勇于创新等，其中的"真诚"和"创新"便是其品牌个性。设想一下，我们可以把一个人看做一个品牌：她芳龄26岁，黑发白肤，身材娇小，漂亮可爱——这就好比是某个品牌的品牌形象，人们往往用美好或丑陋来形容形象。当你与她接触，逐渐了解她之后，你就会发现她勤劳、善良、温柔而独立、且独具智慧——这些都是隐藏在她美丽外表之后的更深层次的个性特点与性格特征——于是，你就会非常乐意与她相处，甚至当她不在身边时会十分想念她。有她相伴是一种快乐，你已经被她的价值和关心深深打动。这些就类似于人们与品牌个性所产生的情感效应。

2. 品牌个性更具抽象性，是品牌形象的关键与灵魂所在。品牌形象包涵了品牌个性，但品牌个性是塑造品牌与品牌之间形象差异的最有力的武器。外表的形象是可以模仿的，但个性却无法模仿。陈佩斯的光头容易模仿，但陈佩斯的个性却是独一无二的。消费者对品牌的认知也有一个逐步深入的过程，在这个过程中一般是从"品牌标志"开始，到"品牌形象"，再认识到"品牌个性"，"品牌个性"成为沟通的最高层面。品牌个性比品牌形象更深入一层，品牌形象只是造成认同，而品牌个性则可造成崇拜。一个品牌的沟通若能做到个性层面，那么它在消费者心中的形象是极其深刻的，它的沟通也是非常成功的。"万宝路"正是这样一个极具个性的品牌。万宝路香烟就是一个将产品品质与感性特点联结成简单、有力的个性品牌，同时将品牌元素融合在一起的典型案例。万宝路广告恰如其分地通过从看得见、摸得着的表层东西升华到一种感觉的、理念的、精神的东西。万宝路的红色 V 形设计，简直就成了万宝路的代言人，不用文字或名称，每当人们看到红白相间包装的红色 V 形图案，就会知道这是万宝路香烟。如今红色 V 形设计已成为万宝路的标识。当然万宝路的沟通远不止停留在这最外层。为了实现更好的沟通，万宝路品牌被人格化了，莫里斯公司通过选择万宝路的象征物——西部牛仔树立了其品牌形象：自由、豪迈、野性与冒险。万宝路形象如同美国西部牛仔形象植根于人们心中，就像一座桥梁连接了万宝路香烟与万宝路个性。而"力量"、"放荡不羁"就成为万宝路香烟区别于其他任何品牌香烟的独特之处，这就是万宝路的品牌个性，万宝路与潜在顾客的沟通达到了最高境界。至此，人们对万宝路不只是一种形象上的认识，而更是对万宝路这一品牌高度地认同与热切地向往。万宝路的品牌资产就是通过"品牌标志"、"品牌形象"、"品牌个性"这里外三层紧密结合而形成的。其中最外一层"品牌标志"是基础，最内一层"品牌个性"是核心，中间一层"品牌形象"是联结两者的一根纽带。万宝路对烟民之所以有如此大的吸引力归根结底就在于万宝路的品牌资产尤其是品牌个性。

第二节　品牌个性的特征与价值

一、品牌个性的特征

在这个瞬息万变的世界里，由于人的不同个性和价值观念的多元化，为品牌个性的存在提供了基础。随着越来越多的人们追求个性，出现与之相适应的不同个性的品牌成为必然。人们选择某一种商品，越来越多地取决于其精神感受。那些随大流毫无个性却试图争取所有人的产品，实际上将被所有人所不取，这就是绝大多数产品至今仍默默无闻的真正原因。而只有那些真正具有鲜明个性的品牌才能大行其道。例如同属汽车，"宝马"是年轻的、时髦的；而"凯迪拉克"则是年老的，保守的；"雪佛兰"的个性则是轻柔。不同的品牌个性符合了不同性格消费群体的心理特征，也显示出了品牌的差异性。品牌个性具有以下几个特点：

（一）品牌个性具有人格化的属性

詹妮佛·艾克（Jennifer Acker，1997）把品牌个性正式地定义为"一系列与品牌相关的人格特征"（the set of human characteristics associated with a brand）。因为消费者很容易把品牌看作是某个特定的人群，尤其是诸如名人或著名的历史人物（Rook，1985），并且把品牌与自我相联系（Fournier，1994）。产生这种现象的原因，可从对品牌的广告宣传方面进行解释。很大程度上是因为广告者给品牌注入了人格化的属性，如拟人化（anthropomorphization）、人格化（personification）以及对使用者形象的塑造（the creation of user imagery）。不断重复的广告赋予了品牌独特的人格个性，比如，Absolut 伏特加被描述为酷的、时髦的、25 岁的年轻人。然而 Stoli's 却被看作是有智慧的、保守的老男人。可以这样认为，与可为消费者提供实用性功能的"产品相关的属性"相比，品牌个性提供象征性的或消费者自我表达的功能（Keller，1993）。

（二）品牌个性具有独特性和不可模仿性

品牌个性的发展与增强有益于该品牌与竞争品牌相区别，当许多品牌的产品在技术上相同或相似时，唯一用来进行品牌间区别的可能就只有与品牌相联系的个性了。如能够建立与众不同的品牌个性并为大众所认可与喜好，则该品牌可以形成长期、有效的竞争优势。因为即使竞争对手的产品与价格可能与你的相当，但你长期形成的品牌个性是不会轻易被模仿的，属于你品牌个性的忠诚顾客在理性消费时代也难以"见异思迁"。就算竞争者复制你的品牌个性，也不过是为你作了免费广告罢了。例如同属饮料，与可口可乐相联系的人格属性是传统的、美国式的（All-American）、真实的，这些属性具有长期性（Pendergrast，1993）并且区别于它的竞争对手。如百事可乐通常被认为是年轻的、兴奋的和时髦的；而 Dr Pepper 则被认为是具有反叛倾向的、古怪的和有趣的。

（三）品牌个性具有持续性和稳定性

品牌个性的塑造不是一蹴而就的，而是一个长期、系统的工程，就如同个人性格的形成是需要长时间来培养的。品牌个性必须慢慢演变，不宜草率行事或朝令夕改。就像一个性情大起大落、变化无常的人难以与人接触沟通一样，消费者一旦与某个品牌建立了友谊关系（联系）之后，他们就希望该品牌形象能始终如一，不出乎其意料。

（四）品牌个性具有互动性

任何成功的品牌都是会随着时代的发展变化而不断演变的，以期与顾客长期保持亲密的关系。因为，品牌的实质就是产品与顾客间的一种互动关系，品牌个性要保持灵活性、亲切感，就必须与时俱进，紧扣时代的脉搏，明确消费趋向，迎合消费趋势。例如，风靡全球的"芭比娃娃"至 1999 年 3 月就已是 40 岁的"阿姨"了，却仍受全球小朋友的喜爱，这跟其成长史、个性演变无不相关：20 世纪 50 年代，芭比是个广交朋友、能说会道的小女孩；20 世纪 60 年代，芭比细眉轻弯，平民化突出；20 世纪 70 年代，有不同肤色的芭比；20 世纪 80 年代，黑色的芭比很可爱，且有不同的职业装；而到了 20 世纪 90 年代，芭比飞指敲击键盘，灵活十足。到了 21 世纪，芭比也开始穿上路脐装，登上电影的大屏幕了。

综上所述，品牌个性无疑具有一定的主观性，是消费者选择品牌时"是否适合我或是否属于我"的关键因素。其实质就是消费者真实个性在某种商品上的一种再现，即运用品牌个性理论，采用拟人化的手法，赋予品牌人性化的特点，强调一个品牌如何帮助其消费者表达现实中的自我或理想中的自我，以真正满足消费者的某种需求，为消费者提供某些利益。品牌个性的塑造就是企业通过对动态市场的准确认知和把握，把目标市场的共同特征提炼出来，并加以强化。同时持续不断地向目标消费者进行这种概念的传播，以取得目标消费者的认知与共识。品牌个性的核心在于其高度的差异性，塑造品牌个性的实质就是塑造品牌的与众不同和独特性。

二、品牌个性的价值

品牌具有价值，是企业最宝贵的无形资产。但品牌的价值从何而来？实际上，品牌的价值存在于消费者的意识里，可以说，产品是由厂商生产的，而品牌却是消费者创造的，是消费者造就了品牌。在消费者眼里品牌不仅仅代表了某种产品，它实际上是消费者微妙的心理需求的折射。人们不会对任何人都接受，因为他的心理空间是有限的。所以，在人群中，个性鲜明者容易脱颖而出，而如果此人再具有多数人所欣赏的个性如诚信，就会为多数人接受并喜欢。同样，消费者不会对任何品牌都接受，因为他把品牌看作人，所以他只接受具有他所认可的个性的品牌。只有具有消费者所欣赏个性的品牌，才能为消费者接纳、喜欢并乐意购买，从而体现出其品牌价值。由此可见，品牌个性乃是品牌价值的核心，提升品牌价值就必须塑造出鲜明的品牌个性。具体来说，品牌个性具有以下这些价值：

（一）品牌个性增强企业的核心竞争力

品牌个性是消费信息的重要内容，它反映了企业的市场动态与形象，也决定了目标市场的特点。品牌个性优势是适应市场发展趋势的企业核心竞争力，尤其在注意力经济时代及网络营销时代，品牌个性在繁多的信息递变过程中，成为可以不随时间推移的丰碑式识别标志。比如，可口可乐的字体、色彩及象征的美国式的精神，近百年来，个性依存。核心竞争力是可以为企业带来持续竞争优势的、不易为竞争对手模仿的核心能力的体现，品牌个性与核心竞争力的联系体现为：品牌个性作为核心竞争力不仅表现在独一无二的识别、具有极强的市场穿透力等方面，而且还可以通过改变商品的价值构成，使一种表现为物质价值的共性价值转变成为物质与精神并存的个性价值，从而提升商品的整体价值。由于品牌个性价值是长期积累的结果，竞争对手无法在短期内获得，即便按照行业平均成本去生产产品，企业仍然可以通过品牌，提高产品附加价值，从而在竞争过程中，占据成本优势与价值优势。因此，品牌个性有助于企业构筑核心竞争力。

（二）品牌个性对品牌资产的贡献

越来越多的研究表明，品牌个性在品牌资产管理方面起着重要作用。早在1985年Plummer就提出品牌个性在建立企业竞争优势方面起着重要作用。其后，Daivd Acker在1996年也提出品牌个性在维持品牌忠诚度方面有着积极作用。最近的一项研究，通过运用社会识别理论，分析了品牌个性和品牌识别对品牌忠诚度的作用。研究结果表明，品牌个性的吸引力、识别力和自我表达之间存在着正相关关系；品牌识别对品牌的口碑效应具有直接作用，而对品牌的忠诚度具有间接作用。Acker在1999年提出品牌可为消费者用来进行自我表达，反映出消费者的自我概念。如果消费者自我表达得很好，则品牌个性将会有利于消费者对品牌形成正面态度，反之亦然。这表明消费者对某个具体品牌的态度取决于其使用该品牌形成的自我概念与该品牌的个性是否相一致，若该品牌个性能较好地反映消费者所需的自我表达要求，则可与消费者形成良好的伙伴关系。实证研究结果表明，若消费者自我表达能力越强，品牌个性越明显，那么该品牌个性对消费者就越具吸引力。而品牌个性越具吸引力，就有越来越多的消费者能识别该品牌。随着能进行品牌识别的消费者越多，品牌传播就越来越广，品牌的口碑效应作用就越明显，最终形成了品牌的顾客忠诚。该作用机制可通过图4-1表示。①

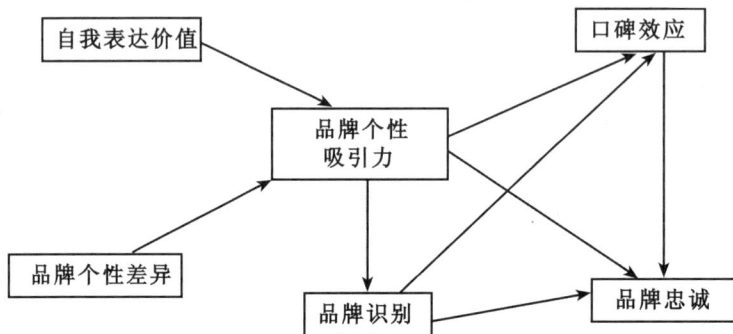

图4-1 品牌个性对品牌资产的作用分析图

从图中我们可以发现，若消费者选择的品牌个性与其自我表达相符，此时该品牌对消费者极具吸引力，消费者更愿把该品牌作为自己的伙伴来看待，在消费者心里，他们往往期望能不断地提升并展示自己的独特个性，他们只有通过提高其品牌

---

① Chung K. Kim，DongChul Han&Seung Bae Park（2001）"The effect of brand personality and brand identification on brand loyalty：Applying the theory of social identification"，*Japanese Psychological Research*，Vol. 43，No. 4，pp. 195-206

识别能力来达到，而品牌个性有助于提高消费者的品牌识别。因此，品牌个性实质上反映了品牌使用者的形象与性格。消费者与品牌这种良好的合作关系，是营销者所一直渴望的，企业的品牌管理者们一直都在致力于建立这种长期、稳定的品牌—顾客关系。因为这直接关系到该品牌的顾客们是否会重复购买此品牌产品，影响到品牌价值的实现。

（三）品牌个性增强品牌吸引力

产品或服务是提供给人使用的，品牌个性使企业所提供的产品或服务人性化，从而使消费者消除戒备心理，较易接受企业的产品或服务。鲜明的品牌个性能够吸引消费者，在消费者购买某个品牌的产品之前，这个品牌的个性已经把那些潜在的消费者征服了。如"百事可乐"品牌创建活动中所展示出来的个性——年轻有活力、特立独行和自我张扬，迷倒了"新新人类"，新一代年轻人饮用百事可乐不仅仅是喝饮料，而是认可、接受百事可乐的品牌个性，把百事可乐看做他们的朋友，他们通过百事可乐来展示他们与上一辈（他们喝可口可乐）不一样的个性。品牌个性不仅使其与其他品牌相区别，而且还会对消费者产生这一品牌适合于我或不适合于我的印象，形成顾客的品牌归属感。正因为百事可乐有意塑造出的非凡的品牌个性，使百事可乐变得人性化，从而获得了青少年一代的高度认同，所以才能在激烈的饮料大战中与可口可乐相抗衡。可以说，百事可乐的品牌个性促发了青少年与百事可乐的情感联系，使百事可乐变得人性化，从而促使青少年喜爱百事可乐，强化了他们的购买决策，进而造就了百事可乐的品牌价值。

（四）品牌个性可以激发消费者的购买动机

明晰的品牌个性可以解释人们购买这个品牌的产品的原因，也可以解释人们不购买另外品牌的产品的原因。品牌个性赋予消费者一些逼真的东西，这些东西会超越品牌定位；品牌个性也使品牌在消费者眼里活起来，这些元素能够超越产品的物理性能。正是品牌个性所传递的人性化的内容，使得消费者试着接受一种产品，下意识地把自己与一个品牌联系起来，不再选择其他品牌。真正的品牌有自己的生命，这个生命就在人们的生活中。品牌个性定义了人们生活的大致要求。在许许多多可以选择的品牌中，消费者开始考虑某个品牌时，品牌的"种子"已经种下了。不过，此时在情感上，品牌并不一定就已经与潜在消费者联系上了。只有品牌个性，才能使品牌变成有生命的东西，才能赋予品牌人性化的特征，让人们想接近它，想得到它。品牌个性切合了消费者内心最深层次的感受，以人性化的表达触发了消费者的潜在动机，从而使消费者选择那些独具个性的品牌。可以说，品牌个性是消费者购买的动机触动器。

（五）品牌个性是品牌差异化价值的体现

品牌个性最能代表一个品牌与其他品牌的差异性。差异性是现今品牌繁杂的市场上最重要的优势来源。没有差异性，一个品牌很难在市场上脱颖而出。而品牌个性的差异化有助于提高顾客的品牌认知度。国内许多厂商都喜欢用产品属性来展示其差异性，但这种建立在产品上的差异性很难保持。因为产品的差异性是基于技术的，一般比较容易仿效。而由品牌个性建立起来的差异则深入到消费者的意识里，它提供了最重要、最牢固的差异化优势。个性给品牌一个脱颖而出的机会，并在消费者脑子里保留自己的位置。如"统一"老坛酸菜系列方便面，使用在观众眼中十分"接地气"的主持人汪涵和明星王宝强来代言，通过幽默、接地气的方式来传达"统一"老坛酸菜方便面的正宗口味，其专业、亲近的品牌个性被鲜活地呈现在人们面前。"统一"老坛酸菜方便面的口味容易被其他企业仿制，但其独特的品牌个性却无法仿制，因为这种个性化的表达已经进入到消费者的心智，从而促使消费者把"统一"与其他品牌区分开来。

第三节　品牌个性描述

一、品牌五大个性要素

美国斯坦福大学教授詹尼尔·艾克（Jennifer Acker，1997）通过调查研究建立了"品牌个性量表"（BPS，Brand Personality Scale），这是一项测量和架构品牌个性的特征组合。通过一个说明性的主要组成因素分析的结果表明消费者认为品牌具有五个独特的个性要素（The Big Five）：纯真（sincerity）、刺激（excitement）、称职（competence）、成熟（sophistication）和粗犷（ruggedness）。在这"五大个性要素"中有三个与人格的五大维度相关。如"同一性"和"纯真"都具有温暖和接受性的意思；"外向性"和"刺激"都蕴含有社会性、能量和活动；"良知"和"称职"都包含有责任心、依赖性和安全性，而另外两个要素（"成熟"和"粗犷"）与人格的五大维度中的任一维度都截然不同。这个模型表明品牌个性要素以不同的方式起作用或者以不同的原因影响消费者的偏好。例如，纯真、刺激和称职是人格中固有的一部分，成熟和粗犷代表个体的人所欲求的但并非必须拥有的要素。这个前提与典型成熟的品牌（如 Monet，Revlon，Mercedes）制作的广告是一致的，在这些广告当中强调对高级、富有和性感的联想。粗犷的品牌（如万宝路、李维斯和 Harley-Davidson）强化美国式的理想即西部的、有力量和雄性。詹尼尔·艾克认为这五大个性要素（The Big Five）几乎可以用来解释所有品牌（达 93%）之间的差异，此外，"品牌个性量表"还会用更详细的延伸特征来描述这五大个性要素，每个个性要素又可以细分为不同维度，为测评品牌个性提供了可靠的工具。

詹尼尔·艾克设计的品牌个性测评量表是由一个 631 人组成的样本通过对 40 个品牌的 114 个个性特征评价而得来。这个量表基于个体的代表性样本、广泛的特性列表和在不同的产品类别中系统地选择系列品牌。它可以用来比较众多产品类别中品牌的个性，由此使得研究者可以确定品牌个性的基准。这五大个性要素的可靠性通过"测试–再测试"相关性分析和 Cronbach's Alphas 得到证实。五大个性要素下面都可以细分为具体的面相,一共有 15 个面相特征。每个面相下面有一组形容词描述该面相的特征。

(一)纯真(例如:柯达、康柏、Hallmark cards)

1. 纯朴面相:家庭为重的、小镇的、循规蹈矩的、蓝领的、美国的。

2. 诚实面相:诚心的、真实的、道德的、有思想的、沉稳的。

3. 有益面相:新颖的、诚恳的、永保年轻的、传统的。

4. 愉悦面相:感情的、友善的、温暖的、快乐的。

(二)刺激(例如:保时捷、法拉利、MTV channel)

1. 大胆面相:极时髦的、刺激的、不规律的、俗丽的、煽情的。

2. 有朝气面相:酷酷的、年轻的、精力充沛的、外向的、冒险的。

3. 富想象面相:独特的、风趣的、令人诧异的、有鉴赏能力的、好玩的。

4. 最新面相:独立的、现代的、创新的、积极的。

(三)称职(例如:海尔、麦当劳、IBM、华尔街时报)

1. 可信赖面相:勤奋的、安全的、有效率的、可靠的、小心的。

2. 聪明面相:技术的、团体的、严肃的。

3. 成功面相:领导者的、有信心的、有影响力的。

(四)成熟(例如:奔驰、凌志、露华浓、Guess jeans)

1. 上层阶级面相:有魅力的、漂亮的、自负的、世故的。

2. 迷人面相:女性的、流畅的、性感的、高尚的。

(五)粗犷(例如:万宝路、李维斯、耐克)

1. 户外面相:男子气概的、西部的、活跃的、运动的。

2. 强韧面相:粗野的、强壮的、不愚蠢的。

五大个性要素和 15 个面相,对于一个特定品牌而言,因其中个性要素构成比例的不同而使品牌呈现出不同的个性特征。就同一个个性要素,对一些品牌是正面的,对另一些品牌则可能就是负面的了。如阳刚、强壮对万宝路来说是正面的个性特征,而对于同属香烟的 Virginia Slims 来说则是负面的了。同样,对李维斯牛仔来说,强壮是正面的驱动力,但对于麦当劳而言,强壮则是负面因素了。

值得指出的是,如同人的个性复杂多变一样,品牌个性也并非是单纯如一的。许多品牌是诸多个性要素的混合体,一项品牌多少掺杂了不同程度的五大个性要素,综合成复杂的个性。只是某个个性特征比例较大,则品牌在整体上显示出该项个性特征。对于一个品牌是可以跨越多个个性面相的。如李维斯牛仔裤在纯真、刺激、称职和粗犷四个个性特征上都非常的清楚,但粗犷(有男子气概的、运动的)是其主要的面相。同样,麦当劳也兼具纯真与称职两个个性特征。

在同一个性要素下,不同品牌可选择不同的面相。这 15 个面相为相同个性的品牌提供了不同的策略选择。如对于纯真这一维度，可选择纯朴面相（小镇的、循规蹈矩的、蓝领的），而并不强调愉悦面相（友善的、温暖的、快乐的）。如同属教养维度的奔驰和露华浓选择的面相就不相同。"奔驰"作为豪华车的代表，属于上层阶级面相，被大众认做是自负的、世故的典型；而"露华浓"作为化妆品品牌，自然属于迷人面相，成为女性的、性感的代表。此外，如同人的某些个性是深受大众所喜爱的，品牌个性维度中，纯真（纯朴的、诚实的、有益的、愉悦的）和称职（可信赖的、聪明的、成功的）两大维度的个性特征通常与肯定态度相联系。这也就不难想象为什么诸多品牌长期以来以"诚实"、"守信"等作为品牌内核，进行以此为品牌个性的广告宣传。例如，"小米"手机就曾在 2013 年推出《100 个梦想的赞助商》的微电影，深受当时核心用户的好评。在 2014 年，罗永浩推出第一代"锤子手机"时，也通过宣扬自身的"工匠精神"从而实现从众多竞争者中获得关注。

另外，在品牌个性维度选择中，产品类别也起到了相当作用。如在汽车业、运动器材业、化妆品业，甚至是咖啡业等产业环境中，最常运用的品牌个性特征是刺激维度（大胆的、有朝气的、富想象的、最新的）；而作为银行单位或保险公司则会倾向于定位成典型的"银行家"个性（称职的、严肃的、有信心的、上层阶级的和成熟的）。

在对品牌个性的已有研究中，大多数研究人员都认为是营销变量（如使用者形象、广告、包装）塑造了品牌个性，然而，这些变量独立地和共同地影响品牌个性的程度仍没有得到定论。借助于品牌个性量表，这些变量可以系统地控制和测度它们对品牌个性的影响。类似地，在对品牌个性将来的研究中，研究者认为会增加消费者偏好和使用（Sirgy，1982）、激起消费者的情绪（Biel，1993）以及增加信任和忠诚（Fournier，1994）。这些论断可以通过系统地控制品牌个性（如诚实）的独特的维度和验证关键性、依赖性变量的影响来检验。从理论上，"品牌个性量表"模型的贡献在于对品牌使用的象征性的总体上的理解；从实践上，"品牌个性量表"模型提供了深入理解影响品牌个性的变量的方法，以及那些被品牌个性影响的变量。

二、品牌—顾客关系

在过去关于消费者行为的研究中，心理学、行为科学和营销学者们期望通过对个性特征的研究来找出个性对预测品牌或店铺偏好等购买活动方面的联系，他们大都认为消费者个性在其购买行为中有着促进作用，但后来几年的大量研究结果却是令人遗憾的。因为研究结果表明个性虽然与产品选择和使用存在着相关关系，但却是不明显的，用个性所能解释的变动量是很小的。迄今为止，即使是在颇具结论性的研究中，个性所能解释的变动量也不超过 10%。由于个性只是影响消费者行为的众多因素之一，市场细分还取决于诸多因素，因此其对消费者行为的预测力很小也是可以理解的。20 世纪 70 年代，宝洁公司就试图以个性作为其细分市场的指标，遗憾的是 3 年后，它不得不放弃这一想法，因为品牌和广告经理都无法据此发展起比其他方法更有效的营销策略。这是由于有关受众的数据大多是根据人口统计变量收集的，所以除非具有共同个性的目标消费者在人口统计特征上具有相似性，否则是很难通过大众传媒将营销信息有效地传递给目标消费者的。由此可见，通过研究消费者个性来进行品牌传播是相当有局限性的，于是越来越多的学者将研究角度转移到品牌个性上来，期望通过塑造清晰、鲜明的品牌个性来与消费者沟通。这种研究新思路的出现，首先要求弄清品牌个性联系，即被当做人的品牌与消费者的关系如何。

美国哈佛商学院教授苏珊·佛尼尔（Susan Fournier）运用人际关系理论发展了对品牌个性概念的理解。她认为个人与品牌之间存在着一种双边关系，其中品牌被当做活跃的、能促进这种双边关系的伙伴，进而作为伙伴的品牌的行为与活动会带来特质推论，而这一推论能总括地反映消费者对品牌个性的认知。苏珊·佛尼尔对品牌个性在这种关系角色中的合理性做了进一步的研究。研究结果表明，品牌个性可作为双边关系中的一个成员，并能与消费者形成一对一的关系。品牌在"个性化的"、"双边的"、"积极的"这几个方面具有显著作用，品牌与顾客的关系不再是仅仅通过一次交易而形成，消费者对于品牌的评价也不仅仅局限于片面的交易营销目标。在此基础上，针对双边关系成员中，品牌的角色如何被评论，她提出了品牌伙伴论（BAP，brand-as-partner）。这一概念超越了传统的品牌个性的概念，考虑了更多的识别来源，并将这些来源整合成品牌的可评价的指标，使整个评价过程具体化。

（一）品牌看待顾客的方式

影响个人与品牌关系的有两个因素：其一是介于拟人化品牌与顾客间的关系，这好比是两个人之间的关系；其二是品牌个性——品牌呈现出来的某种形态的人，品牌个性赋予关系深度、感觉和嗜好。当然，品牌—顾客关系也可以功能性利益为基础，就如同两个人之间可有一种纯粹的商业关系。人们在评价个人与品牌之间关系时，往往容易把品牌看做是被动的因素，聚焦于顾客对品牌的想法、态度和行为，而把品牌自身态度与想法隐身与其后。其实品牌与顾客双方是相互影响的，"品牌—顾客"关系应两端同时分析。品牌对顾客的态度、方式包含有以下四种：

1. 带有势利性的高级品牌。这种高级品牌有名望，有地位，显出势利眼的样子。虽然显示了其高档次，却往往由于服务范围窄而限制了它的市场。

2. 看轻顾客的表演品牌。看轻顾客的表演品牌往往显示出一种不可一世、傲慢无礼的样子。该品牌看不起那些无法掌握巧妙象征的人，易为消费者所反感，具有风险性。

3. 炫耀实力的强势品牌。强势品牌具有市场实力，且兼具产业标准优势，但该品牌通常比较自大，抑制小型的、无抵抗力的竞争对手。例如，21 世纪的微软、英特尔或苹果。

4. 居劣势的受恐吓的品牌。这类品牌一般实力不够，处于市场低端，一再努力却无法晋升到更具声望的团体，显露出其处于劣势的危险。

增加幽默感或符号可活跃品牌关系的经营。如被消费者认为是势利眼的高级品牌，想继续维持其高级形象的同时又想扩大市场，就可利用大众化的幽默感，嘲讽自己原有地位和名声，柔软形象中尖锐部分。

（二）品牌—顾客关系测评模型

苏珊·佛尼尔对品牌关系的本质和理想关系的特性做了深入研究，开发出了品牌—顾客关系测评模型，识别出用来反映品牌与顾客之间关系强弱的七个维度，即依赖行为、个人承诺、爱与激情、怀旧情结、体现自我形象、亲近感和合伙品质。

1. 依赖行为。这个品牌在我的生命中扮演着重要的角色；一旦我不使用这个品牌，我就觉得好像身边有什么东西正在消失。这种依赖程度可以从品牌与顾客间互动的频率和重要性中看出。

2. 个人承诺。我非常忠于这个品牌；不管生活好坏，我都会继续使用这个品牌。朋友彼此忠心，会随着时间改善关系的品质，背叛时会感到内疚。

3. 爱与激情。没有其他品牌可以完全地替代这个品牌的位置；如果找不到这个品牌，我会非常地沮丧。激烈的情感结合，缺乏忍受分离的能力，在这种热烈的联结关系中，替代品的介入会让顾客感到不安。

4. 怀旧情结。这个品牌会让我想起过去做过的某件事或去过的某个地方；这个品牌会使我想起生命中某个特别的阶段。这种关系部分是基于对过去美好的记忆。

5. 体现自我形象。这个品牌的形象与我的个人形象是非常相似的；这个品牌提醒了我是谁。朋友间彼此分享共同的兴趣、活动和意见。

6. 亲近感。我对这个品牌知之甚详；我对制造这个品牌的公司有很深的了解。这种关系存在于朋友间的深刻了解，顾客会通过知道品牌和使用方法的细节而获得亲近感，而一对一的营销计划强化了这种亲近感，培养互相的了解。

7. 合伙品质。我知道这个品牌会感谢我；这个品牌会看重我这位顾客。这个维度反映你对伙伴的评价，也就是消费者感受产品的态度。

这七个维度如同人际关系，将品牌看做是消费者的伙伴，体现两者之间的亲疏冷热关系，而每个维度后的两种说法丰富了品牌—顾客关系测评的等级。其中，前三个维度（依赖行为、个人承诺、爱与激情）可看做是顾客品牌忠诚度的变数，可以用来测量和反映顾客对特定品牌的忠诚情况。而后面四个维度（怀旧情结、体现自我形象、亲近感、合伙品质）则介绍了不同关系的测量方法。

第四节　品牌个性的塑造

一、品牌个性认知因素

虽然品牌个性和人格特点可能具有一些相似的概念（Epstein，1977），但是它们形成的过程却不同。人格特点的认知基于个体行为、实体特征、态度、信仰和人口统计特征（Park，1986），相反，对品牌个性特点的认知是基于消费者与品牌直接或间接的接触而形成的（Plummer，1985）。影响品牌个性的认知与多种因素相关，其中既包括与产品有关的，也包括与产品无关的。如表4-1所示：

表4-1　　　　　　　　　　品牌个性的影响因素类别

与产品有关的特性	产品属性、类别、包装、价格、名称、分销渠道
与产品无关的特性	使用者形象、赞助事件、符号、广告风格、上市时间长短、生产国、公司形象、总裁、名人背书

人格特点以一种直接的方式与品牌相联系，主要体现为与品牌相联系的人，迈克瑞肯（McCracken，1989）认为通过一系列与典型的品牌使用者联系的如品牌使用者的形象，公司的雇员或CEO，品牌产品的背书人（product endorser）等人格特征相联系；由此，与品牌相关联的人的个性特点就直接注入了品牌。此外，个性特点以一种间接的方式（即产品相关的属性、产品类别、品牌名称、符号、商标、广告风格、价格以及分销渠道）与品牌个性联系。

除个性特征以外，Levy（1959）的研究表明，品牌个性还要包括人口统计特征，如性别、年龄、阶级等。与人格特征类似，这些人口统计特征也直接源自于品牌使用者的形象、雇员和产品背书人，也间接源自于与其他品牌的联系。例如，受独特的使用者形象驱使，Virginia Slims被认为是雌性的，而"万宝路"被认为是雄性的。"苹果"被认为是年轻的，而IBM被认为是衰老的，这有可能与它们进入市场的先后顺序有关。由于不同的价格策略，Saks第五大道被认为是富有阶级的品牌，而Kmart被认为是蓝领的品牌。

二、品牌个性的来源

品牌个性作为品牌的核心价值，是构成品牌力的重要组成部分。因此塑造品牌个性就成为企业品牌管理人员的重要任务。品牌个性的形成是长期有意识培育的结果，它的形成大部分来自情感因素，少部分来自逻辑思维。因为品牌个性反映的是消费者对品牌的感觉，或者品牌带给消费者的感觉。品牌个性可以来自与品牌有关的所有方面。以下是品牌个性来源的几个重要因素：

（一）产品自身的表现

产品是品牌行为的最重要载体，企业产品本身的发展随着在市场上的展开而逐渐广为人知，从而形成自身鲜明的个性。"英特尔"的CPU产品以极快的速度推陈出新，该公司的创新品质形成英特尔最重要的品牌个性，使得电脑用户趋之若鹜，造就了"英特尔"巨大的品牌价值。在市场竞争日益激烈的今天，产品概念已经延伸到了服务领域。如作为银行，提供的产品是服务，因为缺乏竞争，传统的国有银行总是让人想起慢腾腾的队伍、高高的柜台、冷若冰霜的面孔。而"招商银行"及时摆正自己的位置，亲切的微笑、快捷有序的服务以及供客户休息的座椅设置，都让人耳目一新，其"一卡通"的产品形式，更是在方便客户的同时，也在客户的脑海中留下了关爱、领先的个性。

（二）产品的包装和设计

产品的包装被称为是"无声的推销员"，它是消费者在终端所见到的最直接的广告，是产品在货架上的形象代言人。健康、优良的包装材料，独具匠心的包装造型，标志、图形、字体、色彩等各种手段的综合运用，都有助于品牌个性的塑造与强化。如"苹果"的包装大多以白、黑等纯色为主，体现其时尚、科技的个性。"雀巢"是我们十分熟悉的品牌，它的鸟巢图案标志，极易使人联想到待哺的婴儿、慈爱的母亲和健康营养的育儿乳品，突出了"雀巢"对消费者的象征意义，有利于唤起慈爱、舒适和信任的情感个性。

（三）产品的价格

产品的定价作为产品自身品质的反映，在一定程度上也体现了品牌个性。如一贯的高价位可能会被认为是高档的、富有的、略带世故的，例如"金利来"；相反则会被认为是朴实的、节约的、略显落伍的，例如"雕牌"；经常改变价格，会被认为是轻浮的、难以捉摸的。有些品牌会奉行永不打折的原则，这样就会被认为是专一的、真实的，也有些强硬的。

（四）产品的名称

产品名称的基本形式是语言和文字。语言是一种流动的信息，它通过声音刺激消费者的听觉器官从而留下印象，它还能以口碑的形式在公众中传播从而提高知名度。文字也是信息的载体，它以符号的形式刺激消费者的视觉器官，使消费者在脑海中留下印象、产生联想和感触。品牌名称的创意的关键在于名称所承载的信息是否与消费者潜在的心理欲求相投合。一个品牌名字在市场上能否叫响，一如艺术创作，往往取决于创作者灵感与欣赏者趣味的合拍。如"野狼"和"木兰"同为摩托车品牌，带给人的印象和感受却截然不同。这是因为，在品牌名称中也隐含着一种定位。化妆品惯常用"柔、洁、芳、雅"等字眼命名，以此突出温柔、典雅的女性特质；而男士用品则喜欢采用"虎、豹、威、猛"等字眼命名，以表现男子汉阳刚之气或男人成功之感。对于外国品牌名称的翻译，也是一项艺术再创作。

Coca-Cola 译作"可口可乐",既谐音,意思又贴切,可谓天衣无缝。Sprite 原意当魔鬼或妖怪讲,如果按意译,中国消费者恐怕会望而却步,心里直犯嘀咕,但是按音译就完全不同了,"雪碧",给人以清凉爽快的感觉,更符合中国人的思维习惯和消费心理。

(五)品牌的使用者

由于一群具有类似背景的消费者经常使用某一品牌,久而久之,这群使用者共有的个性就被附着在该品牌上,从而形成该品牌稳定的个性。中国移动"全球通"的使用者集中在商务人士,渐渐地商务人士共同的行为特征就凝聚在"全球通"这个品牌上,从而形成了"全球通"成功、自信、注重效率的品牌个性,中国移动也有意识的加强"全球通"的这种品牌个性,他的系列广告都使用商务人士作为使用者形象,使其品牌个性得到了强化,形成了"全球通"与其他通信品牌的显著区别。中国移动的另一个品牌"动感地带"的使用者大多为年轻人,故而形成了时尚、年轻、前卫的品牌个性而广为年轻人所接受,同样在通信服务市场上脱颖而出。

(六)品牌的代言人

通过借用名人,也可以塑造品牌个性。通过这种方式,品牌代言人的品质可以传递给品牌。在这一点上,"耐克"公司是做得最为出色的一个。"耐克"总是不断地寻找代言人,而且从不间断。从波尔·杰克逊到迈克尔·乔丹、查尔斯·巴克利、勒布朗·詹姆斯,"耐克"一直以著名运动员为自己的品牌代言人,这些运动员被阐释耐克"JUST DO IT"的品牌个性,迷倒了众多的青少年。

(七)品牌的创始人

一家企业由于不断的发展,其创始人的名声渐渐广为人知,因此创始人的品质就会成为该品牌的个性。如福特、比尔·盖茨,每个人都以自己的形象塑造了品牌,突出了品牌的个性。许多创始人如比尔·盖茨、柳传志的形象广为人知,这形成品牌个性塑造最有用的来源。联想的柳传志在国内几乎是家喻户晓,因此他身上一些独具魅力的品质就被传递到联想品牌上,从而形成了联想的品牌个性。人们把柳传志与联想紧紧地联系在一起。这使得联想与其他电脑品牌鲜明地区分开来。

(八)品牌的历史

品牌诞生的时间也会影响品牌的个性。一般来说,诞生较晚,上市时间较短的品牌占有年轻、时尚、创新的个性优势;而诞生较早的老字号品牌常常给人成熟、老练、稳重的感觉,但可能也有过时、守旧、死气沉沉等负面影响。因此,对于老品牌,需要经常为品牌注入活力,以防止其老化。但值得注意的是,对于某一类产品品牌而言,有时需要年轻的个性,而有时却需要厚重的历史感,比如酒类品牌。香格里拉·藏秘便宣称其有 152 年历史传承,剑南春宣称"千年酒业剑南春",国酒茅台更是宣称其历史可以追溯到 2 000 多年前。

（九）品牌的籍贯

由于历史、经济、文化、风俗的不同，每一个地方都会形成自己的一些特色，因此，每个地方的人会有一些个性上的差异。例如德国人的严谨，法国人的浪漫，以色列人的顽强，这些个性上的差异也会影响到生长在这个地方的品牌，所以时装和香水产在法国，汽车和电器产在德国会更让人放心。在中国，白酒的出产地如果是在四川和贵州，会更值得信赖，香烟如果产自云南，会感觉更加地道，这是地域对品牌个性的背书作用。有一些品牌，会借助出生的背景而树立自己的个性。孔府家酒，产自孔子的故乡曲阜，这使人相信这种酒是最具中国文化特色的。如果这种酒产自其他地方，则不但不会增强其品牌个性，反而会被淡化。

总而言之，品牌个性是一个品牌最有价值的东西，它可以超越产品而不易被竞争者模仿。品牌个性可以借助以上几个甚至单一的因素建立起来，当然这些因素不能孤立存在，它必须置于品牌系统与消费者系统以及营销沟通的环境下，才有可能实现品牌个性的建立与深化。换句话说，品牌个性是一种深层次的、本质的而非表象，因素只是一种方式与方法。同时，这种体现本质的个性，将大大有利于促进营销沟通。一旦形成一个鲜明、独特的个性，就会形成一个强有力的品牌，这应该是品牌经营的一个重要方向。

三、塑造品牌个性

品牌个性的塑造应"投其所好"，即以满足目标顾客的需求为重点。研究表明，人们总喜欢符合自己观念的品牌。每个人对自己都有一定的看法，评价别人也有一定的标准。人们往往喜欢那些与自身特点相似或与自己的崇拜者相似的个性。因此，对某一消费群体而言，创建具有与其相似的个性品牌将是一种有效战略。品牌个性若与消费者的个性越接近，或者是跟他们所崇尚的或是追求的个性越接近，他们就越容易接受该品牌，产生购买行为，品牌忠诚度就越高。由此可见，塑造成功的品牌个性，即是尽可能地使品牌个性与目标消费者的个性相一致，或与他们所追求的个性相一致。发展品牌的个性一般有3个步骤，分别是识别目前的产品类型和竞争性品牌的象征性联系；选择对目标消费者具有最大价值的品牌个性；推行期望的品牌个性战略。

（一）识别目前的产品类型和竞争性品牌的象征性联系

即识别品牌的个性联系，有多种方法供消费者把产品个性与一种产品类型中的不同品牌和产品类型本身联系起来，有直接的又有间接的定性的方法。最简单的一种定性方法就是让消费者用各种个性形容词（如友好的、平凡的、实用的、现代的、可靠的、诚实的、耐心的、复杂的）对一个品牌或该品牌的使用者进行评价。这种方法的缺点在于限定的个性形象形容词也许不完整或者没有多大的相关性，也有可能消费并不喜欢这种直接的启发示式的方式来反映他们对品牌的真实意见。获得与品牌典型使用者相联系的另一种定性方式是使用照片筛选。通过给消费者一些人的照片，请他们选择他们认为使用了某一特定品牌的人并要描述他们。还有一种更常用的方法是要求消费者把品牌与其他事物联系起来，如动物、汽车、人、杂志、树、电影或书。有研究表明，人们通常把肯德基炸鸡和穿着工作服的家庭主妇、露营以及斑马（人们会想起 KFC 桶上的条纹）联系起来。通过识别品牌的多种个性联系并与目标消费者对自身个性的评价相比较，再通过广告来加强或改变一种品牌个性的观点。

（二）确定品牌的个性目标

品牌的个性目标必须与品牌允诺的功能或心理上的利益相一致，如耐克公司成功地将竞争、成功、有趣和获胜的情绪与品牌联系起来，认为耐克实际上拥有的和渴望去占有的运动员目标市场都认同上述的绝大多数词汇。在做出品牌个性的目标决策时，首先需要对目标细分市场进行人口统计分析，进而发现目标细分市场有可能寻求哪一种生活价值和个性特点。如娱乐、享受和刺激较典型地被年轻的消费者所看重，而安全感则随年龄的增大而增加，同时年轻人总是可以用反叛性和反传统的价值观来识别。所以百事可乐公司非常成功地迎合了年轻人的这一价值观，从而吸引了年轻人市场的绝大部分。在确定品牌个性目标时需要关注社会趋势的变化，并了解品牌个性如何对一代人是符合潮流的而对于接下来的一代却是过时的和不合适的。

（三）实施品牌个性战略

一旦品牌的个性目标被确定后就需要开发能创造、加强或改变这一目标个性的品牌识别。正如前文所述，品牌个性的确定和发展取决于品牌传播组合中的众多因素，如企业的形象、品牌名称、包装、定价、促销的影响，因此品牌个性的成功创造有赖于这些不同力量的合力的作用。作为长期品牌个性战略的一部分，一旦一种个性选定以后就需要保持长期的一致性。一个企业若对其潜在消费者的思想过程了解得越详细、越多，就越能了解消费者购买产品的真正需求和偏好，能更准确地掌握消费者的个性特征，因此其对于品牌个性的创建就会越成功。

四、塑造品牌个性应注意的问题

（一）品牌个性和品牌的适用性的关系

品牌个性和品牌的适用性是一对矛盾的统一体，品牌个性越强则其适用性越弱。因此，塑造品牌个性时必须注意，品牌个性不能对其适应性有太大的损害，否则，市场占有率太低，并不利于品牌的传播和维护。

（二）追求个性的程度

塑造品牌个性要求创新，但并不是一味求奇、求异。而是应该在经过深入的市场调查，了解消费者的心理和需求，并赋予其深刻的内涵的基础上进行创新，才能达到应有的效果。

（三）塑造品牌的个性不能急功近利

品牌个性的塑造是一项系统工程和一个循序渐进的过程，单靠一个方面或者想一蹴而就是很难做到的。品牌个性的信息会通过多种渠道传递给消费者。如品牌名称、包装设计、代表色、广告表现、品牌定位、传播方式以及消费者使用产品的体验、效果等。概括地说，消费者从认知到熟悉，再到购买和使用产品的整个过程中所能感受到的一切信息，包括听觉、视觉、触觉、味觉和嗅觉的感受，都是对品牌个性的体验。因此，品牌个性的塑造是一个日积月累的过程。它需要动用长久、稳定、统一的广告宣传加深消费者对品牌的印象，还需要与产品开发、形象设计、公共关系、促销活动等各方面工作有效配合。总之，品牌个性的塑造是贯穿于企业整个成长发展过程中的一项长期工作，也是贯穿于企业经营管理全过程的一项细致工作。

本章小结

品牌个性是指产品或品牌特性的传播以及在此基础上消费者对这些特性的感知。品牌个性可从投入与产出两方面进行解释。从品牌执行者角度来看，品牌个性是品牌执行者期望通过沟通所要达到的目标，是传播者所期望的品牌形象。这是把设计好的品牌个性植入消费者大脑的过程。而从消费者角度，品牌个性是消费者实际对设计好的品牌个性的感知、认可能力的再现，是消费者对该品牌的真实感受与想法，这是品牌个性输出的过程。

品牌个性与品牌定位的关系为：品牌定位是确立品牌个性的必要条件，品牌个性必须通过品牌定位来表现；品牌个性就是要在品牌定位的基础上创造人格化、个性化的品牌形象；品牌个性并不完全决定于品牌定位。

品牌形象包含了品牌个性，但品牌个性更具抽象性，是品牌形象的关键与灵魂所在。

品牌个性具有人格化、独特性、不可模仿性、持续性、稳定性和互动性等特点。品牌个性有助于企业构筑核心竞争力，在品牌资产管理方面也起着重要作用。品牌个性直接影响着消费者是否会购买产品、对产品的喜好以及重复购买行为等。

品牌个性量表（BPS, Brand Personality Scale）定义出五大个性要素：纯真（sincerity）、刺激（excitement）、称职（competence）、成熟（sophistication）和粗犷（ruggedness）以及15个面相特征，为测评品牌个性提供了可靠的工具。借助于品牌个性量表，还可以系统地控制和测度某些营销变量（如使用者形象、广告、包装）对品牌个性的影响。

品牌看待顾客的方式有四种：带有势利性的高级品牌；看轻顾客的表演品牌；炫耀实力的强势品牌；居劣势的受恐吓的品牌。

品牌个性与人格特点既有联系又有区别，品牌与消费者之间存在着一种双边、互动的伙伴关系。品牌—顾客关系测评模型的七大维度：依赖行为、个人承诺、爱与激情、怀旧情结、体现自我形象、亲近感、合伙品质，可以用来识别和反映品牌与顾客之间的强弱关系。

品牌个性显露于产品的各个方面，如产品自身的表现、包装设计、价格、名称、品牌的使用者、品牌的代言人、品牌的创始人和品牌的历史等。品牌个性的塑造应"投其所好"，尽可能地使品牌个性与目标消费者的个性相一致，或与他们所追求的个性相一致，并遵循个性与适应性相结合、合理创新、循序渐进的三大原则。

复习思考题

1. 解释下列概念：品牌个性、品牌—顾客关系、品牌个性量表。
2. 品牌个性与品牌形象、品牌定位之间的联系与区别是什么？
3. 品牌个性有哪些特点？
4. 什么是品牌个性的价值？
5. 影响品牌个性的因素有哪些？
6. 个人与品牌间的关系如何？
7. 品牌对顾客的态度包括哪几方面？
8. 品牌—顾客关系测评模型包含哪七大维度？
9. 什么是品牌个性量表（BPS, Brand Personality Scale）？它的理论和实际价值体现在哪些方面？
10. 品牌个性来源于哪些方面？如何通过这些影响因素成功塑造品牌个性？
11. 品牌个性的塑造应注意哪些原则？

案 例

李彦宏塑造百度性格：坚守搜索 崇尚简单

2012年3月25日，在一个公开场合，有人问李彦宏是否会收购雅虎。李彦宏说，百度这么多年一直就只做搜索，没想干别的事。他说："以百度公司的定位，并不适合购买很大的公司。虽然雅虎市值只有百度的40%，但实际上雅虎业务量依然很大，且已经很成熟，甚至进入走下坡路的阶段，收购过来将是很大的包袱。搜索引擎需要保持中立，不然会出问题。"

事实确实如他所说，当别的互联网大佬纷纷忙于四处出击的时候，百度就坚守在搜索领域。这也是百度目前占有中国搜索市场8成份额的最主要原因。

即使在2011年第四季度总营收同比增长82.5%的情况下，百度员工们预期李彦宏还是会说"现在，我们距离破产只有 30 天了"。对此，李彦宏笑了一下，"这是我 6 年前说的，永远有效。"他接着说，"在全球化时代和一个最变化莫测的行业，技术的变革、资本的无情流动、消费者面对越发多元化选择时的不稳定，都让我们终日如履薄冰，只有比别人更快地行动，杜绝一切形态的浪费，才有可能生存下来。"

根据上个月刚出炉的 2011 年财报，百度 2011 年总营收为 145.01 亿元（约 23.04 亿美元），比 2010 年增长 83.2%。这让这家跑得最快的中国互联网公司 CEO 的"破产"之语显得有些危言耸听。他常常在内部会议上抛出这句"离破产永远只有 30 天"，而且离他越近的人听到的频率越高。在激进的中国互联网界，李彦宏是个"异数"，他说自己是一个慢性子，内敛、冷静、专注、充满危机感。百度的性格也一如其创始人的思维特质，崇尚极简主义；坚持做市场足够大、最擅长的东西，而非自己喜欢的东西，从来不跟风。百度的工程师们并非像艺术家一样工作着，他们只相信用户需求决定一切。

简单，再简单

14 世纪的逻辑学家奥卡姆认为，切勿浪费较多东西，用较少的东西同样可以做好的事情，他主张用最少的思维消耗、最简单的方法获得尽可能多的思维成果。百度副总裁王湛说，百度崇尚的就是这样的简单哲学——如无必要，勿增实体。他认为，这种价值观让百度变得更专注。

这个原则被李彦宏运用到产品设计上，就变成了用户体验第一，崇尚简单易用。"用户在不同搜索引擎产品之间转换的成本几乎是零，一招不当，用户就有可能离你而去。"王湛说，"这不像换电信服务商，还得换电话号码。"

在他看来，只有把一款产品做到最简单，别人才不可能超越。竞争对手不得已只能选择做加法，但一旦他做加法，就更不能超越自己了。

百度的网页搜索技术部门聚集了中国最懂搜索的数千位工程师，每天都有 30 多项技术升级上线，搜索的质量每天都会有 0.02% 的提升，一个季度下来，百度的网页搜索质量能提高 2%。"这个数字看上去微乎其微，但历史数据和经验都证明，搜索质量差距达到 2%，落后者的市场份额便会直线下降。"百度首席产品结构师孙云丰说。

在李彦宏看来，创新是为了提升用户体验，而用户体验就取决于产品是否足够简单，不用复杂的学习使用过程。"比如从'框计算'，到开放数据平台，再到开放应用平台，整体的思路一直有非常高的一致性，就是为用户节省更多时间。传统的搜索引擎通过'框计算'，用户获得一系列的链接，要一个一个点开来获得信息。开放数据平台和开放应用平台后，用户不用点击链接，就可以获得想要的东西，从而省去了一大步。"

需求性创新

在讲求标新立异的互联网行业，和那些主张"用户永远不知道自己要什么"、

"市场潮流需要引导"的公司相比，百度的产品核心理念是用户需求决定一切。"如果技术不被市场所需求，它的价值就会很低，不要为了喜好或虚荣心而开发酷的产品或技术，决定一个产品好不好、一个技术是否有机会的，永远是用户，他们有需求，你就做，他们没有需求，你就不要做。"王湛说。

他举了一个例子。早先，百度的网页搜索让百度用户可以"即搜即得"，这为中国网民每年节省 10 亿小时。但李彦宏并不满足：能不能再简单一些，让用户"不搜即用"，他抛出这样的想法。随后百度"新首页"项目组选取了 50 万用户进行小流量测试。百度的有关人士介绍说，"新首页"这个产品有太多的技术障碍要突破，最后产品开发团队在 45 天中，以每天 3 次迭代的速度完成了 150 多次迭代。

在另一个项目——移动终端易平台上，百度则果断地砍掉了需求不强或者用户体验不佳的应用，如百度快搜、百度新闻等。

实际上，简单思维和用户导向可以促使科技公司在技术上迅速迭代，同时重视基础研发。美国知名科技作家史蒂芬·列维（Steven Levy）在讲述 Google 公司内幕的《In The Plex》一书中写道，Google 创始人拉里·佩奇在申请核心专利技术"PageRank"时曾被美国国家专利局驳回，理由是"这一专利技术与李彦宏早前申请的超链分析技术专利过于雷同"。事实上，李彦宏 1996 年提交并被美国国家专利局认可的专利"超链分析技术"，几乎是所有现存的世界各大搜索引擎都在使用的技术基础，虽然技术体系各有千秋，但其本质与超链分析却都有千丝万缕的联系。

商业价值与用户体验间的平衡

2009 年 10 月对于百度来说，是个战略发展的关键时刻。有关新的广告系统平台"凤巢"，百度内部曾有两个切换方案之争。激进的观点主张在当年 12 月前完成切换，而保守的选择是按照原计划让"凤巢"与旧的竞价排名系统并存至来年 4 月，在此期间逐步取代。绝大多数人出于对客户接受风险的程度考虑，基本倾向于保守方式。

风险很明显，切换关系到数十万户客户和数百万关键词的搬家，客户习惯很难改，操作不当必然引起客户的大量流失，收入下跌。最后，李彦宏决定，将切换时间定在 12 月 1 日。

11 月 30 日当天的场景，王湛开玩笑说，简直有点像第二次世界大战之中"最漫长的一天"——诺曼底登陆日。从 12 月 1 日开始，每天的晚上 8 点，"凤巢"团队所有人员都会一起开会，逐个汇报各条线上的监测数据，分析没有预料到的情况、问题，头脑风暴汇总解决，然后迅速分工。前三天，团队人员的手机总会在这个时候让人揪心地响起"报警"短信声，那意味着当天的点击跌幅超过了 20%。

到了第二周，局势出现了转机，客户渐渐从反对、抱怨到愿意聆听和学习，一线客服都觉得很振奋。数据一直在回升，且没有反复。2010 年首季，百度的净利润同比增长 165%。

据王湛介绍，百度从 2007 年底就开始酝酿"凤巢"，"我们希望在商业价值和用户体验间作出平衡。'凤巢'的商业模式是企业广告在搜索结果中的排名同时兼顾出价与广告质量两个因素，而非简单的价格竞争即企业出价只影响排名顺序和前一位的点击价格，而企业实际点击价格与自己的出价没有直接关联；企业实际点击价格一定低于自身的出价；关键词质量度越高，每次点击的实际支出就越低。"

仅从搜索用户体验角度看，与以往竞价搜索结果占据整整 1 页而看不到自然搜索结果不同，现在搜索结果第 1 页将保留 10 个自然搜索内容，更多的广告被移至页面右侧广告区。但对于广告主来说，"凤巢"系统最显著的变化是在搜索结果的排序中加入对广告链接质量的评分，此评分和出价一起决定广告的最终位置，并且采用"暗拍"的方式。这将导致以往习惯把百度当成自己的品牌广告的中小企业一开始无法适应，以往的情况是只要告知客户去百度搜索某个关键词，就能在排名前三位的位置看到这家企业；而现在的模式能鼓励客户摆脱靠金钱换位置的思路，深入研究广告转化率问题，也能促使中小企业在制作网页内容方面下足功夫，以提高网页的营销价值和关联度，在本质上提高了搜索者的使用体验。

当初 Google 的 Adwords 进入中国市场时，也意识到了复杂系统要面临一个广告主接受能力问题。如今，百度必须付出不菲的代价来教育客户。王湛说，百度现在已经开始在全国一些城市开设"百度营销体验店"，提供针对"凤巢"系统的面对面培训和咨询。

此外，2011 年，凤巢完成了有史以来最大的升级行动，升级后的凤巢管理页采用账户树结构，平均完成任务的步骤数不到原来的 1/3，操作时间平均节省达 71.43%。

实用的西医

"目前，百度推广有 40 多万家企业客户，其中 90% 为中小企业。"王湛说。

他讲了这样一个故事：身高不足 1.4 米、体重仅 30 多公斤、家住洪山珞南街珞桂社区的残疾人林某借助网络搜索工具，将他的米雕饰品生意做到了全国。2009 年初，林某建起自己的网站，并投资 3 600 元开通百度推广，并买下"米上刻字"、"米雕"、"米雕饰品"等关键词。3 个月后，其米雕销售出现爆炸性增长，全国各地的订单纷纷飞来。现在，他每年在网络搜索上的投入大约在 4 万元，但销售额已达百万。

"这是中国很多中小企业在互联网时代生存现状的缩影。"王湛说，"我们通过大量的市场调研发现，中小企业在研究市场中，最重要的两个需求就是'专'和'活'。'专'是让中小企业用很少的投入找到自己需要的人群，而'活'就是根据企业的发展变化，随时调整营销策略。比如一周内星期一、二、三是旺季就做推广，星期四、五、六是淡季就不做；甚至可以根据目标消费者在网络上的活跃时间段，比如每天上午做、下午不做等。"

中小企业是一个无比庞大的客户群，但这些客户的特点是生命周期不长。中关村科技园区的报告显示，中关村的企业能活过 3 年的不多，而且生存模式复杂，这都是百度把中小企业作为主流客户时需要考虑的制约条件。

与之相联系的、百度所要面对的另一个挑战是，早年的搜索引擎营销中如果一个客户能提出 50 个关键词，就会被认为是一个成熟的客户。但随着"凤巢"系统的启用，现在的客户往往能提出几万、十几万甚至几十万关键词，搜索引擎营销已经进入海量数据分析时代。

"（分析）这些关键词带来了多少访问量、转化为多少销售量、在什么时间访问更加有效等，如何为企业做出定制化的营销服务方案，这是过去的营销平台所做不到的。"王湛打了一个比方，"传统的营销有点像中医，现在则要让营销进入西医时代，标准化、量化分析，也许不能像中医那样往往有'神来之笔'，但在普遍的情况下，它对企业更适用，因为它可衡量，效果看得见、摸得着，投入可控。"

不过，对于搜索营销的巨大市场空间，互联网巨头们觊觎已久。从门户与搜索网站的竞争，到搜索网站之间的竞争，再到综合搜索与垂直搜索的竞争，搜索行业市场争夺惨烈异常。搜狐已与阿里巴巴合作成立了"新搜狗"；腾讯计划投入近 10 亿元用于搜索技术的研发；而奇虎 360 也将在垂直搜索领域进行尝试；人民网推出以新闻内容为主的独立搜索引擎；国家网络电视台 CNTV 正在酝酿推出独立搜索引擎……但王湛认为，这些搜索引擎并不与百度形成正面竞争，如何让百度推广成为供给与需求间的无障碍连接，成为一种新生产力引擎，这是百度一直以来也是未来仍要首先考虑的事情。

资料来源：李晶 . 百度性格 . 经济观察报，2012-03-31

案例思考题

1. 百度的品牌个性主要有哪几个方面？
2. 百度是如何成功塑造自己的品牌个性的？

第五章　品 牌 形 象

20 世纪 50 年代，大卫·奥格威从品牌传播的角度提出品牌形象传播的概念，倡导用广告树立品牌形象。至此，品牌形象的概念开始进入人们的视野，塑造品牌形象成为品牌塑造的重要内容。品牌形象是消费者对品牌认知的总和，是品牌竞争力的总体表现。21 世纪的市场竞争主要是以"形象力"为中心的品牌竞争，品牌形象如何，直接关系到企业的品牌经营状况，关系到企业的产品或服务是否为消费者所接受，也关系到企业的成败。本章将系统阐述品牌形象的定义、构成要素以及塑造品牌形象的过程与方法。

第一节　品牌形象概述

一、品牌形象的定义

（一）"形象"的含义

理解品牌形象的含义可以从理解"形象"一词的含义入手。《辞海》与《现代汉语词典》中对"形象"一词的解释主要有三种：（1）［名词］同"形相"，指能引起人的思想或感情活动的具体形态或状态；（2）［名词］文艺作品中创造出来的生动具体的、激发人们思想感情的生活图景，通常指文学作品中人物的精神面貌和性格特征；（3）［形容词］指描绘或表达具体、生动。这些关于"形象"一词的权威解释有助于我们理解品牌形象的含义以及我们后面将要论述的品牌形象的联想性、生动性等方面的特征。

（二）品牌形象的含义

自 20 世纪 50 年代品牌形象开始受到关注以来，品牌形象的概念也一直在随着品牌管理理论体系的发展而发展，同时新的观念、新的学科及其研究方法的发展与引入，也影响着人们对品牌形象内涵的认识往纵深方向发展。从大体上看，品牌形象概念的发展经历了四个阶段：

1. 20 世纪 50 年代早期思想。这一时期关于品牌形象概念的探讨主要是一些学者的零散的思想，内容只涉及关于品牌形象的初步探讨，并没有给出品牌形象的具体定义。比如学者纽曼认为，品牌形象可能包括功能的、经济的、社会的、心理的等方面。

2.20 世纪 70 年代末，心理学观点与方法的引入推动了人们对于品牌形象的认识，到这一阶段，关于品牌形象的明确定义就被提出来了。学者莱威认为："品牌形象是存在于人们心智中的图象和概念的群集，是关于品牌知识和对品牌主要态度的总和。"

3.20 世纪 80 年代，战略管理与系统论的理念也在品牌形象的概念中得到体现。瑞诺德和戈特曼将品牌形象定义为："在竞争中使一种产品或服务差别化的含义和联想的集合。"帕克则提出，品牌形象产生于营销者对品牌管理中的理念，任何产品在理论上都可以用功能的、符号的或经验的形象定位。此时，品牌形象已经被当做一种品牌管理的方法。

4.20 世纪 90 年代至今是品牌形象概念更为丰富化的阶段，几乎品牌体系的每一个新概念的提出都会在品牌形象概念中有所反映。比如当品牌产权概念被提出之后，品牌形象又成为品牌资产的一个组成部分。

从品牌形象概念的发展趋势来看，品牌形象的定义还会继续发展，只要有新的理论、观点、方法或概念的诞生，都会丰富品牌形象概念体系。虽然到目前为止还没有一个关于品牌形象的权威定义出现，但有一点已经得到了众学者的认同，那就是，品牌形象是基于受众心理的结果。

综合前人观点，我们可以这样定义品牌形象：品牌形象是消费者对传播过程中所接收到的所有关于品牌的信息进行个人选择与加工之后存留于头脑中的关于该品牌的印象和联想的总和。这个定义有两个要点：（1）品牌形象是从传播过程的接收者角度出发的概念，是有关人们如何看待这个品牌的概念；（2）品牌形象塑造的主要手段是传播。

（三）品牌形象 VS 企业形象

要准确地把握品牌形象的概念，还必须注意品牌形象与其相关概念的区别与联系。在品牌经营与管理实践过程中，长期以来一直存在着一个误区——将企业形象等同于品牌形象，这种观念体现在实践中就是利用企业形象塑造的原则与方法来塑造品牌形象，典型的有将企业形象策划的 MI、BI、VI 层面运用于品牌形象的塑造。事实上，企业形象与品牌形象是一对相互区别又相互联系的概念。

企业形象更多的是一种宏观意义上的概念，它囊括了公司所有产品、技术、品牌以及其他公司资产；品牌形象所辐射的范围相对狭小，就产品方面而言，多是指某一产品或产品线。企业形象可能涵盖好几个品牌形象，也可能是所有公司品牌形象的高度概括与综合。以宝洁为例，宝洁是典型的奉行多品牌策略的公司，其下品牌林立，多到有可能有些产品你都不知道是属于宝洁的。在消费者心目中，宝洁意味着领先、强势，这是企业形象；而具体到某一个品牌形象，比如海飞丝，消费者的联想则可能是"去屑专家"。

二、品牌形象的特征

品牌形象的特征主要包括综合性、心理性、独特性和发展性四个方面。

（一）综合性：不仅仅是形象

品牌形象是内在涵义与外在表现的综合。如果从字面上来进行诠释的话，品牌形象很容易被理解成一些表面化的东西，比如名称、标识、商标、包装等这些可视的内容。事实上，在对品牌形象进行研究的早期阶段，理论界和实业界确实是这样理解的。然而，随着对品牌形象研究的深入，学者们发现，一个在消费者心目中有稳固地位的品牌形象首先必须建立在对品牌的精神、目标和理想的界定上。也就是说，品牌形象有其内在基础，它必须诠释品牌精髓，传达品牌定位，忠实于品牌个性。

因此，品牌形象具有综合性：一方面，它必须掌握品牌精髓，以此作为自己的内在底蕴；另一方面，它也必须依托于外在的表现形式作用于消费者。

（二）心理性

品牌形象是基于受众心理的。品牌形象的塑造主要是要通过传播，让品牌在消费者心目中形成一定的印象。品牌形象的心理性特征体现在两个方面：象征性和联想性。一旦一个品牌形象塑造成功，其内在价值就会作用于消费者的思想和情感，引起消费者一定的心理反应。这时的反应就不单是该品牌代表什么产品了，而是一系列关于该品牌象征性意义与特性的联想。比如，提到"沃尔沃"，消费者联想到的就不止是其下某一种具体的产品了，而是对"沃尔沃"品牌的心理感觉——安全和稳重。

（三）独特性

也可以理解为可识别性。品牌形象的独特性意味着该品牌形象由于某一方面或某些方面的与众不同，比如独树一帜的标识设计、先进的理念、有创意的广告等，能让消费者一眼识别。很多公司为了让自己的品牌形象独特化而煞费苦心，比如麦当劳精心设计的红底黄字标识和山姆大叔形象已经被全球消费者接受与认同。

（四）发展性

即使是第一位的品牌，其品牌形象也必须是不断丰富内涵不断发展的，既要继承品牌形象一贯的传统，又要兼顾市场、消费者以及竞争等变量提出的新的要求。因此，品牌形象的塑造是一个长期的过程，永远没有完结，它必须不断地发展，顺应时代、顺应潮流！

第二节　品牌形象的构成

品牌形象不是一个单层面概念，而是一个内容丰富的多层面立体式概念，品牌形象的构成主要包括三个层面：核心层面的品牌形象内涵、中观层面的品牌形象载体和外在层面的品牌形象符号系统（图5-1）。

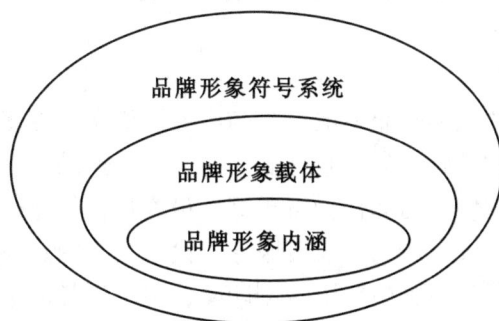

图 5-1　品牌形象构成

一、与品牌形象相关的概念

品牌形象不是表面的东西，它深深扎根于品牌的精髓之中。品牌精髓之于品牌形象一如灵魂之于人，有了内涵，品牌形象才富有了底蕴，从而厚实起来。品牌形象内涵源自对品牌定位、品牌个性和品牌文化的综合理解与把握。

（一）品牌定位

品牌定位是品牌形象的一个指向，把握了品牌定位，品牌形象的设计与传播才有其方向性。正确把握品牌定位是品牌形象高屋建瓴的基础。

（二）品牌个性

品牌个性与品牌形象息息相关，这两个概念都有"拟人化"的色彩。品牌个性是把品牌视为人时其所表现出来的性格特征；品牌形象除了这些个性之外，还是更多因素综合的结果，比如品牌形象的载体、品牌形象的符号识别系统等。把握品牌个性是使品牌形象更"人性化"、个性更鲜明的前提。

（三）品牌文化

一个品牌最持久的影响源于其文化。品牌形象只有生长于品牌文化的土壤中才能枝繁叶茂、活力持久。

以品牌定位、品牌个性和品牌文化为底蕴，将三者综合起来，经过提炼而凝聚成的品牌精髓就构成了品牌形象的内涵，这一内涵是品牌形象的核心，离开这一核心，品牌形象就成为无源之水、无本之木。大家广为熟知的CBA（中国男子职业篮球联赛）虽经历了20年的发展，为广大观众奉献了许多经典的篮球赛事，但是因为缺少相对职业的、合理的管理体制和理念，存在一些匪夷所思的漏洞，这自然造成很多乱象和奇葩事件，在球迷消费群体中逐渐丧失公信力，缺少相应的品牌文化，无法给公众留下一个好的品牌形象，最终不利于联赛品牌的推广和发展。

二、品牌形象的载体

品牌形象需要一定的承载物，这一承载物主要包括企业的产品或服务、产品/服务的提供者及使用者。

（一）产品或服务

品牌形象最核心的载体是企业的产品与服务。消费者更多的是通过体验品牌所涵盖的产品或服务来对品牌形象进行评价与感知的。产品或服务是推出品牌形象的主要载体，品牌形象的传播与运作做得再好，最终也必须通过消费者对产品或服务的消费与体验来认同。没有产品，没有服务，没有实在的感受物，品牌形象就是空洞无物的，难以在消费者头脑中留下深刻印象，更不用说能被立即识别或产生情感联系了。另外，品牌形象的丰富与发展也依赖于新的产品与服务的推出，没有产品的推陈出新和服务的不断创新，品牌形象难以进一步发展。

（二）产品/服务的提供者

品牌形象的第二个重要载体是产品/服务的提供者，这包括两个层面：作为整体的企业层面和作为个体的员工层面。

首先，对消费者而言，企业整体就是其所消费品牌的提供者，比如奔驰汽车的提供者首先是奔驰公司，而非某一个奔驰的零售商。这一层面的载体带给消费者的是一种无形的影响，企业形象在这一层面发挥了重要作用。企业一贯带给消费者的印象会影响消费者对其所属品牌的形象的认知。

其次，企业内部所有能跟消费者进行一线接触的微观个体如销售人员、维修人员、零售点等都是企业产品/服务的直接提供者。这一层面的载体带给消费者的是一种有形的影响，消费者通过实实在在地与这些直接提供者的接触来认识、理解并诠释企业的品牌形象。

产品/服务的提供者这一载体使消费者更接近了品牌形象的内在。如果说消费者消费产品、体验服务更多的是一个人与物互动的过程，那么，消费者与产品/服务提供者的交互则包含了更多的人与人互动的过程，这就使品牌形象的表现更生动、更具体。

（三）产品/服务的使用者

产品/服务的使用者是品牌形象的第三个载体。如果给你一幅图片，图片上是一辆车，让你进行品牌形象联想，你可能会根据车本身的外型、构造等来进行联想；如果仍然是这幅图片，不同的是多了一行字"美国总统布什的车"，再来进行品牌形象联想，你会联想到什么呢？身份、地位、品质……这就是产品/服务的使用者对于品牌形象塑造的重要意义。

营销大师菲利普·科特勒认为，一个好的品牌应该能向消费者传达出其使用者的特质，由此引申，产品/服务的使用者也能体现企业产品/服务的品牌形象，是品牌形象的重要载体。某产品/服务的使用者的身份、特点等可以影响消费者对该产品/服务品牌形象的认知。

三、品牌形象符号系统

品牌形象符号系统是品牌形象内涵的外在表现形式,是品牌形象传播的基本内容,也是品牌接触消费者的第一线。在传播过程中,与消费者做第一次亲密接触的就是品牌形象符号,这些符号会率先到达消费者,给消费者第一线的冲击与影响。

品牌形象符号包括语言符号和非语言符号,品牌形象符号系统包括语言符号系统和非语言符号系统,具体而言,主要包括品牌名称、品牌语言、品牌标识和品牌包装。

(一)品牌名称

品牌名称在品牌形象符号系统中具有其战略地位,从长远来看,对于一个品牌而言,最重要的是名字。在短期内,一个品牌形象的塑造可能需要一个独特的概念或创意,但一旦时间扩大到长期,这种概念或创意就会逐渐消失,起作用的将是品牌名称与竞争者品牌名称之间的差别。

(二)品牌语言

语言是一个很神奇的东西,艺术的语言总是能用最简洁的文字表达最丰富的内涵。在品牌形象塑造的过程中创造和运用富有煽动力的品牌语言会强化品牌形象。对于品牌语言运用得比较成功的例子有招商银行,从提出招商银行的服务理念"点点滴滴,造就非凡"到如今招商银行的"因您而变",招商银行用简洁形象的品牌语言向顾客阐释了它以顾客为中心的战略思路,为其树立品牌形象发挥了很大作用。

在品牌语言体系中,立于制高点的商家致力追求的一个关键的品牌形象符号是品牌词汇。品牌形象的塑造应该力争在消费者心目中形成一个关于该品牌的词汇,这个词汇是其他品牌所不具有的。联邦快递代表了便捷,沃尔沃代表了安全。一个最终形成词汇的品牌形象是极具竞争力的,以沃尔沃为例,太多公司宣传能生产安全的车了,比沃尔沃安全的车有可能存在,但要从消费者心目中夺走关于沃尔沃"安全"的这一词汇则不太可能,这就是品牌词汇之于品牌形象的意义。

(三)品牌标识

品牌标识作为一种特定的视觉象征性符号,是视觉识别的重要元素,体现了品牌形象,象征品牌的理念与文化。这是个视觉化的世界,品牌标识是消费者接触并感知品牌形象最直接、最视觉性的内容。事实上,成功的品牌标识已经成为一种精神的象征,一种地位的炫耀,一种企业价值的体现。很多知名品牌就因为其简单的品牌标识设计或鲜明的色调的运用而牢牢吸引住消费者的眼球,比如宝洁的"P&G",联合利华的"U"字形标识。

(四)品牌包装

品牌包装是品牌形象符号系统所有元素的综合表现。如何合理利用包装,将品牌形象符号系统艺术地运用于品牌包装是品牌形象塑造过程中的重要决策。我们可以从品牌包装与产品包装的区别入手来深入理解品牌包装的内涵及其重要作用。

1. 品牌包装与产品包装是内涵不同的两个概念。产品包装主要指承载产品或服务的容器或包扎物；而品牌包装则包含了更多的内容，应用范围更为广泛，除了产品/服务的容器之外，还有产品的展台、运输包装、活动包装等。以康师傅方便面为例，其容纳方便面的那个包装袋是产品包装；而在超市的柜台上摆放的有康师傅标识的造型可爱的小标牌则属于品牌包装。

2. 品牌包装与产品包装的作用有显著区别。产品包装的作用主要有保护商品、便于储运、使用说明和促进销售等；而品牌包装的作用则更侧重于品牌的打造与传播，比如企业策划某一次品牌活动，让全体参与的员工穿上统一的印有企业品牌标识的服装就是一种品牌包装，其作用是传播企业品牌形象。

第三节　品牌形象的塑造

一、品牌形象塑造的原则

（一）立足于品牌精髓

品牌形象不是空中楼阁，不是凭空创造出来的；品牌形象有其内在价值底蕴，是对品牌含义的推断，对品牌符号的解释，它必须依附和服从于品牌精髓。因此，塑造品牌形象必须立足于品牌精髓，包括理解和传达品牌定位与品牌个性。

然而，在品牌形象塑造的实践中，很多品牌形象的打造都没有进行品牌形象内涵的提炼。或者进行了提炼但没有将提炼的内涵作为品牌形象塑造的深层基础。很多企业就是凭借非科学的"想当然"或者经验主义给自己要推出的品牌一个形象概念，再大力对这一个凭空提出的缺少品牌内涵的形象进行传播与运作，这样的做法显然违背了"立足于品牌精髓"这一原则。而违背这一原则塑造的品牌形象都难以逃脱两个结局：先天不足与彻底失败。侥幸运作成功的品牌形象将在进一步深化与发展的过程中遇到瓶颈，缺少内涵与底蕴使得这类品牌形象先天不足，如金嗓子喉宝；医治的良方仍然是挖掘品牌精髓，让品牌形象的塑造根植于其品牌内涵。而更多的则是形象塑造彻底失败的例子，多少品牌形象在市场上昙花一现，就连世界著名品牌可口可乐都曾经遭受违背这一原则的惩罚。可口可乐的"经典"形象是基于其品牌精髓精心打造并维系的，然而，当面对百事可乐"新一代的可乐"的挑战时，可口可乐居然推出了一个与其品牌定位和个性完全没有联系的"新型"可乐配方，这一空的形象很快就因为消费者的拒绝接受而被淘汰，直到可口可乐重新恢复"经典"路线，这一风波才得以平息。

(二) 创造独特形象

品牌形象的独特性和心理性等特点，决定了品牌形象的塑造不仅要依靠逻辑、理性的科学手段，更需要的是艺术、创造和想象的翅膀。营销者要运用形象思维、艺术手法和创意来塑造和维护品牌形象。

(三) 保持前后一致性

品牌形象要与时俱进、不断发展，但这并不意味着见异思迁。变来变去的品牌形象只能给消费者留下模糊的印象，不能达到强而有力的品牌威慑效果。因此，在塑造品牌形象的过程中，要注意保持品牌形象的前后一致性，每一个后来品牌形象的塑造都应该是对前一个品牌形象的深入或补充，只有这样，才是在一个方向上塑造与发展品牌形象，通过这种方式打造出来的品牌形象才是最稳固的。

二、品牌形象的塑造

品牌形象的要点是立足于品牌带给消费者的利益点，将品牌精髓——价值、文化和个性传达到消费者。根据品牌形象塑造的循序渐进的过程，可以从消费者需求研究、品牌形象价值内化、品牌形象载体选择、品牌形象符号设计、品牌形象整合传播和品牌形象动态发展等六个方面来进行品牌形象塑造（图5-2）。

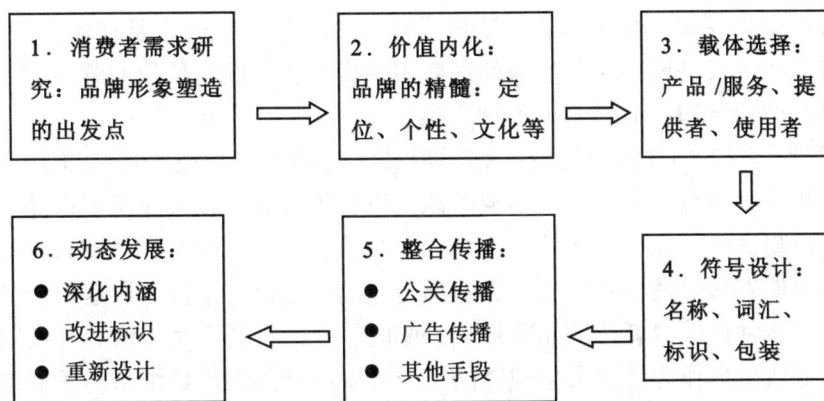

图 5-2　品牌形象塑造过程图

(一) 消费者需求研究：品牌形象塑造的出发点

品牌形象目标受众是该品牌所指向的目标消费者。顾客导向的现代营销理论要求企业在做任何决策时都不能离开顾客的需要与需求，进行品牌形象塑造决策也不例外。由于品牌形象最终是在消费者心理上产生一定的影响，研究消费者需求就成为品牌形象塑造的第一步。从消费者需求出发，研究消费者对该品牌所在行业、企业及其所涵盖的产品的理解、联想与期望，有利于品牌形象的确立及其长远发展。

事实上，研究消费者需求这一步骤在前面论述的品牌定位与品牌个性方面已经完成了，到品牌形象塑造阶段要做的是两件事：（1）提炼与凝聚；（2）将消费者需要与品牌精髓联系起来。

（二）品牌形象价值内化

品牌形象具有综合性，如果仅仅将其等同于名称、标识等这些表面化的东西，就会忽略品牌形象更深层次的关键点——品牌形象的内涵。因此，品牌形象塑造的第一步是奠定一个品牌形象的坚实基础，将品牌的精髓内化到品牌形象中，以保证品牌形象的生命力。

一个品牌最持久的含义是它的价值、文化和个性，它们确定了品牌的基础，品牌形象内涵就源于这一基础。更为具体地说，品牌形象的内涵来自于对品牌定位的把握和对品牌个性的诠释。

这一阶段的工作完成，品牌形象的核心层面即品牌形象的内涵就充实起来了。它既考虑到消费者需求与期望，也把握了品牌的价值与文化，传达了品牌的定位与个性，更为重要的是它强调了品牌核心属性与消费者利益的联系。品牌形象的内在价值其实就是目标消费者的需要和需求与品牌精髓有效联系与结合而形成的功能或情感利益点，这个利益点积淀成品牌形象的内涵，为品牌形象中符号层面的塑造打下了坚实的基础。

（三）品牌形象载体选择

品牌形象不等同于企业形象，品牌所覆盖的不是一个企业所有的产品与服务，支撑品牌形象的只是该品牌所涵盖的那些表现出品牌个性与价值的载体，找到这样的载体是品牌形象塑造的第三个关键步骤。

1. 产品与服务的选择。进行品牌形象载体选择的基础或者说标准是完成前两个步骤后提炼并凝结而成的品牌形象内涵。以此为基础，在企业所有产品与服务中找到最能体现这些内涵与品牌核心价值的产品与服务。作为品牌形象载体的产品或服务必须既能够满足消费者需求，又能够传达品牌定位与个性。以这些产品与服务为载体，打造并向消费者传播品牌形象。同时，在进行新产品或服务开发时，要考虑到新产品或服务作为品牌形象载体的特质，要结合品牌形象维系与发展的需要有目的性地进行产品线的补充与扩展。比如可口可乐沿"经典"路线延长现有产品线。

2. 提供者。这里主要阐述作为品牌形象载体的微观层面的提供者，即企业内部所有跟消费者进行一线接触的销售人员、维修人员、零售点等直接提供企业产品/服务的微观个体。首先企业要意识到这些直接提供者是企业品牌形象的载体，对这些直接提供者的对外言行与表现方面进行规范与管理是进行品牌形象塑造的重要方面，提供者与消费者的交互会直接影响品牌形象的树立、维持与发展。其次，企业要有实际行动，对这些提供者进行培训，增强其品牌形象意识、规范其对外言行、提高个人素质以及加强其业务能力。提到麦当劳，相信大家不会忘记麦当劳员工的"微笑"，而"微笑"正是每个麦当劳员工必经的培训课程；当然还有推开麦当劳的那扇门迎面而来的那句简单却又必不可缺的那句"欢迎光临麦当劳"。正是这些产品与服务的直接提供者使得麦当劳的品牌及其形象深入人心。

3. 使用者。品牌的使用者与品牌定位及品牌个性所瞄准的目标市场的消费者具有一致性，而当使用者成为品牌形象的载体之后，该品牌的使用者则具备了双重性——作为目标顾客的使用者和作为品牌形象载体的使用者。这一双重性使得使用者在品牌形象塑造中起着重要作用：一方面品牌形象针对目标顾客，吸引顾客来使用该品牌；另一方面，透过这些使用者，更多目标顾客对该品牌的使用将强化消费者对该品牌形象的认知，从而吸引更多目标顾客的购买。如此良性循环，品牌形象随使用者范围的扩大而鲜明。2014年立白宣布投入10亿元启动的"去渍霸"更名"好爸爸"的计划，借助其代言人黄磊参加湖南卫视的亲子节目《爸爸去哪儿》展现的好爸爸形象，来向消费者传播。好爸爸洗衣露是专门为爸爸们设计的洗衣用品，也就是说，该品牌的使用者为爸爸们。消费者反应是直接的，有孩子的男性在购买洗涤用品时会选择"好爸爸"洗衣露；而这些购买者也将加深该品牌的形象，吸引更多"爸爸"们选择该品牌。

（四）品牌形象符号设计

这里主要论述如何进行品牌名称、品牌标识和品牌包装设计。

1. 品牌名称设计。品牌名称是品牌形象识别的重要元素，有关品牌名称设计原则在本书的第三章已详细论述。

2. 品牌标识设计。品牌标识是构成品牌形象识别的另一个重要符号。有关品牌标识设计原则在本书的第三章已详细论述。

3. 品牌包装设计。作为品牌形象符号系统综合体现的品牌包装设计应该遵循以下原则：

（1）美观大方。美观大方的包装给人以美的感受，有艺术感染力。

（2）注意对包装空间的利用。品牌包装有其空间限制，要在包装上覆盖所有的品牌形象符号系统信息，又不给人拥挤或不舒适的感觉，必须注意对包装空间的利用。

（3）突出品牌个性。包装其实是突出个性，使自己的品牌与竞争对手品牌区别开来的重要手段。一如"人如其名"，包装也应该如其品牌，包装的设计应该让消费者看到就联想到品牌形象与个性。

（4）兼顾社会利益。品牌包装的设计应该兼顾社会利益，努力减轻消费者负担，节约社会资源，禁止使用有害包装材料，例如可以实施绿色包装战略。树立一种环保与有责任心的形象对于品牌形象的树立大有裨益。

值得一提的是，从品牌形象塑造方面来看，品牌包装不仅仅局限于产品包装，品牌包装应用的范围日益广泛。比如运输包装，越来越多的企业将包装运用于运输产品的运输工具上，整个运输工具就是一个大一号的包装；又如活动包装，企业每策划一个与品牌形象有关的活动，都会对活动标识、员工服装、活动用品等进行符合品牌形象的包装。

（五）品牌形象整合传播

整合传播是品牌形象塑造过程中的重要一环，正是传播在消费者与品牌形象之间建立了联系——只有认识到要将品牌的核心价值传播给目标消费者，品牌形象的指向性才更明确；也只有品牌形象的核心价值传达到了消费者，消费者的大脑中才会建立起清晰的品牌形象。

1. 公共宣传。阿尔·里斯和劳拉·里斯提出打造品牌的公关法则：品牌的诞生是由公关达成的，而不是广告。他们认为，品牌的打造靠公关，品牌的维持靠广告，这一法则同样适用于品牌形象的塑造。

考察一下全球大型公司成功塑造品牌形象的过程可以发现，它们最初的品牌形象塑造都得益于媒体上它们创造的有利于自身品牌形象的宣传报道。这一规律在高科技领域表现得尤其明显，比如微软、戴尔、康柏以及思科等，最先都是通过在《华尔街日报》、《商业周刊》、《财富》等媒体上进行公关宣传而起步的。

公关宣传是别人夸你好，比起广告的"王婆卖瓜"收效更为明显。公关宣传的收益是赢得品牌形象的亲和力，使品牌形象在消费者心目中形成一个先入为主的好印象。利用公关传播品牌形象的关键点在于要善于创造与品牌形象密切相关而又具有新闻媒体价值的事件。不同的公关宣传带给消费者的品牌形象感知是有差异的，比如关于企业赞助体育活动的报道可能带给消费者"有活力"、"爱国主义"的品牌形象认知，而致力于环保事业则可能意味着"人性化"和"责任感"。

2. 广告传播。广告是塑造并传播品牌形象的重要工具，品牌形象的概念最初就是从广告界延伸出来的。品牌形象一旦确立，就需要广告来维持其生命力并永葆其健康与活力。

经典的广告传播决策模型是5Ms：任务（Mission），广告的目的是什么？资金（Money），要花多少钱？信息（Message），要传递什么信息？媒体（Media），使用什么媒体？衡量（Measure），如何评价结果？

利用广告进行品牌形象传播的关键点在于，要将广告创意与品牌形象的内涵联系起来，广告传递的信息要强调品牌的核心利益与价值。

3. 整合传播。事实上，除了公关和广告传播之外，任何与品牌形象有关的元素都在起着传播作用，这些元素包括任何一个可以与消费者接触的"点"，比如员工、产品、服务、品牌标识以及为传播品牌形象而策划的活动。将所有这些元素都组合起来，进行方向性一致、步调一致的品牌形象传播就是整合传播。整合传播意味着一种通过多种渠道，运用多种手段或方法进行品牌形象传播的方式。

在整合传播品牌形象的过程中，企业应该不断地追求传播渠道与传播手段或方法的创新。渠道创新如在互联网上开展品牌形象传播；方法创新方面比如很多公司利用招聘环节大打品牌形象牌。

（六）品牌形象动态发展

市场在变化，消费者在变化，品牌形象也应该顺应时代，"与时俱进"。品牌形象的动态发展就是指企业根据市场和消费者的变化及时调整自己的企业形象，或者通过深化内涵，或者通过改变符号，或者设计全新的品牌形象来更接近消费者。

1. 品牌内涵深化。品牌内涵的深化并非否认旧的品牌形象，而是为适应时代的潮流和文化的演变，对旧品牌形象的扬弃，目的在于通过挖掘品牌核心价值更新的因素，保持品牌的价值和活力，增加消费者对品牌的忠诚度与新鲜感。

2. 品牌符号改变。一个长时间内没有带给消费者新鲜感的品牌形象可能会导致品牌被归类为老化品牌的行列，品牌符号改变可以作为一个满足消费者求新心理的有效工具。

然而，品牌符号尤其是品牌名称与表示具有顾客认同成分，这种认同会在消费者心中触发对品牌的系列情感效应，因此对于品牌符号的改变要注意与旧品牌形象符号的传承。

3. 品牌形象重新设计。品牌形象一经树立就会跟消费者发生认知、心理、情感等方面的联系，如果重新设计品牌形象后果其实很难预料。如果重新设计品牌形象势在必行，那就必须考虑消费者的感受，审慎地进行。

本章小结

品牌形象是消费者对传播过程中所接收到的所有关于品牌的信息进行个人选择与加工之后存留于头脑中的关于该品牌的印象和联想的总和。品牌形象的特征主要包括综合性、心理性、独特性和发展性等四个方面。

品牌形象需要一定的承载物，这一承载物主要包括企业的产品或服务、产品/服务的提供者及使用者。

品牌形象符号系统包括语言符号系统和非语言符号系统，具体而言，主要包括品牌名称、品牌语言、品牌标识和品牌包装。品牌形象塑造的原则：立足于品牌精髓，创造独特形象，保持前后一致性。根据品牌形象塑造的循序渐进的过程，可以从消费者需求研究、品牌形象价值内化、品牌形象载体选择、品牌形象符号设计、品牌形象整合传播和品牌形象动态发展等六个方面来进行品牌形象塑造。

复习思考题

1. 品牌形象的定义是什么？品牌形象概念的发展经历哪几个阶段？
2. 品牌形象与企业形象有什么异同？
3. 品牌形象具有哪些特征？
4. 品牌形象的构成要素包括哪几个层面？

5. 品牌形象塑造的原则有哪些？

6. 在品牌形象传播方面，公共宣传与广告的地位与作用有什么区别？

7. 如何塑造品牌形象？

案 例

星巴克（Starbucks）

星巴克出售什么？是咖啡。可星巴克一向宣称：星巴克出售的不是咖啡，而是人们对咖啡的体验。在这一理念的引导下，星巴克人创造了 Starbucks 这一强大的品牌和文化。"将无形蕴于有形之中"是星巴克做得最完美的地方。

1971 年 4 月，星巴克成立于美国西雅图。1986 年霍华德·舒尔茨购买并改造星巴克。15 年后，星巴克已经成为全球最大的咖啡零售商、咖啡加工厂及著名咖啡品牌。现在，星巴克已经在北美、欧洲和南太平洋等地开了 5 000 多家店，近几年每年增加超过 500 家，预计 2005 年，星巴克在全球将有 1 万家店。平均每周超过 1 亿人在店内消费。星巴克是唯一一个把店面开遍四大洲的世界性咖啡品牌，星巴克所标志的不再是单纯意义上的一杯咖啡，而是一个品牌和文化。

体验营销

星巴克无时不在关注着消费人群，体会消费者在品尝咖啡时的全部体验。让消费者切实体会到品牌是那么鲜活，是那么多样化，而且能看到和伸手可及。

多样化：星巴克咖啡的种类繁多，顾客可以喝到任何一种咖啡。新鲜：你能在哪里找到充满活力地为你煮咖啡、不厌其烦地教你喝咖啡的人呢？只有星巴克！这成为为顾客提供"星巴克体验"的主要动力。

统一：在星巴克咖啡店，顾客看到的是全球星巴克店统一的装饰、壁饰、吧台、调理柜。

在星巴克，你得到更多的是喝咖啡之外的体验，如气氛营造、个性化的店内设计、暖色灯光、柔和的音乐等。就像麦当劳一直倡导售卖欢乐一样，星巴克把美式文化逐步分解成可以体验的东西。

重视同客户进行交流与沟通是星巴克一个重要竞争战略。星巴克服务员要能够预感客户的需求，在耐心解释咖啡的不同口感、香味的时候，要注意观察顾客的反应。

在星巴克，顾客可以随意谈笑，挪动桌椅，随意组合。这样的体验也是星巴克营销风格的一部分。

塑造品牌

星巴克一向宣称：星巴克出售的不是咖啡，而是人们对咖啡的体验。以此来塑造品牌，突出自身独有的文化品位。

星巴克人认为自己的咖啡只是一种载体。通过这种载体，星巴克把一种独特的格调传送给顾客，这种格调就是浪漫。星巴克努力把顾客在店内的体验化作一种内心的体验——让咖啡豆浪漫化，让顾客浪漫化，让所有感觉浪漫化。

星巴克人相信，最强大最持久的品牌是在顾客和合伙人心中建立的。星巴克公司通过"口碑式营销"这样一种商业教科书上没教过的方式创立了自己的品牌。

当星巴克准备把新品发展成为一种品牌的时候，客户关系是星巴克考虑的因素。他们发现：客户们会建议将新品改良成为另一不同口味的品种。客户们能够看到一种新产品或服务与星巴克品牌的核心实质的关系。

不花分文做广告

星巴克除了利用一些策略帮助宣传新产品外，几乎从来不做广告，更是从没有在大众媒体上花过一分钱的广告费。

星巴克认为，在服务业，最重要的行销渠道是分店本身，而不是广告。

星巴克不愿花费庞大的资金做广告与促销，但坚持每一位员工都拥有最专业的知识与服务热忱。

星巴克的创始人霍华德·舒尔茨意识到员工在品牌传播中的重要性。他另辟蹊径开创了自己的品牌管理方法，将本来用于广告的支出用于员工的福利和培训，使员工的流动性很小。

推广教育消费

星巴克在开拓海外市场时，为了消除消费者情绪上的抵触，极力推广"教育消费"。通过自己的店面以及到一些公司去开"咖啡教室"，并通过自己的网络，星巴克成立了一个咖啡俱乐部。

星巴克给品牌市场营销的传统理念带来的冲击同星巴克的高速扩张一样引人注目。在各种产品与服务风起云涌的时代，星巴克公司却把一种世界上最古老的商品发展成为与众不同的、持久的、高附加值的品牌。

星巴克的成功主要在于它是"市场下的蛋"，它的一切都是在市场这只"无形的手"中雕塑完成的。星巴克充分运用了目前最热门的"体验"来作为其制胜的"营销工具"。"以顾客为本"，"认真对待每一位顾客，一次只烹调顾客的那一杯咖啡"。这句取材自意大利老咖啡馆工艺精神的企业理念，揭示了星巴克快速崛起的秘诀，注重"meatatirne"（当下体验）的观念，强调在每天工作、生活及休闲娱乐中，用心经营"当下"这一次的生活体验。在"体验营销"运用巧妙的情况下，其他问题迎刃而解，并在不知不觉中创造了星巴克这一强大品牌和文化。"将无形蕴于有形之中"，星巴克在这一点上做得非常完美。

资料来源：品牌成功案例100个. 道客巴巴，2012-02-09：103-104.

案例思考题

1. 星巴克是如何塑造自己的品牌形象的?
2. 请结合案例分析,品牌内涵对品牌形象塑造的意义是什么?

第六章 品牌传播

品牌传播是向目标受众传达品牌信息以获得他们对品牌的认同，并最终形成对品牌的偏好。品牌传播的效果不仅取决于传播的数量如广告和公共关系活动的次数以及促销预算的多少，还取决于各种传播策略的选择和设计，常见的品牌传播策略有广告、销售促进、公共关系以及人员推销。为了取得品牌传播的最佳效果，要求进行整合的传播活动。本章将介绍传播过程的实质和各种传播策略的综合运用。

第一节 传播过程分析

一、传播过程的实质

传播指信息的传递、思想的交流、信息的发送方与接收方之间的思想统一或达到共识的过程。从这个定义中我们可以看出传播的实现有一个潜在的前提条件，即参与传播过程的发送方与接收方必须要有一个共同的想法，并且信息必须从一方传递到另一方。对于传播过程，常见的观点认为传播是要克服目标市场对认知、形象或偏好的差距。但是这种传统的传播方法的缺点是明显的，比如这种传播方法太短期化而且又比较昂贵，并且这种传播的效果不一定能达到预期的目标，因为这种过程有时是盲目的，从而导致了传播的失败。现代观点将传播看做是为长期的顾客购买过程服务的管理工作，这就要求传播要考虑到消费者的购前、购中、消费和购后各个阶段。传播过程是复杂的，成功的传播取决于很多的因素，包括信息的本质、受众的解释结果以及信息发送、接收的环境等。同样，接收方对于信源和用来传递信息的媒介的感知也会影响到传播的效果。比如，来自于专家的信息比来自于一般人的信息要可靠得多，又如权威媒体发出的信息就比一般市井小报的信息更值得信赖。

因为目标受众各不相同，所以要求传播方案要为不同的细分市场、利基市场，甚至是为个人所设计。同样的语言、画面、声调、颜色，对于不同的受众也会由于个体的差异因而会产生不同的理解和具有不同的意义。

二、传播模型分析

影响有效传播的功能性要素包括在传播模型（见图6-1）中。发送方与接收方是传播过程的主要参与者，信息和媒体是主要的传播工具，编码、解码、反应、反馈是主要的传播功能，噪音包括参与传播过程并损害传播效果的各种无关的外生变量。

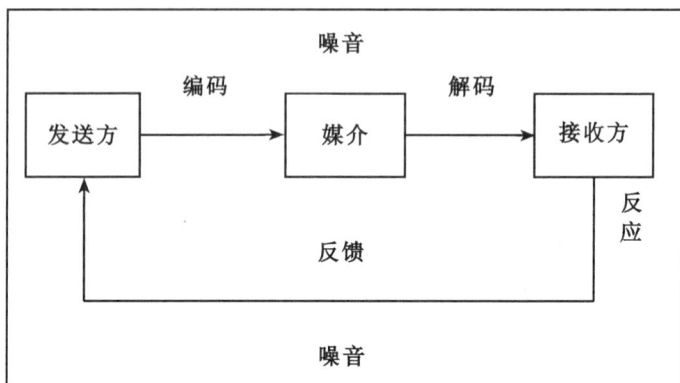

图 6-1 基本传播模型

（一）发送方

发送方指拥有可以与其他个人或团体共享的信息的个人或团体，传播过程的发送方可以是个人如推销员、形象代言人等，也可以是非个人的团体如公司、组织等。发送方是传播过程的最积极参与者，在传播过程当中，发送方必须要知道把信息传递给哪一些受众并且希望获得什么样的反应。发送方还要是信息编码的能手，要能考虑到目标受众如何解释所收到的信息。同时还要把信息通过能触及到目标受众的媒体传递信息，此外还要建立反馈渠道以便了解受众对信息的反应。

（二）接收方

接收方是指与发送方分享思想或信息的人。一般而言，接收方是一个广泛的概念，包括所有感觉到、看到、听到发送方所发出的信息的人。然而对于信息的发送方来说，他们最为关心的是那些他们所期望的那一部分人收到信息并做出期望中的反应，这一部分人即是目标受众。影响目标受众有效解码的一个重要因素是目标受众和发送方的共同经验域。经验域指个人的生活阅历、价值观以及受教育程度等。经验域相交部分越多，则信息被还原和达到有效传播的可能性越大。另一方面，发送对接收方了解越多，并且对其需求把握得越准确，双方的情感沟通就会越顺畅，传播就会越有效。

（三）信息

信息指在传播中发送方向接收方传递的内容，信息可以是语言的、口头的，也可以是非语言的、书面的甚至是象征性的。比如对于品牌传播，所要传播的信息可能是功能性的信息，如品牌的功能、属性、价格以及购买地点，也可能是情感性的信息，如品牌的个性、形象等。但无论怎样，信息必须要采用适合媒介传播的方式。

（四）媒介

媒介指信息的载体以及信息发送方与接收方进行传播的方式。广义来分，媒介可分为人员媒介和非人员媒介。人员媒介传播指与目标受众进行直接的、面对面的沟通接触。人员传播媒介还包括社会上的人与人之间的"口头传播"。非人员传播媒介指发送方向接收方传递信息时并没有通过人员之间的接触来达到传播结果的媒介。这种传播媒介一般被称为大众传播媒介，因为在传播时信息可以传播给许多的人。这类媒介又可分为印刷品媒介和电子传播媒介。印刷品媒介包括报纸、杂志、直接邮件、广告牌等。电子媒介包括广播、电视、互联网等。

（五）编码

编码指信息发送方选择词语、标志、画面等来代表它所要传递的信息的传播过程，这个过程也是一个把想法、观点寓于一个象征性的符号当中去的过程。由于存在经验域的不同，发送方必须把信息以接收方可以理解的方式发送出去，即发送的信息要是目标受众熟悉的语言、符号、标志。

（六）解码

解码指接收方把信息还原为发送方想表达的思想的过程，这个过程受到接收方的个人背景的影响。如果接收方的经验域和发送方的经验域越接近，则解码后的信息就会越真实，传播的效果就会越好。很多导致传播失败的因素是由接收方和发送方的经验域相差太大而引起的，因为信息传播者和接收者往往不是同一个阶层的人，这就会导致解码的失真或失败。

（七）反应

反应指接收方在看到、听到和读到发送方传递出的信息后所做出的行动。这种行动可能是一个无法观察到的心理过程如把信息储存在记忆中或在收到信息后所产生的讨厌、厌烦的情绪，或者是明显的、直接的行为，如拨打提供的免费电话或订购产品等。

（八）反馈

在接收方的反应中，有一部分反应会传递回发送方，被传递回发送方的信息就是反馈。这部分信息也是传送方最感兴趣的，因为对反馈信息的分析一方面可以使发送方评估传播的效果，另一方面还可以调整下一阶段的传播，以达到信息沟通的目的。

（九）噪音

噪音指影响或干涉传播过程的外来因素，这些外来的无关因素很容易影响信息的发送和接收，以至于信息受到扭曲。比如信息编码过程中出现的错误、通过媒介传播过程中的信号失真以及接收过程中的偏差都属于噪音。噪音是传播过程中不可避免的因素,当然,如果发送方和接收方所具有的共同背景越多,传播过程受噪音的干扰就会越小。

三、传播受众的反应过程分析

(一)传统的反应层次模型

制定传播计划时,一个重要的步骤就是要理解消费者的反应过程。当然,传播者希望的反应是要促使消费者的购买,但购买过程是消费者进行决策的长期过程的结果。因此传播者要了解消费者所处反应过程的哪一阶段,并要把他们由目前的阶段向更高级的、最终的购买阶段推进。传统的反应层次模型,见图6-2,都把消费者的反应过程看做是由三个阶段组成的一个依次向上运动的过程,这个过程描述消费者从对品牌一无所知到实际的购买行为必须跨越的各个阶段。这三个阶段分别为认知阶段、情感阶段和行动阶段。认知阶段是指消费者对品牌的知晓和感知,包括对品牌存在的感知,对品牌属性、特性或形象的知晓或了解。情感阶段指消费者对品牌的喜好程度,包括在喜好的程度上形成对品牌的肯定。行动阶段指对品牌采取的最终行动,包括试用、采用或者摒弃。

阶段	AIDA 模型	效果层次模型	创新扩散模型	信息处理模型
认知阶段	注意 了解	注意 了解	意识	展示 注意 理解
情感阶段	兴趣 欲望	喜欢 偏好 确信	兴趣 评价	接受 记忆
行为阶段	行动	购买	试用 采纳	行为

图6-2 传统的反应层次模型

资料来源:乔治·贝尔齐,麦克尔·贝尔齐.广告与促销——整合营销传播展望.大连:东北财经大学出版社,2000:205.

1. AIDA 模型。AIDA 指注意(Attention)、兴趣(Interest)、欲望(Desire)、行动(Action),注意指消费者对传播的品牌信息关注与否,传播首先要能引起消费者的注意,但一般消费者都存在一个选择性的心理过程,即他们只关注那些他们所期望的信息以及那些突然发生了很大变化的事物。兴趣指通过传播激起了消费者对品牌信息的更大的注意程度以及更想去了解更多信息的愿望。欲望指消费者通过了解更多的信息认识到自己存在一些曾没有意识到的未满足的需要，这样他就会产生对某一品牌的欲望。如果消费者知道的信息使其确信该品牌可以满足他的某一需求，那么他就会做出购买决定这一最终行动。

AIDA 模型最初用来反映销售人员在推销过程中必须引导消费者经历的几个阶段。这个模型说明传播引起消费者的注意，然后激起他们对公司品牌或服务的兴趣并产生欲望，最终使消费者做出购买的承诺或决定。行动这个阶段是最有意义的但又是最难以达到的一个阶段。

2. 效果层次模型。效果层次模型最初是由罗伯特·拉维基（Robert Lavidge）和加里·斯蒂纳（Gary Steiner）为确定和测定广告目标而提出的。这个模型有两个假定，一是消费者从最初意识到品牌的存在到实际的购买要经过一系列的步骤；二是广告的作用是滞后的，广告并不能引起立即的购买。效果层次模型认为，消费者的反应层次由注意、了解、喜欢、偏好、确信和购买六个层次组成。消费者在由一个反应层次转入下一个层次前都必须经历一系列的反应，而且这些反应层次都是层层相接的，任何一个层次都不能被超越。

3. 创新扩散模型。创新扩散模型用来说明消费者采用一个新的品牌或新的服务过程所经历的各个阶段，这个模型说明消费者在采取行动之前经过了"意识、兴趣、评价、试用"这几个阶段，说明新的品牌面临的挑战就是首先要在消费者当中树立起知名度，激发起他们的兴趣，引发对新品牌正面评价的形成，在此基础上吸引他们试用新品牌，因为只有试用才能使消费者正确评价品牌的优劣。经过这个过程后，消费者要么接受这个新的品牌，要么拒绝继续使用这个新的品牌。

4. 信息处理模型。信息处理模型是威廉·迈克盖尔（William McGuire）为测量广告效果而提出的一个层次反应模型。这个模型假定消费者是低度地参与传播过程，并且处在一个说服性的传播环境中，在被说服的过程中，一个反应层次的形成都要经过一系列的阶段。信息处理模型与效果层次模型很相近，但在信息处理模型中有一个阶段是其他几个模型所不具有的，即保持记忆阶段，说明消费者只把自己认为有价值和与己相关的、并能够理解的那部分信息加以记忆。这个模型同时也说明传播活动的目的并不是立即促成消费者的购买行动，而是为他们以后的购买决策提供信息，使他们在购买时会采用本品牌。

传统的层次反应模型说明潜在的购买者从对品牌或产品的一无所知到准备购买要经历的几个阶段，同时也说明了潜在的购买者在不同的层次模型中可能处于不同的阶段，这是传播者必须要去了解的问题，以便做出适当的传播决策。比如说新产品首先就是要获得较大的知名度，而高知名度的成熟品牌只需要少量辅助性的广告来维持品牌在消费者当中的认知度和偏好就可以了。

（二）新的反应层次模型

传统的反应层次模型认为认知先于情感、情感先于行动，这即是说消费者先意识到一个品牌的存在，然后再对它认知，有所感觉，最后形成欲望或偏好再购买。

这是一个符合逻辑的顺序，但是在实际当中，消费者的反应次序并不总是这样的。这也是很多学者对这几个传统的反应层次模型加以批评和质疑的地方，由此导致了一些新的反应层次模型的出现。如米歇尔·雷（Michael Ray）提出的信息处理的三维模型，如图 6-3 所示。

图 6-3　反应层次模型：信息处理的三维模型

资料来源：乔治·贝尔齐、麦克尔·贝尔齐. 广告与促销——整合营销传播展望. 大连：东北财经大学出版社，2000：210.

1. 标准学习模型。标准学习模型适用于这样一种情况，即消费者按照传统的传播模式描述的顺序：学习——感受——行为来经历整个反应过程。一方面这个模型说明消费者在获得了各种品牌信息的基础上产生情感反应，然后再去指导自己的行为；另一方面也说明了消费者是传播过程的积极参与者，他们主要通过主动学习来获取信息。比如消费者在购买一些耐用消费品如电脑、冰箱、彩电、汽车等时，他们在做出购买决策前需要了解比较详细的品牌信息。在这种消费者高度参与情况下的传播要求提供比较详尽的、具体的品牌的产品信息，以利于消费者做出决策。

2. 失调/归因模型。消费者有时在高度参与某项产品的购买时，由于看不出各种品牌间的差异，这时他会受一些外在的原因如别人的推荐而购买了某一品牌，但他对所购的这一品牌往往会产生失调感。失调/归因模型就可以用来说明上述的这种情况，这个模型这样来描述整个反应过程：消费者首先做出某种行为，然后在此行为的基础上形成态度或感受，然后学习或处理支持此行为的信息。用失调/归因模型来解释前面所述的情况就是当消费者在购后产生了失调感，为了证明自己选择的正确性，这个消费者会对他所购的品牌产生积极的态度，甚至有可能放弃对该品牌存在过的偏见，这样他就减少了对购买决策的怀疑和购后产生的不协调感。

失调/归因模型说明态度是在购买后形成的，消费者的学习也可通过大众传媒进行。这时大众媒体的作用主要不是强化既有的选择行为和转变态度，而是通过提供支持信息来减少认知的失调感。这个模型并不是说大众传播对消费者的购买行为没有任何作用，相反，失调/归因模型说明大众传播的作用是体现在消费者购买后。这种情况下的传播是为了确保消费者的后续购买。

3. 低参与度反应层次模型。低参与度反应层次来自于赫伯特·克鲁格曼（Herbert Krugman）的电视广告效果理论。赫伯特·克鲁格曼为了找到电视广告能对品牌知名度和回想率产生强烈影响却很难改变消费者对品牌态度的原因，他假设电视是一个低参与度的媒体，人们在收看广告时知觉的防御会减少甚至消失，人们不会把收到的广告信息和他们以前的信息、个人经历加以比较。反复出现的广告可以潜移默化地影响消费者的认知结构，但并不能改变他们的态度。但是，广告中的一些品牌信息如品牌名称、广告主题、口号将被记住，当消费者在进入一个购买情境中时，记忆中的信息会促成他的购买行为，有了对品牌的购买和使用经验后，消费者将会在此基础上形成对品牌的态度。

低参与度反应层次模型说明在低参与度的购买情境中，人们按"学习——行为——感受"的顺序，经历了从认知到行为到态度的转变过程。当购买决策的参与程度较低，品牌间的差异小，及大众传媒的作用又很大的情况下，低参与度反应层次模型比较适用。在这种情况下，消费者遵循这样的反应顺序：

信息展露——认知结构转变——购买——对品牌的体验——态度形成

在低参与度层次中，消费者不是主动地收集信息，相反是被动地、随机地获取信息。这时，传播者最好向消费者展露简单的、重复的广告信息，会获得比较明显的效果。因为在低度参与情况下，不断重复的、简单的诉求会增强消费者对那些诉求的记忆和信任。中央电视台黄金时段密集的广告造势使脑白金广告的声音、画面、词语等牢牢铭刻在消费者的心目中。虽然脑白金的广告连续4年登上恶俗广告之首，但是如此之高的出镜率可以让消费者重复记忆，从而深刻地记住了这一品牌。

四、传播受众的认知过程分析

在研究人们对营销传播的反应方式时，一般都是运用层次反应模型，侧重于确定特定的可控变量如信息与传播效果或反应变量如理解、态度之间的关系，但是这些模型并不能解释这些反应产生的原因。为此，研究人员开始尝试去理解说服性信息的认知过程的本质，并提出了认知反应模型（见图6-4）和精细加工可能性模型（见图6-5）。

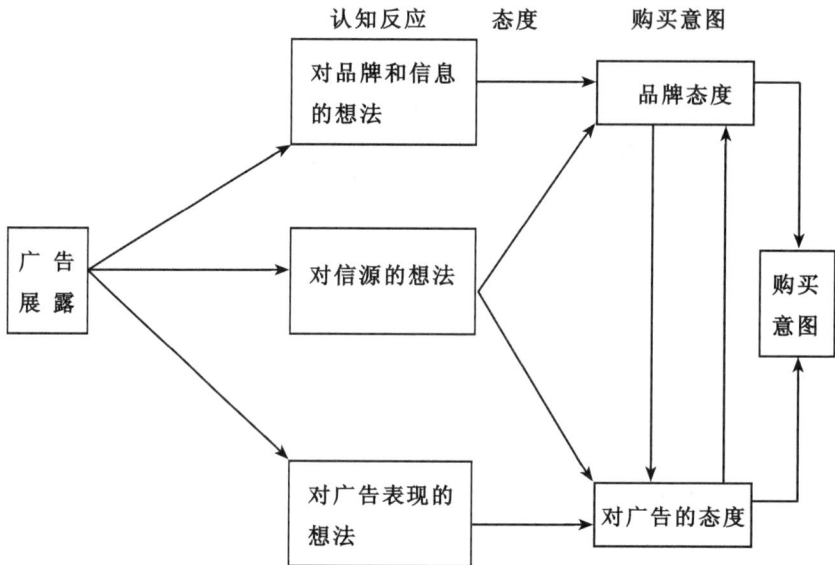

图 6-4 认知反应模型

资料来源：乔治·贝尔齐，麦克尔·贝尔齐. 广告与促销——整合营销传播展望. 大连：东北财经大学出版社，2000：220.

（一）认知反应模型

20世纪70年代初的研究表明消费者对广告内容记住多少与其对品牌的态度之间的联系很微弱，相反消费者看广告以及利用自己的已有知识和态度评价刚从广告中获得的信息时，大脑的思维性是决定态度的真正重要因素，这种思维被称为"认知反应"，认知反应模型的核心是确定广告信息引起的反应类型以及这些反应与广告、品牌态度、购买意图之间的相互关系。这个模型的实质是评价消费者对他们收到的传播信息的想法，这些想法可以通过消费者的书面记录或以信息反应的口头报告来衡量。这些想法既可能是支持性的意见（Support Argument），也可能是反对性的意见（Counter Argument），这是传播者最应该关心的两类想法。一般而言，反对意见与信息的接受负相关，即消费者反驳越多则接受所宣扬的信息的可能性越小；支持观点与信息接受正相关，即消费者支持性的观点越多则会更多的接受所宣扬的信息。

1. 对品牌/信息的想法。广告信息的展露引起消费者的第一类想法即对品牌/信息的想法，这一类想法包括品牌的属性、功能、个性以及价格和对这些品牌信息的评价。以高露洁牙膏的广告为例，一位消费者可能对其在广告中诉求的不磨伤牙龈的功能怀疑或反对，因为他不相信任何牙膏不会磨伤牙龈。当然，也有的消费者可能认为高露洁的这个功能是可信的。

2. 对信源的想法。针对信源的想法主要有两种，包括信源贬值反应和信源强化反应。信源贬值反应是当消费者对品牌代言人或对品牌所有者有负面想法时就会导致信息接受程度的降低。尤其是当消费者十分讨厌某个品牌代言人或很不信任他时，他们就根本不会相信由他发出来的信息。信源强化反应指消费者如果喜欢某个品牌代言人或某个企业时就会相信由他们发出的信息。这就是为什么众多企业选择目标受众喜欢的人物作为品牌代言人的原因了，比如耐克、劳力士、哈根达斯、奔驰、泰康人寿、伊利、三星电子、VISA 等 13 个大品牌，不约而同地选择了大家喜爱的网球运动员李娜作为它们的形象代言人，赢得了消费者的青睐。

3. 对广告表现的想法。这一类认知反应是关于广告本身的想法，在消费者观看广告时，他们会产生一些和品牌信息并没有直接关系的情感反应，这是他们对广告本身的具体感受，如对广告的创意、视觉效果、音乐等的反应。消费者的这些情感反应对他们形成对品牌的态度是很重要的，一个喜欢某一则广告的人更可能会相信广告所传递的品牌信息。这也是近来很多品牌采用感情广告的原因，他们把刺激目标受众的情感作为一个广告创作的基本策略。

（二）精细加工可能性模型

精细加工可能性模型（见图 6-5）是理查德·佩蒂（Richard Petty）和约翰·卡奇奥波（John Caciopo）最初提出用来解释说服过程，即说服性信息如何通过影响目标受众并最终达到说服目的。该模型说明改变消费者的态度有两条路径，中心

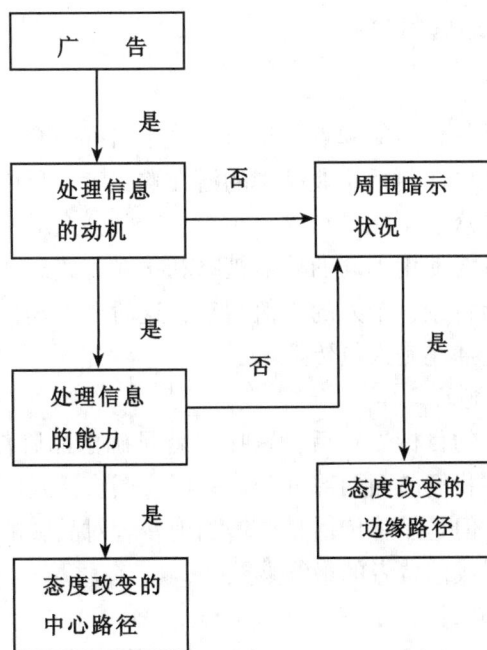

图 6-5 精细加工可能性模型

资料来源：Rajeev B, Myers J G, Aaker D A. 广告管理. 北京：清华大学出版社, 1999.

路径（Central Route）和边缘路径（Peripheral Route）。中心路径指消费者积极参与传播过程，他们的注意、理解、评价信息能力和动机都很高，通过对信息的仔细思考、分析和归纳再导致态度的转变或形成。在边缘说服路径下，消费者被动参与传播过程，他们缺乏处理信息的动机或能力，也不会进行详细、认真的认知过程，他们态度的形成或改变不是在积极对主要信息的评价基础上，而是在一些边缘线索的基础上形成的。

由中心路径形成的态度要比由边缘路径形成的态度相对强一些，并且更持久、更难以改变。由图中模型可知，精细加工可能性是处理信息的动机和能力的函数。当目标受众处理信息的动机和能力都具备时，他的态度形成将沿中央说服路径进行，这时他的认知反应活动水平和处理信息的程度都高，而传播的说服力主要取决于他如何评价传递的信息。有利的认知反应将会使认知结构向有利的方向改变并形成积极的态度。当然，如果目标受众的认知反应是不利的，那么则会导致对品牌的非常消极的态度。当目标受众不具备处理信息的动机和能力时，他避开对主要信息的评价，反而利用传播中的一些边缘线索，如品牌代言人的魅力、是否讨人喜欢以及整体的广告制作质量这样一些因素来形成态度。因为由边缘路径形成的态度是短暂的，所以要维持消费者对品牌的积极态度，需要传播的反复，比如利用广告的重复播放。

五、开发有效的品牌传播

（一）确定目标受众

确定目标受众是品牌传播的起点，只有明确了目标受众才能确保企业的传播做到有的放矢。目标受众可能包括企业品牌的潜在购买者、目前使用者、购买决策者或影响决策者，目标受众也可能是个人、小组、特殊公众或一般公众。针对不同的目标受众，品牌传播者要使用不同的传播策略和接触方式。如针对个体受众，传播者需要了解个体的生活背景、个人的价值观等，这时要根据他们的需要来选择传播方式，比如使用大众传播还是人员传播。

（二）确定品牌传播的目标

在明确了品牌传播的目标受众后，紧接着就是确定品牌传播希望达到的反应，即传播目标的确定。在我们前面两部分分析的反应层次模式中的任何一个阶段都可以是品牌传播的目标，但是品牌传播是要增加消费者对品牌的认知度、美誉度和激起他们的购买欲望并促成消费者的最终购买。

（三）传播信息的设计

1. 信息内容。信息内容就是"说什么"的问题。在大众营销时代，发出的所有信息都会被人们接收。但是在今天信息爆炸的时代，人们每天都被无数多的信息包围，他们只会关注那些他们感兴趣的和与他们利益切身相关的信息。因此，品牌传播者要为目标受众创意出能引起他们兴趣的信息。

2. 信息结构。信息结构指组织信息的逻辑顺序，即决定哪一些先说，哪一些后说。如果一段信息是由几个信息点所构成的话，在这里要解决三个问题，即信息点安排的顺序、怎样引导目标受众做出结论和信息内容的两面性。在品牌传播中，以怎样的逻辑顺序把信息传递到受众，有时会影响到传播的有效性。在一次信息传播中，把最重要的信息点放在开始、中间还是结尾不应该是随意的。有研究表明，相比中间的信息，人们更容易记住开头和结尾的信息。在信息的开头提出最有力的信息点会产生首因效应；在信息的结尾提出最有力的信息点可以产生近因效应，最后出现的信息最具说服力，因为人们会觉得那样更符合事物发展的顺序。

3. 信息形式。信息可以通过文字的、视觉的形式来表达。为了设计出具有吸引力的信息形式，传播者要了解文字的和视觉的形式在影响人们认知上的不同作用。在印刷广告中，标题、文稿、插图和颜色搭配适当与否会影响人们关注广告内容的兴趣，有吸引力的图片和别具一格的版面往往可以获得人们更多的关注。在广告中的视觉因素和文字会影响目标受众处理信息的不同方式，插图和画面可以帮助受众对品牌的直接印象。相比文字而言，传播者更加难以控制目标受众由画面激起的反应，在这种情况下，为了避免受众的误解，传播者有必要在广告中辅以其他说明如文字来帮助他们做出正确结论。有一个试验为了证明颜色在食品偏好方面所起的信息传播作用，让家庭主妇们比较放在棕、蓝、红、黄四种颜色的杯子里的咖啡的质量（实际上这几杯咖啡的质量是一样的，但并没告诉她们），75%的人认为放在棕色杯里的咖啡味道太浓，近85%的人认为放在红色杯中的咖啡香味最佳，几乎所有的人都认为放在蓝色杯中的咖啡味道温和，而放在黄色杯中的咖啡香味不够。

4. 信息源。信息源指直接或间接传播信息的人，直接信源一般是传递品牌信息的代言人；间接信源指广告中的模特，他们并不真正传递信息，在广告中出现只不过是为了吸引人们的注意力。当然有的信源就是发出信息的组织本身，因为其并没有选用任何代言人。信源具有可靠性、吸引力以及感染力的属性。

5. 信息的诉求方式。在品牌传播中，有时希望目标受众产生理性的、逻辑的思考；有时又希望引起他们的情感反应，展示品牌的情感价值。在信息传播中，一般有理性诉求、情感诉求和道义诉求这三类方式。企业进行品牌传播可选择一种方式，也可结合三种方式进行信息诉求。

（四）选择传播信道

传播者必须选择有效的传播信道来传播信息，同时也应该在不同的情况下采用不同的信道，传播信道一般分为人员传播信道和非人员传播信道。人员传播信道指在两个人或更多人之间进行的信息传播，他们也有可能是面对面的、借助电子媒介如电视、私人邮件往来进行传播和沟通。人员传播信道还可以分为提倡者信道、专家信道和社会信道。非人员传播信道指信息的传递不需要人员接触和信息反馈的媒介，包括一般的大众传媒、事件以及环境的氛围。大众传媒即我们说的广播、电视、印刷媒体、广告牌、互联网等。事件一般指由公共关系部门安排的以获得某一传播效果的活动。环境的氛围指为传递信息所营造的情境。马歇尔·麦克鲁汉（Marshall Mcluhan）认为"媒介就是信息"，即是说媒介本身就传达了一种独立于它所包含信息的形象，这也被称为媒体质量效应。因此，为了增加信息传播的有效性，有必要选择合适的传播信道。

（五）确定传播组合

品牌传播的传播组合决策主要是指在广告、销售促进、直接营销、公共关系和人员推销传播之间选择。即使是同一行业中的公司，它们对传播组合的选择都有所不同，如雅芳公司倾向于使用人员推销传播，而露华浓公司则更喜欢用广告传播。除了由于长期习惯的原因外，各个公司选择传播组合策略还要根据所处行业的特点、各媒体的可利用度以及公司可供支配的传播预算。一般而言，为了达到品牌传播的最佳效果需要各种传播策略的综合使用。在本章的下一节中，将会对常用的传播策略进行阐述。

（六）品牌传播效果的测定

在品牌传播开展后，营销传播者要对传播对目标受众的影响进行测量，这一方面是为了检测效果，另一方面可以为下一次传播活动的开展提供反馈信息。对品牌传播效果的测量可以从两方面进行，一方面是直接比较传播活动开展前和传播后的销售效果，这种方法是以销售为导向，并不能真正反映出品牌传播的效果，但是这是一种简单得多的方式，事实上更多的营销传播者把这种方法视为衡量传播效果的唯一方法。然而，对于一个品牌的长期建设而言，更应该关心的是消费者对这个品牌的态度是怎样的，这即是测量的另一种方法——态度测量。要询问他们是否知道某品牌，能否记住一次传播活动后接收到的信息，而且经过一次传播活动后消费者对品牌的态度是否有改变，以及有怎样的改变，这些都是衡量促销效果要做的工作。

第二节　品牌的广告传播策略

广告已成为品牌传播的最重要工具。强势品牌运用于广告上的品牌传播费用每年以亿为单位计量，2012年，上汽集团以67.89亿元的广告费用荣膺2012年"广告王"。在上市公司中，2012年广告投入费用超过1 000万元的公司数量共有297家，并且有74家上市公司的广告投入超过1亿元。上汽集团、中国联通和苏宁云商的广告投入更是超过10亿元，三家企业2012年广告投资额分别为67.89亿元、48.60亿元和14.94亿元，铺天盖地的广告帮助这些企业提升和保持了品牌的知名度。借助广告传播的长期活动，不仅可以促进品牌的销售，更重要的在于塑造品牌个性和品牌形象。

一、广告的定义及特点

广告是一项有偿行为，运用大众媒体以达到说服受众的目的。透过该定义我们可归纳出广告的主要特征：

（一）有偿沟通

广告最明显的一个特点在于它是一种付费的沟通活动。公益广告并非真正意义上的广告，原因在于公益广告是无偿的沟通活动，而是为公众利益提供信息。我国中央电视台播放的广而告之是典型的公益广告。

（二）单项沟通

有效沟通的关键在于信息发送方和接收方对信息的传递和理解，广告是由广告主通过媒体向目标受众推广其创意、商品或服务的行为，至于目标受众对信息的解码是否与发送方的理解一致，发送方不得而知，这也许就是人们通常说广告无效的一个根本原因所在。它缺乏沟通中的一个很重要的环节——接收方的反馈。

（三）说服式的沟通

所有的广告都是为了说服目标受众理解和接受广告主所要传达的信息。广告就是为了促进信息接收者做信息发送者希望接收者所做某事情的一种沟通手段。尽管在品牌塑造的不同阶段，广告的具体目标各不相同，如品牌投入期是让消费者知晓、成长期的目标则使消费者树立品牌偏好，但归结这些具体目标的共同点便是，广告总的目标是促进消费者喜欢并最终挂高不断购买该品牌。

（四）通过大众传媒的沟通

广告信息通过许多种类的大众传播媒体传送到目标受众，这些媒体既包括印刷媒体如报纸、杂志，也包括电子媒体如电视、广播、电话、互联网络等。还有其他媒体如直邮、公告牌、路标、车体、墙体、体育运动场、购物袋等。在广告媒体的选择上，广告主越来越多地进行创新，以求传播的有效性，如南极人品牌曾租用飞机为其品牌广告的媒体，引起消费者的高度关注。

二、广告在品牌传播中的作用

（一）增加品牌的销售

广告的本质是要说服目标受众相信并购买广告所传播的品牌。尽管对广告的促销效果有不同的观点，如德国学者埃娃·海勒博士认为："现今人们可以这样认为，至少四分之三的广告开支可以说是颗粒无收。"但相对于其他促销的手段如人员推销而言，广告因其精练、形象、生动对品牌销售有着独特的效用，著名的广告专家约翰·菲利普·琼斯，在20世纪90年代初期指出：所有长期有效的广告宣传活动同样具有立竿见影的功效。反之，不能立见功效的广告宣传活动也不会收到长期有效的结果。据一项调查表明，相对于欧美国家而言，中国的消费者对广告的信赖程度更高，20世纪80年代后产生的年轻人基本上是凭广告选择品牌。

（二）培养消费者对品牌的偏好

在培养消费者的品牌偏好方面，广告具有独特的效用。由于广告表现形式的特殊性，广告信息的编码体现出精练、概括、艺术性等特点，使得看广告的人，一方面接收广告中的信息，另一方面受广告制作本身的影响，由喜欢这个广告而爱屋及乌地喜欢这个品牌。许多年轻人选择百事可乐而不选择可口可乐的理由是他们更喜欢百事的广告。百事总是启用年轻人喜欢的具有青春活力、时尚的明星做广告。百事启用碧昂丝、古天乐、谢霆锋、郑秀文、郭富城、韩庚等豪华明星阵容，用叙事短片的形式制作广告宣传片，吸引年轻人主动去观看和传播，进而增加对百事的偏爱。

（三）建立品牌个性

如前所述，品牌个性是品牌执行者期望通过沟通所要达到的目标，是传播者所期望的品牌形象。这是把设计好的品牌个性植入消费者大脑的过程。而站在消费者角度，品牌个性是消费者对设计好的品牌个性的感知、认可能力的再现，是消费者对该品牌的真实感受与想法。而消费者感知的品牌个性是对所有的品牌接触点的信息加工而形成。广告是最重要的品牌接触点之一，广告的风格、广告中品牌代言人的个性和形象在很大程度上影响消费者对品牌个性的感知。万宝路的西部牛仔形象使消费者将粗犷、刚毅、豪迈、男子汉气的品牌个性赋予万宝路。

（四）塑造品牌形象

品牌形象是消费者对品牌的综合认知。运用广告塑造品牌形象。

三、品牌的广告传播策略

（一）B/W 模式

B/W 模式是安德雷亚斯·布霍尔茨和沃尔夫兰·维德曼（德国）两位作者历时四年，对世界上 480 个有效品牌传播案例研究的结果。他们分析了 480 个成功品牌如何战略性地影响消费者的购买决定。模式的核心是归纳出如何在战略上找到影响消费者购买决策途径的五种动机圈。五个动机圈是：价值、规范、习惯、身份、情感，针对五种动机圈，作者提出了 21 种广告战略模式，如图 6-6。

1. 价值。消费者选择品牌是因为该品牌能比其他竞争品牌给他们带来更大的价值。而消费者对品牌所带来的价值的判断，越来越少地取决于它事实上的质量，更经常地以感知到的"潜在的"质量为依据。潜在的质量是消费者对品牌的主观评价。如德国的商品测试基金会曾验证，超级市场上有一种洗面奶事实上比许多高价位的竞争产品质量还要好，但只是引起市场份额较小的改变，并未导致那些高价位品牌产品的销售额下滑。对许多产品的事实质量，如牙膏、洗衣粉等，消费者无法用五官去判别这些产品在技术质量上的细微差别，对潜在质量的判断是消费者选择品牌的依据。对潜在价值的传播要强调其独特性、重要性、可信性、独立性。建立潜在价值的品牌广告传播策略有：

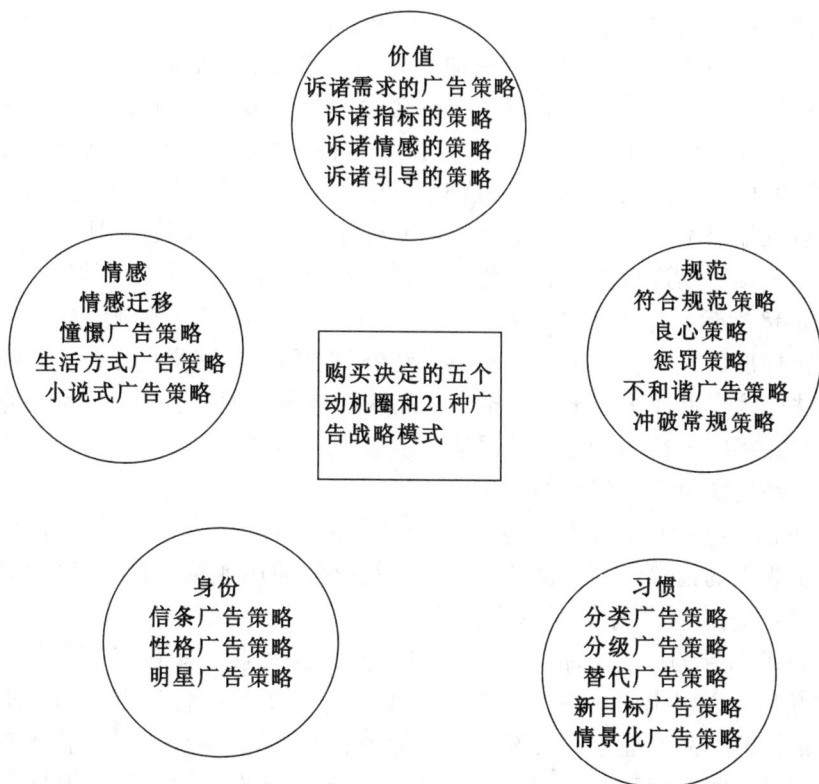

图 6-6　B/W 模式图

资料来源：安德雷亚斯·布霍尔茨，沃尔夫兰·维德曼. 营造名牌的 21 种模式. 北京：中信出版社，1999

（1）诉诸需求的广告策略。当消费者的需求受到的刺激越多，他就越迫切地想满足这一需求。如何刺激消费者对品牌诉求的需求成为该类广告策略的要点。成功品牌在刺激需求上所采用的广告传播技术有：树敌手段、后期效应手段、社会惩罚手段、问题类比手段。树敌手段的基本原理是，给公司的品牌最擅长对付的难题赋予一个很可怕的面貌，或起一个很可怕的名字，或以最糟糕的形式将它展现在众人面前，唤起消费者的恐惧感，而品牌所具有的特征能战胜所树之敌。创立于 2003年的"满婷"日化系列产品是吉林九鑫集团旗下的知名品牌，起步较晚的国产日化品牌能在众多国际日化品牌围剿中立稳脚跟，并在短期内迅速扩大市场份额，得益于"树敌手段"传播技术的运用。科学调查表明，螨虫的人群感染率非常高，在已调查过的省、市人群中均发现有螨虫感染，感染者年龄最小的为 48 天，最大的为 90 岁，其中成年人的螨虫感染率高达 97.68%。为了唤起消费者的恐惧感，公司通过免费检螨的活动，用特制检螨仪来向顾客推介产品，在检螨仪的显示屏上，消费者可以清晰地看到自己肌肤上的螨虫，当消费者看到这种恐怖的画面时，随之而来的购买行为也就顺理成章了。后期有效手段的基本原理是，假设消费者无法解决一个表面上没有危险的问题，而你却将他必然陷入的处境戏剧化。社会惩罚手段则是假设消费者不能（很快地）解决他的问题，你把他所面临的社会后果戏剧化。如海飞丝的广告语是"你不会有第二次机会给人留下第一个印象"，在日本的电视广告上，一位豆蔻年华的戏剧专业女生在决定性入学考试前夕遭到头屑的侵袭。"我的前途完了，"女生认命地说。这时海飞丝从天而降，拯救了她的职业生涯。该广告寓意谁如果不消灭头屑，将有许多倒霉的事等着他。问题类比手段的原理是以大自然作为参照物进行类比，给看似无害的问题带来一个戏剧性的转折点。

（2）诉诸指标的广告策略。从产品的产生、发展或使用范围中提炼出一个特别的特征指标加以宣传，让消费者从中得到公司产品质量优异的结论。消费者会把专家的看法作为产品质量好的认定标准。品牌产地也是消费者识别产品质量的重要指标。一些数字广告给消费者一种很强的说服力。金龙鱼"1：1：1"的广告使消费者对其产品的质量产生强烈的认同。

（3）诉诸情感的广告策略。这类广告是向消费者说明，直接使用你们公司的产品能产生积极的情感作用。这种品牌广告策略的使用能培养消费者的品牌偏好。如飘柔的口号是："用飘柔就是这么自信。"

（4）诉诸引导的广告策略。把所有的广告表现元素（图像、声音、风格和语言）调动起来，以引出唯一的、对购买决策特别重要的广告论点。如诉求公司的品牌具有最好的产品性能这一关键形象（即黄金标准），从而引导一种优越的质量标准。或在极端状态下表现产品的功能，来引导优越的质量。联合银行以"人的银行"的面目进行引导，以平常人作为宣传对象，把"以人为本"作为银行的优势特征，其广告与其他银行迥然不同。奥迪A6Auant的广告将其省油的优点表现得淋漓尽致。一位年轻的女士陪她丈夫去飞机场。路上，他告诉她，车子上的灯光、倒车挡在什么地方，当问到油箱在哪时，他想呀，想呀，想……该广告使得奥迪车的销量增加了22%。

2. 规范。社会规范是人们大脑中所有道德行为规范的总和，人们在做出可能给自己带来价值或利益的行为决策时，通常要考虑该行为是否与社会规范相违背。规范是人与人共处的基础。规范是影响消费者购买行为的最重要的因素。消费者所以优先选购你们公司的产品，是为了消除或避免与其规范和价值相左的内心冲突。以规范为基础而构建的广告策略有：

（1）合乎规范广告策略。这类广告策略的实质是向消费者证明，你们公司的产品非常符合对他十分重要的规范和价值。

（2）良心广告策略。这类广告策略渲染消费者如何借助你们公司的产品来消除对他人的内疚和不安。雕牌洗衣粉就曾采用过这样的传播策略。广告片截取一个下岗工人家庭生活片段：年轻的妈妈下岗了，为找工作而四处奔波。年幼的女儿心疼妈妈，帮妈妈洗衣服，用天真可爱的童音说："妈妈说，'雕牌'洗衣粉只要一点点就能洗好多好多衣服，可省钱了！"妈妈归来，正想亲吻熟睡的女儿，没想到却看到女儿的留言——"妈妈，我能帮你干活了！"妈妈热泪盈眶。最后画面出现"只选对的，不买贵的"的广告语。这种贴近人性、亲切感人的感性诉求方式，很快就得到了市场的积极回应。

（3）惩罚广告策略。该类广告策略的基本原理是：告诉消费者，如果他们做出"错误"的购买决策，就不能达到自己的期望。惩罚的目的在于抓住顾客的自尊心，从而将他们的行为引导到既定的方向。

（4）不和谐广告策略。该类广告策略的原理是，向目标顾客传达一种不安的感觉，让他们感到其行动与个人的规范和价值观尖锐对立。

（5）冲破常规广告策略。该类广告策略的原理是，以尽量咄咄逼人的方式向目标顾客说明，你们公司的产品只是一个普通的生活用品，以消除附着在产品身上的社会禁忌。

3. 习惯。习惯影响着人们的各种行为，由习惯而产生的行为很少轻易改变。消费者的购买行为在很大程度上受习惯的影响。要想让消费者接受新产品，改变消费者的现有消费习惯至关重要。要想改变人们的习惯，必须首先改变人们的认知。基于习惯的品牌广告传播策略有：

（1）分类广告策略。把公司的产品划归到与消费者的认知习惯不同的另一类别中去。天地壹号很容易被消费者归为碳酸饮料、果汁饮料之类的普通饮料，2011年底，天地壹号推出"第五道菜"（米饭、鱼、肉、菜四道菜之外）的概念，试图让消费者出于健康的理由选择天地壹号佐餐，2012年，公司历时3个月，深入数十个大中城市的社区终端展开多达1 800余场的推广活动，2013年初，产品销售额就已达10亿元。

（2）分级广告策略。把公司的产品划分到一个新的、更高的等级中去，从而避免与现有产品展开激烈的竞争。

（3）替代广告策略。为公司产品树立一个令人意外的、可替代的新"对手"，拿你们公司的优点与对手的缺点比较。澳大利亚的神奇蛋黄酱决定向所有的黄油品牌发出挑战：既然在沙拉中放蛋黄酱味道比放黄油好，你们为什么在三明治（里面夹有沙拉）中偏要首选黄油？此广告一播出，引发了消费者"原来还可以这样"的效果，从此神奇蛋黄酱开始了新生。

（4）新目标顾客广告策略。用尽可能意外的方式让新的目标顾客发现你们公司的产品，从而赢得这批新的顾客。

（5）情景化广告策略。在消费者本来不使用你们公司产品的情景中，向他们展示该产品的成功使用。这种广告策略主要强调示范作用。

4. 身份。身份是消费者选择品牌的另一个重要依据。品牌是赋予消费者身份的重要符号。基于身份的品牌广告策略有：

（1）信条广告策略。该广告的基本原理是，用一个简明扼要、不符合常规的信条来标榜公司的品牌，让这一信条赋予消费者一种明显无误的身份。

（2）性格广告策略。让公司的品牌有的放矢地传递目标顾客最渴望拥有的那种性格。

（3）明星广告策略。用明星来体现目标顾客理想中的品格，将为消费者提供一个诱人的购买动机。

5. 情感。情感能左右人们的思想、意愿和行动。消费者选择公司品牌的原因在于他们"爱"你们的品牌。基于消费者情感动机的广告策略有：

（1）情感转移广告策略。该类广告的基本原理是，刺激消费者头脑中已存在的"情感结"，使之与公司的品牌融合在一起。

（2）憧憬广告策略。将目标顾客对特定场景的憧憬表现出来，以使消费者与品牌形成共鸣。

（3）生活方式广告策略。该类广告策略强调用品牌体现消费者对一种可以实现的理想生活的全面憧憬。

（4）小说式广告策略。这类广告策略是借鉴畅销书的法则为品牌营造强烈的情感。

以上五种动机圈，21 种广告模式的运用都必须从产品层面、消费者层面及情景层面进行分析。

（二）品牌个性的广告策略

消费者对品牌个性的识别和感知是通过与品牌的接触而形成的。广告在传播品牌个性中的作用至关重要。对品牌个性有贡献的关键广告要素有：

1. 形象代言人。品牌形象代言人的个性特质会在很大程度上被消费者移植到品牌个性中去。大卫·奥格威通过启用一个戴着一只眼罩的代言人，为哈萨威公司的衬衣创造了一个非常强有力的形象。王石作为著名的企业家、登山家，从乞力马扎罗山到世界最高的珠穆朗玛峰，已走过十年攀登的历程，代言探路者户外用品品牌正是用他敢为天下先的攀登精神诠释该品牌的个性。

2. 使用者形象。广告中描述的品牌使用者的类型构成消费者感知品牌个性的重要因素。那些品牌使用者的个性特质会被消费者看成品牌个性的表现。

3. 实施要素。电子类广告中的音乐、视觉指导、编辑的速度、使用的颜色及印刷类广告中的颜色、图标、印刷样式等都在传达品牌的某种个性。

4. 一致性。传播品牌个性的广告必须遵守一致性的原则。如果象征品牌个性的重要要素能随着时间的推移保持一致性，品牌个性便会得以成功地被感知。否则，消费者便无法有效地形成对品牌个性的识别。

第三节　品牌的整合营销传播

一、整合营销传播的定义

从 20 世纪 80 年代开始，一些公司为了更好地与消费者进行沟通，开始了整合营销传播的尝试，即将各种促销工具和其他营销活动更好地结合起来。进入 20 世纪 90 年代后，整合营销传播获得了长足的发展，外在环境的变化要求众多的公司以顾客为导向、积极利用技术进步的成果进行整合营销传播。

美国广告协会（4A，American Association of Advertising Agencies）给整合营销传播下了如下定义：整合营销传播是一个营销传播计划概念，要求充分认识用来制定综合计划时所使用的各种带来附加值的传播手段——如普通广告、直接反应广告、销售促进和公共关系——并将之结合，提供具有良好清晰度、连贯性的信息，使得传播效果最大化。这个定义的关键在于综合使用各种促销工具并使得营销传播的效果最大化。被营销界誉为整合营销传播之父的唐·舒尔茨（Don Schultz）则认为整合营销传播代表一个更广泛的概念，即利用一切公司和品牌能接触到的信息源去吸引消费者。舒尔茨同时认为整合营销传播需要一个"大构想"去制订营销传播计划，协调各种传播机构，要求公司在了解包括促销的所有营销活动如何与顾客沟通的基础上制定整体营销传播策略。由前面两个定义可以看出，整合营销传播的目的在于使公司所有的传播活动在市场上形成一个总体、统一的形象，即"一致的声音，统一的形象"。

整合营销传播是现代企业建立品牌、维持品牌的有效手段，因为整合营销传播取代了以往只单独使用各种传播要素的方式，它不但提供了协调营销促销计划的思路，还有助于明确如何更好地与消费者和其他关系利益人如雇员、供应商、投资人、媒体和公众接触。同时整合营销传播使营销者避免了追求短期的经济利益而注重经营与消费者的品牌关系，同时借助于一致的传播活动在消费者的心中树立一致的品牌形象，因此整合营销传播的内涵在于以消费者为核心重组企业的市场行为，综合协调地使用各种形式的传播形式，以统一的目标和统一的传播形象，传播一致的品牌信息。实现与消费者的双向沟通，迅速树立在消费者心目中的地位，建立品牌与消费者的长期关系，更有效地达到品牌销售的目的。

二、整合营销传播的特征

整合营销传播作为一种革命性的传播策略实现了从"由内向外"到"由外向内"传播模式的转变，同时整合营销传播还具有双向沟通和保持传播策略一致性的特征。

（一）"由外向内"的传播模式

整合营销传播遵循的是一种"由外向内"的传播规划模式，这是一种真正的以顾客为导向的观念。有别于传统的营销传播的"由内向外"的传播模式。传统的"由内向外"的模式是大众营销时代生产观念导向的体现，在这种传播理念下，遵循这样的一个基本流程：

销售金额和销量目标→成本→利润目标→营销资金→依不同消费者群体分配资源→执行

由此可以看出，"由内向外"的模式追求的是"需要什么样的消费者"，而不是追求和识别"消费者需要什么"。这种先天的缺陷必然会导致传播的失败。"由外向内"的模式实质上是通过各种传播途径收集、分析、识别消费者的资料，发现他们的真正需要并为他们建立资料库，开发营销传播活动来传递他们所需要的信息。以顾客为导向的整合营销传播就是要遵循"由外向内"的模式，寻找并识别消费者的真正需要，并与消费者沟通直至满足他们。

（二）整合营销传播是一种双向的沟通模式

在大众营销时代，流行的是一种单向的营销传播，因为在那个时代制造商控制着大部分的产品信息、产品的竞争对手不多以及与产品相关的信息有限。消费者通常依据这些信息来消费，所以单向沟通的传播方式可以发挥出较好的作用。制造商可以选择覆盖面广、较为普及的大众传播媒体如广播网、电视网、全国性的杂志来影响为数众多的消费者。在这种单向的营销传播中，企业居于主导地位，因为消费者没有可能从其他渠道获得信息，由此使得众多的品牌依此建立了起来。但是在当今的情况下，这种单向的营销传播毫无用武之地，因为新产品的推出层出不穷、新品牌日新月异，而且随着新的传播媒体的出现，消费者改变了在传播中的被动地位，由此导致双向沟通的产生。

整合营销传播是一种双向的沟通模式，能适应新的营销环境的需要，一般整合营销传播依据三个步骤。第一步：激发消费者反应。第二步：对消费者反应的测量与控制。第三步：建立资料库，整理消费者行为模式。整合营销传播通过对消费者施以营销刺激、激起并收集、识别整理消费者的反应，储存在一个电脑资料库中，然后再经过分析研究整理出消费者的消费类型与模式。在企业需要开展下一个回合的传播活动时可以依据上一次收集的资料来做出针对性的调整，以取得传播活动的最大效果。整合营销传播作为一个双向沟通的传播模式在于它是一个循环的系统，首先从建立消费者的资料库开始，再进行多方的传播活动，并收集分析消费者的反应。然后再利用另一种形式的沟通激发他们的反应，形成一个不断循环往复的过程。

（三）整合营销传播保持传播策略的一致性

策略一致性指综合协调所有品牌形象、定位和口碑的信息，从顾客的角度而言，策略一致性代表一贯的品牌形象并且易于辨别。但这并不意味着品牌的每一个信息都局限于同一个标准，相反，品牌信息要依不同的关系利益人和顾客群加以区分并且要随情况的不同而加以改变。整合营销传播从以下6个层面策略的一致性来确保整体品牌信息的一致性，这6个层面分别为营销传播执行层、品牌定位层、品牌识别层、产品功能与服务质量层、顾客导向的营销观念层以及企业核心价值观和企业任务层，它们分别是从营销传播的最初层面到最核心的层面。

1. 企业核心价值观与企业任务。核心价值观是公司的灵魂并通过品牌反映出来，它有助于定义企业的储备和公司的形象及品牌。成功的公司（品牌）能够区别核心价值观与实际作法之间的差异，在坚持核心价值观不变的前提下随着企业的需要来改变实际做法。如麦当劳(McDonald's)、耐克（Nike）、迪士尼（Disney）、海尔（Haier）。

2. 顾客导向的营销观念。从信息设计的角度而言，以顾客为导向是一件容易的事，但作为发展一致策略的根本基础，以顾客为导向却是最难达成一致的地方，主要表现在执行上，尤其是当服务信息中包括了销售、顾客服务、维修和退货的时候。一种最激进的观点是一家公司如果在考虑了货源供应、具有竞争性产品方面的新突破以及其他服务性因素后，仍觉得竞争价钱较划算的特殊情况下建议顾客购买竞争者的品牌时，那么这家公司便达到了顾客至上的最高境界。

3. 产品功能与服务质量。保持产品功能和售后服务的一致是整合营销传播不可或缺的组成部分，因为产品功能与服务质量具有沟通的功能，向顾客传达了具有决定性的品牌信息。一般而言，通过传播活动向顾客只能做出品牌的承诺，而这些承诺的印证是在顾客对产品和服务的使用后才能获得。当顾客认为产品和服务不一致时，就会造成传播的信息和结果不一致，这就导致负面的品牌传播。因此，产品与服务的信息也是整合营销传播的保持策略一致性的一个出发点。

4. 品牌识别。保持品牌识别标志的一致性有助于顾客或其他关系利益人能迅速正确地辨认出一家公司和品牌。如果品牌标志无法统一，特别是对于消费性品牌，顾客就很难在成千上万的商品中找到他们所需的品牌，要保持统一的形象和识别必须要忠于设计的准则，如简单、易于识别等。

5. 品牌定位。品牌定位的目的就是要彰显与其他竞争品牌的不同并表达出本品牌独树一帜的地方。整合营销传播的开展要从品牌定位出发，因为所有的品牌信息、广告、产品设计、促销和包装都要依据这个定位来整合。

6. 营销传播执行层上的一致。针对某一种顾客群体、特定关系利益人和每一位需要特殊个人信息的顾客，保持单一的声音、单一的形象。在执行整合营销传播计划时，即使是促销活动各有不同，需要根据不同的顾客强调不同的品牌特点，但某些特定的设计、语气和其他形象的要素仍然要保持一致。

在开展整合营销传播活动时，要解决无法执行一致信息的问题只有在那些更基础、更重要的层面上达成共识，如企业的核心价值与企业任务、营销观念和品牌识别等，因为仅有执行上的一致并不能保证最终策略的一致性。只有当各个层次的一致性越多时，品牌在消费者的心中就越鲜明、清晰，就越容易辨认，给人的印象越深，更容易获得顾客的信赖。通过将营销传播的各个层面整合起来，并能够最终保持传播活动策略的一致性。

三、整合营销传播的理论基础

（一）4C 理论

在传统的市场营销理论中，强调以企业为中心，且营销传播是一种单向的传播行为，消费者在其中处于被动地位。单向营销传播主要依靠大众媒体进行，其缺点是显而易见的，它缺乏对传播效果做出正确而快速的反应。这主要根源于传统的4P 理论，4P 理论产生于 20 世纪 60 年代的美国，由市场学专家杰罗姆·麦卡锡提出来。

然而在当今的市场格局下，仅从企业的角度出发研究市场活动是远远不够的。如果缺乏一种整体的观念看市场就不容易被消费者接受，即使在短期内吸引了一定的顾客也难以长期维持，因为没有能在企业和消费者之间建立起长期的关系，具体而言就是缺乏一种长期的品牌关系。整合营销传播结合 20 世纪 90 年代在美国发展起来的4C 理论，努力从"双向沟通"的角度寻求传播的最佳效果。4C 理论作为整合营销传播的基础在于它突出了消费者在传播中的地位，实现了营销传播从"由内向外"到"由外向内"的革命性转变。4C 理论的主要论点在于要求企业研究消费者的需求和欲望，提供消费者所需要的产品而不是提供自己能制造的产品。

在 4C 理论基础上的整合营销传播提供了一种全新的营销观念，以消费者为核心，综合运用各种传播手段重组企业的活动，形成"一个声音"的品牌信息，达到与消费者的双向沟通，从而确立品牌在消费者心目中的地位，培养忠诚的品牌顾客。

（二）消费者信息加工理论

消费者每天接触成千上万的营销传播信息，然而他们只选择处理加工相当少量的信息，正如从传播过程的角度来说，消费者对信息的处理有选择性，经过选择性的接收后，消费者对信息的处理要么是直接地做出反应，比如当消费者在超市里看到有某个品牌的促销活动，而该品牌又是他所喜爱的，这时候当他把该品牌的促销价格和他记忆中的价格加以比较后，认为自己确实捡了很大的一个便宜，于是便会立即做出反应去购买这个品牌。然而对于更多的营销传播信息，即使消费者接收和处理了营销传播的信息，也并不会立刻有消费的行为发生，甚至还有可能不产生任何反馈。消费者只是把这些信息存在大脑中与产品或品牌相关的类别内，作为将来所需。虽然，营销者无法直接测量营销传播信息的反应，但这些信息客观上在消费者那里得到了加强和记忆。

对于消费者如何处理接触的信息有两种观点。一种观点认为信息的传播遵循的是一种"取代模式"，另一种观点则认为信息的传播遵循一种"累积的模式"。这两种不同的模式导致了两种迥然不同的传播方式，一种是传统的大众传播，另一种是新兴的整合营销传播。"取代模式"认为，新的产品和服务的信息会取代消费者原有的信息，当每一次传播活动过后，新的产品和服务信息就会取代消费者在上一次传播活动中所获得的产品和服务的概念。这种模式使营销者们深信只要自己可以比竞争者向消费者传播更多的信息，那么就能抓住消费者的心，从而获得本品牌在消费者心中的位置。

"累积模式"则认为，新的营销传播信息并不能取代消费者原有的信息，相反却是和原有的信息相结合，是一个累积的过程，在这个过程中，品牌的信息不断储存、处理和回想。由这个模式看来，营销传播的信息将会在消费者的心智中不断地加深或加强，但如果传播的信息是不一致的，或者说是前后矛盾的，这种前后不一致的信息就极有可能造成消费者记忆系统的矛盾，混淆品牌的信息，形成不一致的品牌形象。为了避免这种情况的发生，就要求营销传播活动要保证长久和一致，特别是一致的品牌识别、品牌形象。这恰好是整合营销传播所追求的策略的一致性，与整合营销传播的基础不谋而合。由此，"累积模式"也成了整合营销传播的理论来源之一。

四、整合营销传播的策略

（一）建立消费者资料库，开展资料库营销

资料库是整合营销传播的核心，它是从消费者的行为出发，进行研究及发展营销传播计划的最基本的要件。营销传播者只有尽可能地累积大量的个别消费者与潜在消费者的资料，才能够满足他们的需要。整合营销传播的资料包括多种形态的资料库分析、储存、测试和评估。正是因为资料库分析使整合营销传播有别于传统营销传播的手法，它以一种由外向内的角度，先了解消费者做过什么或正在做什么，然后再回头解释这些行为。只有这样，才能帮助找出最有利的消费者群体，进而才能留住他们。

只有建立一个追踪包括交易行为在内的所有互动行为的资料库，才有可能发展出有意义的个人对话。然而，要建立一个可以追踪顾客互动、综合现有资料库的信息系统是相当昂贵的，因此，在建立这个系统时就必须要考虑它的使用范围。同时，由于在现在的技术条件下，要为公司的所有部门收集、储存所需的一切资料是不可行的。为此，公司要对资料库的结构性做出一个选择：在全公司的所有部门当中，是要建立一个对会计、批发、业务部门还是生产部门最有利的资料库。为建立一个有效的资料库，公司需要能够回答以下的 7 个问题：

1. 需要储存哪种资料？储存多少？能负担多少收集资料的费用？所建的信息系统能处理多少资料，并且速度有多快？

2. 资料库的资料能做些什么？它有哪些分析方法？有哪些决定会以资料为主？能否直接使用资料库来准备报告书？

3. 资料库由谁来管理，由营销部还是系统管理部来负责？

4. 谁有权查阅资料库？这个系统的难易程度如何？

5. 资料库的安全性有多高？

6. 使用者多久可以使用一次资料库？这些使用者需要随时使用，还是每天、每周、每月使用一次资料库？

7. 资料库的正确性如何？

在回答了以上的 7 个问题后，对建立资料库的规模、功能等问题就有了一个比较清晰的轮廓。

在资料库建立起来后，怎样策略性地运用这些资料与拥有完善的顾客资料完全是两回事，大部分企业在运用资料库时只把重点放在"我们要如何利用资料库才能更有效地确定目标对象，传达出更多的品牌信息？"这是一种以交易为主而非以关系为主的方式。事实上，资料库的运用不但应该推动更多的品牌信息，同时还应该使顾客获得他们想要了解的公司的资料。所以在运用资料库时，应该将重点放在增加品牌整体的价值上。

以资料库为主的营销是一种比直销更周密的策略，它通过资料的收集，以及资料的运用来发展关系策略、打通双向的沟通渠道并设计个人化的信息，整合营销传播正是借助于此来开展更有效的品牌传播活动。

（二）管理品牌接触点，加强信息传播的一致性

接触点的概念是由北欧航空公司（Scandinavian Airlines）的前总裁简·卡尔松（Jan Carlzon）提出的，他认为品牌接触点是在能给顾客留下好印象的地方竭尽你的全力，即主要的品牌接触点是决定印象的好坏的关键。品牌接触点是指消费者有机会面对一个品牌信息的情境，这些接触点正是品牌信息的来源，消费者有很多和品牌接触的方法，也可以通过很多的品牌接触点接触品牌。这些接触点要么是人为的，要么是自发的。人为的品牌接触点指大部分经过设计的信息，如广告、促销和对外发布的信息。自发性的品牌接触点则是指在购买过程中的产品表现及服务等过程自动生成的情境，如大部分的产品、服务和包装信息。对于人为的品牌接触点，营销者能够通过精心的设计来保持信息的一致，然而对于自发性的品牌接触点就必须小心处理，以确保一致的信息，要避免过分的商业化，因为这些沟通机会容易被误用，当营销者只利用品牌接触点分析出来的结果来找出更多向顾客和潜在顾客传达信息的机会时，如果这些接触点让他们产生反感，则它们对建立正面的品牌形象没有任何的帮助。

正确的管理品牌接触点的沟通之道是：

1. 首先确认品牌接触点。

2. 其次根据品牌接触点的潜在影响力决定其优先顺序。

3. 判断哪些品牌接触点最能得到顾客的反馈。

4. 计算信息控制的成本，以及每一个品牌接触点收集顾客资料的成本。

5. 决定哪些接触点可以传达额外的品牌信息，或加强有意义的对话。

品牌接触点之所以重要就是因为由各个不同接触点发出的各异信息，往往是产生不一致的根源，因此，只有通过对品牌接触点的管理控制，使它们在整合营销传播的过程中"发出一致的声音"。

本章小结

品牌传播是一个实现最初的品牌定位并在消费者心中建立起预期品牌形象的过程。传播指信息的传递、思想的交流、信息的发送方与接收方之间的思想统一或达到共识的过程。成功的传播取决于很多的因素，包括信息的本质、受众的解释结果以及信息发送、接收的环境等。

在基本的传播模型中，发送方与接收方是传播过程的主要参与者，信息和媒体是主要的传播工具，编码、解码、反应、反馈是主要的传播功能，噪音包括参与传播过程并损害传播效果的各种无关的外生变量。

传统的反应层次模型把消费的反应过程看做是由三个阶段组成的一个依次向上运动的过程，分别为：认知阶段、情感阶段和行动阶段。AIDA 模型是指注意（Attention）、兴趣（Interest）、欲望（Desire）、行动（Action）。效果层次模型说明消费者在由一个反应层次转入下一个层次前都必须经历一系列的反应，而且这些反应层次都是层层相接的，任何一个层次都不能被超越。创新扩散模型用来说明消费者采用一个新的品牌或新的服务过程经历了"意识、兴趣、评价、试用"这几个阶段。信息处理模型与效果层次模型很相近，但在信息处理模型中有一个阶段是其他几个模型所不具有的，即保持记忆阶段，说明消费者只把自己认为有价值和与己相关的，并能够理解的那部分信息加以记忆。

米歇尔·雷（Michael Ray）提出了信息处理的三维模型。标准学习模型适用于这样一种情况，即消费者按照传统的传播模式描述的顺序"学习——感受——行为"来经历整个反应过程。失调/归因模型用来说明消费者有时在高度参与某项产品的购买时，由于看不出各种品牌间的差异，这时他会受一些外在的原因如别人的推荐而购买了某一品牌，他对所购的这一品牌往往会产生失调感，但会去积极地收集信息来减少自己的不协调感。低参与度反应层次模型说明在低参与度的购买情境中，人们按"学习——行为——感受"的顺序，经历了从认知到行为至态度的转变这个过程。

认知反应模型的核心是确定广告信息引起的反应类型以及这些反应与广告、品牌态度、购买意图之间的相互关系，实质是评价消费者对他们收到的传播信息的想法。精细加工可能性模型最初提出用来解释说服过程，即说服性信息如何通过影响目标受众并最终达到说服目的。这个模型说明改变消费者的态度有两条路径，中心路径（Central Route）和边缘路径（Peripheral Route）。

开发有效的品牌传播计划包括以下几个步骤：1. 确定目标受众。2. 确定品牌传播的目标。3. 传播信息的设计。4. 选择合适的传播信道。5. 编制恰当的传播预算。6. 确定有效的传播组合。7. 品牌传播效果的测定。

B/W 模式的核心是归纳出如何在战略上找到影响消费者购买决策途径的五种

动机圈。五种动机圈是：价值、规范、习惯、身份、情感，针对五种动机圈，作者提出了21种广告战略模式。对品牌个性有贡献的关键广告要素有：形象代言人、使用者的形象、实施要素和广告的一致性。

整合营销传播是现代企业建立品牌、维持品牌的有效有手段，它实现了从"由内向外"到"由外向内"传播模式的转变，同时整合营销传播还具有双向沟通和保持传播策略一致性的特征。整合营销传播要求建立消费者资料库，开展资料库营销，以及管理品牌接触点，加强信息传播的一致性。

复习思考题

1. 传播的实质是什么？什么是编码？广播广告和电视广告的编码有什么不同？

2. 怎样去分析目标受众在传播过程中的反应，传统的反应层次模型和新的反应层次模型有什么不同？他们又各自包括哪些分析方法？

3. 各选一则你认为经由中心路径和周边路径加工的广告，拿给一些人看，并写下他们对广告的看法，然后用本章所讲的认知反应模型加以分析。

4. 一项调查表明，刚刚买过某一品牌手机的消费者会倾向于阅读他所选购的这个品牌的广告，如何解释这一现象？

5. 什么是B/W模式？

6. 在广告活动中使用恐怖为主的诉求方式有哪些优点，又有哪些缺点？请以一个广告来说明你支持或反对的观点。

7. 什么是整合营销传播，它有什么特点？和传统的营销方式比较起来，它又有什么不同，其不同点在哪里？

案 例

百事：与年轻人享"乐事"

作为具有高知名度和鲜明个性的品牌，如果不能讲出一个精彩的故事吸引住消费者，广告拍得越多，他们的失望就会越多。就像明星宣传，唱片公司永远不会用宣传选秀歌手的方法去推王菲这样的巨星。

2012年，是百事进入中国市场的第31个年头。作为一个已经跨过"三十而立"门槛的跨国企业而言，如何在数字化时代有更多的营销创新，适时地根据中国市场的发展调整营销策略，是百事面对的挑战。事实上，作为最早进入中国的跨国企业之一，百事一直都在努力推陈出新，紧跟年轻人的步伐。

2012年1月，百事推出贺岁微电影《把乐带回家》。在片中，古天乐扮演的天使把罗志祥、张韶涵、周迅扮演的三个儿女，带到了张国立扮演的父亲身边。一来将百事旗下三个"乐"品牌——百事可乐、乐事、纯果乐，联合起来进行营销；二来将节日与亲人团聚的快乐传递给人们。片子一经推出，便引发了社会公众的广泛讨论。

2013年，延续上一年的主题，百事推出《把乐带回家2013》，韩庚、杨幂、林志颖、何炅、谢娜等十多位明星加盟拍摄；而《把乐带回家》系列微电影相关的公益活动，也吸引了社会公众的关注，百事集团也因此获得"2012年度社会公益创新奖"。

百事希望通过这样的方式，传播一种积极的理念，体现它作为大品牌的使命感和社会责任感。现在的年轻人，不喜欢听别人说教，他们更喜欢听故事。无论是娱乐故事还是感人的故事，都会吸引人去看、去读。"把乐带回家"就是通过回家过年的温馨故事，将人与产品关联起来，通过人的喜怒哀乐来吸引大家对于产品的关注。

在与年轻人的沟通上，百事一直都在做孜孜不倦的努力。2012年3月22日，百事与天猫合作推出的电子商务网站"百事淘宝"上线。在这一布局中，百事希望将"百事淘宝"打造成一个聚拢年轻人的电子商务平台。因此，平台几乎集合了购物玩乐、分享体验、创意创业等众多年轻人热衷的功能，而除了百事的产品外，上面还有年轻人喜欢的一些其他潮流品牌。可乐瓶盖成为连接消费者和百事、百事淘宝上的品牌之间的重要桥梁。消费者需要做的就是在选择饮料时挑选百事的产品，然后通过瓶盖串码以优惠价在百事淘宝购买商品、兑换优惠券和游戏装备等。换言之，这一平台需要既能够宣传品牌的精神内涵，将百事与年轻消费者紧密绑定，还要能够带动线下销售。目前，百事淘宝已经取得了不错的成绩，而未来，百事还会在这一平台的建设上面花更多的工夫。

资料来源：李自强. 百事：与年轻人享"乐事". 成功营销，2013-03-14：49.

案例思考题

1. 请总结"百事"独特的品牌传播策略。选择这种传播策略的根据何在？
2. "百事"的这种品牌传播方式与传统的品牌传播方式有何不同？

第七章　品牌文化

建立品牌，不仅仅是一项经济性社会活动，同时也是一种文化性社会活动。品牌的创立过程中，产生一系列的社会文化心态、文化习惯、文化观念和文化现象。品牌通过文化来增加其附加值，对品牌文化进行挖掘，赋予产品以文化寓意，使文化渗透到品牌经营的各个方面，是品牌营销的重点。越来越多的企业家和经营者意识到：不懂文化，做不好品牌，做不好生意。本章主要介绍品牌文化的概念、性质、品牌文化的构成要素、表现形式以及如何培育品牌文化。

第一节　品牌文化概述

一、文化的内涵

"文化"是从拉丁文的"耕种"一词引申而来，包括以下几方面的含义：耕种、居住、练习、注意、敬神。概括之：经过人类耕作、培养、教育、学习而发展的各种事物和方式，是与大自然存在的事物相对而言的。1871 年，英国的人类文化学家爱德华·泰勒在其《原始文化》一书中，首次对文化进行了科学的界定："文化是一个复杂的总体，包括知识、信仰、艺术、道德、法律、风俗，以及人类在社会里所获得的一切能力和习惯。"20 世纪 50 年代，美国学者 A. 克罗伯提出了影响深广的文化概念，他认为现代意义的文化应包括五种含义：其一，文化包含行为的模式和指导行为的模式；其二，模式不论外观或内涵，皆由后天学习而得，学习的方式是通过人工构造的"符号"系统；其三，模式物化体现于人工制品中，因而这些制品也属于文化；其四，历史上形成的价值观乃是文化的核心，不同质的文化，可以依据价值观念的不同进行区别；其五，文化系统既是限制人类活动方式的原因，又是人类活动的产物和结果。《美国传统词典》对文化的解释是："人类群体或民族世代相传的行为模式、艺术、宗教信仰、群体组织和其他一切人类生产活动、思维活动的本质特征的总和。"威廉·A·哈维兰在《当代人类学》中指出，可为人所接受的现代文化定义是：文化是一系列规范和准则。当社会成员按照它行动时，所产生的行为应限于社会成员认为合理和可接受的变动范围之中。

从以上对"文化"的界定我们得出对文化的几点结论：（1）文化是人们在长期的社会实践活动中形成的一系列道德规范、行为准则、风俗习惯。这说明文化不是人们刻意制造的，而是伴随着人类社会实践活动自然形成的，从此意义上我们可以认为文化是客观存在的，是对人类活动的各方面规律的概括和总结。（2）文化的核心是价值观，不同的价值观产生不同的文化，不同类型文化的根本区别在于其价值观的异同。（3）文化的作用在于指导人们进行社会实践活动，在社会实践活动中，人们将遵循这些规范、准则和习惯。这说明文化对社会的发展起着重要的作用，具体表现为指导和规范人们的行为。（4）文化是可以被传播和学习的。（5）文化是一个动态的概念。随着外界环境的变化，人们在社会实践活动过程中会对某些不适应的规范、准则和习惯进行变革，使之更有效地指导人类的社会实践活动，但由于文化的形成是一个长期的过程，因此文化的变革也是一个缓慢的过程。

二、品牌文化的内涵

品牌文化是品牌营销者关于品牌与消费者关系的基本理念，包括品牌提供给目标消费者何种利益的理念、品牌与消费者建立何种关系的理念等。消费者对品牌文化的感知是品牌经营者的一系列品牌营销行为。品牌文化层次分内外两层。内层要素包括品牌利益认知、情感属性、文化传统和品牌个性等。外层要素表现为产品、名称、标记、符号、品牌口号、品牌管理方式、品牌传播方式、品牌营销方法等。

品牌的背后是文化。品牌作为强有力的市场竞争手段，有着极其丰富的文化内涵。某些知名品牌本身就代表了一种文化：麦当劳代表了美国的饮食文化；娇兰香水代表了浪漫的法国文化；丰田汽车则代表了精良的日本文化。品牌和文化密不可分，任何品牌都有其一定的文化属性，优秀的品牌更沉淀了深厚的文化底蕴。品牌的文化内涵才是品牌的核心资源，产品是暂时的，而文化却是永恒的、经典的。

三、品牌文化的特性

著名的管理学家彼得·德鲁克认为：管理是一种文化现象，世界上不存在不带文化的管理。因此，我们也同样有理由认为：品牌是一种文化现象，品牌中含有丰富的文化内涵，没有不蕴含文化的品牌。通过分析，品牌文化的特性体现为以下几个方面：

（一）品牌文化的经济性

品牌文化作为一种特定的文化形态，具有极其丰厚的经济内涵。提升品牌文化是提高品牌附加值的有效途径，是品牌价值的重要构成。从某种意义上说，良好的品牌文化是企业的一笔重大财富。通过了解社会文化结构和需求的变化，创建与之相适应的品牌文化，可以极大地提高企业的竞争力。国外一些知名企业的品牌文化甚至构成了其核心竞争力的重要来源。法国香水店说："我们卖的不是香水，而是文化。"麦当劳声称："我们不是餐饮业，我们是娱乐业。"现代市场竞争已经从物质层面上的产品竞争过渡到心理层面的文化竞争，各个企业纷纷甩出文化牌。从一定程度上说，可口可乐与百事可乐的竞争就是一场文化战。

（二）品牌文化的民族性

文化具有民族性，每个地区或国家的文化都有其自身的历史渊源和特殊个性。因而，品牌文化同样具有民族性，在品牌文化的塑造上体现了民族文化、民族风格、民族特性。当特定的品牌文化与消费者的民族文化传统相符时，将更能得到消费者的认可甚至喜爱。"中华"香烟从名字上就展示了民族特性，加上其大红色包装，正好贴合了国人热爱红色，象征喜庆，另外"黄鹤楼"香烟、"芙蓉王"香烟，无论从名字还是包装都无不散发着浓厚的民族特性，远销海内外。正是因为品牌具有民族性，国外品牌在进入中国市场时也注意到了与中国传统的嫁接。可口可乐的新春广告中，年画中的泥娃娃阿福抱着的大鱼变成了一大瓶可乐。也是采用红色背景，但是年年有余则变成了岁岁可乐。肯德基在春节期间还特意推出了中国传统的椒盐口味。

（三）品牌文化渗透力强

浓厚的文化底蕴是品牌生命力的保证。万宝路、松下、福特这些品牌能成为常青树，正是因为其有强有力的品牌文化作支持。品牌文化不仅体现于企业经营管理的方方面面，也融入了消费者的消费行为中。随着生产力的发展和人们生活水平的提高，人们从单纯的产品消费过渡到文化消费，而且后者的比重不断加大。美国未来学家约翰·奈斯比特指出："我们正处于人类历史上罕见的时期。在这个时期，对社会改革具有决定性影响的两个因素，即新的价值观和新的经济需求已经出现。"同时他认为二者缺一不可。文化型消费正如一股大潮，势不可挡。其流行之快，辐射之广，利润之丰，被人们称为"商业的原子弹"，以惊人的速度产生了强大的市场轰动效应。现代文化型商战已经拉开帷幕。在现代品牌营销中，品牌文化的运用成为企业的重要课题。许多企业已经意识到，将品牌文化渗透到生产运作、员工管理、企业文化甚至战略管理等各个领域，努力提高文化含量和文化品位能迅速地提高企业竞争力。

（四）品牌文化相对稳定

品牌文化作为文化特质在品牌中的沉淀，是一定的利益认识、感情属性、文化传统和个性形象等价值观念的长期积累，因而其具有相对稳定的特点。尤其是深层品牌文化，即品牌精神的部分，对企业经营将产生持续、长远的作用，关系到企业的长期谋划。万宝路香烟自从李奥·贝纳创造了"万宝路男人"形象以来，这一辉煌的创意就一直未变。万宝路总是与美国西部牛仔形象联系在一起，处处散发出粗犷、豪迈的男子汉气概。其文化精华体现在美国人所具有的勇于挑战、向往自由，以及从西部牛仔所折射出的机智能干、热情奔放的品格。麦当劳也一直在向世界各地的消费者传播美国的饮食文化，将"QSCV"贯彻始终。致力于提供：优质的产品质量（QUALITY）；完美的服务（SERVICE）；清洁卫生的环境

（CLEANESS）；以此达到顾客满意度，实现消费价值（VALUE）。

（五）品牌文化个性鲜明

品牌的作用是用于识别某个销售者的产品或服务，并使之同竞争者的产品或服务区别开来，其手段是品牌特色。相应的品牌文化也应具有鲜明的个性。同样是白酒市场，山东曲阜的企业界就充分利用孔子故乡的地理优势，使其品牌浸润着浓浓的儒家文化。由于儒家文化是中华文化的代表，孔府家酒的"孔府家酒，让人想家"曾让多少海外游子为之动容，勾起人们的思乡之情的同时也俘获了顾客的心。孔府宴酒则直接定位人文价值，"喝孔府宴酒，做天下文章"。而山西的杏花村汾酒厂则以杏花仙姑酿美酒、"古井亭"神井涌酒、八仙醉杏花汾酒等历史传说为依托，结合浓郁的汾酒文化，巧妙地借用杜牧"借问酒家何处有，牧童遥指杏花村"的千古绝唱，创立了独树一帜的文化特色。

四、品牌文化的价值

在激烈的市场竞争中，品牌已经成了企业进行市场竞争的一把有力武器，品牌文化作为品牌的标志和灵魂，其价值主要体现在以下几个方面：

（一）品牌文化丰富了产品的内涵

品牌文化扩大了产品的内涵，赋予产品以灵性。当消费倾向从"使用价值"转向"概念价值"时，消费者购买的就不仅局限于商品的基本属性，即使用价值部分。他们更多的是在消费一种品牌，一种精神，一种文化，一种精神上的满足。文化构成了产品附加值的重要来源。为什么意大利的皮钱包要100美元，法国的一瓶香水能卖100美元，微软公司的一张成本仅1美元的光盘标价3 000美元还有人买？这就是商品文化品位的典型体现，我们不是单纯地消费普通的皮钱包、香水、光盘。重要的是，我们同时在消费意大利的典雅，法国的浪漫，美国的现代。而且，我们也愿意为此付出高额的费用。降低成本是提高利润的途径，但在当今社会，通过塑造良好的品牌文化来获取高额利润，不失为更好的方式。

（二）品牌文化引导消费者进行自我塑造

品牌文化的价值不仅体现在企业营销、管理活动中，为企业创造更多的利润，同样也为消费者带来了更大的顾客感知价值。消费者在购买商品、接受品牌文化的同时，自身也融入到品牌文化中去，实现自我形象的重新塑造。万宝路香烟用西部牛仔的生活场景，表现了粗犷、放任不羁的美国西部男子汉形象，诉求了一种勇于挑战、机智能干、追求自由的美国精神。这一"真正男人"形象，对许多美国人具有强大的征服力，万宝路牛仔也因此成为"美国精神"的象征。帮助美国人建立自我，甚至受万宝路文化精神的鼓舞，许多美国男人从消沉、悲观中走了出来。对许多消费者而言，消费万宝路香烟的过程也就蕴含了吸取"美国精神"，并以此来重塑自我的重要意义。

（三）品牌文化增强了凝聚力，强化了企业内部管理

把品牌文化渗透到企业生产经营管理当中，提高整个企业的文化意识和文化观念，创造与品牌文化相适应的文化氛围和工作环境，能优化企业内部管理，增强企业凝聚力。

1. 品牌文化有利于提高员工素质，加深对企业和企业产品的认识。曹雪芹家酒厂根据其品牌文化定位，把厂区建设成环境优美的园林式结构，使员工在生产过程中就接受文化的熏陶。此外，还提出"要造名牌酒，先做文化人"的口号，举办演讲比赛，《红楼梦》知识竞赛。这些活动不仅提高了员工的文化知识，也帮助员工更好地理解曹雪芹家酒的文化内涵。在一定程度上说，品牌文化对提高员工的整体素质大有帮助。

2. 品牌文化有利于提高企业凝聚力。日本松下电器公司通过其品牌文化把每一位员工紧紧地联系在一起，使公司上下同心同德，齐心协力，共同创造公司的成功。每天早上8点，分散在各地的8 700多位松下员工同时咏诵松下的口诀，一起唱公司歌，松下电器通过这种方式使员工完全融入到品牌文化所营造的氛围中，凝聚力自然而然就增强了。

（四）品牌文化提高了企业的竞争力

如前所述，富有鲜明个性的品牌文化是把本企业产品和服务与其他产品和服务区别开来的重要标志。企业通过独具特色的品牌文化吸引消费者，通过与消费者进行情感上的交流，达到企业文化价值与消费者价值观的共振，从而获得消费者的接受和认可，培育顾客忠诚。在当今的市场竞争环境下，谁赢得了顾客，谁就获得了竞争优势。文化上的竞争，是高层次的竞争表现形式。根据马斯洛的需求层次理论，需求可分为：生理需求，安全需求，人际交往的需求，受人尊重的需求和自我实现的需求。前两种为低级需求，这是传统营销关注的焦点，即着眼于满足物质层面的需求。后三种为高级需求，是现代品牌营销的出发点，通过发现和挖掘消费者深层的心理需求，以文化为纽带，与消费者沟通，能达到更高的顾客满意度，从而获得更高的忠诚度。此时，顾客消费某种产品已经不仅限于对产品性质功能的喜好，更表现为一种情感上的依赖。这是顾客忠诚所追求的最高目标，也是市场营销所追求的最高境界。另一方面，品牌文化又使企业产品具有高附加值，确保了企业利润的实现。可见，品牌文化是企业获得竞争优势的重要保证。劳斯莱斯始终以生产高贵典雅豪华轿车作为其品牌文化，乘坐劳斯莱斯也就成了身份与地位的象征。劳斯莱斯的员工认为自己不是在流水线上面对冰冷的机器零件，他们以人类高尚的道德情操和艺术家的热情去雕琢劳斯莱斯，努力打造艺术珍品。正是这种品牌文化使劳斯莱斯成了极品豪华轿车的代名词，在世界

汽车品牌中占有不可替代的地位。

第二节 品牌文化的构成要素

品牌文化作为文化特质在品牌中的沉淀和品牌活动中的一切文化现象，体现于商品的各个方面。品牌文化是人类在进行商品设计和商品生产时间过程中创造出来的，是生产者、经营者、消费者的物质财富和精神财富的总和。从商品的设计、制造、包装、装潢、广告宣传，到内部管理、制定战略，无不渗透着文化的理念。

总体来说，品牌文化包括表层要素和内层要素两大类。表层要素指的是能直接展示给消费者的看得见、摸得着的要素，例如：产品、名称、标志、包装、色彩等。而内层要素则是指蕴藏在品牌中的独特的利益认知、感情属性、文化传统和个性形象等。

一、品牌文化的表层要素

（一）产品

产品是品牌的基础，品牌文化以产品为载体。整体产品的概念包括产品的三个层次：核心产品，形式产品以及延伸产品。核心产品为消费者提供了产品的基本效用和利益；产品的实体称为形式产品，即特性、品质、外观等；延伸产品是消费者购买产品时的交货条件、企业保证、安装维修、销售服务等的总称。然而无论是产品的哪个层面，无不蕴藏着品牌文化。产品的有形形态体现的是一种物质文化，满足人们基本的物质需求。例如，人们消费可口可乐，是为了"解渴"。无形形态则是文化对产品概念的扩展，偏重于满足人们精神上、心理上等较高层次需求，即马斯洛需求层次理论的后三层。橙汁、啤酒、茶都是解渴饮料，为什么人们要选择可口可乐？因为人们在喝可口可乐的同时，也在体会可口可乐品牌深处所隐藏的文化——美国精神。喝一口可口可乐，不仅能获得清凉解渴的感受，还把美国精神灌进体内，这才是可口可乐长盛不衰的原动力。

（二）名称

品牌名称是品牌能被读得出声音的那一部分，消费者可以通过品牌名称展开联想，体会商品蕴藏的文化意蕴。品牌名称是直接与消费者沟通的最有效的信息传播工具。所以，世界级的知名品牌在创立品牌名称时大都巧费心思。奔驰轿车的中文译名就十分具有特色，"奔驰"两个字都能形象地代表该轿车行速飞快的性能。"奔"又有热情奔放的意思，使其带有浓浓的时代色彩，故而深受消费者的喜欢。"雪碧"饮料一看名字就能让人感受到晶晶亮、透心凉的商品特性。

艾·里斯对品牌名称更是给予了高度评价，他指出："实际上被灌输到顾客心目中的根本不是产品，而只是产品名称，它成了潜在顾客亲近产品的挂钩。"成功品牌的名称本身就代表了某一类商品。说到可口可乐，人们就想到碳酸饮料；谈起巴宝利，人们就会想到高档服装；金利来代表了领带；格力则与空调联系在一起。当品牌文化根植在人们心中后，品牌名称又成了激活品牌文化的工具。提到"可口可乐"，人们就会精神一振，立即感受到美国文化的激情。提到"劳斯莱斯"人们就立刻从心里感受到了高贵、豪华、典雅的轿车文化。这就是品牌名称的独特魅力，能长期影响人们的消费行为。这同时也是品牌名称作为品牌文化的一种要素的意义所在。

（三）标志

标志是品牌的视觉表现，即品牌的非语言表达部分。通过图像造型和色彩组合调配而得的品牌标志是品牌文化底蕴的重要表现方式。品牌标志总是与品牌名称结合共同诠释品牌的文化内涵。麦当劳总是与黄色的"M"同时出现，从店面装潢到清洁箱、营业用包装纸袋、纸杯托盘、餐巾、抹布几乎都标上了醒目的"M"与红黄相配的色彩基调。雀巢的标志为一对鸟儿在鸟巢中哺育一只小鸟，象征意义地表示了雀巢拥有优质的育儿产品。富有创意的品牌标志能给人以耳目一新的感觉，促使品牌迅速成名。美国一家眼镜店公司用三个字母"OIC"作为品牌标志，其造型本身就像一副眼镜架，而三个字母连读则构成了"OH，I SEE"（噢，我看见了）的读音，可谓寓意深刻，颇费心思。

品牌标志不仅和品牌名称一样具有品牌联想的功能，而且更以其美观的造型，出现在包装、门面装潢、宣传媒介等处，给人以美的视觉享受，在传播品牌文化的同时也加速了品牌知名度的提高。品牌标志也是企业识别的有效方式，人们从很远的地方就可以看到麦当劳竖在屋顶的大"M"，就知道这里有一家麦当劳餐厅。看到三角的方向盘标志就知道这是一款奔驰轿车。所以，企业不仅要有一个好的品牌名称，还要有独具创意的品牌标志相配合。

（四）包装

包装作为品牌文化的外延，被誉为"无声的推销员"。包装的主要作用，除了保护商品外，还可以美化商品，吸引消费者的注目，使之产生购买行为。包装在现代市场营销中的作用越来越大，并被并入整合市场营销的重要工具之一。产品的包装是树立品牌形象的有力手段，可以直接影响产品在消费者心目中的质量水平。精美的包装通过产生美感，将品牌独特的个性、文化底蕴表述给消费者，从而促进销售。包装包括图案设计、包装材料、形状、品牌名称标记、颜色等要素。而所有这些要素都要与品牌文化相配合，与消费者的价值取向相适应。就包装材料而言，在保护产品的基础上，要与现代健康环保的概念相结合，尽量采用无公害的环保型绿色包装。就包装的形状、品牌名称标记、颜色、图案设计等方面而言，则要从美学出发，要注意与人们的审美观念、审美心理、思维方式、购买习惯相结合。同时包装还要与品牌文化相符，透过包装要能看得出品牌个性，能体现品牌的整体形象。包装作为树立品牌形象的重要手段，已成为塑造品牌文化的主要手段，是品牌文化构成的不可忽视的要素之一。

（五）色彩

色彩作为品牌文化的其中一个要素，常常融入其他几个要素之中。五光十色的绚烂色彩，构成了万紫千红的自然美，也为美化产品提供了重要素材。将斑斓的色彩运用到商品中，就构成了商品的形式美、品质美。色彩作为美的一种主要表达手段，与文化、审美密切相关。色彩作用于人们的视觉感官，通过生理和心理反应，使人们产生不同的感情。红、橙等暖色给人以温暖、热情的感受；而青、蓝等冷色则给人以清冷、平静的感受。颜色还可以产生某种联想，例如：红色使人想到火焰和血，令人热烈兴奋；蓝色使人想到天空和海洋，令人平和宁静；黄色使人联想到灿烂的阳光，令人温暖明朗；绿色使人联想到绿草和树木，给人以欣欣向荣的感受。红星青花瓷真品二锅头整体颜色由红、白、蓝构成，将典型中国传统文化特色与白酒文化紧密联系在一起。ADIDAS 香水采用神秘的黑色与蓝色，黑色代表高雅，象征品位与身份的结合，蓝色代表自由，运动展现自由。

在品牌文化的表层要素中，商品是品牌文化的载体；品牌名称和标志有利于识别品牌及丰富品牌内涵；包装和色彩与名称、标志相结合，有助于强化品牌文化在消费者心中的印象。

二、品牌文化的内层要素

品牌文化的内层要素由利益认知、感情属性、文化传统、个性形象四个方面构成。

（一）利益认知

消费者认识到商品的性质功能能够给自己带来某种利益，从而形成利益认知。利益认知是品牌认知的重要方面。特定品牌总是能向消费者传递信息，表示本企业商品能满足消费者的某种需求，并强调该商品能更好地满足这种需求创造更高的价值。海尔的家电产品就向消费者诉求其过硬的质量，优质的服务。在一定程度上，"海尔"在消费者心中成了质量的保证。而且，消费者为了获得这种质量保证所带来的利益宁可支付更高的价钱。麦当劳餐厅以其快捷的服务，除了满足消费者的饮食需求外，还为消费者提供了干净幽雅的就餐环境，正是因为它能带来更多的利益，使习惯于中式口味的中国消费者也乐意光顾麦当劳这种西式快餐厅。减肥可乐之所以能获得成功，就是因为它能给消费者带来特殊的利益，在尽情享受可乐美味的同时不必担心体重增加。

（二）感情属性

消费者在品牌利益的认知过程中，会将其转化成一定的情感利益。在麦当劳就餐，幽雅干净的环境能使人感到惬意舒适，这就满足了消费者情感上的需求。又例如，穿着耐克鞋，可以更轻便地进行体育活动，使人感到更轻松自然，这就产生了品牌文化的感情属性。通过品牌文化的感情属性能令消费者产生更强烈的认同感，促使顾客满意度的产生，更好地建立顾客忠诚度。例如宝洁公司的飘柔洗发水，除了强调其去头屑二合一的功能外，更重要的是它强调该洗发水能使头发更柔顺，令你在任何场合都能保持自信。该洗发水的各种广告创意，如女飞机技师、挑选舞蹈演员等，都一如既往地向人们诉求——"飘柔，就是这样自信"的概念。这也是飘柔洗发水十几年来稳居市场份额中领先地位的秘诀。

（三）文化传统

品牌在一定条件下可成为文化传统的代表。善于利用一国的文化传统的背景优势，可以使品牌更具魅力。法国是浪漫的国度，其出产的香水更是闻名于世。"娇兰"香水借助这种背景资源，在世界香水市场中独占鳌头。德国人具有严谨认真的个性，因此其出产的奔驰轿车也更能使消费者联想到奔驰轿车过硬的质量。中国是中华传统文化的发源地，因此中国出产的白酒就更能令华人接受。难以想象，如果茅台的设备和原料都不改变，但将其生产作坊搬到美国，会产生什么效果。所以，文化传统作为品牌文化的内层要素之一，值得企业好好研究。

（四）个性形象

品牌文化的性质之一就是个性鲜明，而个性形象也是品牌文化内层要素的构成要素之一。鲜明的个性形象能突现品牌文化，在个性化消费潮流的现代市场环境中，个性形象是企业品牌营销战略所不可忽视的重要一面。运动鞋的巨头耐克的个性形象就是"超越"。所以耐克要用优秀的设计师设计；用一流的技术生产；用一流的运动员（如乔丹）作宣传。所有的一切都能与那些想"超越"的消费者产生共鸣。同样是轿车，在不同的品牌文化下也展现出不同的个性形象。法拉利展现的是极时髦、活力充沛、刺激、冒险的个性；而奔驰则展示了富有的、世故的、高尚的、有权势的个性形象。

第三节　培育品牌文化

品牌文化作为品牌的灵魂，指导企业各种活动的开展，渗透到品牌战略的各个方面，是企业进行品牌营销的重要保证。良好的品牌文化是企业品牌资产的重要构成，更可成为企业核心竞争优势的来源。通过培育品牌的文化内涵长久地占领市场，已成为商界的共识。日本某电器企业就公开宣称其对华市场策略是用文化影响中国的下一代，目前的目标不是利润，而是文化渗透。品牌文化不仅存在于企业生产经营的各个环节，在全球文化消费的现代市场，越来越多地受到消费行为、消费心理、消费潮流习惯等消费者一方的诸因素的影响。因此，要培育品牌文化，就要从多个角度出发。对企业，要注意与各种要素相配合，创造品牌文化得以建立的条件；对市场，要研究文化动向对消费的影响，或适应或引导，建立消费者认可接受直至喜爱的品牌文化，以此全面打造企业的竞争新优势。培育品牌文化首先要明确品牌文化与企业文化的关系，在此前提下构建品牌的产品文化、传播文化及品牌管理文化。

一、品牌文化与企业文化

企业文化是企业在其价值观或经营理念的指导下，于长期的生产经营活动中所形成的企业员工所共同遵循的企业个性化的价值标准、行为规范、道德准则。企业员工在共同的价值观指导下产生强烈的使命感，激发最大的想象力和创造力去实现企业目标。随着企业环境的变化，企业文化也将逐渐发生变化。

对企业文化的进一步解释是：其一，企业文化的核心是企业价值观。人类的行为方式都是在其价值观的指导下形成的，企业在生产经营活动中所表现出的行为方式同样是在某种企业价值观的指导下所形成的。其二，企业文化是企业在长期的生产经营活动中逐步形成的，是通过企业目标、战略、制度、组织行为、群体行为、个体行为等体现出来的企业行为特征。尽管每个企业从它诞生起就在形成自己的文化，但要形成具有鲜明特征的企业文化需要较长的时间，一种被企业员工所共同自觉遵循的企业行为方式要在企业生产经营中不断地重复，才会在员工中成为约定俗成的规则。其三，企业文化一定是企业员工共同认可的。企业价值观及企业行为规范只有获得员工的认同，才能导致员工一致的企业行为。其四，企业文化的作用是巨大的。具体表现为影响员工的思想和心灵，通过对员工价值观的影响来引导员工的行为。其五，每个企业的企业文化呈现出其独特的企业行为特征。正是因为企业文化的个性化特征，使得企业借助于企业文化来推动企业发展，获得其他企业无法模仿的竞争优势。企业文化的个性化特征所阐明的另一层含义是：并非所有的企业文化都可促使企业经营业绩的增长。其六，企业文化不是一成不变的，随着企业内外环境的变化，企业文化也将随之改变。

品牌文化的构建和形成与企业文化密切关联。企业文化的定位直接影响到品牌文化的战略策划的制定。品牌文化作为企业文化的集中体现，既受到既定的企业文化的制约，又能从企业文化处获得有力的支持。几乎所有成功的品牌都具备优秀的企业文化。企业文化犹如一面旗帜，鲜明地突出了整个企业的整体特色和风格。产品可以模仿，企业文化却是模仿不来的。品牌文化与企业文化的关系如下：

（一）企业文化指导品牌文化

我们能感受或认知的企业文化是由企业的一系列经营行为所表现出来的。企业的品牌经营活动行为所表现出的文化特质是企业文化的重要组成部分。品牌文化的核心是品牌价值观，品牌价值观彰显出企业经营者满足消费者需求的理念，在此理念下所形成的品牌营销行为是我们能感受到的品牌文化。如何满足消费者需求的理念直接受企业管理者经营理念的指导，是企业经营价值观体系的重要组成部分。品牌文化是企业文化的重要组成部分。美的集团把"创造美的世界"作为企业文化的精髓，所以从品牌标志设计，到产品生产运作，到员工管理、售后服务无不贯彻这一理念。其标志用蓝白两种颜色，犹如蓝天白云，令人赏心悦目，自然凉意顿生。在生产中创造美，用员工的言行表现美，用美的产品美化生活，装点美的世界是公司的信念。从这种企业文化延伸提炼出来的品牌文化自然有坚实的基础。

（二）品牌文化与企业文化互动

品牌文化与企业文化彼此相互映衬。品牌文化是品牌发展的主要动力和与消费者连接的重要方式。品牌文化的建设是在企业文化的指导下进行的，企业文化又通过品牌或品牌文化将视野扩展到社会的整个文化领域，品牌在消费者心中的表现既代表了品牌的形象，又彰显出企业形象。良好的品牌形象烘托出良好的企业形象，优秀的企业文化才能蕴育出优秀的品牌文化。

（三）品牌文化与企业文化的独立

作为企业文化的重要组成部分的品牌文化，并非完全等同于企业文化，它有其独立的一面。其独立性表现为：界定的范围不同。企业文化是对企业经营管理全方位的价值体系的界定；品牌文化主要是围绕品牌的经营活动而形成的价值理念。另外，二者作用的对象不同。企业文化的缔造者是企业家和企业领导阶层，是管理员工价值观和企业行为方式的工具；品牌文化是品牌决策者、品牌设计者、品牌营销者及品牌的消费者共同创造的，主要作用在于影响消费者对品牌的认知。

二、品牌产品文化的培育

产品是品牌之本，也是品牌文化的载体。离开了产品，品牌就成了无本之木、无源之水，品牌文化更是无从谈起。任何成功的品牌文化，必定有高品质的产品为后盾。著名的劳斯莱斯轿车，以高贵雍容、典雅，创造了世界一流的豪华轿车文化，这与其对产品质量的精益求精的执著追求是分不开的。每一辆劳斯莱斯都是轿车中的极品，在每小时 100 英里的车速时，仍能保证不出现震动，放在水箱的硬币不会被震掉，车厢内完全感觉不到马达的声音，只能听到车内钟表的走动声。劳斯莱斯正是这样向人们诠释了世界级高级豪华轿车所应具有的品质。海尔在消费者心中就是质量的保证，从严格的质量控制管理到令人满意的五星服务。买海尔就是买"放心"——过硬的质量使海尔的多元化扩展策略相当成功，无论是空调、电脑还是手机等都能很快获得消费者的认可。

三、品牌传播文化的培育

品牌传播也称品牌沟通，是连接品牌与消费者的桥梁。不同的传播理念及不同的传播方式构成不同的品牌文化。传播文化构建的出发点是消费者的价值取向，品牌营销者通过科学的市场调研以了解消费者的价值取向，针对消费者的价值取向确定品牌传播的宗旨，并以消费者喜好的诉求、传播方式向其传播品牌的理念、利益。Absolut Vodka，是来自瑞典的伏特加酒，成为 20 年来引导时尚流行和时代消费的经典品牌。它的成功得益于该品牌独特的传播文化。其广告语"Absolut

Perfection"（绝对完美）使得 Absolut 伏特加的广告形成一个固定的模式：Absolut+一个与消费者易于沟通的、易有溢美的广告词。Absolut Vodka 伏特加酒永恒的个性化包装，对每一个消费者来说都不陌生：短颈圆肩的水晶瓶，独创性地将所有标注 Absolut Vodka 伏特加酒的文字信息用彩色粗体字体直接印在瓶身。透过完全透明的酒瓶，消费者感触到的是纯正、净爽、自信的 Absolut Vodka 伏特加酒。没有传统纸质酒标遮蔽的 Absolut Vodka 伏特加酒，让消费者感觉到的是只有对自己有信心，别人对你才有信心。Absolut Vodka 伏特加酒对自己的酒质有信心，才敢放弃传统的纸质酒标以完全透明度使消费者对 Absolut Vodka 伏特加酒的酒质放心。从此，它的包装以个性赢得消费者的认同，并很快传播到世界各地。而现在的 Absolut Vodka 伏特加酒的酒瓶形象，也不仅仅是一种伏特加酒的个性化包装，而被同行以艺术价值为标准，将它视为一件艺术品来欣赏。在美国，Absolut Vodka 伏特加酒经过 4 年发展，在同类产品中以每年平均 20%～30% 的增长率，领先于所有伏特加酒品牌，1996 年，销售量达到 50 000 万公斤。而一句"绝对完美"的广告语伴随 Absolut Vodka 伏特加酒的不断壮大，成为美国市场家喻户晓的广告经典。

（一）品牌文化的广告传播

广告作为最有力的传播工具，对品牌文化的传播自然相当重要。好的广告创意能把品牌文化融入其中，使受众在观看广告时就受到品牌文化的熏陶。广告传播品牌文化的方式主要有以下几种：

1. 广告词。广告词往往由品牌文化凝练而得，突出体现了品牌文化的精华。广告词简练、易记，能被广泛运用于电视、广播、户外路牌等各种广告方式，是广告必不可少的构成部分。我们一提起某些品牌，脑海里就能立即联想到它们的广告词。"百事——新一代的选择！"把它定位于年轻市场、诉求青春活力的品牌文化表达出来了。"耐克——JUST DO IT！"把它的那种追求洒脱自由的运动员精神表现得淋漓尽致。

2. 背景氛围。这主要针对广告的视觉效果而言。人们所接受的信息中有 80% 是通过视觉获得的，可见创造适合品牌文化的氛围是取得良好的广告效果的关键。万宝路香烟的广告就体现了浓浓的西部牛仔气息。在辽阔的西部草原里，一帮目光深邃、勇猛的男子汉，卷起衣袖，露出多毛的手臂，指间夹着一支万宝路香烟。通过背景的烘托，告诉人们"哪里有男子汉，哪里就有万宝路"。伯爵表的广告在极尽奢华的宴会上，高贵的女主人腕戴手表款款而来，顿时厅堂的目光全被吸引过来了，代表雍容典雅气质的品牌文化被自然地传递出来了。

（二）品牌文化的公关传播

公共关系也是品牌文化传播不可忽视的一个方面。相比广告而言，公关活动更能获得消费者的情感认同。而且公关传播的范围更为广泛，不仅包括向外传播，还面向内部员工，也是内外沟通达到和谐统一的手段。一般来说，公关活动可以从以下几个方面展开：

1. 赞助某些活动。这就是大型体育赛事总是有大批赞助商的原因。尤其是当赞助活动与品牌文化主题相吻合时，收效更佳。世界名表劳力士就成功地策划了一次公关活动。1978 年，著名的登山健将霍尔顿·梅斯纳实现了人类历史上第一次不配氧气筒攀登珠穆朗玛峰的成就。当他站在 8 848 米的高峰时，宣称："我可以不需要氧气筒，但是却不能不戴我的劳力士。"劳力士表名声大噪，在任何恶劣环境下仍保持精密的精湛技术受到广泛认可，同时也登上了世界名表的巅峰。

2. 与某些特殊场合联系。一些品牌定位明确，与特殊场合联系可以对品牌文化起巩固和强化作用。例如，喜临门酒就与喜庆的场合建立联系，"大喜的日子，当然要喝喜临门酒"。这使得人们一有庆典一类的活动就会想到喜临门酒，提升喜庆的气氛。另一洋酒也与其有异曲同工之妙，"人头马一开，好事自然来"。在正式的商业宴会，庄重的仪式上，人们喝人头马祝愿一切万事如意。

3. 公司格言、歌词、训词。这种形式具有双重作用，是一种精神公关。对内通过品牌文化的内部传播凝聚员工，对外通过品牌文化的外部传播使品牌文化深入人心。美国希尔顿饭店创立于 1919 年，在不到 90 年的时间里，从一家饭店扩展到100 多家，遍布世界五大洲的各大城市，成为全球最大规模的饭店之一。希尔顿经营旅馆业的座右铭是："你今天对客人微笑了吗?"这种"微笑服务"理念贯穿员工的思想和行为，为饭店创造"宾至如归"的文化氛围。

4. 著名的历史事件。这往往为品牌文化蒙上一层传奇色彩。例如，李维501——19 世纪诞生的第一条牛仔裤。茅台当年在巴拿马展会敲破酒瓶，酒香四溢而夺奖。戴安娜王妃与查尔斯王子结婚时，西班牙王室所送的罗倍耶皮具。第一杯可口可乐的产生等。历史事件为品牌文化的宣传提供了很好的素材，也构成品牌文化的一个组成部分。

四、品牌管理文化的培育

品牌营销者及企业员工是品牌的建设者，品牌营销者的理念、行为构成品牌文化的一部分。高素质的员工是品牌文化的重要保证。员工是企业的宝贵资源和财富。品牌文化需要企业员工去贯彻，通过员工深化烘托，通过员工向外部表现。作为世界上最成功的美国杂货分销商，沃尔玛始终对员工有严格的要求。无论在什么情况下都要以笑脸相迎，提出了"八颗牙齿"原则。指的是无论何时都要向顾客展现露出八颗牙齿的笑容，只有这样才能充分表现出沃尔玛热情周到的服务。处处从顾客角度出发，为顾客着想成了员工内心的信念。虽然在工作上沃尔玛对员工要求甚严，但在生活当中，却采取宽松和和气的态度，老板经常到分店巡视，与员工亲切地交谈，每星期六举行颁奖例会，由老板亲自为各店评出的优秀员工发奖。有了激励，员工工作更加努力，发自内心地以成为沃尔玛的员工为荣，并真正把服务做到最好。丰田汽车流传着这么一段动人的故事，雨天里，警察对一个男子行为感到大惑不解，这个人宁可自己不穿雨衣，也要把雨衣披在车上。于是，警察走上前去，对这名男子说："先生，您太爱惜自己的车了，可是，这样会把你淋出病来的。"那人笑笑说："你错了，这不是我自己的车，但这是我们丰田公司生产的车。"

拥有一批优秀的员工，是企业成功的关键。要创造一流的公司，就要具备一流的人才。敬业、爱岗、专业技能高、业务素质强的员工才是公司发展的主要推动者，才是品牌文化的主要塑造者。

品牌文化具有相对的稳定性，但在当今高速发展的社会中，也需要品牌文化不断地改进更新。阿尔温·托夫勒说："我们正在迈向的崭新时代，是一个以高科技、高信息和经济为目标的新组织方法作基点，为人类未来开创新纪元的时代。"品牌文化只有挖掘内涵，提升理念，才能适应变化的文化需求。可口可乐最初诉求健康、幸福；随着时间推移后来扩展到清新、欢乐、活力；之后又由于竞争区别的需要继续延伸到美国生活方式、美国文化，即开心、欢乐、友爱、自由、活力和健康。

本章小结

品牌文化是品牌营销者关于品牌与消费者关系的基本理念，包括品牌提供给目标消费者何种利益的理念、品牌与消费者建立何种关系的理念等。

品牌文化的特性主要表现在五个方面：品牌文化的经济性、品牌文化的民族性、品牌文化渗透力强、品牌文化相对稳定、品牌文化个性鲜明。品牌文化的价值主要表现为：品牌文化丰富了产品的内涵；品牌文化提高了企业的竞争力；品牌文化增强了凝聚力，强化了企业内部管理；品牌文化引导消费者进行自我塑造。

品牌文化包括表层要素和内层要素两大类。表层要素指的是能直接展示给消费者的看得见、摸得着的要素，具体包括商品、名称、标志、包装、色彩等；内层要素则是指蕴藏在品牌中的独特的利益认知、感情属性、文化传统和个性形象等，由利益认知、感情属性、文化传统和个性形象四个方面构成。

品牌文化作为品牌的灵魂，指导企业各种活动的开展，渗透到品牌战略的各个方面，是企业进行品牌营销的重要保证。良好的品牌文化需要积极培育，培育品牌文化首先要明确品牌文化与企业文化的关系，在此前提下构建品牌的产品文化、传播文化及品牌管理文化。

企业文化是企业在其价值观或经营理念的指导下，于长期的生产经营活动中所形成的企业员工所共同遵循的企业个性化的价值标准、行为规范、道德准则。企业员工在共同的价值观指导下产生强烈的使命感，激发最大的想象力和创造力去实现企业目标。随着企业环境的变化，企业文化也将逐渐发生变化。品牌文化与企业文化的关系表现为：企业文化指导品牌文化，品牌文化与企业文化互动，品牌文化与企业文化独立。

高品质的产品是建立品牌文化的基础，广告、公共关系等是构建品牌传播文化的重要工具。高素质的员工是品牌管理文化的重要保证。

○── 复习思考题

1. 解释品牌文化的含义。
2. 品牌文化具有什么性质？
3. 品牌文化在哪些方面体现了其价值？
4. 品牌文化由哪些要素构成？
5. 举例说明如何培育品牌文化。

案　例

希尔顿的宾至如归

美国希尔顿饭店创立于 1919 年，在不到 90 年的时间里，从一家饭店扩展到 100 多家，遍布世界五大洲的各大城市，成为全球最大规模的饭店之一。80 多年来，希尔顿饭店生意如此之好，财富增长如此之快，其成功的秘诀牢牢确立于自己的企业理念并把这个理念贯彻到每一个员工的思想和行为之中。饭店创造"宾至如归"的文化氛围，注重企业员工礼仪的培养，并通过服务人员的"微笑服务"体现出来。希尔顿总公司的董事长，89 岁高龄的康拉德·希尔顿在 50 多年里，不断到他分设在各国的希尔顿饭店、旅馆视察业务。

希尔顿每天从这一洲飞到那一洲，从这一国飞到那一国。专程去看希尔顿礼仪是否贯彻于员工的行动之中。他写的许多书中有一本叫做《宾至如归》，时至今日，这本书已成了每个希尔顿旅馆工作人员的"圣经"。如今，希尔顿的资产已从 5 000 美元发展到数百亿美元。希尔顿旅馆已经吞并了号称"旅馆之王"的纽约华尔道夫的奥斯托利亚旅馆，买下了号称为"旅馆皇后的纽约普拉萨旅馆"，名声显赫于全球的旅馆业。

"你今天对客人微笑了没有"

企业礼仪是企业的精神风貌。它包括企业的待客礼仪、经营作风、员工风度、环境布置风格以及内部的信息沟通方式等内容。企业礼仪往往形成传统与习俗，体现企业的经营理念。它赋予企业浓厚的人情味，对培育企业精神和塑造企业形象起着潜移默化的作用。希尔顿十分注重员工的文明礼仪教育，倡导员工的微笑服务。每天他至少到一家希尔顿饭店与饭店的服务人员接触，向各级人员（从总经理到服务员）问得最多的一句话，必定是："你今天对客人微笑了没有？"1930 年是美国经济萧条最严重的一年，全美国的旅馆倒闭了 80%，希尔顿的旅馆也一家接着一家地亏损不堪，一度负债达 50 万美元，希尔顿并不灰心，他召集每一家旅馆员工向他们特别交待和呼吁："目前正值旅馆亏空靠借债度日时期，我决定强渡难关。一旦美国经济恐慌时期过去，我们希尔顿旅馆很快就能进入云开日出的局面。因此，我请各位记住，希尔顿的礼仪万万不能忘。无论旅馆本身遭遇的困难如何，希尔顿旅馆服务员脸上的微笑永远是属于顾客的。"事实上，在那纷纷倒闭后只剩下的 20% 的旅馆中，只有希尔顿旅馆服务员的微笑是美好的。经济萧条刚过，希尔顿旅馆系统就领先进入了新的繁荣期，跨入了经营的黄金时代。希尔顿旅馆紧接着充实了一批现代化设备。此时，希尔顿到每一家旅馆召集全体员工开会时都要问："现在我们的旅馆已新添了第一流设备，你觉得还必须配合一些什么第一流的东西使客人更喜欢呢？"员工回答之后，希尔顿笑着摇头说："请你们想一想，如果旅馆里只有第一流的设备而没有第一流服务员的微笑，那些旅客会认为我们供应了他们全部最喜欢的东西吗？如果缺少服务员的美好微笑，正好比花园里失去了春天的太阳和春风。假如我是旅客，我宁愿住进虽然只有残旧地毯，却处处见到微笑的旅馆，也不愿走进只有一流设备而不见微笑的地方……"当希尔顿坐专机来到某一国境内的希尔顿旅馆视察时，服务人员就会立即想到一件事，那就是他们的老板可能随时会来到自己面前再问那句名言："你今天对客人微笑了没有？"

站在时代前沿

希尔顿 31 岁之际，他在他父亲事业失败的时候，离开家乡新墨西哥。在此以前，他做过工友、行商、矿山的投机者等。离开家乡后，他到达石油泉涌的得克萨斯州，准备有所作为，然而身边的总资金寥寥可数。他想开办银行，但资本的确太少，结果他买下蒙布勒饭店，以石油工人及行商为服务对象，这便是世界饭店大王的创业起点。希尔顿成功的秘诀，是从开头便把饭店（旅馆）业当作一种"企业"来经营，自然他努力要求做到宾至如归，但他更把它视做一种不动产，只要有机会，便以最低的价钱收买那些行将倒闭的饭店，再把建筑物整修一番，经营上也重新布置，使业务向上，然后另找机会把它以买价的数倍卖出去，以扩展资本。为此，他时时背负许多债务，借以收买超过自己实力的大饭店，他时常向银行或个人设法周转资金，结果他不得不辛劳地周旋于债主之间，不过，他在这一方面，确实是一位天才。希尔顿饭店公司位于纽约的巴克培尼街，设在高达 43 层华尔道夫大饭店里。在收买这家号称世界最高的大饭店时，希尔顿的热情，使旁听者也会兴奋不已。这家大饭店在世界上是最著名的，在这儿住过的有国王、女王、国家元首、王子、主教等世界各国的重要人物，难怪希尔顿提起这件往事，便会说："收购华尔道夫，是我生命史上的一个转折点！"收购成功的当天晚上，可能是希尔顿一生中最美好的一夜。据说，当晚希尔顿站在华尔道夫的天井里，仰望耸入云霄的大楼，沉浸于忘我之境，一动不动，不知东方之既白。自从他决定收购，一直到成功为止，前后经过了 18 年之久。

希尔顿是一个好胜和敢于冒险的企业家。为了企业扩张，他引发过多次事端。

日本东芝公司的三岛社长曾经怒发冲冠地疾呼："为了日本的国家利益，我们不惜硬干到底！"这是当时发生所谓东京希尔顿大饭店事件时三岛的态度。一般人对于这事件，都认为是外资渗透日本，它的确是给日本经济界特别是饭店业的一个打击。东京的希尔顿饭店，正是世界饭店大王康拉德·尼克逊·希尔顿的事业触角之一，所谓"希尔顿冲击"所引起的事端及其影响，在日本境内四处扩张。无论怎么说，希尔顿这个人，是常在大众传播方面出风头的奇特人物，美国的《时代》杂志和《生活》杂志，每隔一两年便以特别报道把他仔细描述一番，很少有例外的。为何会这样呢？倒也说不出什么像样的理由。总之，希尔顿这个人物是极美国性的，并且他也能敏锐地把握时代的动向，是美国式经营者的代表人物。由于这种因素，他所引起的东京希尔顿饭店事件，自然有不平凡的意义。日本朝野不仅把这个事件视为饭店业的事件，还认为是日本经济界的一种危机。然而，有关的评论方面，还不失之公正。东京希尔顿饭店一案，经东京地方法院判决，希尔顿胜诉，东芝败诉，日本的舆论认为该项判决对希尔顿有所偏袒。希尔顿在海外惹起事端，并不自东京希尔顿事件为始。早先他在英国建筑伦敦希尔顿大饭店之际，便惹起英国朝野骚动一时，为什么呢？因为这家饭店紧邻英国女王所居的白金汉宫，从饭店的楼上，可以眺望白金汉宫的庭院，并且一览无遗，这怎能不惹起是非呢？然而，希尔顿依然坚持到底，在一片反对声中建筑完成，并且开业了。这可以证明一件事，他满足了美国人的好奇，让他们在可以眺望英国王宫庭院的房间里，用的是美国式的卫生设备以及豪华的床铺，还怕生意不兴旺吗？他还在他的故乡新墨西哥时，曾和他父亲取得一家银行襄理的职务，当时他用这样的一种名片，"康拉德·N. 希尔顿，爱情介绍人，本人的爱情、接吻以及尖锐的拥抱，是无人能及的。"这种名片确实令人惊讶不已，但这种性格真正是希尔顿的本性，毫不夸大其辞。换言之，希尔顿的经营战略，便是他个人的欲望，两者是一件事，绝对无法加以分开。他亲口说过："谈到人的欲望，的确是无底深渊，不管怎样，我的欲望是站在时代前沿，做饭店大王。我之所以设法收购华尔道夫目的就在于此。总之登上饭店业的王座，才是我的战略目标。"

于是希尔顿采取企业的形式，努力实现其目的。收购华尔道夫，既是他个人的欲望，也是他的企业战术。希尔顿是典型的明朗的美国人，只要从前文所举的名片一事便可一目了然。他喜欢跳舞，舞伴只限于"年轻美丽的淑女"。他常说："我已80多岁了，但迄今仍然具有充沛的活力。因为我始终站在时代的最前沿！"

这种态度固然是他成功的基础，不过，从他的历史加以检讨：他31岁时踏进饭店业界，但并不以饭店老板自居，从开始便把它当作一种企业。因此，希尔顿的饭店不仅靠招徕旅客赚钱，并且只要有机会，便做不动产的交易，借以随时扩充资本。由于这个转变而获得成功的希尔顿，不仅对自己的企业有信心，同时知道了饭店经营要与时代并进的道理，因此产生了新的经营哲学。他养成了时时留意饭店机能变化的习惯，也就是在这交通日益进步，尤其是航空网日益发达的时代，无论相距多远的两个地点，无不可朝发夕至。在这种时代，饭店的功用，不仅在供旅客住宿而已，已倾向于大公司的新闻、新产品的发布，或大企业的集会等，希尔顿针对这种饭店机能的变化，在构造及改革上，无不配合这一点来进行。大众传播方面时常注意他的动静，一再地加以报导，其原因是要看透希尔顿对现代的反应，这一点对于大众具有很高的价值。希尔顿确实具有与生俱来的"天才"但他那卓越的能力中，有一项是后天学到的，那就是经营者的能力。他精力充沛地进军海外的胆略来源于他的资本运用理论和实践的能力，构成向外拓展的战略，并且无往不胜。1963 年 7 月，在纽约兴建的第 33 家希尔顿大饭店落成典礼上，希尔顿宣布："到此为止，暂时不再在国内建造饭店了。"这是他预见到美国国内的饭店即将达到饱和状态，大饭店的经营已经不合算的缘故。当时饭店业界的所谓非空室率，已走向下坡。例如，1946 年的空室率，仅占 7%，然而，到了 1962 年，竟有 38% 的客房是空闲地摆着好看而已。"资本就这样地浪费着，应该……"作为一个经营者，怎能让资本白白地浪费呢？因此，希尔顿转向国外，要在国外寻找出路，使资本发挥作用。数年前，希尔顿曾在旧金山的自治团体俱乐部发表演说，这次演说的内容，可以说是把他的经营理念作概约的说明。他说："希尔顿国际企业的经营，是依据独特的哲学发展而成的。我们向海外发展事业，并非为美国从国外吸收利益，而是要和海外的企业家携手合作，共存共荣。自然在海外经营饭店，是替国内的股东谋取利益，不过，倘若目的仅仅在此，那就不必在海外发展任何事业，因为在国内同样可以达到这个目的。"以这为前提，希尔顿企业的宣传口号就是"以国际贸易与旅行，促进世界和平"，并且强调说，每一个希尔顿饭店，都是"美国的代表"，也就是促进国际亲善的使节。说得更确切一些，希尔顿是美国资本的使者。

为了满足其资本运作的需要，希尔顿大力开发海外饭店和市场，他能够预见一切未来的发展。他看到中产阶级逐渐富起来，他们热衷于国外的游览旅行——多数借商务之便。尤其是半生的长期辛劳，储蓄了旅游用的款项。希尔顿针对他们的需求，在国外的主要城市，建设美国式豪华饭店，让他们享受一下上层阶级所享受的气氛。他们只要住进希尔顿饭店，内心所希求的目的便不难达到，也可以告慰自己，所谓上层阶层的享受，不过如此而已。希尔顿的商业天才在于能够敏锐地把握着这般人的心理变化，于是他早在 1948 年，便着手布置海外饭店网，其目的就是想吸引这群新顾客。为着配合这个战略，他又订下了从饭店之间，便利旅客来往的航空路线确保战术，使得在国内已无发展余地的饭店业，找到更广大的出路，在国外求得发展。东京希尔顿大饭店事件的发生原因，就是希尔顿和 WA 航空公司，互相连结的新战术所产生的结果。东京希尔顿大饭店开幕那天，希尔顿亲自到日本参加盛典，当时他曾对记者这么说："我要为建立饭店王国，尽我所有的能力。至于国际亲善和世界和平，那是自然而然的事。"说罢，他露出所向无敌的微笑。当时，有人问他把握经营尖端的诀窍是什么时，希尔顿意味深长地说："站在时代的前沿，这就是我的诀窍。"

1. 企业的形象，是指社会公众对某个组织、个人或某种产品的整体印象和评价。企业员工是企业整体中的一份子，顾客对企业员工印象的好坏会直接反射到对企业整体形象的评价上。在员工自我形象的塑造中，企业的一贯礼仪又直接影响员工形象的塑造效果。这也就是希尔顿要抓企业员工礼仪的原因。企业礼仪包括的内容比较多，但企业领导人的个人作风、品格和企业理念的规定具有很高的代表性和模仿效应。例如，希尔顿旅馆总公司董事长康拉德·希尔顿就十分重视企业礼仪和通过礼仪塑造企业形象。为此，他制定和强化能最终体现出希尔顿礼仪的措施，即要"微笑服务"。为了能发挥微笑的魅力，他不辞辛苦，奔波于设在世界各地的希尔顿旅馆进行视察。由于唐纳·希尔顿对企业礼仪的重视，下属员工执行得很出色，并形成了自己的传统和习惯。当然，企业制定出完善的规章制度，有助于员工更好地践行。企业礼仪的表现者是广大员工，员工能否很好地执行企业礼仪还在于员工本身的素质、修养、道德情操等。因此，加强员工培训，提高员工素质，可使员工更好地理解；贯彻企业的经营理念，把执行企业礼仪变成他们自觉和自发的行为。成功的企业无不把员工培训作为企业生存和发展的头等大事来抓，这也就是希尔顿为什么每碰到公司员工都要问那句名言："你今天对客人微笑了没有？"

2. 康拉德·希尔顿在自传中对自己的一生进行了总结，归纳出成功的几个要素：

（1）志向要远大，想法要宏伟，做法要大方，梦想也要远大。你想要有多大的发展，取得多大的价值和成就，你就得树多大的志向和理想。同样是一块铁，铸成马蹄铁后只值10元钱，制成磁针就值3加元，若制成手表的发条，就值30万元。人们应该把目标定得大一些，实现自己的最大价值。梦想是一种具有想象力的思考，是以热忱、精力、期望作后盾的。希尔顿一生做过许多梦，可以说他的事业就是寻梦的历程。从银行家梦，到跻身饭店业后的饭店大王梦，他那充满想象力的梦想成了他行动的先导。随着事业的发展，他的梦也越来越多，把一个个美梦变为现实。梦想一切都从这里开始。

（2）发掘出自己独到的才智。希尔顿认为，人的才智各有不同：每个人从事的职业可以相同，别为了要花时间找立足之处而烦恼；希尔顿说，他就花了32年的时间去发掘自己的长处，开始还是个小职员，但这没有什么可耻的。华盛顿起初也不过是个验货员，毛姆提笔写作前读的是医学，他们最终都找到了能充分发挥自己才能的事业，从而走向成功。不要因为长辈或薪金的原因被纳入一条固定的轨道，失掉应当属于自己的天地。别为暂时不知道自己的长处而犹疑不决，勇敢地开拓吧！你就会发现自己到底能干什么。

（3）热忱、执著。希尔顿根据自己的经验指出，热忱是完成任何一件事必不可少的条件。或许你确有才华，但才华也必须借助热忱的精神，才能发挥尽致。热忱是一种无穷的动力。建造过伦敦52家教堂的建筑师兰恩爵士，86岁时退休后5年，一直尽心学习，努力追求文学、天文学及宗教知识；古罗马的政治家80岁还学希腊文；希腊的历史学家布拉塔克，更是在衰老之年才开始研习拉丁文，意大利作曲家威尔第老年还作出像《奥赛罗》这样不朽的歌剧。

（4）不要过于忧虑。成功的生活应当是平衡的，无论是在思想上，还是行为上，或休息上、娱乐上，各方面都是如此。懂得生活艺术的人，既不会工作到累得要死，也不至于玩乐得筋疲力尽。

（5）不要留恋过去。希尔顿劝人们不要老是为从前的过失悔恨，也不要老是渴望再现过去的辉煌，这等于是把自己捆绑在过去的记忆中。昨日已去，如何从昨日的过错中吸取教训才是智慧之举。

（6）不要让你所拥有的东西占据了你的思想情感。希尔顿认为他曾拥有一切，事实上却什么都没有。在他的意识中，金钱并不是万恶之源，对金钱的贪欲之心才是万恶之源。钱当然越多越好，但要由你来支配它，而不能让它支配你。不光是金钱，所有物品都是这样。希尔顿指出，倘若你发现，你失去某样东西就活不下去了，那么你最好把它丢掉，以便获取真正的自由。希尔顿的生活哲学和经营哲学是相通的，许多是从经营实践中得出的人生智慧。

资料来源：代凯军．希尔顿的宾至如归．管理案例博士评点．北京：中华工商联合出版社，2000.

○ 案例思考题

1. 结合案例总结希尔顿酒店的品牌文化是什么？
2. 希尔顿酒店是如何塑造自己的品牌文化的？

第八章   品 牌 更 新

21 世纪是品牌竞争的时代，品牌已经成为企业进行市场竞争的有力武器，品牌资产规模也已经成了衡量一个企业综合实力强弱的重要标准，但是从每年的品牌资产排行榜我们可以看出，企业的品牌资产是不断变化的，一些企业的品牌资产一直保持很高，而有些企业的品牌资产却发生了很大变化，有的甚至逐步走向没落。任何企业都希望自己的品牌能有强大的生命力，具有很高的品牌资产，然而实际情况却是一些品牌在建立或经历短暂的辉煌后不久便迅速老化。本章将对品牌老化的原因进行分析，并找出品牌更新的对策。

第一节   品 牌 老 化

一、品牌老化的含义

和产品具有一定生命周期一样，品牌在经历一段时间的市场运作后也会步入老化阶段。在我国市场上，品牌老化是非常普遍的现象，品牌老化也给这些企业带来了沉重的打击，有的企业甚至一蹶不振，如：活力 28、脑黄金、三株、爱多、红双喜、荷花等都是曾经在市场享有盛誉的品牌，如今在市场上已难觅踪迹。品牌老化是指由于内部和外部原因，企业品牌在市场竞争中的知名度、美誉度下降，以及销量、市场占有率降低等品牌失落的现象。现代社会，技术进步越来越快，一些行业内，产品生命周期也越来越短，同时社会消费意识、消费观念的变化频率也逐渐加快，这都会影响到品牌的市场寿命。如英雄牌打字机，曾以电子式英文打字机盛销一时，但后来随着个人电脑技术及多任务系统的推出，机械式及电子式英文打字机由于缺乏通信端口而被市场淘汰，该品牌也就因此被 IBM 等电脑公司的品牌所取代。

品牌老化有两层含义：

广义上的品牌老化指品牌缓慢地、逐渐地退化。品牌不会在短时间内很快消亡，而总是随着时间的推移而消亡。品牌最初可能锋芒毕露或新颖独创，但会随着时间的推移失去往日的新意和独创淡化，只能靠一些老客户维持，对于市场已无足

146

轻重，活力 28 和春都即属于这类品牌。

品牌老化的另一层含义指品牌所反映的消费者的形象。品牌的最终消费者的形象也在逐渐衰退。这种情况下，即使是企业的营销战略针对老年消费者，品牌也应当与老年形象保持距离。国内畅销的华为老年人手机，消费者群体主要为老年人，但其打造的智能、简洁特色避免与老年顾客相联系。

为什么品牌给人以老化过时的印象？大多数情况下这种印象是有道理的：品牌已经落伍，失去战斗力。

二、品牌老化的四种表现

（一）未老先衰

品牌入市时就由于市场选择不准或由于没有建立起产品特色及品牌形象，导致市场不温不火，销量一直在低水平徘徊。这种类型的品牌广告量很大，但是由于大量广告没有起到应有的市场开拓作用，品牌的市场知名度、认知度很低，导致销售收入较低，从而造成广告费用白白流失。

（二）虚张声势

这种类型的企业一般采用密集的广告策略，通过各种媒体进行广告轰炸，使品牌知名度、声望快速提高，企业声势很大，但市场认知度很低，销售额也比较低。这种类型的企业过分相信品牌知名度，忽视核心主业和核心竞争力，使消费者对品牌的认识成了"雾里看花，水中望月"。如：秦池集团的"秦池"品牌通过夺得中央电视台的"标王"称号一举成名，但是其市场销售额却没有像广告费投入额那样快速增加，从而导致品牌迅速老化。

（三）盛极而衰

这类品牌多为昙花一现，品牌成长速度很快，市场声势很大，品牌的市场培育及认知也很快，销售额也在短期内快速增加，但是由于缺乏高质量产品、品牌核心利益等关键要素的支撑，造成品牌迅速衰落。这种类型企业仅是利用巨额的资金进行立体交叉集中的广告轰炸，玩的是烧钱游戏，是用钱在最短的时间内攫取了大量眼球，是用钱垒起来的知名品牌。早期的新浪网，在利用营销组合提升品牌知名度、拉动点击率和用户数量等方面可谓是行家里手。王志东利用"烧和炒"两种手法，迅速托起了一个强势 IT 品牌。他将大笔钱砸在媒体推广上，每季度狂烧 500多万美元，换来的是在候车厅、灯箱、各个知名网站上出现的新浪的大眼睛。但赚取更多眼球的另一面是，新浪网的盈利前景更加模糊而遥远。这最终也打垮了互联网产业，使其低迷数年后至今才渐渐复苏。

（四）一蹶不振

由于老品牌机能老化，以上关于品牌老化的症状都可能发生。如：没有品牌忠诚度，年轻消费者不买账，市场表现不尽如人意；品牌价值没有形成，品牌延伸不利，销售连年下滑，等等。在品牌老化过程中一蹶不振的品牌多为大中型企业品牌，这些企业品牌经过长时间的发展，已经具有较高的知名度，在相当长一段时间内市场表现强劲，但由于产品创新不足、通路不畅，或者缺乏核心的品牌个性，造成品牌价值体系不完善，在新的市场竞争过程中败下阵来，从此萎靡不振。如：曾经风靡全国的索尼爱立信手机，如今在市场上难觅踪迹。

三、品牌老化的原因

(一) 产品质量下降

品牌不再是质量的保证，由于成本核算压低成本经济效益，迫使企业有时在成本与质量方面不能两全。索尼又现"问题彩电"，出现在使用中不能正常关机或在待机状态下不能开机的现象，可以通过拔下电源插头，过 20 秒后再次插上得到暂时解决。索尼将为用户提供免费上门的软件升级服务，本次事件涉及产品数量为 1.7 万台。舆论普遍认为索尼应该在更广泛的媒体上予以通告，而不仅仅是在自己的企业网站上欲语还休。索尼可以说也是一个很好的世界品牌，出现技术上的问题属于品牌质量管理上的漏洞，可以对消费者公开道歉，采取相应的补偿措施。这至少可以使消费者认识到企业勇于承担产品责任，可以转危为安。但是，就是由于其品牌管理部门的短视行为，仅仅在企业网站上略加报道，才使消费者对其企业责任心产生猜疑，也就进一步损害了企业的品牌形象。

(二) 品牌定位模糊

品牌老化的一个重要的原因是品牌定位模糊。定位的成功，可以使企业品牌的竞争力大大提高，反之就会使企业的品牌在消费者心中的形象更加模糊，使企业品牌失去市场。在企业实际经营过程中，常常出现品牌定位模糊导致市场失败的例子，有的企业一会儿借势于体育运动，推出"生命力离不开运动"对青年人进行大肆煽情；一段时间以后，又重新定位，盲目地扩大品牌定位的诉求对象。更有甚者，有的企业由于前期的市场调研工作不够深入，使企业不得不频繁地变化品牌定位，不但造成企业资源的浪费，也给企业的市场开发带来了不利的影响。

正确的定位是成功的一半，其定位的目的就是创造鲜明的个性和树立独特的市场形象，企业要想拥有很高的市场份额，就必须将定位把握好。"七喜"定位非可乐就是成功的案例。李默然为"999"胃泰进行的广告诉求已经深入人心，使其在消费者心中留下了深刻的印象，同时，在消费者的心里"999"就是胃药，这就是品牌定位的功效。但是将"999"扩展到啤酒上，就难免让人不知所措，这就是定位的失控。我们必须将定位理论充分掌握并恰当运用，品牌才会发挥强大的竞争力。

(三) 缺乏鲜明的品牌形象

品牌形象是反映客体所产生的一种心理图式，是消费者进行购买决策时一个重要的影响因素。品牌形象的冲击力和辐射力一旦形成，品牌就会鲜活地呈现在人们面前，消费者才会在众多的信息之中，时刻感觉到品牌的存在。品牌形象塑造贫乏现象主要表现在产品特色跟消费者关注的特性不一致，在造型美观、高雅、多样化等方面还十分薄弱，其次在品牌的命名设计、图案设计、广告传播等方面，均存在着致命的弱点。

（四）单一产品策略导致的品牌老化

任何一种产品都有一定的生命周期，如果采用单一产品策略，产品的老化就会很容易导致品牌老化。"南极人"品牌就是如此，由于企业的全部广告都集中在单一产品防寒外衣上，企业很快培育出了具有一定市场影响力的"南极人"品牌，但是，品牌也很快随着产品进入衰退期而开始老化。

（五）广告宣传不及时会加速品牌老化

品牌广告的终止意味着其在市场上不复存在，失去了主导地位。行之有效的广告策划是确立品牌形象的重要武器，但是在广告策略上要不断地更新广告创意，使企业的广告创意与企业的品牌定位与品牌形象保持高度一致，否则就会很容易导致品牌老化。我国著名的烟草品牌"红塔山"，在全国烟草行业一直独领风骚，在烟民的眼中抽"红塔山"也是身份和地位的象征，许多成功人士都是该品牌的忠实消费者。如今，随着红塔集团的战略调整，广告策略的变化，"红塔山"在消费者心中的位置发生了很大的变化，逐渐失去了其原来的品牌形象。

品牌老化造成企业缺乏市场竞争力，市场份额下降，严重影响了企业的收益及发展潜力，如何解决品牌老化问题，也就成了企业经营过程中的一个重要问题。在企业实际经营过程中，品牌更新已经成了应对品牌老化的重要方法。

第二节 品牌更新

一、品牌更新的含义

品牌更新是指随着企业经营环境的变化和消费者需求的变化，品牌的内涵和表现形式也要不断变化发展，以适应社会经济发展的需要。品牌更新是社会经济发展的必然。只要社会经济环境在发展变化，人们的需求特征在趋向多样化，社会时尚在变，就不会存在一劳永逸的品牌，只有不断设计出符合市场需求的品牌特性，品牌才有生命力。品牌更新是品牌自我发展的必然要求，是克服品牌老化的唯一途径。

品牌更新是全部或部分调整或改变品牌原有品牌形象使品牌具有新形象的过程。因此，它实际是依据对品牌重新定位、重新设计，塑造品牌新形象的过程。品牌经过更新，可以赋予它更富有针对性的消费意愿与消费意境，并强制性地指定了一个新的视觉框架，这个新框架将引导消费者进入一个新的视觉空间，进而有利于形成企业所期望的品牌形象，直至使品牌形象为消费者所接受，并使其发生增值。

所以说，一个品牌能否久远，不仅仅取决于最初的品牌定位和品牌设计，而且还决定于品牌的更新调整。

企业在进行品牌更新时，要综合考虑两方面的影响因素：一方面，要考虑品牌更新成本，即把企业自己的品牌从一个品牌定位点转移到新的品牌定位点，或者更有效地维持原有的品牌形象所支付的成本费用。通常情况下，更新后的品牌形象与原形象的距离越远，其更新成本就越高。另一方面，要考虑市场对品牌新形象的认可与接受程度，即品牌新形象所增加的收入。

二、品牌更新策略

（一）品牌形象更新

形象更新，顾名思义，就是品牌不断创新形象，适应消费者心理的变化，从而在消费者心目中形成新的印象的过程。品牌形象更新主要有以下几种方法：

1. 更改品牌名称。英国联合利华公司的力士（Lux）是当今世界最有名的香皂品牌，力士品牌今天之所以在全球风行，除了它大量利用影星做广告树立国际形象外，该品牌名称典雅高贵的优美含义也为它的发展起了很大的推动作用。利华公司19世纪末向市场推出了一种新型香皂，一年中先后采用过猴牌（MDangerCode）与阳光牌（Sunlight）作为品牌名称。前者与香皂没有任何联系，显得不伦不类，且有不洁的联想；后者虽有所改进，但仍落俗套。第一年里，香皂的市场销路一直不好。1900年，公司在利物浦的一位专利代理人建议了一个令人耳目一新的品牌名称：Lux，立即得到公司董事会的同意。Lux是一个近乎完美的品牌名称，它是西方国家拉丁字母品牌命名的经典之作。首先它只有三个字母，易读易记，简洁明了，在所有国家语言中发音一致，易于在全世界传播；其次它来自古典语言luxe，具有典雅高贵的含义，它在拉丁语中是"阳光"之意，用作香皂品牌，令人联想到明媚的阳光和健康的皮肤，甚至可以使人联想到夏日海滨度假的浪漫情调；最后，它的读音和拼写令人潜意识地联想到另外两个英文单词Lucky（幸运）和Luxury（精美华贵）。无论作何种解释，这个品牌名称对产品的优良品质起到了很好的宣传作用，它本身就是一句绝妙的广告词。

对于企业来说，名称是最基本的形象识别要素。如果名字有缺陷又难以更改，一定要及时采取补救措施。伊莱克斯刚进入我国市场就遭遇品牌名字不利于口头传播的困扰。中国消费者觉得伊莱克斯这个名字太长、拗口、不好记，一不留神就容易把"伊莱克斯"叫成"伊拉克"。所幸的是企业反应迅速，及时调整了传播策略，经电视广告反复播放，旋律悦耳、声音清脆的"伊莱克斯"，很快留在了消费者的记忆中。

2. 变换品牌标识。品牌标识（LOGO）是指品牌中可以通过视觉识别传播的部分，包括符号、图案或明显的色彩和字体。如英荷壳牌集团公司的贝壳造型，耐克的对勾，IBM的字体和深蓝的标准色等。在品牌经营中，品牌标识变与不变、什么时间变，都是需要企业决策者在反复权衡机会与风险之后才能做出的重大抉择。考察国际名牌的发展历史可以发现大多数公司不同程度地选择了调整策略。改进品牌标识是为了适应时代进步和文化潮流，从而摆脱品牌老化的尴尬境地。更新品牌标识要注意的问题是：不管怎么变都不能背离品牌精髓——核心价值，如耐克挑战极限的体育精神、诺基亚科技以人为本的人文精神。品牌标识的每项要素都要与历史的和现行的识别形象进行比较，明确哪部分需要改动、哪些品牌风格应当保留，使新品牌标识既能保持消费者对品牌的忠诚度，又能给人以新鲜感。

2003 年，可口可乐在中国启用了新标识，标识最大的变化体现在中文上。香港著名广告设计师陈幼坚设计的全新流线形中文字体，与英文字体和商标整体风格更加协调，取代了可口可乐自 1979 年重返中国市场后沿用了 24 年的中文字体。公司试图通过此举扭转消费者认为可口可乐活力不足、传统、老化的印象。可口可乐改变的不仅是标识，也是与消费者的沟通方式。

纵观著名品牌的发展过程，无不伴随着企业形象的不断更新，如壳牌、奔驰、可口可乐、百事可乐、富士等。我国的海信、科龙、雅戈尔等著名企业品牌标识也经历了一个不断演变的过程。

科龙标识演进

(二) 营销策略更新

1. 产品与技术创新。前面说到，尤其是对于高科技企业，品牌老化问题往往是致命的。而对于高科技企业，品牌创新最重要的是要依靠技术创新。在近些年的信息产业百强企业评比中，华为的销售收入等指标没有进入过前三名，但科研投入的强度和绝对数额居全产业第一名，其生存之道就是人有我优、人无我有。华为的程控交换机是我国自主创新的成功范例，并早在 2003 年全球首发 3G 全套 R4 商用产品。

技术创新必然带来产品创新，这里，我们主要指产品开发方面的创新。即产品线上的横向延伸。五粮液利用其酿酒技术的优势开发了"浏阳河"、"金六福"等一系列中档白酒，并迅速成为白酒市场上的新锐，不但占领了更广阔的市场，也赋予了"五粮液"品牌以新意。苹果推出的 iTunes 是苹果历史上最具革命性的创新产品，也推动了苹果市值的快速飙升。苹果真正的创新不是硬件层面的，而是让数字音乐下载变得更加简单易行。利用 iTunes+iPod 的组合，苹果开创了一个全新的商业模式——将硬件、软件和服务融为一体。这种创新改变了两个行业——音乐播放器产业和音乐唱片产业。

2. 改进产品包装。包装是产品品质的外部表现形态，也是消费者识别品牌、与企业进行沟通的重要媒介，因此，改进包装是改变品牌形象老化的最直接手段。改进包装应当遵循的思路是：人性化设计，贴近消费者；现代化设计，表现时代感；配合产品升级换代，体现品牌的多层次；加入新元素，传播品牌新概念、新主张，等等。许多消费者还记得，在牛奶凭证供应的年代，闻名全国的上海冠生园大白兔品牌有"七粒大白兔奶糖等于一杯牛奶"的美誉。在牛奶广告铺天盖地的今天，大白兔奶糖销售额一直居全国同类产品市场综合占有率之首。大白兔的市场销售业绩主要得益于冠生园集团实施的品牌战略，其中可圈可点的是大白兔的形象创新：在包装材料上改用不易皱褶的高档材料；包装图案由原来静卧的大白兔改为奔跑的卡通兔。通过包装的变化，大白兔品牌调整为高档、时尚、充满童趣的美好形象。

3. 广告创新。广告创新主要包括：

（1）创意。毫无疑问，新奇的创意总会给人以新鲜感觉。可口可乐在广告上的不断创意创新，无不赋予了其无限的活力。百年来，可口可乐活力无限，正如其广告语"永远的可口可乐！"

（2）媒体与发布时间的创新。商务通在大规模投放广告时，投放时段主要在"垃圾时段"如晚间 22 点以后的午夜，没有企业愿意花钱在这个"垃圾时段"投放广告，所以价格特别低，于是，晚间打开电视，反反复复全是商务通的广告。时段"不好"，但广告效果却很好，因为其目标购买群体主要是成功男士，这些人一般工作比较忙应酬比较多，很晚回家，回到家后一般会看看书、看看电视放松一下，打开电视时，铺天盖地全是商务通的广告。

（3）代言人的选择。用一个全新的代言人来做广告，也能给人带来耳目一新的感觉。上海大众在宣传新帕萨特时，邀请姜文作为产品代言人。对于国内人来说，姜文可以说是耳熟能详，特别是其主演的电视剧《北京人在纽约》，将剧中人物塑造得活灵活现，充分演绎了人物的起伏历程，令观众印象深刻。其导演的《让子弹飞》凭借超前的剧情、大腕们的精彩演技等，更是取得了空前的成功。首先，新帕萨特的产品定位、设计语言等，都属于针对有一定经济实力的人群，这个人群相对而言，更注重品位与内涵、对于自身的要求本来就很高，而对于其钟情的产品品质的要求也很高。姜文作为国内非常著名的实力派艺人，可以说恰恰符合了新帕萨特产品定位人群的需求，姜文属于很有内涵、有品位、非常具有个人魅力的类型，而且其本身形象成熟，没有年轻人的浮躁，对待作品细腻严谨，这都非常符合新帕萨特产品的价值取向。因此，两者可以说是相得益彰，通过邀请姜文代言，对于新帕萨特在市场中迅速树立品牌形象、准确抓住潜在客户心理诉求很有利。同时，姜文所主演的新帕萨特广告，对于代言人与产品的把握基本到位，不仅充分运用了代言人本身的内涵与气质，又没有令代言人的地位及名声喧宾夺主，可以充分表现产品的定位及趋向。

4. 促销活动更新。对于促销活动，许多人没有正确认识它的意义，适当的促销活动，是对市场的一种拉动和刺激，有助于开拓更广阔的市场。这里强调的是促销更新对品牌更新的意义，适当的促销活动更新能够告诉公司的消费者：我还在领导这个市场，一直在为消费者提供良好的产品和服务，请大家不要忘记我。

（三）定位的修正

从企业的角度，不存在一劳永逸的品牌，从时代发展的角度，要求品牌的内涵和形式不断变化。品牌从某种意义上就是从商业、经济和社会文化的角度对这种变化的认识和把握。所以，企业在建立品牌之后，会因竞争形势而修正自己的目标市场，有时也会因时代特征、社会文化的变化而引起修正定位。

1. 竞争环境使得企业避实就虚，扬长避短，修正定位。美国著名非可乐饮料"七喜"饮料，在进入软饮料市场后，经研究发现，可乐饮料总是和保守型的人结合在一起，而那些思想新潮者总是渴望能够找到象征自己狂放不羁思想的标志物。于是该饮料即开始以新形象新包装上市，并专门鼓励思想新潮者组织各种活动。避实就虚的战略使得七喜获得了成功。这是在面对两大可乐公司的紧逼下寻找到的市场空隙，品牌的新市场定位给它们带来了生机。

2. 时代变化而引起修正定位。例如英国创立于 1908 年的李库柏（LEE COOPER）牛仔裤是世界上著名的服装品牌之一，也是欧洲领先的牛仔裤生产商，近百年来，它的品牌形象在不断地变化：20 世纪 40 年代——自由无拘束；20 世纪 50 年代——叛逆；20 世纪 60 年代——轻松时髦；20 世纪 70 年代——豪放粗犷；20 世纪 80 年代——新浪潮下的标新立异；20 世纪 90 年代——返璞归真。

（四）管理创新

"管理创新是企业生存与发展的灵魂。"企业与品牌是紧密结合在一起的，企业的兴盛发展必将推动品牌的成长与成熟。品牌的维系从根本上说是企业管理的一项重要内容，管理创新是指从企业生存的核心内容来指导品牌的维系与培养，它含有多项内容，诸如与品牌有关的观念创新、技术创新、制度创新、管理过程创新等。

（五）增强企业的创新意识

1. 找出新的用途。发现和利用品牌的新功能，能使品牌散发出新的活力，现在产品的同质化趋势越来越严重，找出不同于竞争对手的新功能，能使产品更具有竞争力！新用途的本质可以通过市场调研来获得，了解消费者如何使用该商品，在使用过程中有什么原来被忽视的效用，或者在原来产品的基础上增加新的功能。当然此时要注意几点：第一，新的功能是否有市场价值，即有多少顾客能因为此新功能来使用该产品。第二，开发及推广此新功能的收益和成本的比率。第三，竞争者的反应，若该用途引来非常激烈的竞争，企业需要三思而行。

2. 进入新的细分市场。如果某种品牌的产品已经很成熟，再开发出新的东西已经很难时，此时就应该考虑利用原有品牌的无形资产进入新的细分市场，赋予品牌更丰富的内容。进入新的市场时应注意：第一，选择不同的细分变量分析。第二，找出市场上没有得到良好服务的部分。第三，考虑在成熟的行业中有发展潜力的部分。

3. 增加产品或服务。随着市场竞争的加剧，品牌想在众多的竞争产品中脱颖而出，可以考虑向消费者提供意想不到的服务或特色。一般来说，产品在市场上的成功可能有两种方式：第一，做得最好，即在产品的某些功能方面达到最优。第二，有自己的特色，即向消费者提供一些很少具备或不具备的价值。这里要注意，增加新的服务时，要找出消费者真正看重的，并与原有产品有充分的联系且能产生实际利益的产品进行扩展。

三、品牌更新的契机

品牌更新的基本含义和策略方式决定了企业可以根据实际的需要随时进行品牌更新，但是如果配合公司其他方面的业务发展来进行品牌更新，不但会取得更好的效果，而且还可以节约更新费用。

（一）企业重组

组合投资和多元化经营目的是为了提高企业名牌商标的综合实力和企业形象，从而为实施品牌战略提供条件。美国的第 4 次兼并浪潮给股东、企业、社会以及企业员工都带来了良好的效益，也为企业品牌提高市场竞争力提供了有利的机会和条件。我国许多优秀企业都通过重组的方式提升了品牌价值，扩大了品牌的影响力。

"休克鱼"被海尔用来形容那些虽然接近破产边缘，但设备性能良好，债务也能剥离，只是因为管理不善等原因而陷入困境的企业。海尔认为，这些企业是可以兼并的，只要对之进行科学的管理和重组，是可以使它们"醒转"过来的。在这一策略指导下，海尔先后兼并了 20 多家企业，通过统一的、科学的管理和重组，实现了兼并后的规模效益，海尔品牌的影响力越来越大。海尔经验告知人们，由于运用了"休克鱼"策略，海尔用很少的资金就赢得了很大的品牌效应，使"海尔"品牌获得了迅速发展。

（二）公司上市

公司上市是我国企业市场化程度提高的一个重要表现，能够上市的公司一般都是在某一行业具有重大影响的企业。因此，公司上市既提高了企业品牌的知名度、美誉度，又为企业进行品牌更新提供了良好的机会。

1988 年 12 月，成立仅仅 5 年的万科公司公开向社会发行股票 2 800 万股，集资人民币 2 800 万元，资产及经营规模迅速扩大，1991 年 1 月 29 日公司 A 股在深圳证券交易所正式挂牌交易。上市为万科公司房地产品牌的发展提供大量资金的同时，也使万科成为了国内著名的地产品牌。同时为了增强"万科"地产品牌的形象，万科还通过股票市场剥离了一些与地产不相关的项目与企业，进一步加强了地产业第一品牌的地位。如：2001 年公司将直接或间接持有的万佳百货股份有限公司72%的股份转让给了中国华润总公司及其附属公司，成为专业的房地产公司。

（三）新产品上市

新产品上市也是进行品牌更新的有利机会，企业可以利用新产品改变或者修正原有产品在消费者心目中的地位，突出企业的品牌理念，使品牌具有旺盛的市场生命力，同时在新产品上市的时候进行品牌更新也会节约品牌更新的成本。瑞士钟表业大胆创新，不断改进新型电子手表，将手表的外壳变成了一件件色彩绚丽的艺术品。推出SWATCH带给人们一种全新的观念；手表不再只是一件昂贵的奢侈品和单纯的计时工具，而是一件"戴在手腕上的时装"。

（四）战略调整

企业战略调整是指企业经营方向和经营理念的重大变化。我们从战略调整的含义可以看出，为了落实战略调整，企业要进行市场、品牌、产品等多方面的调整。正是通过调整，许多国际品牌保持了旺盛的生命力，IBM、摩托罗拉、惠普等。为了实现向服务为主的公司的转变，TCL公司进军IT行业，发掘新的增长点。TCL产品的用户大多是家庭和个人，在家电和通讯两方面已有不俗的成绩，唯独电脑这一块无良好建树。于是公司制定"3553计划"，三年信息产品市场占有率进入国内IT五强，五年进入三强，兼并、注资多家企业，基本构成TCL信息产业群。

本章小结

品牌老化是指由于内部和外部原因，企业品牌在市场竞争中的知名度、美誉度下降，以及销量、市场占有率降低等的品牌失落的现象。

品牌老化的原因有品牌定位模糊、品牌形象塑造贫乏、不恰当的单一产品策略、不合适的广告宣传、创新力度不够等。

品牌老化的现象，其特征是品牌所代表的产品的市场占有率、销售率、销售利润都出现了较大幅度的下滑，品牌的定位已经大大脱离了原有顾客的现实需求，消费者对此品牌的认知逐渐淡化。

品牌更新是指随着企业经营环境的变化和消费者需求的变化，品牌的内涵和表现形式也要不断变化发展，以适应社会经济发展的需要。品牌更新是社会经济发展的必然。只要社会经济环境在发展变化，人们需求特征在趋向多样化，社会时尚在变，就不会存在一劳永逸的品牌，只有不断设计出符合时代需求的品牌，品牌才有生命力。品牌更新策略有形象更新、营销策略更新、定位修正、产品更新换代、管理创新、意识创新等方面。品牌更新的契机选择有：企业重组、公司上市、新产品上市及企业战略调整。

◦━━━━◦ **复习思考题**

1. 解释下列概念：品牌老化、品牌更新。
2. 举例说明品牌老化的原因。
3. 结合具体品牌说明品牌老化的特征。
4. 结合具体案例阐述品牌更新的方法。
5. 分析在品牌更新时什么可以改变，什么一定不能改变。

案　例

TCL 的"中年危机"

10 年的国际化努力，TCL 全球彩电销量超过了 1 500 万台，重新回到中国彩电销量第一名的位置。据资策会 MIC 的数据，2012 年 TCL 全球占有率为 6%，2011 年为 4.76%，位居全球第四。据 DisplaySearch 最新资料，按出货量计算，TCL 全球 LCD 电视机市占率从去年第 4 季度的 5.8%，提升至今年第一季度的 7.3%，增长 1.5%，排名由全球第 4 位升至第 3 位，仅次于三星及 LG。

"80 后已经成为社会主力，90 后也悄然来袭，如何保持 TCL 品牌的活力，成为了当务之急。"TCL 集团股份有限公司品牌管理中心总经理梁启春在接受《商业价值》采访时明确表示，"品牌建设将成为 TCL 下一步工作的重点"。

双"核"计划

3 月 26 日，TCL 打造了一个"不一样"的发布会，二维码签到、宇宙飞船的大门、三面巨大的 LED 大屏装扮的会场。通过这样一场不一样的发布会，TCL 想传达一个全新的形象，塑造"不一样"的 TCL。

实际上，形式上的创新仅仅是 TCL 转型的一部分，更令人关注的则是 TCL 推出的双"核"计划，这才是 TCL 此次发布会的焦点。

一个是"火球计划"，通过产品群规划、群设计、群生产，实现 8 大系列智能云电视新品群发布、群上市、群更替。这也就意味着 TCL 的各类家电产品在云端实现了互联互通的基础上，又将 4K、四核等配置融入到火球计划的产品中。此外，"火球计划"的产品还充分将反 R 内弧、时尚棱线、钻石切面三大时尚元素巧妙地结合在一起，从而体现 TCL 在工业制造和工业设计等各方面的强大实力。

另外一个则被称为"V 计划"，推出了高端子品牌 Viveza（西班牙语，意为"生活"），这将代表 TCL"逐鹿"高端市场。目前，家电企业大部分都已推出高端品牌，比如海尔的"卡萨帝"、美的的"凡帝罗"、美菱的"雅典娜"等高端子品牌。与 TCL 品牌不同，Viveza 品牌不走大量的传统渠道，而是在 A 类渠道（主要在一二线市场的连锁、超大型百货等）进行铺样，当然也包括电子商务渠道。

30 年品牌变迁

这么多年来，TCL 一直是产业中不安分的"变革分子"，从当年有点山寨的 TTK 到今天已经成为中国电子产业代表的 TCL，可以说，TCL 一直在品牌方面不断地创新和探索。

从品牌角度来看，TCL 这个名字颇有点"无心插柳柳成荫"的意思，其名字主要来自"Telephone Communication Limited"的缩写。"TCL 没有中文商标，这一点颇有点国际化的基因。"梁启春笑言。事实上，中国很多企业走出去的时候才发现，品牌名称的选择成为一个不可逾越的障碍，而 TCL 颇有"未卜先知"的意味，为其打造国际化品牌带来了很多的方便。

如果说 20 世纪 90 年代之前，TCL 属于一个新品牌，当然也有点从"山寨"转向正规军的意思，那么 90 年代之后，TCL 打造其品牌的力度越来越大，这其中以刘晓庆代言的 TCL 王牌和金喜善代言的 TCL 手机最为知名，也将 TCL 推向中国一线品牌的行列。随后，TCL 开始了其漫长的国际化过程。当时很多人对 TCL 的解释变成了"Today China Lion"。

非常明显，当时的国际化的 TCL 正陷入低谷，无论是从产品还是从品牌来说，都急需一场革命，进而推动 TCL 的国际化进程。2006 年李东生发表了《鹰的重生》，实际上也不仅仅指 TCL 在生产、管理等方面的再造，还有在品牌方面如何在内部给予指导，在外部重塑 TCL 品牌形象的含义。

"The Creative Life"在 2007 年应运而生，这不仅是品牌口号的改变，更多的是结合 TCL 企业文化和企业变革所作出的调整。

三次品牌变迁，TCL 在不同的阶段有不同的含义，从官方原始意义"Telephone Communication Limited"的缩写到民间流行"Today China Lion"的说法再到官方"The Creative Life"的新诠释，可以清楚地看到 TCL 在品牌方面越来越成熟和专业。其中也反映出 TCL 在产业方面的变化，从电话起家，到彩电立家达到全面鼎盛的时期，再到"The Creative Life"的产业发展方向，将工业设计的理念明确提出来，而随后发生的苹果席卷全球，工业设计占据了很重要的位置，也说明了 TCL 对于产业的判断是正确的。

新挑战

对 TCL 来说，更为复杂的转型其实在国际市场。TCL 的产品，在欧洲依然是汤姆逊与 TCL 并列销售，手机则以阿尔卡特品牌为主，如何完成品牌的切换，使国外消费者认可并且接受 TCL 这个品牌，成为 TCL 所面临的难题。不过，这个转化需要做很多功课，不是喊喊口号就能解决问题的。这需要 TCL 在各个环节都贯彻执行，才有可能让消费者看得见、摸得着、用得上。这涉及从后台到前端都要做出的一些相应的调整。

资料来源：再造 TCL 对抗"中年危机". 商业价值，2013-07-18.

案例思考题

1. TCL 品牌老化的主要原因是什么？

2. 为解决品牌老化问题，TCL 在发展中主要采用了哪些策略？

第 三 编
品牌系统管理

第九章

品牌系统策略

在产品品牌部分我们论述了如何塑造一个产品品牌。而当企业面临着多个品牌的管理时，品牌管理的重点在于对品牌系统的管理。一个品牌系统对系统中的所有品牌而言，是一个根基。企业在复杂的商业环境中经营众多品牌的关键是，不只将它们看做单一的品牌，还必须是企业品牌系统中的成员，这些品牌必须能够合力为整个品牌系统创造更大的利益。管理品牌系统的目标是最大限度地利用各品牌共同的特性产生的合力，减少多个子品牌认同的伤害，为多种产品提供分类，并优化品牌资源的配置。品牌系统管理的内容包括：品牌系统策略、品牌延伸及品牌系统管理组织。本章对品牌系统策略进行详细论述，将分别介绍单一品牌策略、多品牌策略、主副品牌策略和品牌联合策略的特征、优缺点及运用条件。

第一节　单一品牌策略

随着企业的发展，在具备一定的资金、技术、管理、人才和品牌优势后，必然不断开发出新的产品。这些新产品与原来的产品可能属于同一系列，也可能属于不同类别，此时企业就可能面临着品牌系统策略决策：是选择单一品牌策略，主副品牌策略，还是多品牌策略。不同的品牌系统策略决策受制于一定的条件和前提。

一、单一品牌策略的定义

单一品牌策略也称统一品牌策略，是指企业的多种产品使用同一品牌名称。运用单一品牌策略的典型代表有美国的通用电气公司、亨利公司，日本的三菱公司以及我国的小米科技。通用电气公司的所有产品都统一使用"GE"这个品牌；三菱公司生产的产品有机械重工，也有银行金融，所有产品均采用三菱的名称和LOGO；而我国小米科技生产的手机、电视、移动电源、路由器、随身 wifi 等产品也一律使用"小米"这个品牌。

二、单一品牌策略的种类

根据单一程度的不同，我们又可将单一品牌策略继续细分为产品线品牌策略、产品项目品牌策略和伞型品牌策略三种。

（一）产品线品牌策略

这是一种局部的单一品牌策略，是指企业对同一产品线上的所有产品均使用同一品牌。由于同一产品线上的产品面对的是同一消费群体，它们在生产技术上有着本质的内在联系，在功能上相互补充，因此可以使用一个品牌来满足同一消费群体内不同方面的消费需求。例如，面对脱发客户群，企业可以用一个品牌推出生发精、柔性香波、发油等产品，满足客户治疗和护发的需要。这种策略在化妆品市场上运用得非常普遍。女性化妆品一般都采用产品线品牌策略，如羽西、雅芳、拉芳、诗芬等化妆品品牌。另外，男士品牌也有采用这种策略的。例如金利来，其"金利来，男人的世界"广告词广为人知，金利来领带、领夹、钱包、皮带等男士系列用品都采用了统一的品牌战略，在高收入男性阶层中备受青睐。

1. 产品线品牌策略的优点。产品线品牌策略的优点主要表现在以下几个方面：①有利于创建统一的品牌形象，提高品牌在目标市场的知名度，增强品牌的市场影响力；②企业可根据目标消费群的多方面需求推出系列产品，易于产品线的延伸；③节约促销费用。多种产品使用同一品牌，有利于集中营销资源，取得品牌规模效益。

2. 产品线品牌策略的缺点。产品线品牌策略也受多种因素的制约，主要表现为：①受产品线制约。因为产品线是相对有限的，因而制约了已有品牌运用的范围，使品牌不能发挥最大的潜在价值。②产品线品牌策略要求与已有产品相近或相关，有重大创新的突破性新产品在扩张中受到影响，这样会阻碍企业的创新步伐。③不同产品使用同一品牌，若其中一种产品出现问题，其他产品的销售也会受到不良影响。

（二）产品项目品牌策略

这是一种跨越产品线的单一品牌策略，即对不同产品线中具有同等质量和能力的不同产品使用同一品牌。产品虽然不同，但市场定位和承诺是一致的，因而，使用同一品牌的所有产品有共同的市场沟通主题。例如，欧洲的 Findus 适用于 135 种冷冻食品，宣传的主题是"对于 Findus，没有最好，只有更好"，表达了企业不断努力和勇于奋进的精神。世界著名的服装制造商贝那通（Benetton）公司生产适合各种消费者穿着的 Benetton 品牌服装，公司的宣传主题是"贝那通的联合色"，强调人类和平，暗示其产品适合不同肤色的消费者。采用类似策略的还有著名的Green Giant、Dole、Bosch 等品牌。

实行产品项目品牌策略的优点主要有以下两个：①避免了信息传播泛滥。众多产品使用同一品牌和品牌创意，有利于在消费者心目中建立统一的品牌意识和品牌形象。②集中进行统一的品牌宣传，可以大大降低新产品的上市费用。

当然，实行产品项目品牌策略也会带来一定的问题，主要表现在：①随着产品数量的增多，品牌和透明度会受到影响，人们觉得品牌不知具体代表什么。品牌覆盖的产品范围越广，这个问题就越严重。有的企业为解决这个问题，结合采用产品线品牌策略。例如，美国的 Clarins 品牌，它的主题是"美容专家"，又将产品分为防皱、减肥等系列，有利于顾客识别。②所有产品使用统一的沟通主题，无法反映各种产品的具体特点。

（三）伞型品牌策略

这是一种完全的单一品牌策略，即对企业生产的所有产品（这些产品的目标市场和市场定位可能都不一样，产品宣传的创意和组织活动分别单独进行），不管其相关与否，均使用同一品牌。利用这种策略最为成功的例子是飞利浦公司，飞利浦公司（Philips）生产的所有产品，包括音响、电视、计算机、灯泡、电须刀、灯壶、手机、家电产品等均使用 Philips 品牌，飞利浦公司的成功经营使"飞利浦"畅销全球。雅玛哈公司（Yamaha）也是成功实施伞型品牌策略的一个典范，它生产的摩托车、钢琴、电子琴都以 Yamaha 的品牌销售。佳能公司（Cannon）也推行伞型品牌策略，其生产的照相机、传真机、打印机、复印机也都使用 Cannon 品牌。

1. 伞型品牌策略的优点。使用伞型品牌策略的优点有：

（1）引进一种产品的费用较少。因为企业不需要进行"品名"的调查工作，也不需要为建立品牌名称认知和偏好而花费大量的广告费，因此可为企业节省大量的开支。跨国公司在向国外扩张时经常使用这种策略，利用已有的品牌知名度打开市场，节约进入市场的费用和时间，这在当今信息爆炸、传播媒体成本飞涨的时代显得更为重要。

（2）有利于新产品迅速获得品牌认知。如果企业声誉好，产品品牌强劲，则已经成功的产品品牌形象和有利于顾客认知的信息顺利地延伸到另一种新开拓的产品或市场上，此时新上市产品会很快获得品牌认知，产品销路也会非常好。例如美国金宝汤料公司介绍新的汤料时，均使用"金宝"这一牌名，使人一看便知这是金宝汤料公司推出的新产品，因而几乎每一种新的汤料上市都不会遇到多大的市场阻力，人们就像欢迎老汤料一样欢迎新汤料的到来。很多媒体在解释这种现象时用到了"晕轮效应"，还有一些媒体则使用了"爱屋及乌"，其实都说明了统一品牌策略在品牌认知方面的优势。

2. 伞型品牌策略的缺点。使用伞型品牌策略的不足之处表现为：

（1）容易忽视产品宣传。人们通常认为，有强大的品牌作后盾，只要挂上强势品牌，产品销售不成问题，但是这样做的结果是，产品特色的具体宣传得不到足够的人力和财力资源。事实上，品牌的影响力会随着运用范围的扩大而下降，产品特色也会因运用范围的扩大而逐渐丧失。比如说若干年前，美国美能公司推出了一种洗发精和润发乳二合一的产品，取名为"蛋白21"。它很快在市场上打开销路，并取得了13%的占有率，成为知名品牌。公司受到品牌扩展的诱惑，又接连使用这一品牌推出蛋白21发胶、润发乳、浓缩洗发精等产品，结果事与愿违。由于伞型品牌战略模糊了蛋白21作为二合一洗发护发用品的特征，从而也就淡化了消费者对它的独特偏好，结果蛋白21的市场占有率从13%降为2%。

（2）品牌名称的纵向延伸存在问题。品牌名称在同一产品档次的横向延伸一般问题不大，但向不同产品档次的纵向延伸较困难，因为纵向延伸意味着品牌要囊括不同质量和水平的产品。例如，卡迪莱克（Cadillac）是通用汽车公司的主导品牌，该公司为应付激烈的市场竞争，曾于20世纪80年代推出了卡迪莱克牌子的经济型轿车Cadillac Cimarron，让顾客花雪佛兰的价钱就可以买到卡迪莱克，结果却使人们对卡迪莱克品牌传统的豪华车的象征意义发生动摇，直接影响到高档车的销售。

（3）优先效应和近因效应。优先效应和近因效应是心理学上客观存在的两大效应，它们的存在（不一致时）对伞型品牌策略的运用起了很大的制约作用。所谓优先效应，是指在某个行为过程中，最先接触到的事物给人留下较深刻的印象和影响，起着第一印象和先入为主的作用。从实行伞型品牌策略的角度看，某个品牌极易成为使用这一品牌的第一种产品的代名词，也就是说，消费者趋向于把一个品牌看成某种特定的商品。例如，"雪佛兰"汽车是美国家庭轿车的代名词，但是在"雪佛兰"将生产线扩大至卡车、赛车后，消费者心中原有的"雪佛兰就是美国家庭轿车"的印象焦点就模糊掉了，而"福特"汽车则乘虚而入坐上了第一品牌的宝座。"娃哈哈"本来是儿童果奶的代名词，随着"娃哈哈"红豆沙、"娃哈哈"绿豆沙、"娃哈哈"八宝粥、"娃哈哈"纯净水的相继推出，"娃哈哈"在消费者心中的品牌意象也出现了模糊。至于近因效应，则是指在某个行为过程中，最近一次接触的事物给人留下较深刻的印象和影响。由于它能对最初形成的优先效应起到巩固、维持、否定、修改或调整的作用，并且与消费者的下一次购买行为在时间上最为接近，所以它能促进或阻滞新老产品的销售。当优先效应和近因效应协调一致时，即优先效应形成的原有商标意象与近因效应产生的新的商标意象可以"对号入座"时，能增强消费者的满意度和信任度，这有利于产品销售。比如，德州炸鸡让已过世的老将军再度出现在广告中；福特汽车将已成为经典的1965年野马车型，悄悄加入新车型的广告中，都是成功的范例。但是，如果两种效应不一致，甚至发生激烈冲突时，消费者心中的原有品牌意象就会模糊化，此时会阻滞产品的销售，推行伞型品牌策略的效果就不会很好。

（4）可能遭受连带损失。由于品牌系统中的所有产品均使用单一品牌，因此很可能导致"一荣俱荣，一损俱损"的结局。伞型品牌策略的最大风险在于各产品间的相互牵连。在企业的营销实践活动中，因某个产品而影响企业所有产品的事件也不胜枚举，由此导致企业效益滑坡甚至破产的案例也不少。如果企业在危机出现后能够及时调整品牌策略，也许还能扭转局面，但即便这样，对企业来说也是一记重创。中国著名的乳企三鹿集团因为2008年的三聚氰胺事件，使得"三鹿"品牌一落千丈，与其相关的产品也受到牵连，甚至让国人对国产乳制品都生产怀疑，最终导致企业破产，面临被收购的下场。

三、单一品牌策略的运用条件

使用单一品牌策略一定要慎重，尤其要考虑以下几点：

（一）企业产品的关联度

企业使用单一品牌策略是为了借助已有品牌的声誉和影响迅速向市场推出新产品。单一品牌策略实质上是采用品牌延伸的方式推出新产品。要想使得新产品被市场所接受，原有品牌的产品与新产品之间是否有较强的关联度至关重要。

（二）企业的品牌定位

品牌定位一旦确定，企业的经营决策就必须与之保持价值取向一致，否则就会造成品牌形象的混乱，引起消费者的困惑和不满。一般说来，品牌定位的最大范围是第一次使用这一品牌的商品所属的行业，如果企业想跨行业经营，则应考虑选择多品牌策略。

（三）企业使用单一品牌策略所推出的新产品必须具备相当的质量保证

如果新产品发生了质量问题，就会牵连到整个品牌的产品。在销售量短期增加的同时，使消费者对品牌产生了不满，从而让更多的消费者迅速地远离这一品牌的产品。

第二节　多品牌策略

随着消费需求的多元化，一个消费群体分离成不同偏好的几个群体，单一品牌策略往往不能迎合偏好的多元化，且容易造成品牌个性不明显及品牌形象混乱，而多品牌策略正好可解决这一问题。

一、多品牌策略的定义

多品牌策略，也称产品品牌策略，是指企业以其生产和经营的不同产品分别命名，不同产品使用不同的商标。简单地说，是指企业同时经营两种或两种以上互相竞争的品牌以促进企业总销量的增加。这种策略是宝洁公司（P&G）首创的，获得了巨大的成功。

宝洁公司以生产经营洗涤用品为主，并涉足织物软化剂、化妆品、卫生用纸、纸尿布以及一些食品和软饮料，在美国市场上握有8个领域的市场占有率桂冠，是世界日化领域的超级巨人。据统计，宝洁公司有300多个品牌。很多学者都反对过多地拥有品牌，像宝洁公司这样大胆贯彻多品牌策略并且富有成效的确实不多。宝洁公司的产品大多是一种产品多个牌子（一品多牌）。以洗衣粉为例，它们推出的品牌就有汰渍、洗好、波特、时代等近10个品牌。在中国市场上，香皂用舒肤佳，牙膏用佳洁士，卫生巾用的是护舒宝，仅洗发水就有"飘柔"、"潘婷"、"海飞丝"、"沙宣"、"伊卡璐"等多个品牌。市场细分使宝洁公司获得了巨大的品牌延伸拓展空间，个性差异化服务为宝洁公司提供了丰厚的利润回报。在我国，实施多品牌策略的企业也不乏其数，如丝宝集团的洗发水有舒蕾、风影、顺爽三个品牌，化妆品品牌有丽花丝宝、柏兰、美涛等品牌，女性卫生品品牌有洁婷、伊倍爽。上海白猫的洗衣粉既有白猫牌，又有佳美牌；五粮液酒厂除拥有"五粮液"这个重量级品牌外，旗下还有五粮神、五粮春、五粮醇、尖庄、川酒王、五湖液、浏阳河、圣酒等 20 多个品牌。科龙集团是国内家电业中唯一实行多品牌策略的企业，旗下拥有"科龙"、"容声"、"华宝"、"三洋·科龙" 4 个品牌。

二、多品牌策略的优点

实施多品牌策略的好处主要表现在以下几个方面：

1. 有利于培育市场。独木不成林，一花不是春。多品牌策略有利于市场的培育和成熟。

2. 可以使战略管理具有一定的灵活性，限制竞争对手的延伸领域。欧洲行李生产厂家达尔西（Delsey）就是采用这种策略，限制了对手三松企业的扩张。它们通过创建一个新品牌——维萨，在价格上抢在了三松产品前面，同时又限制了三松向高档商品市场的发展。

3. 多种不同的品牌一旦被零售商接受，就能够获得更大的货品陈列机会，取得更大的货架面积，相对减少竞争者的机会，从而有利于保持竞争优势。

4. 有助于企业全面占领一个大市场，满足不同偏好消费群的需要。一种品牌有一个独特的定位，可以赢得某一消费群，多个品牌各有特色，就可以赢得众多消费者，广泛占领市场。一般单一品牌的市场占有率达到 20% 已经相当不错，而宝洁公司三个洗发水品牌（飘柔、潘婷、海飞丝）曾为其带来 66.7% 的市场占有率。

5. 企业内部多个品牌之间的适度竞争，有利于提高效率，从而提高企业的整体经营业绩。

6. 多品牌策略有利于提高企业抗风险能力。采用多品牌策略的公司赋予每种产品一个品牌，而每一个品牌之间又是相互独立的，个别品牌的失败不至于殃及其他品牌及企业的整体形象。这不同于单一品牌策略，实行单一品牌策略，企业的形象或企业所生产的产品特征往往由一个品牌全权代表，一旦其中一种产品出现了问题，就会影响到品牌的整体形象。

三、多品牌策略的缺点

实施多品牌策略也有不利的一面，具体来说，主要包括以下几点：

1. 增大投入。由于对不同品牌进行各自不同的广告宣传促销活动，大大增加了产品营销成本，影响企业经济效益，不符合营销集约化原则。

2. 引起企业内部各品牌之间的剧烈竞争，从而使得新品牌的推出导致老品牌的没落；或者在老品牌的重压下，新品牌根本无法顺利登陆上市。

3. 新品牌的品牌知名度低，在每个新品牌的市场生命周期中的导入期、成长期，需花费巨资和很长时间进行品牌宣传，新品进入市场的速度就相对缓慢，不能迅速打开新产品市场，品牌投资获利较慢。

4. 由于企业分散人力、物力、财力于多品牌推介，因此不利于企业品牌和旗帜品牌的培育，更不利于名牌的打造。事实上，如果企业规模过小，实施多品牌经营策略对企业来说并不见得是好事。有营销专家认为，一个企业在年销售额不到三五百亿元的情况下进行多品牌经营，其实只是削弱自身的竞争力。

5. 新增品牌的边际效益递减。尽管为了占领市场等需要企业使用多品牌策略，但随着多品牌的推出，新品牌的边际效益呈递减趋势。在宝洁的洗发水品牌中，收益最好的还是率先推出的飘柔品牌，而丝宝旗下的舒蕾同样是公司的主要利润来源。

四、多品牌策略的运用条件

实行多品牌策略，也并非越多越好。如果品牌使用过多，项目分散过细，可能导致每种品牌都只有很小的市场占有率，而没有一个特别获利的。因而，企业的资源过于分散，不能形成规模效益。这就要求企业在实施多品牌策略时，要充分注意到品牌的数量是否合适，而一旦发现品牌过多，致使企业不能集中精力于重点品牌时，就应当果断放弃较弱的品牌。概括来说，实施多品牌战略，必须注重是否具备运用多品牌的前提条件。

1. 企业的规模和经营实力。多品牌策略是企业实力的象征。企业的资金实力、对多品牌的市场驾驭能力是实施多品牌战略的重要条件，中小企业无力经营多品牌。无论是宝洁，还是五粮液、丝宝皆是实力雄厚的企业。

2. 产品与行业特点。一般而言，消费者更注重个性化的产品适合采用多品牌，如生活用品、食品、服饰等日用消费品；而家用电器等耐用消费品适合采用单一品牌策略，如松下、东芝、日立、LG、海尔等，无论洗衣机、彩电、音响、空调、冰箱均采用同一品牌，这是因为耐用消费品的产品技术、品质等共性化形象对消费者来说更为重要，而其个性化形象相对来说已退居其次。

3. 各品牌之间的定位有明显的差异，可实施严格的市场隔离，开展品牌差异化营销，并协同对外。实施多品牌策略的最终目的是通过新品牌去占领不同的细分市场，夺取竞争者的市场份额。如果引入的新品牌与原有品牌没有足够的差异，就等于企业自己与自己竞争，毫无意义。同时品牌间的差异要具有可识别性。可识别性是指多品牌间的差别能够让消费者较轻松地感受到。当品牌做出定位的同时，这种定位的设计就应该是消费者能够轻易识别的，因为我们的产品是卖给消费者的，只有让消费者识别出品牌间的差异才具有真正的经济价值。如果品牌宣传所传播的信息让消费者无法识别或识别时感到费力，那么定位是没有意义的。

4. 每一品牌所面对的细分市场都应具有规模性。同种产品下的多品牌策略应特别要注意品牌的目标市场是否有足够的市场容量。在激烈的市场竞争格局下，许多成熟市场已被分为碎片。企业过多推出多品牌势必造成品牌间的恶性竞争。

第三节　主副品牌策略

一、主副品牌策略的定义

所谓主副品牌策略，就是指在主品牌保持不变的情况下，在主品牌后面为新产品添加一个副品牌，以便消费者识别该产品，拉近消费者与该品牌之间的情感距离，促使消费者认知并购买该产品。简言之，就是在品牌（商标）不变的情况下，给新产品起一个"小名"，如三星-名品、松下-画王、红心-小厨娘、海尔-小神童、TCL-巡洋舰、长虹-金太阳、乐百氏-健康快车等，均属于主副品牌产品。与其他的品牌战略相比，主副品牌战略最突出的特点是它具有极强的针对性。主副品牌战略解决了单一品牌战略容易导致的品牌个性模糊和多品牌战略容易导致的资源浪费问题。

二、主副品牌策略的优点

副品牌的作用主要是用来修饰主品牌。采用主副品牌战略的好处主要有三点：

1. 可以在同一时间，从整体上对公司或家族品牌的联想和态度加以利用。副品牌产品可以有效地利用已经取得成功的主品牌的社会影响力，以较低的营销成本迅速进入市场，打开局面。从而降低了新产品上市的风险和压力，最大限度地发挥了企业品牌资本的优势。同时，主副品牌战略在企业品牌系统及所有相关的品牌联想之间建立了更加紧密的联系。

2. 可以为产品创造具体的品牌个性。每个品牌都有着其标识的产品的特点，都是属性、利益、价值、文化、个性和用户的无形组合；而副品牌更加直观、形象地表达产品的特点和个性，让消费者一看就可联想到更具体的产品特点和个性形象，如格力-蜂鸟空调，其主要特点就是小巧、精致、省电。

3. 副品牌策略可以节省营销费用。采用主副品牌后，广告宣传的重心仍是主品牌，副品牌从不单独对外宣传，都是依附于主品牌联合进行广告活动。所以企业可以把主品牌的宣传预算用在主副品牌的共同宣传上。这样，副品牌就能在节省宣传成本的同时尽享主品牌的影响力。

三、主副品牌策略的缺点

虽然主副品牌策略为企业的品牌系统管理带来诸多好处，但它也存在不少缺点。

1. 副品牌由于要直接表现产品特点，与某一具体产品相对应，大多选择内涵丰富的宣传词汇，因此适用面比较窄。过于细分的市场使副品牌在取得足够的市场份额方面困难较大。因此，选择有利可图的目标市场在主副品牌战略中十分重要。

2. 副品牌可能失败并影响主品牌的形象。采用主副品牌战略，就将副品牌与企业品牌系统中所有的品牌联系起来了。企业的风险随之增大。如果企业品牌系统中的某个副品牌产生了问题，就有可能使主品牌和其他同样采用主副品牌战略的品牌的形象受损。所谓"一荣俱荣，一损俱损"。

3. 成功的副品牌也可能淡化企业主品牌的形象。如果副品牌与主品牌的品牌联想不一致甚至相互冲突时都会改变消费者对企业主品牌或者其他副品牌的印象。

四、正确处理主副品牌间的关系

正确处理主副品牌间的关系，具体来说，可以从以下几个方面入手：

1. 副品牌应力求突出自己的个性，使主品牌形象更丰满。

2. 企业在进行广告宣传时，应重点推介主品牌，副品牌处于从属地位。副品牌是主品牌的延伸，它需要利用消费者（用户）对现有成功品牌的信赖和忠诚度，推动副品牌产品的销售，广告宣传时重点推介主品牌，可使企业最大限度地利用已成功主品牌的形象资源，节省新产品上市资源，否则，如果主副颠倒，就会导致消费者对新产品的认知一切都得从头开始，这无异于建立一个全新的品牌，不仅成本高而且难度大。比如"海尔-小神童"洗衣机，副品牌"小神童"传神地表达了"电脑控制、全自动、智慧型"等产品特点和优势。但消费者对"海尔-小神童"的认可、信赖乃至决定购买，主要是基于对海尔的信赖。因为海尔作为一个综合家电品牌，已拥有很高的知名度和美誉度，其品质超群、技术领先、售后服务完善的形象已深入人心。若在市场上没有把"海尔"作为主品牌全力推广，而是单靠"小神童"闯天下，要在如此短的时间里，取得如此骄人的业绩是比较困难的，一个新电器品牌要让消费者广泛认可，没有几年的努力和大规模的广告投入是不可能的。

3. 副品牌应以主品牌为中心。副品牌是基于主品牌的品牌，离开了主品牌，副品牌也就如无源之水、无本之木，很难保持旺盛的生命力。因此在处理主副品牌的关系时，切忌颠倒，企业应在资金、资源等方面对主品牌保持足够的倾斜，即便副品牌发展得很好，也不能随意改变这种格局。正确处理主副品牌间的关系，恰到好处地利用主副品牌策略，可以起到拾遗补缺、相得益彰的效果，为企业创建知名品牌助一臂之力。

五、主副品牌策略的运用条件

企业是否采用主副品牌策略，得视具体情况（如企业状况、行业状况、产品状况等）具体分析，一般来说：

1. 若由于技术不断进步等原因，产品不断更新换代，更新期较短，则最好使用主副品牌策略，因为这样既可以区别于以往产品，又可给消费者以企业不断发展的形象，这种情况在移动电话和计算机等行业中比较典型。

2. 若企业经营同一类产品，而且该市场竞争激烈，产品使用周期较长时，也可使用主副品牌策略。如家电行业就属于这种情况，我国的洗衣机、冰箱、空调等行业企业多采取主副品牌策略。

以下几种场合不适合采用主副品牌策略：

1. 企业品牌或其主导产品品牌已经定位，品牌使用范围又基本界定，若企业还想进行品牌延伸或扩张时，最好不用主副品牌策略。例如，派克公司使用主副品牌策略进军低档笔市场导致失败，便是有力的证明；同样，"金利来"是"男人的世界"这一高度定位便决定了该公司不宜利用主副品牌策略生产女性服饰。

2. 如果企业生产产品跨度太大，与已成功品牌产品相关性不大，也不宜使用主副品牌策略，这时最好使用多品牌策略。如杭州华立集团对它的机械电子类产品使用"华立"品牌，而对其食品类产品则使用"太一"品牌，就属于这种情况。

3. 产品的使用周期较短，或客观需要换品牌时，使用主副品牌策略的效果也会很有限。例如在个人清洁用品、洗发护发用品、护肤用品等行业中，保健医生可能呼吁，要求消费者从保健的角度出发，不要经常使用一种品牌的牙膏或洗发水、护肤品；同样在医药行业，医生的忠告也使消费者为避免抗药性而拒绝长时间服用一种品牌的药品。所有这些情况，都在客观上制约了主副品牌策略的应用范围。

当然，这也不是绝对的。比如说登喜路将烟草品牌用到服装上也获得了成功。这就是说，企业应根据自己的实际情况及产品的不同特征，结合外部环境辩证地作出决策，而不能机械地套用条条框框。

第四节　联合品牌策略

一、联合品牌策略的界定

品牌联合是指两个或更多的品牌合并为一个联合产品和/或以某种方式共同销售。每个品牌都期望另一个品牌能强化整体形象或购买意愿。

星巴克作为"咖啡快餐业"知名品牌与联合航空公司携手，一方面拓展了新的业务领域，使自己的产品覆盖到更广的市场空间；另一方面也正是由于这种优势合作，使它们在各自领域中的品牌价值得到了确实的提升。事实证明，许多其他品牌的忠实顾客正是由于这项新举措，转而变成了联合航空的顾客；而现在许多星巴克的"拥护者"也是在联合航空上结识并开始衷情于这一"咖啡之星"的。另一个经典案例来自于英特尔公司，它与微软携手打造的"WINTEL"帝国为它们带来了令人咋舌的市值及丰厚利润，成为 IT 业最有实力的强势品牌。至于美国航空公司和肯特证券，则在宣传中强调，它们都使用柯尼卡复印机设备，此举也使两家公司获益不少。

二、联合品牌策略的优点

品牌联合可为联合企业带来诸多好处，概括起来，主要有以下几点：

1. 强化品牌形象，提升品牌价值。当品牌单独出现没有说服力时，推行品牌联合策略也许可以更好地提升品牌价值，改善品牌形象。同样，如果某个品牌单独出现不太能说明问题时，进行品牌联合也许可以更好地标明品质、强化形象。

很多国际知名企业都十分善于利用其在各自行业中的强大品牌号召力和市场优势，与其他行业的领导者进行"强强"品牌联合，以期在更大的市场深度和广度上进行扩展，来强化自己的品牌形象，而由于这种联合往往是基于合作双方或多方的品牌共赢，因此也较容易得到来自合作伙伴和市场的积极反馈。事实上，很多进行"强强"品牌联合的大企业都从中获益匪浅。如最早实施"Intel Inside"想法的松下电器公司就是通过在广告中加入"Intel Inside"（内有英特尔）商标，来建立它在高科技方面的信誉，并使消费者对它旗下的电脑产品产生信心。松下公司搬出英特尔的招牌，使自己的电脑产品形象陡升。而 Intel 公司也从中受到启发，自1991 年开始便要求多家电脑厂商，如 IBM、戴尔（Dell）、康柏（Compaq）、通路电脑（Gateway）等，在电脑说明书、包装和广告上加上"Intel Inside"商标。英特尔为了执行这项计划，从一开始就编列了每年 1 亿美元的预算，结果，在短短18 个月内，在这项计划下出现的"Intel Inside"广告就高达 9 万个，如果将这个数字换算成曝光次数，那么这个"Intel Inside"商标的曝光次数，更可能高达 100 亿次。就在这 18 个月里，"知道"英特尔的人，从原来的 46% 增加到 80%，相当于别的品牌努力多年的结果。英特尔的品牌价值也因此随之提高。光是在 1992 年，也就是"Intel Inside"广告推出之后的第 1 年，英特尔的全球营业额增长了 63%。许多电脑厂商必须以折价的方式促销，才能卖出没有英特尔微处理器的电脑。

大企业之间的"强强"品牌联合固然可以帮助它们在新市场迅速确立品牌价值，同样，中、小企业也可以运用这种方法，通过与具有强大品牌知名度的企业结成联盟，依托他人优势来提升自身品牌价值。当然这种联合的关键是要找准合作的契合点，以便发挥自己的相对优势。例如早年的联想、四通就是依靠自身的相对优势与国际知名大企业合作，站在巨人的肩膀上成长，才树立起自己今天的品牌的。

2. 有助于合作双方或多方利用各自的品牌优势，取长补短推出新产品。例如达能（Danone）和莫达（Motta）联合推出酸奶冰淇淋，以同一品牌打入市场；M&Ms 和皮尔斯（Pilsbury）共同研究开发出一种新饼干食品，并迅速占领市场；马尔代与前康柏也曾联合推出高科技新产品。

由此可见，品牌联合已是大势所趋，是当今市场中制胜的关键手段之一，这种趋势被称为"联合竞争"（Cooperation）。这种观念是：有时企业不得不与它的对手合作和竞争。品牌联合即是这种协作方式的表现形式；而且，人们认识到，公众了解联合的意义也算是品牌额外的增值效益。

3. 暗中联合有时效益更大。当然，也并非所有的品牌联合项目都对外公开，在某些领域，为保密起见，暗中联合不失为一种上策。例如，在汽车行业，奔驰与斯维治合资生产出一种叫司马特（Smart）的新型轿车，但奔驰并没有把它的商标贴在司马特汽车上。同样，在冰茶市场，雀巢和可口可乐公司决定联手对付联合利华的利普顿（Lipton）产品，由雀巢负责产品创意、设计，可口可乐负责销售，共同推出"雀茶"，但这个被称为"雀茶"的产品并没有标明是联合品牌，可口可乐的大名也只是在产品包装上一带而过。

诸如此类的暗中联合还有很多，虽然知道底细的消费者不多，但这并不妨碍合作双方（或多方）在联合中发挥各自的资源优势扬长避短，同时还避开了竞争对手的注意和一些联合的经营风险。这也许正是驱动厂商暗中进行品牌联合的动机之一。

三、联合品牌策略的缺点

联合品牌策略最大的风险在于：

1. 企业对品牌控制力的降低。在与另一个品牌结成联盟时如果出现问题，企业不能保证及时和完满的解决。同时，消费者对于联合的各品牌的介入度和期望通常都很高，不尽如人意的表现会对所有相关的品牌都产生不利的影响。

2. 联合品牌的一方经营出现问题会殃及另一方。例如当联合品牌中的一方申请破产时，另一方就会受到牵连，遭遇股市下挫、失去投资商以及消费者信任等危险。

3. 如果联合品牌中的另一方加入了多个联合品牌协定，则会带来过分暴露的风险，使品牌联想传递被削弱，淡化品牌的原有意义。

四、品牌联合的方式

品牌联合的方式很多，概括起来，主要有以下五类联合品牌：

1. 中间产品联合品牌。如富豪汽车公司的广告说，它使用米其林轮胎；固特异公司称，它生产的车胎是奥迪和奔驰车推荐使用的部件；IBM公司则在其计算机产品上标注"Intel Inside"（内有英特尔）。

2. 合资联合品牌。如日立生产的一种灯泡使用"日立"和"GE"联合品牌，并由花旗银行和美国航空公司提供其共同发行的花旗银行AAA级信用卡。

3. 多持有人联合品牌。这往往表现为技术联盟形式，如托利金德（Taligent）是苹果公司、IBM公司和摩托罗拉公司技术联盟下的品牌。

4. 地区联合品牌。企业进行地区联合的目的主要在于充分利用地理细分市场上浓厚的地域文化与亲和力，以此在少投入或不投入的情况下，便能轻松打开当地市场。五粮液公司在这方面走得比较成功，如京酒就是一个典型的地区联合品牌。京酒是北京市糖业烟酒公司申请商标注册、由五粮液公司按照其要求进行生产的。北京市糖业烟酒公司拥有京酒的全国独家经销权。对五粮液公司来说，此次"联姻"使得京酒在一夜之间就摆上了北京人的餐桌，而且京酒在和同档次产品的竞争中，很快取得了主动。如果没有北京市糖业烟酒公司，单凭五粮液公司的销售渠道，要想取得这种销售业绩几乎是不可能的。

当然，地区联合品牌策略的成功需要有两个重要的条件：其一是该产品的市场具有很强的区域性，或者受到严格的地方保护；其二，这种合作必须是强强合作，即一方是著名的生产商，而另一方有着强大的渠道优势。

5. 跨行业联合品牌。将两个不同行业的知名品牌整合成一个概念推出，在彼此产品不交叉的前提下，两个品牌都能够获得新的形象魅力。2015 年春节，中国联通与新浪微博开展了春节红包的合作，通过新浪微博的红包系统可以抽取中国联通的流量话费红包。它们的联合实际上是将产品本身与春节红包习俗结合起来，在提高了新浪微博用户的活跃度的同时也为中国联通进行了产品和品牌的推广。

本章小结

品牌系统策略包括单一品牌策略、多品牌策略、主副品牌策略和品牌联合策略等。

单一品牌策略就是指企业对企业中多种产品使用同一品牌进行管理。根据单一程度的不同可进一步细分为产品线品牌策略、产品项目品牌策略和伞型品牌策略三种。

产品线品牌策略是指企业对同一产品线上的所有产品均使用同一品牌。产品线品牌策略的主要优点包括：（1）有利于创建统一的品牌形象；（2）易于产品线的延伸；（3）节约促销费用。产品线品牌策略也受多种因素的制约：（1）受产品线制约；（2）产品线品牌策略要求与已有产品相近或相关；（3）不同产品使用同一品牌，若其中一种产品出现问题，其他产品的销售也会受到不良影响。

产品项目品牌策略是一种跨越产品线的单一品牌策略，即对不同产品线中具有同等质量和能力的不同产品使用同一品牌。实行产品项目品牌策略的优点主要有两个：第一，避免信息泛滥传播；第二，集中进行统一的品牌宣传，可以大大降低新产品上市费用。实行产品项目品牌策略也会带来一定的问题：（1）随着产品数量的增多，品牌的透明度会受到影响；（2）所有产品使用统一的沟通主题，无法反映各种产品的具体特点。

伞型品牌策略是一种完全的单一品牌策略，即对企业生产的所有产品均使用同一品牌。实行伞型品牌策略的最大优点是可以充分发挥单一品牌的作用，特别是名牌效应，有利于产品向不同的市场延伸扩展。缺点是：（1）实施过程中容易忽视产品宣传；（2）品牌向不同产品档次的纵向延伸比较困难；（3）容易产生跷跷板效应；（4）容易产生优先效应和近因效应。

主副品牌策略就是指在主品牌保持不变的情况下，在主品牌后面为新产品添加一个副品牌。主副品牌战略的主要优势在于：（1）可以在同一时间，从整体上对公司或家族品牌的联想和态度加以利用；（2）可以为产品创造具体的品牌个性。缺点主要是：（1）副品牌的适用面过于狭窄；（2）副品牌失败影响到主品牌形象；（3）成功的副品牌也可能使企业主品牌形象被淡化。进行主副品牌策略需要处理好三个方面的关系：第一，副品牌应力求突出自己的个性，使主品牌形象更丰满；第二，企业在进行广告宣传时，应重点推介主品牌，副品牌处于从属地位；第三，副品牌应以主品牌为中心。

品牌联合是指两个或更多的品牌合并为一个联合产品和/或以某种方式共同销售。每个品牌都期望另一个品牌能强化整体形象或购买意愿。品牌联合的方式有中间产品联合品牌、同一企业联合品牌、合资联合品牌、多持有人联合品牌、地区联合品牌和跨行业联合品牌等。品牌联合的好处有：强化品牌形象，提升品牌价值；有助于合作双方或多方利用各自的品牌优势，取长补短推出新产品；暗中联合有时效益更大。品牌联合的方式概括起来有五类：中间产品联合品牌、合资联合品牌、多持有人联合品牌、地区联合品牌和跨行业联合品牌。

复习思考题

1. 常用的品牌策略有哪些？
2. 根据单一程度的不同，单一品牌策略还可分为哪几种品牌策略？试比较其异同。
3. 试比较分析单一品牌策略与多品牌策略的异同。
4. 试述主副品牌策略与多品牌策略的主要差别。
5. 主副品牌策略的主要特征有哪些？
6. 试述品牌联合的方式及其战略意义。

案　例

通用汽车兴衰启示录——成也多品牌，败也多品牌
疆域辽阔的王者气派

阿尔弗雷德·斯隆（Alfred Sloan）是使通用汽车公司成为世界最大工业公司

的最主要功臣。他开创了历史性的品牌战略，实现了杜兰特先生最初创建通用汽车公司时的想法。

通用汽车公司是威廉·杜兰特（William Durant）于 1905 年创建的，那时他就预见到一个巨大的"全方位"市场，打算向市场的各个阶层提供汽车，因此开始并购已有的汽车公司。到 1910 年他已经收购了 17 家汽车公司，其中包括奥兹莫比尔、别克和凯迪拉克。但当 1921 年斯隆接管通用时，通用汽车简直是个大杂烩：雪佛兰（Chevrolet）：795～2 075 美元；奥克兰（Oakland）：1 395～2 065 美元；奥兹莫比尔（Oldsmobile）：1 445～3 300 美元；斯克里普–布思（Scripps Booth）：1 545～2 295 美元；谢里登（Sheridan）：1 685 美元；别克（Buick）：1 795～3 295 美元；凯迪拉克（Cadillac）：3 790～5 690 美元。

一望而知，它们经常自相残杀，而不是和真正的对手福特公司较量。怪不得拥有 7 个品牌的通用汽车公司的市场占有率仅为 12%，而当时只拥有 1 个品牌的福特公司占据了美国汽车市场一半以上的份额。斯隆冷静思考之下，决心推出品牌方阵来与福特对垒。他筛选出 5 大品牌，并为它们制定了相互没有重叠的价格区间，那些不符合此计划的品牌则被放弃，奥克兰则被更名为庞蒂亚克：雪佛兰（Chevrolet）：450～600 美元；庞蒂亚克（Pontiac）：600～900 美元；奥兹莫比尔（Oldsmobile）：900～1 200 美元；别克（Buick）：1 200～1 700 美元；凯迪拉克（Cadillac）：1 700～2 500 美元。

这项计划使每个品牌都占据一个明确定位，构建了让消费者一步步攀升致富的阶梯：雪佛兰是大众车，适合刚参加工作的人或普通人；庞蒂亚克则为那些工作上已经做出成绩，有一定地位，手头还不宽裕却又讲面子的人所制造；奥兹莫比尔是谨慎保守、生活无忧的人的选择；别克适合奋斗拼搏的人；而凯迪拉克则属于富有阶层。这是最早细分市场的例子。

此时，T 型车的成功使亨利·福特抱定一个品牌不放。在他 1923 年庆祝 60 大寿时，福特共销售了 200 多万辆汽车，占据美国市场的 57%。可惜这是它最后的辉煌了，即使它 1928 年开发出了 6 汽缸的 A 型车也无济于事。

经过十年努力，通用汽车旗下各个品牌的定位逐渐被市场所认识，到 1931 年，它在美国市场的占有率达到 31%，从福特（28%）手中夺走了领导地位。福特公司此后再也没有能够回到这一位置。1914 年时，福特公司的汽车产量比世界上其他所有厂商的产量总和还要多，乃至福特有一个著名言论："你可以拥有任何你想要的颜色的汽车，只要它是黑色的。"到了 20 世纪 50 年代，是通用汽车占领了57% 的美国市场。斯隆领导的这个公司受到人们的顶礼膜拜，他为通用汽车设计的事业部制也成为管理学界的组织典范。

从多品牌战略到相似品牌战略

熵是表示系统无序程度的量。爱因斯坦认为，熵增定律是所有科学定律的第一定律。多品牌的发展也总是趋于无序，如果没有顶层人物的铁腕统治，各个品牌的定位就会变得涣散、混乱。通用汽车就是由于放松了对品牌的集中管理而走向下坡路，1980 年其市场份额缩水至40%多，到1990年连30%都不到了。

追溯到 1958 年，财务出身的 CEO 弗雷德里克·唐纳（Frederic Donner）掌握了通用汽车公司的领导大权，他决定通过"产品同一化"来增加利润。既然都是车，何不互相交换零件呢？从此高层管理者不再协调监督下属分公司，也不再保持和强调每种品牌的独特特征，而是强调："通用汽车并不只是造汽车的，而是赚钱的。"

同一化战略确实给通用汽车赚了钱，可是慢慢地，各个品牌无论从内部还是从外部，都丧失了原有的个性。本来，通用汽车的 5 大品牌都有自己的特征。任何一个 12 岁的小孩都可以认出一辆堵在路上的雪佛兰并且马上确认其品牌。换成庞蒂亚克、奥兹莫比尔、别克或者凯迪拉克，都会如此。1983 年，《财富》杂志把雪佛兰、奥兹莫比尔、别克和庞蒂亚克 4 款车停放在一起的照片登在封面上，看上去几乎一模一样，文章的标题是"成功会毁了通用汽车吗?"也许标题换成"找出这些图有哪些不同"更合适。

每个事业部都开始偏离斯隆苦心制定的品牌政策。为了追逐短期的数字目标，雪佛兰和庞蒂亚克也推出高档车，奥兹莫比尔、别克和凯迪拉克也生产中低档车，每一个事业部都试图为所有顾客提供所有产品。通用汽车不仅外形越来越相似，价格也接近了，到世纪之交，简直又回到了1921年：土星（Saturn）：10 570～21 360美元；雪佛兰（Chevrolet）：13 995～45 705美元；庞蒂亚克（Pontiac）：16 295～32 415美元；奥兹莫比尔（Oldsmobile）：18 620～35 314美元；别克（Buick）：26 095～37 490美元；凯迪拉克（Cadillac）：31 305～48 045美元。

斯隆对多品牌的超凡理解再也无人欣赏，各种品牌之间变得没有什么清晰的界限，价位重叠，互相竞争。其中价格落差最小的是土星和凯迪拉克，而它们正好是当时通用汽车旗下最成功的两个品牌。

新通用，在"大品牌"中消亡

根据通用汽车的破产保护申请，它将在未来的 60～90 天内成立一家精简的新公司，即新通用，旧通用汽车则包括那些将被剥离的部分。新通用意图以更少的品牌和车型、更低的运营成本、更多的营销资源支持来增强与日本车争夺消费者的竞争力。这使它在"大品牌"策略的道路上愈行愈远。

所谓"大品牌"策略，是伞型品牌策略的改头换面，也就是旗下产品都共享一把品牌伞。它的实质仍然是品牌延伸，只不过是在主品牌之下又推出一个产品品牌名称。如君威、凯越等都是别克之下的品牌，以前企业往往称之为"副品牌"。但副品牌策略因容易破坏主品牌价值，而遭到普遍批评，于是汽车行业便流行起"大品牌"策略——"雪佛兰是一个大品牌，而各款车型的品牌是景程、乐骋、科鲁兹……"

"大品牌"策略的致命问题是，它既稀释了主品牌，又限制了旗下品牌的发展潜力。如雪佛兰于 1953 年推出的跑车品牌 Corvette（克尔维特），如果作为一个独立品牌 globrand. com 运作，很可能会成为当之无愧的全球销量最大的跑车领导品牌。现在呢？其知名度比保时捷和法拉利差得远。还有丰田的佳美（Camary，现译名为"凯美瑞"）、克莱斯勒的越野车品牌吉普推出的切诺基（Cherokee）等，实际上也完全可以成为独立品牌而大放异彩，坐稳品类霸主的位置。再看看通用汽车所拥有的众多品牌，竟然没有一个是品类中的领先者。

从雪佛兰派生出来的皮卡和大型 SUV 品牌 GMC，主要在北美地区销售。皮卡是北美销量最大的车型，但福特 F 系列长期位居北美皮卡车销量冠军，雪佛兰的皮卡销量也超过 GMC。GMC 这一品牌与雪佛兰严重重叠，位置尴尬，原本是美国政府要求剥离的品牌，谁也难说它在新通用的品牌体系中能保留多久呢？

别克也曾经在计划出售之列。它本应是介于雪佛兰和凯迪拉克之间的优质品牌，却因推出低档车和雪佛兰也生产高档车型，而成为奥兹莫比尔之后，通用汽车又一个行将落幕的品牌。据调查，在美国驾驶别克的车主年龄中值是 68 岁，收入中值也低于雪佛兰的车主，许多年轻人已经对别克失去兴趣。这一品牌在北美地区的销量逐年下滑，从 2002 年的 43 万辆，到 2008 年只销售了 15 万辆，要不是还有中国市场，别克的品牌价值差不多算是负值了。可以肯定，别克未来除了出售给中国的上海汽车集团，别无更好的归宿。

在新通用的四大品牌中，只有雪佛兰和凯迪拉克是全球品牌。雪佛兰曾经几十年都是位居美国销量第一的汽车，乔·吉拉德就以卖这种车而成为"世界上最伟大的推销员"，可雪佛兰的定位是怎样的？大型的还是小型的？便宜的还是昂贵的？轿车还是卡车或是运动车？怪不得雪佛兰不再是"美国的心跳"了，而美国轿车销量前五名竟都被凯美瑞、雅阁、卡罗拉等日本车所占据，这些品牌的共同特点就是：它们只做轿车。

资料来源：中国广告协会网，2009-08-18.

○── 案例思考题

1. 有人认为通用汽车的品牌战略是其走向衰败的重要原因，结合案例，分析实施多品牌战略的优缺点。
2. 通用汽车各子品牌之间是什么样的关系？

第十章　品牌延伸

在激烈的市场竞争环境中，企业一方面必须不断地推出新产品，赢得竞争优势；另一方面，要不断地提升品牌资产的价值。作为两者的结合，品牌延伸策略越来越被企业重视，甚至成为企业发展战略的核心之一。如同艾·里斯所说："若是撰述美国过去十年的营销史，最具有意义的趋势就是延伸品牌线。"品牌延伸是大势所趋，越来越多的企业要打入新市场，必须依靠利用现有品牌，而不是开创新品牌。而且品牌延伸开始突破传统的产品类型界限，向产品类型以外的方向扩展。本章将详细阐述品牌延伸的内涵、种类，对品牌延伸的效用进行深入分析，探讨影响品牌延伸的因素，品牌延伸需遵循的原则，品牌延伸策略及品牌延伸模型。

第一节　品牌延伸概述

作为一种经营策略，品牌延伸在 20 世纪初就得到了广泛的应用。如"Benz"、"GE"等，都采用过类似的策略，但是作为一种理论，只是近年来才得到系统的研究，要了解品牌延伸，我们就需要了解它的内涵和类别。

一、品牌延伸的定义

对品牌延伸（Brand Extensions）的定义，尚无统一的说法。

科特勒的定义是："品牌名扩展到新产品项目录中，即利用现有的品牌名称推出其他新的产品目录中的一种产品。"

营销学词典《营销术语：概念、解释及其他》中的定义是："品牌延伸是指将已被市场接受的品牌延伸使用到公司的其他产品上，目的是改变原有品牌（产品的形象），但这种策略必须与其他营销策略配套使用才能具有较好的效果。"

本书认为品牌延伸是将已有品牌名称使用到与现有产品或原产品不同的产品上，旨在以更少的营销成本占领更大的市场份额。这种延伸，可能是线延伸（Line Extensions），也可能是大类延伸（Category Extensions），将在下文中进行具体阐述。

品牌延伸策略是将现有的成功品牌，用于新产品或修正过的产品上去的一种策略。在品牌延伸的过程中，不只是借用表面上的品牌名称，更是整个品牌资产的策略性使用。例如，本田利用公司名称"本田"推出了汽车、摩托车、铲雪车、割草机、雪车等许多类型不同的产品；三菱重工延伸到了汽车、银行、电子、食品等领域；娃哈哈品牌延伸到矿泉水、儿童服装。

二、品牌延伸的种类

根据品牌延伸的定义，可以将其分为两类，一类是新项目现有品牌，即线延伸；另一类是新类别现有品牌，即大类延伸。

（一）线延伸（Line Extensions）

线延伸是公司在同样的品牌名称下面，在相同的产品种类中引入增加的项目内容，如新口味、形式、颜色、增加成分、包装规格等。"康师傅"推出的"食面八方"系列，与原有产品相比，只是口味、包装规格等发生了变化，产品类别并没有发生任何变化，属于典型的线延伸。实际上，企业在营销中更常用的就是线延伸。

线延伸能够通过在一个品牌名称下提供更多不同的产品，来满足消费者的愿望，而且，管理者经常利用线延伸作为短期竞争工具，来提高一个品牌对有限的货架空间的控制，这也是众多公司热衷于线延伸的主要原因。

线延伸常常包含有风险。它可能使品牌名称丧失它特定的意义。在过去，向店主要一杯可乐时，他/她会毫不犹豫地给你一杯可口可乐。今天，必须要说明是可口可乐还是百事可乐，甚至是健怡可乐（在冬天，有的人还需要热的可乐）。还有可能因为原有的品牌联想过于强大，使得新的线延伸失败。在进行线延伸时，尽量地弱化产品类别、强调核心联想，往往会降低延伸的失败率。如麦当劳现在尽量弱化鸡类食品的形象，以快乐、愉悦为主题，推出了猪肉汉堡等产品，这样，在一些意外情况（如禽流感）到来时，就不至于造成过大的损失。

（二）大类延伸（Category Extensions）

大类延伸是公司使用相同的品牌名称，从原产品大类进入不同的大类。如登喜路，从香烟延伸到了吸烟用品、男士饰品、香水和服装，与原有产品相比，这些都属于另外的产品类别。娃哈哈旗下有很多产品：饮用水、碳酸饮料、乳品、果汁饮料、茶饮料、香瓜子、医药保健品、罐头食品和童装。它的产品几乎都用"娃哈哈"来统一命名。

大类延伸的风险比线延伸大，因为当公司从一个产品类别延伸到新的产品类别时，缺乏经验、广告支持，甚至会带来消费者的猜疑。五粮液如果像当初它所宣称的那样进军芯片行业，制造出其大类延伸的成果——五粮液芯片，结果应不难预测。因为它延伸的基础仅仅是它的名气，但五粮液给消费者的联想就是它的酒，而且它的核心价值也是与酒、酒文化相连，这种延伸不仅脱离了它所属的行业，也背离了它的核心联想。

出于分散风险、充分利用已有的品牌资产的想法，公司进行大类延伸合情合理。华为这个名字为旗下众多产品提供了品质保护伞和支撑联想，这些不是单个华为产品所能做到的。华为给消费者的联想已不仅仅是当初制造性价比高的网络交换设备的企业，它已经逐渐成长为具有一定国际化程度的大公司，这是建立在它领先的科技和高效的服务上的，凭借这些，华为就可以在不损害现有品牌的情况下进行品牌延伸。

三、品牌延伸的动因

一项针对消费者生产商的调查发现，其中89%是同品牌、同类别的新产品，6%的是同品牌不同类别的新产品，只有5%是真正新品牌下的新产品。另一项针对美国超级市场快速流通的商品研究显示，过去十年来的成功品牌中有2/3属于品牌延伸的结果。1990年，OC&C咨询公司比较了两类不同类别品牌的成功率，一类是新产品品牌，另一类是老产品品牌。从1984年到1988年只有30%的新产品品牌持续四年以上，而品牌延伸产品则占50%。

从经济学的角度来看，资源是稀缺的，只有合理配置各种资源，才能充分发挥资源的效用。品牌作为企业一种重要的无形资源，也应该发挥它的最大经济效益。企业或者产品成为品牌，意味着企业品牌资源的迅速增加，企业资源中的有形要素与无形要素之间的比例被打破，过多的品牌资源被闲置。而品牌延伸可以增加企业的有形资源，恢复平衡企业资源，从而充分利用品牌资源，促进企业发展。从行为科学的角度来看，公众往往对品牌情有独钟，对陌生品牌则怀有戒备和观望的态度。品牌延伸可以为新产品的上市扫清消费者心理上的障碍，使新产品迅速打开局面。品牌延伸是企业发展的重要手段。具体来说，品牌延伸的动因如下：

（一）品牌延伸有消费者的消费心理基础

从消费者行为学的角度来看，品牌延伸符合消费者的消费心理。消费者接受和使用某个品牌的产品或服务，如果获得满意的效果，就会对这种品牌形成良好的印象，会形成一种品牌的"晕轮效应"，从而影响他的消费行为，接受这种品牌的其他产品。例如，如果消费者购买了"海尔"集团的冰箱，对"海尔"冰箱和"海尔"的服务十分满意，会对"海尔"这一品牌产生好感，也会对"海尔"的其他产品如电视、手机、洗衣机等产生好感，认为它会和"海尔"冰箱一样质量可靠、值得信赖、服务周到，很可能会影响人们对"海尔"产品的消费行为。

（二）品牌延伸是企业综合实力推动的结果

要提高企业的综合实力，必须形成规模优势。一般来说，企业的规模优势可以通过自身积累、负债经营和资本运营等途径来实现。在企业生产经营初期，规模相对较小，利润水平较低，利润积累需要的时间较长，很难靠自身积累来实现；在企业发展到一定阶段，积累了一定的资金、技术、人才等优势，为资本运营尤其是品牌运营提供一定的基础。在企业实力的推动下，企业主动利用品牌进行延伸如扩大产品线、控制上游企业或向下游发展等，以充分利用企业的资源。近几年中国最大的自营式电商企业京东商城通过自建物流的方式进行大规模扩张，2014年以前，京东采取平行库存模式，以北京、上海、广州、沈阳、武汉、成都的中心仓为核心辐射周边区域。2014年1月，西安建立中心仓，成立第七个大区——西北大区，四通八达的物流网络为京东线上商品品类的扩大和销售额的增长提供了有力保障。2010年11月1日，京东商城强势进军图书市场，再次扩大了自己的版图。

（三）品牌延伸是产品生命周期的结果

如果产品步入成熟或衰退期的时候，企业要考虑如何推出新产品或者进入新的领域；同时随着科技的发展和信息全球化的到来，产品的生命周期变短，企业面临品牌培育的风险，很可能品牌刚刚树立产品就进入了衰退期。品牌延伸可以解决这个问题。例如，联想集团曾经以"联想"汉卡独占国内市场份额的鳌头，但随着科技进步，汉卡被集成芯片所代替而走到生命的尽头。联想集团在汉卡销售形式很好时，就看到了这一点，开始着手研究自己的电脑，当汉卡市场萎缩时，联想推出"联想"电脑，由汉卡市场延伸到了电脑领域。

（四）品牌延伸是规避经营风险的需要

企业在经营过程中会遇到各种风险，尤其是专业化经营的企业，经营业务的失败可能会影响整个企业的发展。所以更多的企业往往采取品牌延伸的策略，进行多元化经营，以规避经营风险。在一些国家，品牌延伸甚至成为企业发展战略的核心之一。例如，日本的"三菱"重工拥有汽车、割草机等73种机械产品，"宝马"品牌麾下拥有汽车、服装、钟表、眼镜等多种产品。

（五）品牌延伸是品牌资产转移与发展、挽救品牌危机的有效途径，也是增加品牌积累、强化资本形象的需要

品牌也受到生命周期的约束，作为重要的无形资产和战略性资源，如何充分发挥企业的品牌资源潜能并延续其生命周期成为企业的一项重大战略决策。例如，小米手机是手机行业中"性价比"的代名词，一进入市场就得到了消费者的追捧。后来小米公司将小米品牌延伸到路由器、耳机、充电宝等电子设备上，提升了小米公司的经营业绩与经营范围。

第二节 品牌延伸效用分析

一、品牌延伸的结果

品牌延伸突破了古典的品牌概念，即"一个品牌等于一个产品或顾客利益"。它从原有的标志专有技术、出售地或产地的简单功能转换成了具有特征、形象和知觉的品牌识别，从单纯的品牌防御性转换成了既有防御性又有进攻性，发生了角色的根本转变。由于角色的转变，品牌不再受细分新产品类别资格的限制，不同的产

品可以享有同样的品牌名称和品牌意义。

对于品牌延伸的结果有不同的说法，但其实质都是一样的。D. Acker 与 J. Lendrevie 在《品牌资本管理》中利用扩张效应来解释（图 10-1）：

图 10-1 品牌扩张及其效应

具体分析如下：

（一）优异的结果

有助于新产品，并有助于品牌升值。一般认为，品牌延伸最好的结果是品牌延伸提高了品牌的知名度，强化了品牌资产和丰富了品牌的意义，同时新产品（延伸产品）和原有产品（主力产品）都扩大销售并获益。例如海尔随着从 1984 年引进德国利勃海尔电冰箱生产技术生产冰箱开始向空调、电视等领域延伸，从一个亏空 147 万元的集体小厂迅速成长为中国家电第一品牌，2012 年品牌资产达 962 亿元。

（二）好的结果

有助于新产品而不损害原品牌。品牌延伸的一个好的结果是品牌延伸利用了品牌的知名度，使新产品扩大了销售额，丰富并强化了品牌资产，但对原有产品的销售额没有什么影响。这种情况更多地发生在产品和现有的市场竞争没有差别，尤其是跨领域的延伸（即非持续性延伸）的时候。例如，"康师傅"从方便面市场延伸至茶饮料市场，是利用了"康师傅"的品牌影响力，在茶饮料市场取得了较好的市场份额，但是对于方便面市场的销售额并没有什么直接的影响。但是"康师傅"推出茶饮料产品为消费者提供了更完善的选择，提高了"康师傅"的品牌形象。

（三）中性结果

品牌延伸的中性结果是指品牌延伸使新产品扩大了销售，对于原有产品和品牌形象没有什么影响。例如一家电器生产企业在生产吸尘器之后，推出电风扇等系列产品可能不会对吸尘器的销售额有什么影响，因为消费者认为它生产电风扇等系列产品是理所当然的，所以也不会对品牌形象有影响。

（四）坏结果

品牌延伸的坏结果是延伸产品和原品牌的定位或价值产生冲突，使消费者对品牌的理解与延伸产品产生混淆，导致延伸产品的失败。例如李维斯牛仔是牛仔服装的知名品牌，但是当它推出时装产品时遭到了失败，因为消费者对时装品质的期望与李维斯牛仔的定位产生了冲突而无法接受其时装产品，导致了李维斯时装产品的失败。

（五）最坏结果

品牌延伸的最坏结果是不但延伸产品失败，而且破坏了原有品牌的形象，使消费者对原有品牌的定位产生了模糊，导致了"品牌稀释"。例如，皮尔·卡丹是以高档、典雅的时装而著名，但是随着一系列的品牌延伸，其产品涉及服装、香水、咸肉等上千个品种，在消费者心目中失去了原有的品牌形象。同时，在中国市场面向工薪阶层开发中档西装反应冷淡，而且由于其高档产品的品质形象也遭到了破坏，高收入的阶层也不愿意光顾其专卖店了。

（六）有争议的结果

品牌延伸有争议的结果是没有抓住机会创建有朝一日可能带来巨大价值的新品牌。因为延伸而失去了建立一个新品牌的机会，也许这个新品牌可能会成为一个强势品牌。

二、品牌延伸的优点

1. 品牌延伸有助于加快新产品的市场定位，保证新产品投资决策的快捷、准确。一般来说，开发与原有品牌关联性和互补性强的新产品，它的消费群体与原产品几乎一致，其需求量与原产品等比例增减，因此不需要长期的市场调研，投资规模与市场定位比较容易预测，这样可以加速决策的过程，使新产品投资恰到好处，避免投资浪费等负面效应。同创立新品牌比较，品牌延伸更容易获得成功。例如，一项对新品牌推广战略和品牌扩张战略成功率的研究表明，在市场开拓阶段，新品牌的成功率约为43%，而品牌延伸的成功率则高达68%。

2. 品牌延伸有助于减少新产品的市场风险。新产品推向市场必须获得消费者的认识、认同、接受和信任，这一过程就是新产品的品牌化过程。一般来说，开发创立一个新品牌需要巨额费用，包括新品牌的设计、建立、保护和传播费用等。品牌延伸则大大缩短了新产品被消费者认识、认同、接受和信任的过程，有效地防范了新产品市场风险。据OC&C咨询公司的一项研究表明，在同等条件下，消费者对新品牌的试用率比品牌延伸的试用率低约23%，对新品牌的重复购买率比品牌延伸的重复购买率则低约61%，消费者更容易接受现有品牌下的产品。

3. 品牌延伸有利于降低新产品的市场进入费用。品牌延伸降低了新产品的成本费用，使得消费者对原有品牌的高度信任感传递到新产品上，促进消费者与延伸的新产品建立起信任关系，大大缩短了市场接受时间，降低了试销费用和广告费用。在美国的消费品市场，开创一个新品牌需要5 000万美元到1亿美元。一个公司如果通过品牌延伸推出新产品，则它能在3 000万~5 000万美元的总成本中节约40%~80%。

4. 品牌延伸有利于强化品牌效应，增加品牌的无形资产价值。品牌原产品起初都是单一产品，品牌延伸效应可以使品牌从单一产品向多个领域辐射，就会造成单一产品的轰动效应转化为整个市场的轰动效应，使部分消费者认知接受本品牌，从而强化品牌自身的美誉度和知名度，使品牌这一无形资产不断增值。例如前面所讲述到的海尔集团随着从1984年引进德国利勃海尔电冰箱生产技术生产冰箱开始向空调、电视等领域延伸，从一个亏空147万元的集体小厂迅速成长为中国家电第一品牌。

5. 品牌延伸有利于增强核心品牌的形象。品牌延伸能够提高整体品牌组合的投资效应，也就是说，整体的营销投资达到理想的经济规模的时候，核心品牌和主力品牌都因此而获益。品牌内容一成不变，长此以往会使消费者产生厌倦情绪。品牌延伸通过新产品或产品更新，重新证明或强化自己的品牌形象，不断增加品牌概念新的内涵，让消费者感到这一品牌在不断的创新，从而紧紧抓住消费者，跟上时代的节奏。例如施威汽水（包括传统的印第安汽水、柠檬汁、可乐等）在法国已经老化，对于年轻一代很陌生，几乎成为过时的品牌。但是通过品牌延伸，努力开拓出了以若干软饮料为依托的综合品牌，为年轻的消费者所接受。美国的师林·普飞公司的防晒品核心品牌是"科普特"，但是随着消费者对日光浴的观念发生变化即由"晒黑"到"防晒"，公司进行了市场细分，成功地推出"水宝贝"新产品，同时巧妙地将核心品牌的定位由"晒黑皮肤"转换到"防晒"，不仅丰富了科普特防晒品牌，也为公司带来了规模效益。

三、品牌延伸的缺点

（一）损害原有品牌形象

当某一类品牌在市场上取得领导地位之后，这一品牌就会成为强势品牌，它在消费者心目中就有了特殊的形象定位，甚至成为该类产品的代名词。如果将这一品牌进行延伸，由于近因效应（即最近的印象对人们的认知的影响具有较强的作用）的存在，就有可能对强势品牌的形象起到巩固或减弱的作用。如果这种品牌延伸运用不当，就会减弱和损害原有强势品牌的形象。例如施乐美国公司收购了一家电脑公司，将其改名为"施乐资料系统"。然而施乐在消费者心目中是复印机的代名词，因而无法接受"施乐"电脑，导致施乐美国公司当年损失8 400万美元。

（二）有悖消费心理，产生心理冲突

一个品牌取得成功的过程，就是消费者对企业所塑造的这一品牌的特定功用、质量等特性产生特定的定位的过程。企业把强势品牌延伸到和原市场不相容或者不相干的市场，就有悖消费者的心理定位，从而产生心理的冲突。例如，我国的三九集团以"999"胃泰而成为著名的品牌，但是当三九集团将产品延伸到"999"啤酒之后很长一段时间，消费者难以接受。

（三）稀释品牌个性

当一个品牌在市场上取得成功之后，在消费者心目中就有了特殊的形象定位，

消费者的注意力也就会集中到该产品的功能、质量等特性上。但如果企业使用同一品牌推出同类的质量、功用相差无几的产品，会使消费者昏头转向，就会淡化该品牌的特性。例如美国斯科特公司对不同的纸类产品都使用斯科特这一名称，包括斯科特面巾纸、斯科特手纸、斯科特透明胶带纸、斯科特特小纸品、斯科特婴儿纸尿布等。与它的竞争对手如沙敏等相比，斯科特公司每一个产品的品牌都显得毫无特性。

（四）跷跷板效应

当一个名称代表两种或者更多的有差异的产品时，必然会导致消费者对产品的认知模糊。如果延伸品牌的产品在市场上处于绝对的优势的时候，消费者就会把原有强势品牌的心理定位转移到延伸品牌上。这样在无形中削弱了原有强势品牌的优势。这种原有强势品牌和延伸品牌竞争态势此消彼长的变化，就是"跷跷板"现象。美国的"Heinz"腌菜曾经是市场主导品牌，可是当企业将"Heinz"延伸到番茄酱市场后，"Heinz"就成了番茄酱市场的领导品牌。而"Heinz"腌菜市场的主导地位却被另一品牌"Vlasic"所代替。

（五）株连效应

将强势品牌冠名于别的产品上，如果不同产品在质量、档次上相差悬殊，就会造成原有强势品牌与延伸品牌产品产生冲突，不仅损害延伸品牌产品，还会株连原有强势品牌。例如美国的"派克"钢笔一向以高价优质著称，是身份和地位的象征。然而在1982年开始向低档钢笔市场渗透，生产3美元的低档笔。派克公司不仅没有进入低档笔市场，反而丧失了部分高档笔的市场。因为盲目地延伸品牌，损坏了派克钢笔在消费者心目中的形象。

第三节　品牌延伸决策

一、影响品牌延伸的因素

根据国内外对品牌延伸结果的相关研究，一般来说品牌延伸的结果受到下列5种因素的影响：

（一）核心品牌因素

核心品牌（Core Brand）又称为原品牌，是指已建立市场地位的、作为品牌延伸出发点的原有品牌。核心品牌因素包括相似度（即核心品牌代表的产品或服务与延伸对象之间相似的程度，具体包括技术相似度、类型相似度、可替代度等）、强大度（即核心品牌的市场地位的高低，品牌资产的大小）、品牌定位（即核心品牌的定位偏向功能意义还是偏向象征意义，或属性定位还是非属性定位）、品牌内涵（即核心品牌所形成的含义）、延伸记录等。

（二）消费者因素

品牌延伸的成败最终取决于消费者对其的态度和评价，因而，消费者因素是影响延伸结果的另一个重要因素。其中，消费者的品牌知识状况对消费者接受延伸品牌起基本的作用。品牌认知度是消费者对核心品牌的了解和知名的程度；品牌联想度是消费者从核心品牌引发相关的联想范围和深度。消费者对核心品牌的了解和认识越深，建立起的品牌联想越丰富，延伸品牌就越容易被接受和见效。

（三）市场因素

影响品牌延伸的市场因素主要有两个方面：一是市场竞争程度，在竞争性的市场条件下，采用品牌延伸会比建立一个新的品牌更有优势。也就是说，竞争越激烈，品牌延伸的相对价值越高。二是生命周期，延伸的时机即同类产品处在市场生命周期的哪一阶段也有影响。同类产品处于萌芽导入期与处于成熟期相比较，运用延伸的效果前者会明显好于后者，即品牌延伸宜在早期进行。

（四）营销因素

公司在品牌延伸时，有无其他营销组合因素的配合及配合力度，例如相应的广告、营销推广的投入多少、价格和销售网点的状况，也会对延伸的成败产生影响，统称为营销因素。可将营销因素分解为主要包括价格、传播力、销售力等因素。

（五）公司因素

品牌延伸是由哪一家公司进行的，这家公司的背景及状况也会影响延伸的结果。公司因素的影响主要包括公司可信度（消费者对公司满意和信赖的程度）、公司相关度（从逻辑上看，公司与延伸的产品之间是否相关及关联的紧密程度）等。

二、品牌延伸的原则

（一）从原品牌自身的角度来看

1. 品牌是否具有强大的认知度。品牌延伸的一个重要前提就是这一品牌具有较高的认知度，包括品牌的知名度和声誉等，延伸产品是否能够借助原有品牌的声誉和影响迅速打开市场。如果品牌延伸借助的是一个认知度不高并且受到众多同行强大品牌的挑战，那么这种品牌延伸就存在很大的风险。例如"金利来"成功地塑造了"男人的世界"的形象，具有很高的知名度，因而比较容易从典型的男士产品延伸到男士系列产品上去。被誉为"华夏第一剪"的张小泉剪刀，凭借其至高无上的声誉与口碑，成功地推出了厨房剪、服装剪、剪彩剪等200多个系列产品，涉及民用、军用、工业等五大领域。

2. 品牌的识别元素是否适用。品牌的元素识别包括品牌名称、标志、色彩、口号等，还包括价值、诉求、销售经验、使用者形象、性能、个性、服务、情感功能利益等。进行品牌延伸，必须区分哪些元素是品牌的延伸识别，哪些是品牌的核心识别。例如，我国的茅台酒是中国酒文化的代表，但是如果它准备向白兰地、威士忌等产品延伸，原有产品的识别元素可能就不太适应。又如万宝路香烟的核心识别是"粗犷独立",就不可能适合沉稳、幽雅的烟斗使用者形象。

3. 品牌资产是否可以转移。仅仅考虑品牌元素是否能够转移是不够的,只有品牌资产能够发生转移才能够进行延伸。例如如果品牌资产是视觉性质的(例如包装的色彩、型号等),品牌资产就比较模糊,很难进行转移。一般来说,抽象性的品牌资产比具体性的品牌资产更容易转移,情感象征性的价值比实用性价值更容易转移。

4. 回避高度定位的品牌。如果某品牌已经成为这个产品的代名词,消费者对它已经确立了固定的联想,在人们心目中以一个完整的形象存在,一般很难接受其他产品。例如人人都知道"好莱坞"是美国的电影城,它就是美国电影的代名词,因而很难接受好莱坞饭庄。

5. 品牌名称联想所及。品牌名称联想所及是指基于相同主体部分而延伸的产品使用主体的品牌。如果主体产品的知名度越高,延伸产品给消费者的可信度就越高,品牌延伸就越成功。所以企业应该改进原有产品的整体质量。如前所述,D. Acker等人的研究结果表明,在原产品和延伸产品存在相关性的条件下,消费者对延伸产品的评价与原产品的整体质量正相关,即原有产品整体质量越高,消费者对延伸产品的评价越高;反之则越低。

(二) 从原品牌和延伸产品的相关性来看

1. 是否具有相同的技术成分。原品牌与延伸品牌在产品构成上应该具有共同的成分即相关性,让消费者容易理解为何存在于同一品牌的识别之下,不至于牵强附会。延伸的主要目的是将新产品与品牌的良好印象连接起来,共同的成分也就强调了这一连接点,延伸就容易成功。如果两者的共同成分太少,延伸就失去了效果,同时也将给核心产品带来负面的影响。例如,"美尔雅"是西服领域的著名商标,曾经推出过"美尔雅"香烟,两种产品毫无相关性,"美尔雅"香烟自然是昙花一现了。日本的本田在发动机技术上非常优秀,所以它从普通摩托车延伸到赛车等都是利用在发动机技术上的优势,所以容易获得消费者的认同和信任,因而容易获得成功。

2. 是否具有相同的服务系统和销售网络。品牌延伸是要能够找到原品牌产品和延伸产品相同的地方,达到各品牌与产品之间相辅相成的整体效果,使消费者在接触到一个品牌和产品时能够联想到另一个产品。相同的服务系统中的品牌延伸容易让人接受。问题的关键是要找出在服务系统中消费者最赞赏的环节,而这一环节又是延伸产品服务系统中最关键的环节。同时,如果销售渠道不同,核心产品和品牌与延伸产品和品牌的目标消费群体也不一样,因而也很难达到品牌延伸的目的。例如,宝马是世界著名的汽车品牌,但是它与宝马服装、表等产品的销售渠道不同,所以会增加宝马品牌的未知性与成本投入。

3. 是否具有相似的使用者。使用者在同一消费层面和背景下,品牌延伸也容易成功。例如,从三笑牙膏到三笑牙刷的延伸,从雅戈尔衬衣到雅戈尔西服,都是面对同一消费群体，所以容易成功。金利来从领带到腰带、衬衣、皮包，都紧紧围绕白领和绅士阶层进行延伸。

4. 质量档次是否相当。质量是品牌的生命，是品牌存在和发展的基础。进行品牌延伸的产品的质量应该相当于或者高于原有品牌产品的质量，这样才容易获得消费者的认同和赞赏，不仅能够促进延伸产品的销售，还会提升原品牌的价值。如果延伸产品质量低劣，只能骗取一次消费，最终会被消费者遗弃。例如，金利来从领带到腰带、衬衣、皮包，都紧紧围绕白领和绅士阶层进行高质量、高档次的延伸，所以获得成功。一向以高品质具有设计感的苹果手机，在推出 iPhone5S 时，同步发布了 iPhone5C，定位相对中低端的手机，结果显示 iPhone5C 并没有获得预期的成功。

三、品牌延伸策略

(一) 产业延伸

从产业相关性上分析，品牌延伸可向上、向下或同时向上向下延伸，即纵向延伸。例如石油工业向价值链上游石油开采业方向延伸是向上延伸；向石油精细加工或销售即价值链的下游延伸是向下延伸；同时向价值链的上游和下游即石油开采业和石油加工与销售延伸则是双向延伸。采取这种延伸方式为材料的来源、产品的销路提供了很好的自主控制，是一种比较好的延伸方式。

还有一种延伸的方式，如鲜奶向豆奶、果奶、酸奶的延伸，属于平行延伸。平行延伸一般具有相同的或相近的目标市场和销售渠道，相同的储运方式，相近的形象特征。这样一方面有利于新产品的营销，另一方面有利于品牌固定形象。

(二) 产品线延伸

企业通常采取产品扩展线（Line Stretching）来增加产品线的长度。另外，企业根据市场与竞争的需要也常常采取产品线填补策略、产品线现代化策略、产品线号召策略和产品线削减策略等。

1. 产品线扩展（即在档次上延伸）。企业超出现有的产品范围来增加它的产品线长度，具体的策略通常有三种：

（1）向上延伸（扩展）。由于处于低档市场的产品常常受到终端零售商及消费者的价格挤压，所以企业的成长空间可能在高档市场，而且该市场的目标消费者对价格不十分敏感。向上延伸（扩展）是指在产品线上增加高档次的产品生产线，使商品进入高档市场。日本企业在汽车、摩托车、电视机、收音机和复印机行业都采取了这种方式。20 世纪 60 年代率先打入美国摩托车市场的本田公司，将其产品系列从低于 125CC 延伸至 1000CC 的摩托车，雅马哈紧跟本田陆续推出了 500CC、600CC、700CC 的摩托车，还推出一种三缸四冲程轴驱动摩托车，从而在大型摩托车市场上展开了有力的竞争。目前，许多发展中国家从发达国家引进先进的高档生产线，在高档次上延伸，都是采取的这种策略。

向上延伸的好处是高档产品具有较高的增长率和利润水平。但是也有一定的风险，例如高档产品市场上的竞争对手可能不仅巩固阵地，还有可能借机进入低档市场；顾客可能不愿相信企业能够生产优质的产品；企业的销售人员和分销商缺乏培训，不能很好地为高档市场服务等。

（2）向下延伸（扩展）。向下延伸是指在产品线中增加低档的产品。企业进行向下延伸可能是由于消费者对价格的敏感增加，或者销售渠道的力量增加，或者技术进步使得产品成本下降，也有可能是由于企业在高档市场的地位受到威胁而增长缓慢，或者当初进入高档市场只是为了树立质量形象，或是为了填补市场空白。向下延伸有利于利用高档名牌的声誉，吸引购买力水平较低的顾客慕名购买这一品牌中的低廉产品。但是，这样做的风险很大，尤其是知名度很高的品牌，可能会破坏原有品牌的品质形象，例如"派克"钢笔的失败。它还可能由于新的低档产品品目会蚕食高档的产品品目使得企业面临更为尴尬的局面；也可能使得竞争者将产品转移到高档市场；经销商可能不愿意销售或者没有能力经营这种产品。

（3）双向延伸（扩展）。双向延伸是指原定位于中档产品市场的企业掌握了市场优势之后，决定向产品线的上下两个方向同时延伸，一方面增加高档产品，另一方面增加低档产品，扩大市场阵容。例如20世纪70年代后期的钟表业市场竞争中，日本"精工"就采取了这种策略。"精工"以"脉冲星"为品牌推出了一系列低价表，向下渗透这一低档市场；同时，它也向上渗透高价和豪华型手表市场，它收购了一家瑞士公司，连续推出了一系列高档表，其中有一款高达5 000美元的超薄型手表进入了最高档手表市场。再如，上海奇瑞汽车，开始向市场推出的是中档汽车——奇瑞风云、奇瑞棋云，之后同时向市场推出低档汽车——奇瑞QQ和高档汽车——东方之子。

双向延伸的风险主要是一些消费者认为高档、中档、低档产品之间的差别不大，因而宁愿选择更低档的产品；同时，可能会模糊原有品牌清晰的定位。

2. 产品线填补策略。产品线填补策略是在企业现有的产品线范围内增加产品目录，从而拉长产品线。企业采取这种策略的原因可能是企业利润增加，为了充分利用剩余生产能力，或者满足由于产品线不足造成的销售额下降的经销商需要，或者是竞争的需要等。采取填补策略要避免新旧产品的自相残杀，给每一个产品以明确的定位，显示产品目录之间的差异。

（三）其他相关延伸

也叫扩展延伸法，它对于刚刚成长起来的品牌非常有意义。它共包括四层含义：

1. 单一品牌可以扩展延伸到多种产品上，成为系列产品。例如"金利来"开始以领带而知名，之后扩展到皮鞋、服装、箱包等产品。

2. 一国一地的品牌可以扩展到世界，成为国际品牌。如"金利来"市场区域由我国香港开始向新加坡、马来西亚、泰国等东南亚国家扩展，然后是中国内地市场，逐渐闻名世界。

3. 由一个品牌再扩展衍生出另一个品牌。如在"金利来"的效应下，衍生出了另一个中国名牌"银利来"，成为"金利来"的姐妹花。

4. 名牌产品可以扩展延伸到企业上，使企业成为名牌企业。

四、品牌延伸模型

品牌延伸是否成功，是否顺利地延伸到新的产品类别上，除了了解影响品牌延伸的因素，遵循品牌延伸的原则，选择品牌延伸的策略之外，还必须遵循几点基本要求：一是使消费者相信这种延伸是符合逻辑的——原有的品牌资产（包括品牌知名度、品牌美誉度、品牌认知度、品牌联想度、品牌忠诚度等）能够转移到新产品上，即品牌延伸应该具有品牌延伸力；二是新产品能够凭借品牌获得竞争优势，能够对新产品带来明显的区隔意义即品牌杠杆力；三是消费者对品牌延伸能有积极正面的评价。

（一）品牌延伸力模型

品牌延伸是企业重要的品牌战略决策之一，但是并非所有的品牌都可以延伸。它是品牌延伸力作用的结果。品牌延伸力受到原有品牌资产的影响，如果某些品牌与特定的产品连接过于紧密，或与该领域的专业技术相关，该品牌的延伸力就弱，不适合延伸。科普菲尔提出了"品牌种类与品牌延伸的能力"模型（见图10-2）。

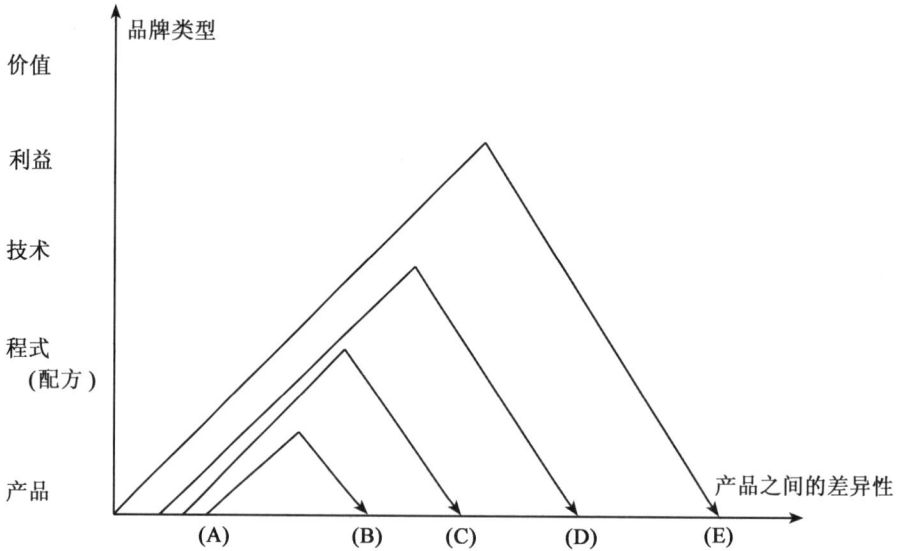

其中，（A）延伸产品；（B）近似延伸；（C）进一步延伸；（D）再进一步延伸；（E）最后一级的品牌延伸。

图10-2　品牌种类与品牌延伸的能力模型

这个模型说明，品牌的概念和类型包括产品、配方、技术、利益与价值理念由浅入深，相应的品牌延伸力也是由浅入深。品牌必须获得更深层次的意义，才能提升品牌的延伸力。

品牌要使延伸产品具有凝聚力，应该注意外观和物理属性与延伸产品保持距离，使各种功能发挥最佳并体现一种想象力和价值体系。品牌与延伸产品的距离越大，产品的影响力越大。例如，雀巢的产品种类很多，但是雀巢品牌至高无上的地位能够起到很好的统帅作用。如果品牌除了物理属性（产品和配方）外没有其他的识别因素，则该品牌不能支持宽广的延伸范围，也就不能实行大规模的延伸。否则会导致品牌老化，降低原有品牌的档次，成为"厂家品牌"，例如李维斯品牌很长时间里与牛仔服同义，所以在延伸到时装时遭到了失败。

K. 内凯莫特的实验研究也得出了相同的结论："如果一个品牌竞争性优势的基础与一种特殊品质紧密相连，那么它利用这种优势通过品牌延伸可能对共享这种竞争的相同基础的产品产生限制，而一种更总体上的形象可能广泛传达给不相关的产品类别，但对相关的产品类别提供的杠杆力减弱。"

（二）品牌杠杆力模型

品牌杠杆力是对品牌延伸评价基础的深化，因为品牌经营者不能仅仅考虑品牌的熟悉度以及它对新产品延伸的合适性，还要考虑对新产品带来的竞争力和给新产品带来的差别性即考虑品牌的杠杆力。如果不能带来很强的竞争力和差别性，那么使用新品牌可能是更好的选择。

图 10-3 是一个品牌杠杆力的模型：

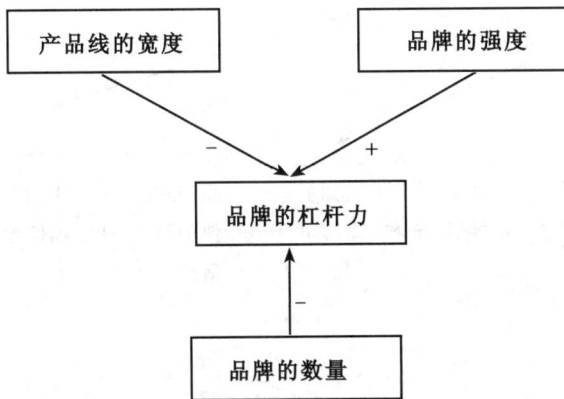

图 10-3 品牌杠杆力的模型

一般来说，品牌杠杆力受到三个因素的影响：产品线的宽度、品牌的强度和品牌的数量。品牌杠杆力与产品线的宽度成反比关系，它与消费者对品牌意义的认知有很大的关系。如果一个品牌产品线宽度很大，消费者对品牌的延伸力就很大，则杠杆力很低。例如美国通用面粉公司有一个叫"Betty Crocker"的知名品牌，产品线十分丰富，即品牌延伸力很强。但是当它准备进入燕麦片市场与"桂格"竞争时，它的杠杆力很弱，不具备竞争优势，只得改名为"Total"。品牌的杠杆力与品牌的强度成正比，也就是说越是强势品牌，品牌的杠杆力越强。最后，品牌的数量对于品牌杠杆力有负面影响，一个公司如果拥有众多品牌，那么在利用众多品牌之一进行延伸时，肯定不如拥有少量品牌的公司延伸容易。这也是很多公司使用统一品牌的原因之一，如惠普、飞利浦、联想等拥有统一品牌、众多产品的公司。要兼顾品牌的延伸力和杠杆力，就必须从品牌的价值理念上建立品牌识别系统。

（三）消费者对品牌延伸的评价模型

品牌延伸的成败，还取决于一个很重要的因素，即消费者对品牌延伸的评价。一般来说，延伸产品和品牌之间的相似性越小，对消费者的吸引力就越小。而品牌自身特性向延伸产品转移取决于消费者是否认为延伸产品与品牌吻合，它受到延伸产品与核心产品的差异性、产品是否在企业的技术条件之内等因素影响。

卡菲勒在《战略性品牌管理》一书中提出了"消费者如何评价品牌延伸的模型"（见图10-4），他认为，消费者对品牌延伸的态度主要依据延伸品牌的增值与同类产品的比较而变化，而品牌的增值取决于产品的内在特性。消费者的品牌意识、产品的知名度和恰当的产品延伸市场定位，都会使品牌增值。

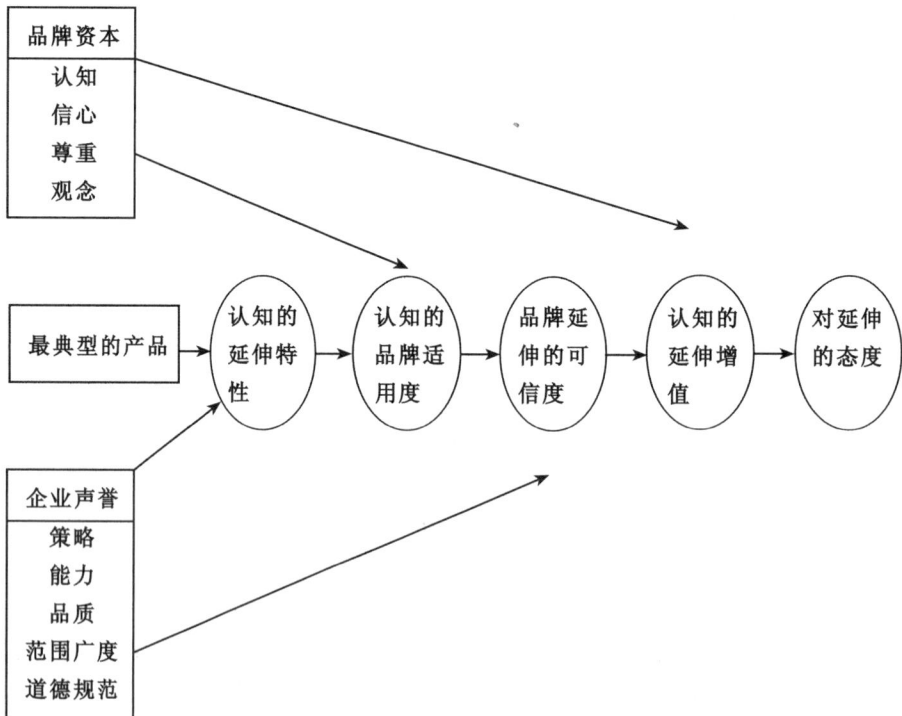

图10-4　消费者如何评价品牌延伸模型

对于品牌延伸的评价，除了上述定性的方法之外，还有许多定量的方法如数学模型评价、市场综合效益评价等。由于评价标准不一样，各种模型也各不相同。例如，有一种数学模型评价的方法是品牌延伸成功率模型：$W=f(S, P, R, A, M)=\Sigma\lambda k(\Sigma w_i x_i)$。其中，$S$ 表示品牌相似度，P 表示品牌强势度，R 表示品牌认知度，A 表示品牌联想度，M 表示营销竞争力。λk 表示 S、P、R、A、M 的相应权数，w_i 表示五个变量的因子（共有 15 个）的相应权数。最后只要对各个变量赋予相应的值，就可以得到品牌延伸的成功率 $W=f(S, P, R, A, M) = \lambda s(x_1 w_1 + x_2 w_2 + x_3 w_3) + \cdots + \lambda m(x_{13} w_{13} + x_{14} w_{14} + x_{15} w_{15})$。

本章小结

品牌延伸是指将已有品牌名称使用到与现有产品或原产品不同的产品上，旨在以更少的营销成本占领更大的市场份额。品牌延伸的动因可以从经济学和行为科学两个方面来进行解释。品牌延伸有两种类型：线延伸是公司在同样的品牌名称下面，在相同的产品种类中引入增加的项目内容，如新口味、形式、颜色、增加成分、包装规格等；大类延伸是公司使用相同的品牌名称，从原产品大类进入不同的大类。

品牌延伸的可能结果有六种：优异的结果，有助于新产品，并有助于品牌升值；有好的结果，有助于新产品而不损害原品牌；中性结果，品牌延伸使新产品扩大了销售，对于原有产品和品牌形象没有什么影响；坏结果，延伸产品和原品牌的定位或价值产生冲突，使消费者对品牌的理解与延伸产品产生混淆，导致延伸产品的失败；最坏结果，不但延伸产品失败，而且破坏了原有品牌的形象，使消费者对原有品牌的定位产生了模糊，导致了"品牌稀释"；有争议的结果，没有抓住机会创建有朝一日可能带来巨大价值的新品牌。

品牌延伸的优点有：有助于加快新产品的市场定位、减少新产品的市场风险、降低新产品进入市场的费用、强化品牌效应以及增强核心品牌的形象。同时，品牌延伸也会损害原有品牌形象、有悖消费心理、稀释品牌个性、产生跷跷板效应和株连效应。

在进行品牌决策时，我们应该从四个方面着手：了解影响品牌延伸的因素，遵循品牌延伸的原则，选择品牌延伸的策略，利用品牌延伸模型。影响品牌延伸的因素有五点：核心品牌因素、消费者因素、市场因素、营销因素和公司因素。

品牌延伸的原则应从品牌自身的角度以及原品牌和延伸品牌相关性两个方面来看。从原品牌自身的角度来看，品牌延伸应遵循的原则有：品牌是否具有强大的认知度；品牌的识别元素是否适用；品牌资产是否可以转移；回避高度定位的品牌；品牌名称联想所及。从原品牌和延伸品牌相关性来看，品牌延伸应遵循的原则有：是否具有相同的技术成分；是否具有相同的服务系统和销售网络；是否具有相似的使用者；质量档次是否相当。

品牌延伸的策略有产业延伸、产品线延伸和其他相关延伸等。产品线延伸包括向上延伸、向下延伸、双向延伸及产品线填补。

品牌延伸模型从品牌延伸力模型、品牌杠杆力模型和消费者对品牌延伸评价模型综合考虑，确保延伸的成功。

○ **复习思考题**

1. 什么是品牌延伸？有哪些类型？
2. 品牌延伸可能有哪些结果？
3. 结合实际说明品牌延伸的利弊。
4. 举例说明影响品牌延伸的因素有哪些。
5. 进行品牌延伸应遵循哪些原则？
6. 品牌延伸包含哪些策略？
7. 描述品牌延伸力和品牌杠杆力之间的相互作用。
8. 消费者如何评价品牌延伸？

案　例

ELLE——长袖善舞，多子多福

一、ELLE 品牌发展概况

ELLE 品牌的诞生，要追溯到 1945 年，Helen Lazareff 女士在法国成功创刊了第一本 ELLE 杂志。在法语中，ELLE 是"她"的意思，这是所有女性最简单和最直接的代名词。Helen Lazareff 女士最初的目标是创造一个主要内容是时装、美容和生活的女性周刊，提供一个时代性、前瞻性、可供选择的潮流出版物，让 ELLE 杂志成为新的、有希望的、有前途的时装产业。

经过半个世纪的努力，ELLE 已经成为全球最大的时尚杂志，在某种意义上，可以说是当今时尚的代言人。它为女性提供全方位的流行时尚情报，包括全球最新的潮流时装、美容产品以及流行趋势，网罗最新和最丰富的资讯，覆盖现代女性时尚生活各方面的需要——饮食、旅游、健美、事业和人际关系等，以其开放、时尚、创新娱乐的理念，第一时间将流行情报带给消费者，内容涵盖了生活的不同方面。

今天，ELLE 也已经超出时尚杂志的范畴，成为一个国际性的时尚品牌，在其读者群乃至全球都拥有良好的知名度和美誉度，利用杂志品牌发展的衍生产品也因此被赋予了良好的市场形象。其主要形式通常有：子刊、合订本、特刊或增刊、图书和光盘、数据库、网站、会展服务、出售客户名单、品牌授权等。ELLE 不仅在全球出版了多个地方版本，还出版了《ELLE·家居廊》、《ELLE·女孩》、《ELLE·厨房》等子刊以及多个 ELLE 网站。另外它还利用其品牌在女性读者中的知名度，进入了产品特许领域。ELLE 旗下有服装、鞋帽、手袋、手表、文具、童装等品牌特许产品系列。

目前，ELLE 在全球有超过 150 个版权商和 250 个产品种类。它代表女性自信的、有活力的、有魄力的、活泼的、好奇的、有魅力的、自由的形象。

二、ELLE 的"三次售卖理论"

从杂志经营水平看，欧美发达国家比较流行"三次售卖理论"，即从"卖内容"、"卖读者群"发展到了"卖品牌"。"卖品牌"即出售杂志资源，利用品牌资源发展衍生产品，是杂志经营的较高境界，发展后劲最足。

ELLE 就超出时尚杂志的范畴而成为一个国际性的时尚品牌，在全球拥有良好的知名度和美誉度，利用本品牌发展出的衍生产品保持永恒的国际性品牌概念，但也具地方适应性。ELLE 充分利用自己的品牌影响力，进行了广泛的品牌延伸。产品涉及时尚女性、孩童、男性和家庭产品领域，ELLE 永远代表高质量及品位，并具亲和力，是创造性和可及性的完美组合：领先的流行元素，独特的季节潮流，高品质设计，中高档的价位，多种类的产品选择，无限的开发空间，以满足时尚女性的完美需求。

三、ELLE 品牌延伸策略

分析 ELLE 品牌延伸活动，可以发现其品牌延伸策略有三大特点。

（一）品牌延伸定位精准

精准定位很重要的一个方面就是对目标受众的把握：找到什么样的人，在什么时候能找到，并且能够对他们施加广告的影响和取得预期效果。

与其他世界级的顶尖时尚杂志不同，ELLE 一直关注生活中的女性，在引导服饰、美容、生活潮流的同时，也贴近时尚女性的生活，帮助她们成为"sexy——性感迷人的，spirited——真我率性的，stylish——品位高雅的现代女性"。ELLE 很清楚自己的消费群体——年轻时尚的职业女性。在进行品牌延伸时，ELLE 一直表达这样一个信念，ELLE 是属于年轻、时尚、国际化女性的品牌，其所做的一切都是以年轻时尚的职业女性为中心。

从理论上说，在品牌定位的过程中，该品牌的资产价值也形成并积累起来。由于品牌资产是无形的，所以作为消费者头脑中的品牌印象、品牌资产具有价值转移的性质。也就是说，品牌资产能通过品牌在消费者心目中已经形成的品牌独特联想，将品牌应用到延伸了的产品线和新的产品组合之上，以达到更广大的细分市场。可见，品牌定位为品牌创造了品牌延伸的基础，形成品牌延伸所必需的消费者品牌印象，而品牌延伸开拓了新的产品种类的同时，也增加了品牌资产的价值。

品牌定位在消费者头脑中不断强化着一个清晰而独特的品牌印象，为品牌建立延伸基础，并与品牌延伸共同增加品牌资产的价值，促进品牌的健康发展。但随着品牌延伸的发展，有可能导致品牌定位的混乱，所以合理的有选择的延伸便是更加重要的了。

成功的品牌定位，使 ELLE 杂志在消费者心中形成了独特的品牌联想和美誉度。同时，在品牌定位的过程中，ELLE 选择在同质性比较强的领域延伸品牌，优势性地应用了其本来的时尚潮流形象，使其由于 ELLE 杂志的畅销而延伸出男装、女装、童装、皮鞋、手表及装饰品等产品。这又使 ELLE 在消费者心中逐步建立和强化品牌的独特联想，延伸了品牌，开拓了新的产品线和种类的同时，该品牌的资产价值也形成并积累起来，促进了品牌的健康良性发展。ELLE 已经超出时尚的范畴，而成了一种生活方式，塑造了一个充满自信与活力以及向往自由的形象，从而也赋予其产品这样一种强有力的形象。

（二）品牌延伸跨度大

品牌延伸虽说非常忌讳进入非核心领域，但是这也不是绝对的。对那些价值品牌而言，无论推出何种新产品都不会影响它的品牌，因为这类品牌的品牌资本的开发程度相当高。品牌资本开发从低到高可以分为四个层次：物理属性、技术、兴趣（时尚、潮流）、价值（文化性、象征性）。品牌资本开发程度愈高，品牌延伸跨度愈大。

ELLE 作为世界顶尖知名时尚品牌杂志，在品牌资本开发上具有得天独厚的优势。自从 1980 年初，ELLE 杂志社为了吸引新的订户，推出的一些带有 ELLE 标志的特制礼品出人意料地受到欢迎后，ELLE 也就相当于跨入了商品制造行业。目前，标有 ELLE 标签的产品种类繁多，人们可以睡 ELLE 牌床单，用 ELLE 牌杯子喝水，甚至可以用 ELLE 牌橡皮奶嘴安抚小宝贝。

ELLE 的产品策略是保持永恒的国际性品牌概念，不论产品涉及的是时尚女性、孩童、男性，还是家庭产品领域，ELLE 永远代表高质量及品位，并具有亲和力，是现代、朝气、优雅、活力、创造性和可及性的完美组合。其延伸出的男装、女装、童装、皮鞋、手表及装饰品均具有较大的竞争力和市场空间。

1. 女装品牌

ELLE SPORT：倾向于运动型，以 20~30 岁的年轻女性为首要顾客群，品牌风格年轻、休闲、时尚，带来别样的欧洲风情。无论旅游、居家、派对还是逛街购物，随处都能体现自然、时尚的休闲趣味，适合一切休闲场合穿着。

ELLE PARIS：带有浓郁的法国气息，以 25~35 岁的都市女性为首要顾客群，品牌风格清新，简约知性，代表独立自信的现代女性形象。当华贵与新运动主义相遇，ELLE PARIS 的女性穿着入时，考究中流露出不经意，好似怀着愉快的心情到外地旅行。

2. 时装表

作为时装品牌延伸的时装表，其造型设计多元化，颜色配衬大胆创新，完全突破了传统手表的款式，充分利用时装品牌的名气和设计理念。

3. 鞋子

ELLE 女鞋为法国著名时装品牌，法国总公司不断派专人作潮流分析，故品牌一直以紧跟潮流著称。

4. 童装

ELLE 童装是懂得追求流行时尚的年轻母亲的最佳选择，穿着 ELLE 童装的孩子总是能与众不同地走在其他孩子前面，简单、干净、独特，穿出属于 ELLE 小孩的时尚风采！

（三）品牌延伸稳健规范

ELLE 采用的品牌延伸方法是特许经营，这带给 ELLE 相当可观的现金回报。但其经营原则是：无论特许商品销量多大，都只是 ELLE 的附属产业，永远不可能达到与杂志相同的水平，它们所做的一切，都是为了使 ELLE 杂志更好地发展。为了保护杂志社的出版利益，ELLE 特许专卖部只进入 ELLE 已站稳脚跟的市场，并且不销售杂志广告上的同类产品，例如香水、化妆品等，以避免与广告客户发生冲突。

ELLE 的特许产品经营之所以能成功，主要是它采取了稳健型的品牌经营策略。

首先，ELLE 作为高端女性的消费品牌，为其延伸产品的热销提供了坚实的土壤。其品牌有三大特征：与众不同的识别性、非其莫属的独占性和可持续发展的延伸性。ELLE 长年的努力已经建立了时尚生活潮流引领者的品牌形象，全世界无数追赶时尚的女性都将其作为高档消费的指南，给其延伸产品的热销提供了巨大的空间。最直接的是从头到脚都能使美女得到武装的 ELLE 牌服饰，至于性感高贵的 ELLE 牌床单，或者精巧典雅的 ELLE 牌杯子，都是投其所好，成为时髦女性"爱屋及乌"的选购对象。

其次，对影响品牌延伸的因素都作了相应规划，并以成熟的销售渠道保证了延伸的成功。影响 ELLE 品牌延伸的市场因素有如下一些：

第一，品牌代表的产品属性。ELLE 高档时尚的品牌形象已经远远超乎杂志之上，确保其跨媒体行业延伸产品有很大的可能性。

第二，产品的市场定位。赠与的精美礼品倾向于高档定位，避免向中低档品牌延伸，与 ELLE 品牌的定位完全一致。

第三，企业的经营和管理习惯。ELLE 品牌的同质性延伸避免了因"另立炉灶"产生的成本和风险。

第四，消费者对延伸品牌的认可。消费者基于对杂志的良好印象，方便了杂志与延伸产品的搭配销售，不但能接近零成本，还能及时探测消费者对产品的需求，属于消费者乐于接受的高附加值销售。

第五，贴牌生产。由于特许经营只输出品牌和监控贴牌产品质量，获取的是纯利润形式的收益，近乎零风险。再者，前文已经提到，为了保护 ELLE 杂志的出版利益，避免与广告客户发生冲突，取得特许经营授权的公司绝不销售 ELLE 杂志广告上的同类产品，例如香水、化妆品等。只有充分兼顾杂志与广告客户之间的利益平衡，才能使 ELLE 的品牌延伸处于良性运作过程中。

ELLE 的品牌延伸经营，从延伸的根本上说，强化了 ELLE 杂志这个主业，坚持了 ELLE 品牌的定位。从延伸的出发点上说，杂志衍生产品的使用者与杂志读者在同一范围内，注意到了杂志和杂志衍生产品的内在一致性，从而有效地避免了盲目延伸和损害其品牌形象的可能性。从品牌延伸的立足点上说，品牌延伸经营控制在了一个合理范围内，保持了品牌的形象和内涵，没有损害到该杂志主业的经营，反而维持和强化了这一形象。

长袖善舞，多子多福，ELLE 的品牌延伸取得了相当大的成功。但对于企业的核心产品，它始终坚持是时尚杂志。其亚洲区的执行董事玛莉安妮·古亚尼尔瑞强调说："无论特许商品销量多大，都是 ELLE 的附属产业，永远不可能达到与杂志相同的水平。我们所做的一切，都是为了 ELLE 杂志更好地发展。"这也说出了杂志品牌延伸的根本，品牌因其个性而具有威力，品牌延伸才能发挥作用，才能提升品牌的价值。如果不注意强化杂志主业的品牌，就会顾此失彼，得不偿失。

资料来源：杨海军，袁建. 经典案例：ELLE——长袖善舞，多子多福. 品牌学案例教程. 上海：复旦大学出版社，2009.

○─ 案例思考题

1. ELLE 是如何进行品牌延伸的？
2. ELLE 的品牌延伸成功的关键因素有哪些？对其他企业进行品牌延伸有哪些启示？

第十一章　品牌系统管理组织

早在一个多世纪以前，品牌管理就受到了西方企业的高度重视，并且被作为营销管理乃至整个企业管理的一个核心。从历史上看，曾先后产生过三种传统的品牌管理组织形式：业主负责制、职能管理制和产品品牌经理制。这三种品牌管理组织形式均完成或发挥了各自的历史使命，尤其是产品品牌经理制，从宝洁创立之日起，至今仍在一些领域发挥着重要的作用。但是，产品品牌经理制也日益显示其局限性，这也是新的品牌管理组织形式，如类别品牌经理制和企业品牌经理制兴起的原因之一。本章将从传统的品牌管理组织形式与新兴的品牌管理组织形式两方面阐述这些内容。

第一节　传统品牌管理组织

一、业主负责制

业主（或公司经理）负责制，是指品牌（或产品层次）的决策活动乃至很多的组织实施活动全由业主或公司经理以及公司的高层领导承担，而只有那些低层次的具体活动才授权下属去执行的一种高度集权的品牌管理制度。在20世纪20年代以前，这种品牌管理方式在西方国家企业中占统治地位。例如，亨氏（H. J. Heinz）为了创立Heinz这一品牌，将大部分时间花在产品的改进和重大促销活动的策划上。而可口可乐公司的业主和总经理坎德勒（Candler）从1888年买下可口可乐专有权后至1916年，他用一种几乎宗教般的激情建造全国性的分销网络，并亲自参与选择广告代理商等活动。

业主负责制的优点是决策迅速，协调能力强，同时可以注入业主（或公司经理）的企业家精神，从而为品牌发展提供强大的策动力。

但是业主负责制先天不适合规模较大的企业，换句话说，当企业规模达到一定程度，需要与各方面的组织和机构打交道时，业主负责制这种品牌管理组织形式就会显示其越来越大的局限性。从这个意义上来说，业主负责制并不属于严格意义上的品牌管理组织形式。

二、职能负责制

职能负责制是在 20 世纪 20 年代以后兴起的，它的出现标志着品牌管理真正发展并逐步完善起来。

职能管理制是指在公司统一协调下，品牌管理职责主要由公司各职能部门分担，各职能部门在各自的权责范围内分别对品牌进行管理，其中通行的做法主要由市场部或广告部制定有关的品牌管理制度。职能管理制在 20 世纪 20 年代至 50 年代的西方国家比较盛行，至今仍被一些西方企业采用。我国目前也有相当多的企业采用这一品牌管理形式。

（一）职能管理制的优点

1. 可使公司领导摆脱很多具体事务的纠缠，集中精力思考和解决企业发展的重大问题。职能部门承担了品牌管理的职能，使得公司领导能将时间分配到构建公司发展的总体战略、塑造适应公司特征、有利于公司经营业绩的企业文化等有关公司发展的重大问题上。

2. 可使品牌管理由传统的直觉与经验型转向以知识为基础的科学管理，从而提高管理水平。如市场部门会通过市场调查来了解消费者真正的品牌偏好，为广告部门制定品牌传播计划提供真实科学的市场数据。

（二）职能管理制的缺点

总之，职能管理制较之于业主负责制是一种巨大的进步，其明确的分工和职能分配极大地提高了工作效率。但是，随着社会的发展，职能管理制也日益暴露出它与品牌管理的新要求不相适应的弱点，概括起来，主要有以下几点：

1. 彼此平行的职能部门之间缺乏有效的沟通与协调。由于各职能部门属于同级关系，不存在谁领导谁的问题，因此在遇到利益冲突时，往往各自从部门利益出发而不顾大局，结果使得各职能部门间难以进行有效的沟通及协调，各个品牌无法整合，甚至在同一企业内部出现各品牌互相残杀的现象也不鲜见。例如 1926 年，当美国通用面粉公司推出品牌 Wheaties 时，公司的销售人员对它的发展持非常消极的态度，以致上市三年，该品牌一直销售不振，几近撤退的边缘。直到 1929 年公司广告部一位经理全权接管了该品牌的销售业务后，才使该品牌出现转机，并在 20 世纪 30 年代和 40 年代获得了巨大的成功。

2. 当公司拥有多个品牌，尤其是同一业务内已发展出几个不同品牌时，到底该由谁来对某个品牌的发展负主要责任表现得模棱两可。在这种情况下，公司不得不将更多的决策权力下放，但不可能让彼此平行的各职能部门共同承担品牌经营的责任，于是导致各个品牌的定位和经营目标出现管理"真空"。

以上两方面问题的存在，使得职能管理制面临捉襟见肘的困窘处境。1929 年，全球性经济危机爆发，在大危机冲击下，很多生产者品牌受到了严峻的挑战，为了生存，企业不得不开始探求更为有效的品牌管理方法，就是在这种背景下，产品品牌经理制应运而生。

产品品牌经理制为市场营销带来一股清新的风，世界很多知名大公司都先后采用这一制度对产品销售进行全方位的计划、控制与管理，减少人力重叠、广告浪费和顾客遗漏，有效地提高一个或几个品牌在整个公司利润中的比例，提升品牌的竞争力和生命力。总之，产品品牌经理制的出现，几乎改写了美国市场营销的历史，而且在近半个世纪的时间里一直主导着品牌管理的大潮，成为西方跨国公司普遍采用的"标准"的品牌管理模式。

第二节　产品品牌经理制

一、产品品牌经理制的产生

产品品牌经理制（Product Brand Manager），又称品牌经理制（Brand Manager），由美国宝洁公司（P&G）于 1931 年首创。其基本操作思路是，企业为每一品牌安排一位品牌经理，由其负责协调该品牌的各项活动。其基本结构如图 11-1 所示。产品品牌经理制的推行为宝洁公司上演成功品牌（国际知名品牌）立下了汗马功劳。

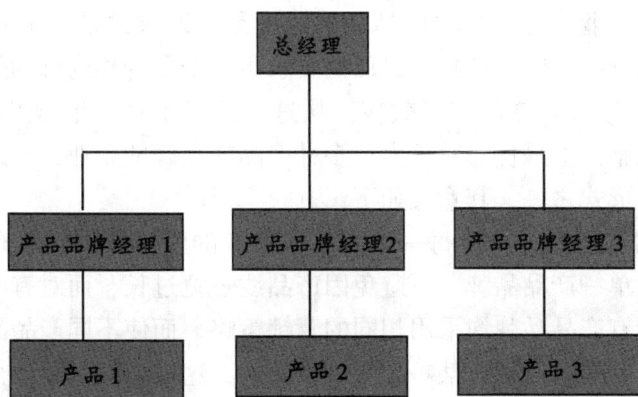

图 11-1　产品品牌经理制

产品品牌经理制诞生于 1931 年，创始者是美国宝洁公司负责佳美香皂销售的尼尔·麦克·爱尔洛埃（Neil Mcelroy）。1926 年，刚从哈佛大学毕业的麦克·爱尔洛埃被指派协助规划宝洁公司新上市的第二个香皂品牌"佳美"（Camay）的广告活动。此前宝洁公司已有一个招牌香皂品牌"象牙"。当时象牙和佳美的广告都是由黑人（Blackman）广告代理。麦克·爱尔洛埃全心想为佳美打开市场，但销售一直不见起色。宝洁便决定将佳美的广告业务转给新的代理商派乐·理扬（Pedlar & Ryan），麦克·爱尔洛埃也被公司正式任命为佳美香皂的"品牌经理"，这也是美国历史上第一位品牌经理。在专任经理的照顾下，佳美的生意开始有了转机。麦克·爱尔洛埃对一个品牌由一个经理负责的做法深有信心。他在对品牌竞争进行观察和思考的基础上，于1931年5月初写了一份长达三页的备忘录，得到了当时任宝洁总裁的杜布里（Deupree）先生的首肯，使得"品牌经理"从实验性质转变为真正具有资源和职权保证的管理职位。从此，宝洁公司的市场营销理念和营销管理体系逐步建立。美国《时代》杂志称赞道："麦克·爱尔洛埃赢得了最后的胜利。他成功地说服了他的前辈们，使宝洁公司保持高速发展的策略其实非常简单：让自己和自己竞争。"

由于麦克·爱尔洛埃的品牌管理系统确实相当有效，许多美国公司，如庄臣公司、棕榈公司，甚至连服务业的银行、邮局也都竞相采用这套做法。在美国，1967年有84%的主要耐用品生产企业采用了品牌经理制。如今，宝洁单单在美国本土就雇佣了100位品牌经理，虽然这只占所有管理人员的5%，但是品牌经理人却成为95%的一般主管阶层的主要来源，并且是步入公司高层的必经之路。公司也成长为一个历经160年历史后拥有290亿美元资产的巨头公司，在国际范围内销售200多种不同的消费品，其中国际知名品牌就达15个之多。

二、产品品牌经理制的意义

对任何一个企业来说，建立产品品牌经理制，追求的是一个双赢或多赢的结果，它不是要求某一品牌一枝独秀，而是要求每一个品牌在内部和外部市场上获得全面的平衡，形成1+1>2的市场效应。从这个意义上说，推行产品品牌经理制，有助于企业实现整体上最优。对于生产多种产品或品牌的企业，产品品牌经理制是十分有效的组织形式之一，其意义如下：

1. 产品品牌经理制为企业每一种产品或品牌的营销提供了强有力的保证。产品品牌经理负责单一产品品牌，可避免因产品线过宽过长，而对有些产品品牌营销的忽略，或对所有产品品牌均采用相同的营销策略，而使不同产品品牌的营销手段缺乏针对性。产品品牌经理对某一品牌进行管理，这样能够更好地得到关于该产品品牌的顾客群体、竞争对手和产品战略等的详细信息，能更快地针对市场上出现的问题做出反应。

2. 增强了各职能部门围绕品牌运作的协调性。通常，各职能部门都是从本部门的角度出发，制定产品营销方案，这样就很难为一种品牌的整体做出精心全面的规划，容易导致产品品牌营销的失败。而产品品牌经理可从整体上考虑产品的利益，并运用制度的力量去协调各部门围绕品牌做出种种努力，使企业每一种品牌的营销得到企业内部整体、协调的支持。

3. 维持品牌的长期发展和整体形象。产品品牌经理不但在产品线延伸方面始终如一地去保护品牌的个性，而且在销售工作中也能有效地消除销售过程中容易出现的短期行为。产品品牌经理根据品牌的长远利益做出正确的选择，使品牌得到长期发展。如果从产品的生命周期方面进行分析，产品品牌经理就如同保护品牌的保姆，他会从每一个角度细心呵护产品品牌，比如在品牌延伸方面，他会想方设法去保护品牌个性，而在销售工作中，他也会尽可能消除销售过程中可能出现的短期行为，以确保品牌良性发展。这一点可从宝洁公司的部分品牌发展史中得到支持，如宝洁公司的"潮汐"洗涤剂已行销40多年，"佳美"香皂已行销60多年，而"象牙"香皂的行销历史更是长达110年以上。

4. 改变企业毛利实现的目标管理过程。由于产品品牌经理要对产品品牌的销售额和毛利率等财务指标负责，使得产品从开发阶段就受到成本指标的严格控制，产品品牌经理十分注意控制各环节的成本支出，一旦发生异常情况，便会迅速做出反应，改变了没有人具体负责产品营销过程中成本控制的情况。

5. 产品品牌经理制还有助于创造一种健康的内部竞争环境。企业采用产品品牌经理制对其品牌进行管理，这使得各产品品牌经理不仅要面对公司外的竞争品牌，还需与公司内部的其他品牌争夺顾客。良性竞争带来发展的动力，促使公司经营业绩的总体上升。

6. 有助于培养营销管理人才。由于产品经理必须和企业的不同经营部门打交道，这一职位能够给年轻的经理人员提供极好的锻炼机会。特别是对产品经理的协调和沟通能力是一个极大的锻炼。对产品结构单一的小企业而言，总经理实际上也是产品经理。因此，一个成功的产品经理其事业发展的舞台是无限的。

7. 对零售商和消费者的意义。从对零售商和消费者的意义来说，产品品牌经理制的建立，可使其获得更为广阔的选择空间。企业不再以产品为出发点，而是以品牌所服务的消费者和零售商的需要为出发点，使消费者和零售商的需求从一开始就得到品牌经理的关注和重视，以便获得更多、更丰富、更满意、更符合个性需求的差异性产品。

8. 有助于企业贯彻执行市场导向。产品品牌经理制使品牌管理的重心从企业层面转向每一具体的品牌，密切关注市场。宝洁公司的品牌管理系统之所以成效卓著，就是受公司基本信念的驱使，公司为消费者提供的不是产品，而是品牌。同时，由于产品品牌经理要对他所负责的品牌的销售额和毛利率负责，这就促使产品品牌经理更好地关心市场的需求和变化，做出快速反应，在对品牌的策划上做出缜密、周到的部署。

可见，产品品牌经理制的建立，为市场营销带来了革命性的转机。产品品牌经理通过对产品品牌全方位的计划、控制和管理，使之灵活高效地适应消费者需求的变化，改善了公司参与市场竞争的机能，延长了产品和生命周期，强化了企业品牌形象，为企业赢得了更为广阔的市场前景。

三、产品品牌经理制的局限性

产品品牌经理制在创建以来的近半个世纪里，发挥了很大的作用，几乎成了西方跨国公司普遍采用的"标准的"品牌管理模式。然而，随着社会的发展，产品品牌经理制的局限性也表现得越来越明显。1994年，英国《经济学家》杂志曾发表了题为《品牌经理制的终结》一文，对产品品牌经理制的弊端进行了尖锐的批评。后来，宝洁公司爆发"玉兰油事件"，产品品牌经理制更是被指责为罪魁祸首，宝洁公司目前的运作构架中，产品品牌经理制是主体，几乎所有部门都围绕不同的品牌经理开展工作。因此，品牌经理无疑有着巨大的权力空间，而这种空间不仅是滋生腐败的沃土，而且导致各品牌间难以协调。一项权威统计表明，2001年，宝洁公司除了飘柔之外，其他品牌的市场占有率都有不同程度的下降，其中潘婷等品牌尤甚。宝洁公司也意识到了问题的严重性，因此正在努力寻求对产品品牌经理制的改革。具体来说，产品品牌经理制的局限性主要表现在以下几个方面：

1. 竞争有余而合作不足。产品品牌经理制的设置会在企业内部产生一些冲突或摩擦。一方面因为产品品牌经理所拥有的权力往往小于他们承担的责任，他们得主要靠劝说的方法来影响诸如生产部门、广告部门、销售部门等其他各职能部门与他们配合，他们常常被人看做低级别的协调者。大量的时间得花在各种协调会议、日常文书等工作上。另一方面各产品品牌经理相互独立，品牌之间缺乏必要的合作和协调机制。这样，他们会为保持各自产品品牌的利益而发生摩擦，常常导致各品牌经理不遗余力地争夺企业资源，各品牌业务相互重叠。

2. 品牌管理缺乏统一的规划和领导。处于组织基层的品牌经理其权限十分有限，他们既缺乏制定战略性、跨职能决策的长期观点，也缺乏必要的权力和技能，因此，这种分散的品牌管理方式虽然有利于激励品牌经理的积极性，但由于缺乏必要的合作机制和统一规划，往往导致企业资源浪费和品牌管理失控，从而使企业失去竞争优势。

3. 导致腐败滋生。由于品牌经理有着巨大的权力空间，而分权制的产品品牌经理组织形式意味着权力更多地受品牌经理支配，因此客观上很容易导致权力滥用，腐败滋生。

4. 产品品牌经理有时会过分强调短期成果。公司内部的人常常抱怨，产品品牌经理在追求一个季度或更短时期内的销售量和市场份额目标时表现得过于短视。由于产品品牌经理只对产品的研制、市场开发和销售行使有限的权力，但却要对利润负责，这势必会形成一种矛盾，极易产生短期行为。

5. 产品品牌经理制所需的费用常常超出预算。此外，产品经理还有可能过分关心产品而忽视了顾客。并非所有的企业都必须设置产品经理，只有一条产品线和一个市场，或者整个经济活动已被分散化。在这两种情况下，产品品牌经理会是多余的。当企业生产越来越多的产品销售给不同的顾客群以及更多的竞争者加入了竞争行列时，企业对产品品牌经理制的需求才会越来越迫切。

四、产品品牌经理的职责

产品品牌经理的职能因企业而异，但无论什么类型企业的产品品牌经理，其工作目标都是一致的，那就是使他所管理的产品品牌能实现利润最大化，他们的一切工作都是围绕着产品品牌来进行的。总的来说，产品品牌经理的职能是制定产品营销计划，负责实施产品营销计划，监督其执行的结果并采取改进措施。我们可把产品经理的职能具体归结为：

1. 制定品牌的长期经营目标和竞争战略。产品品牌经理须为本企业的产品品牌发展指明方向。即确定产品品牌开发的竞争领域，企业未来的产品品牌发展方向是在现有产品品牌领域还是开发新的领域；根据市场细分确定企业产品品牌的市场定位；确定产品品牌创新的程度等。

2. 编制详细的产品品牌年度营销计划，并进行销售预测。这是产品品牌经理的关键职能之一。有人甚至认为制定产品品牌年度营销计划是产品品牌经理唯一最重要的工作。毋庸置疑，产品品牌营销计划是产品品牌经理工作的指南，它是产品品牌经理实施有效产品品牌管理的纲领性文件。如不能编制一个合理的产品品牌营销计划，产品品牌经理的一切工作将会陷入混乱状态。

3. 与广告代理商和经销商一起进行产品品牌的广告策划。如何将本企业的产品品牌信息迅速、有效地传递给消费者，引起消费者的注意，是产品品牌获得消费者喜爱的首要条件。产品品牌经理须与广告部门对此进行精心策划，如，对广告文稿的设计，广告形式的确定，广告媒体的选择，投放广告的时间、范围、强度等的确定。

4. 激发销售人员和经销商对该产品品牌的推销兴趣。

5. 不断搜集有关产品的各方面信息。如顾客对产品性能、质量、价格等的反应，经销商对产品的看法，竞争者针对本产品采取的行动，宏观环境的变化对产品营销的影响，新技术的出现对现有产品的挑战等。

6. 组织产品品牌改进，以适应不断变化的市场需求。产品品牌经理的最终目标是通过为顾客提供满意的产品品牌而实现利润最大化。在当今激烈的市场竞争环境下，产品的生命周期已越来越短，以个人计算机为例，产品的更新换代为 13~18 个月。一般产品的生命周期也从 20 世纪 60 年代的 20 年变为 4~7 年，随着科学技术的迅猛发展，产品的生命周期将继续缩短，产品品牌经理的任务将越来越集中到产品品牌的创新上来。

具体到不同类型的企业，产品品牌经理的职能范围和工作侧重点并不完全相同。如，在通用仪器公司的一个分部中，产品品牌经理的职能在大多数情况下表现为协调产品开发与营销、营销与销售之间的关系。他们对有关产品线的广告事宜和促销预算负有直接责任，但对产品项目开发仅仅负责提供营销信息。而惠普公司的产品品牌经理往往是新产品开发的核心人物，他们要准备产品开发计划，主持和监督计划的实施过程。通常消费品产品经理比工业品产品经理所经营的产品品种少，且由于消费品顾客和工业品用户的需求特征不同，消费品经理将更多的时间用于广告和销售促进，此外，他们花在与其他结构和企业内部各职能部门打交道的时间要多于直接与顾客接触的时间。工业品经理则要较多考虑与产品相关的技术和产品功能、质量等的改进，大量的时间用于与工程技术人员商讨，与推销人员和大客户保持密切的联系，相反对广告、促销手段等不太关注，与消费品产品经理相比，他们更理性地看待产品。

五、成功产品品牌经理的特点

产品品牌经理制的成效如何，在很大程度上取决于产品品牌经理。产品品牌经理在企业的整个营销运作过程中，并不具有很大的权力，无权指挥其他部门。因此，他们要获得成功，必须依赖其他同仁的合作，尽量创造机会，帮助别人解决问题，提供点子，以便未来别人也对他们提供同样的帮助。这就要求，产品品牌经理具有极大的智慧和创造力。现在，并没有公认的成功产品品牌经理的标准。我们从产品品牌经理的目标、职能、工作任务及他在组织中的角色来分析，成功的产品品牌经理常常须具备以下特点：

（一）产品品牌经理须有敏锐的市场洞察能力

产品品牌经理的业绩主要体现在他能否不断地提供消费者需求的产品，消费者的需求是什么，如何将这些需求转化为产品，是产品品牌经理最为关注的事情。敏锐的市场洞察力是产品品牌经理成功的重要因素。称职的产品品牌经理能够辨明趋势并搜集相关信息，然后把它们转化为在市场上的正确行动。产品的开发必须立足于顾客，产品品牌经理要成为一流的产品概念创造者，产品概念不仅包括顾客能够说出的需求，还应包括顾客不一定说得出的未来潜在的需求。产品品牌经理应该时时刻刻想到的是爱顾客，而不是爱自己的产品，这一理念已成为当今时代产品品牌经理的共同价值观，但涉及对顾客真正需求产品的界定时，其具体行为却大相径庭，更多的时候是用自己主观的判断来代替顾客需求的客观实际，其结果是主观意识下的产品常常遭到市场的冷落。如，日本尼西奇纸尿布打入美国市场之初，极力宣传纸尿布的"方便"，随用随扔，但市场上却少有人问津。公司销售人员大惑不解，不明白对于大大咧咧、讨厌家务事的美国人来说，这样"方便"的纸尿布难道不是一种"无价之宝"吗？直到他们向美国年轻的母亲们请教才获得了答案："生儿育女是人生的一件大事，不能因贪图方便，而让孩子受委屈，用纸尿布会被亲友小看的！"原来如此，顾客在纸尿布上所认定的价值显然不是什么简单方便，而是别的价值。针对顾客的价值需求，公司重新推出了纸尿布这一产品，强调它的"吸水性好，保护婴儿皮肤"这一特点，一下子迎合了顾客的认定价值，从此销路大开。可见敏锐的市场洞察力一方面要具有良好的市场悟性，更重要的是要善于捕捉市场信息，科学地分析市场信息，最后将市场信息转化为顾客所需要的整体产品。

（二）产品品牌经理须具备全面的产品知识

产品品牌经理工作的核心是对他所管理的产品品牌负责，他应比公司中其他人员更熟悉有关他的品牌产品的各种知识。各职能部门对产品的熟悉程度体现在产品的某一方面，研发部门熟知产品的技术特点，生产部门精通产品的实体形成，销售部门最清楚产品的销售特征及顾客对产品的反应，广告部门善于借助适当的媒体将产品的信息传递给消费者。而产品品牌经理虽然对产品某一方面的知识没有职能部门那么精通，但他却应具备有关产品的全面知识。如，吉姆·克拉克和 Takahiro Fujimoto 在《哈佛商业文摘》的《产品整合性的力量》一文中，按其对汽车行业的调查结果，"重量级"产品品牌经理对于产品和整车开发的工艺过程拥有广博的知识，由于拥有丰富的经验，他们的意见往往得到重视，即使对那些他们并不实施权力的人员，他们也会有影响力。

（三）产品经理须具有跨职能的领导能力

产品品牌经理要想成功，必须在公司内部建立起纽带，成为跨职能的领导者。一个产品品牌经理的全部职能在于了解不断变化的市场需求和优化产品，并将产品推向目标市场，这需要将企业的不同部分凝聚成一个战略上一致而集中的整体。一个强有力的跨职能部门领导者的能力体现在以下几个方面：

1. 富有组织能力。产品品牌经理的职能决定了他必须同组织中的各职能部门协同工作，而组织并没有赋予他对各职能部门的领导权，因此他必须学会在没有直接权力的情况下对各职能部门施加影响。人们希望产品品牌经理成为"车轮的轴心"，并对其他业务职能部门有广泛的了解，为了与研发、生产、财务、销售、人力资源等职能部门协作，他们要在各种会议上花费大量的时间，以应付存在于部门之间的大量矛盾或冲突。如，与竞争对手的产品进行对比时，产品品牌经理通常面临至少两个以上的相反观念，技术开发人员总能证明竞争对手的产品比本公司的产品差；销售经理和销售人员则更多地看到竞争对手的产品的优点及本公司的产品的缺点，诸如竞争对手的产品质量好、价格低廉等。为了权衡这些主观观点，产品品牌经理最好编制产品竞争力评估表格，评估的项目要细化，让观点对立的双方在表格中填写竞争者及本企业产品的优势和劣势。这样既便于组织内部对产品的看法达成一致，加强了部门之间的沟通，又能产生积极而具体的建议，进而改进工作。产品品牌经理须运用各种方法和技巧经常保持与各职能部门的沟通，这将有助于产品品牌经理工作的顺利开展。

2. 掌握出色的人际关系技巧。产品品牌经理面临的最大挑战之一是他所拥有的职权往往小于他所承担的责任，在没有明显职权的情况下，整天与各种人打交道，并需要得到这些人的帮助，良好的人际关系技能将会帮助他赢得周围人的支持，特别是在他与其他部门或品牌争夺内部资源时，将会显出特别的优势。这是产品品牌经理在多职能交叉小组做出优异成绩的保证。

3. 产品经理的权威性。在没有直接权力的情况下对其他部门人员施加影响的重要前提之一是，产品品牌经理本人具有权威性。产品品牌经理拥有丰富的产品知识、熟练的技能、敏锐的市场洞察力、良好的人际关系能力、前期产品品牌管理的成功经验等，都有助于产品品牌经理权威的树立；将企业利益放在首位，强调各职能部门相互配合带给职能部门的成功，而并非强调产品经理本人的成功，会得到各职能部门更多的支持和帮助。此外，借助于高层经理的影响也不失为一种办法，但不能解决根本问题。

由此可见，产品品牌经理制是一个挑战性举措，产品品牌经理本身更是一个充满风险和挑战的工作。

第三节　新兴的品牌管理组织

随着产品品牌经理制局限性的日趋明显，新的品牌管理组织形式的兴起已呈必然之势。从目前情况看，主要有两种新的品牌管理组织形式正在发育，一种是类别品牌经理制，一种是企业品牌经理制。

一、类别品牌经理制

在产品品牌经理制下，各品牌经理为了各自的利益而战，竞争有余而合作不足，对企业资源造成了很大的消费，因此从20世纪80年代末90年代初开始，产品品牌经理制的鼻祖宝洁公司开始推行新的品牌管理制度——类别品牌经理制（Category Brand Manager）。宝洁公司推行类别品牌经理制的目的主要是为了减少企业内部各品牌之间的竞争，加强与力量日益强大的零售商之间的合作，提高整合效益。尤其是同一产品类别中的品牌协调问题。因此，从20世纪90年代以来，始于宝洁公司的类别品牌管理开始在西方企业中盛行，特别是在消费品行业。

类别品牌经理制是在产品品牌经理制的基础上发展起来的，因此本身并不完全否定产品品牌经理制。类别品牌经理制的具体做法是，首先将企业中的品牌按产品性质分为若干个类别（Category），每一类别设置一个类别经理，管理着该类别下所属同类产品品牌。在管理体制上，实行二级管理，即在保留原先的产品品牌经理的基础上，再增加一层协调机构——类别管理层，如图11-2所示，产品品牌经理与类别品牌经理协调共事，共同推动组织目标的实现。

类别品牌经理与产品品牌经理属上、下级关系，二者的职能分工不同。产品品牌经理位于品牌管理的最底层，其主要任务是了解顾客对品牌的看法，搜集信息，然后会同公司其他职能部门，包括产品开发、制造、营销和销售等，将它们转化为产品开发和过程设计的标准。此外，在营销部门的协助下，负责推广和宣传所管理

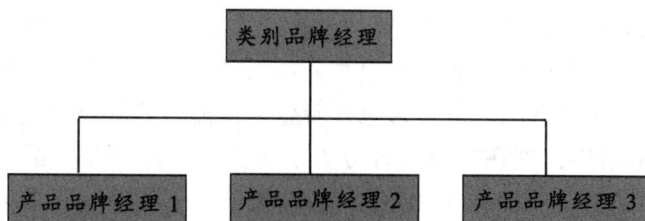

图 11-2 品牌二级管理

的品牌。类别品牌经理负责考察公司所属品牌间的边界和相互关系，发挥协调作用。任何成功的产品品牌经理都内在地极力设法拓展品牌的范围，以便争夺货架空间，扩大销售。如果不加强管理和控制，必然会导致公司各品牌间相互重复，自相残杀。类别品牌经理的主要职能在于：

1. 协调与其他品类品牌的关系。不同类别的品牌之间，虽然很少有争夺外部顾客的竞争，但却面临着企业内部资源的争夺。作为类别品牌经理，应善于为本类品牌争取企业内部资源，与相关部门进行沟通协调，为本类别品牌创建一个良好的企业内部运营平台。

2. 确保同类产品的各品牌间不出现过度竞争。公司内部品牌的竞争多发生在同一产品线下的各品牌之间。同类产品品牌的竞争不仅表现为争夺企业内部的资源，在市场上，这些品牌也是竞争对手。类别品牌经理一方面要将企业内部资源合理分配给不同的品牌，更重要的任务是将自己管理的各品牌实行严格的市场区隔，这需要类别品牌经理对同类品牌的数量、定位有科学合理的布局。各品牌分布既不留下市场空白，也不能相互覆盖。

二、企业品牌经理制

企业品牌经理制是近年来出现的一种新的品牌管理组织形式，这种品牌管理方式与传统的品牌管理方式不同，它重点培育企业品牌（或旗帜品牌），并通过明确企业品牌与其他品牌的关系，使品牌系统中各品牌能够相互支持，从而实现品牌建设整体最优。企业品牌经理制的出现说明企业在品牌建设中，正逐渐脱离孤立、局部建设，并走向系统、整合建设，从而从完全意义上实现企业品牌的系统管理。

（一）企业品牌经理制产生的原因

企业品牌经理制的产生有内部和外部原因，概括起来，主要有以下几个：

1. 营销环境改变。营销环境改变集中反映在消费者对产品所持态度的转变上。以往消费者对产品比较倚重，至于谁提供产品并不怎么关心。随着互联网络的发展和消费者主导地位的建立，消费者开始趋向理性购买，他们不仅关心产品，也关心提供产品的组织，他们希望所购买的任何产品背后都有一个值得信赖的组织。正如英国品牌专家 King（1991）指出的那样，企业品牌将成为重要的识别标志。也就是说，消费者在做出选择时，并不那么看重产品或服务给他们提供的功能性利益，而是更多地考虑他们选择产品或服务前对公司人员的评价，他们的技能、态度、行为、风格、语言、环保意识、是否为他人着想、交流模式和反应速度等。宝洁公司前总裁 Ed Artz 也指出，现在的消费者希望了解公司，而不是产品。一项对美国消费者的大型调查发现（Keller，1998），89%的被调查者认为，企业的声誉常常决定他们购买哪家的产品；71%的被调查者说，他们对一个企业越了解，他们对其感觉就越好。这种营销环境的变化，使得企业开始探讨新的品牌管理方式，这也就成了企业品牌经理制产生的原因之一。

2. 市场竞争压力加大。随着技术的发展，尤其是信息技术的发展，一方面，新产品的仿效变得十分容易，这使得市场上竞争品牌的数量急剧增多，消费者每天都要被成千上万的营销信息包围；另一方面，由于中间商掌握了大量的信息而变得日益强大，再加上它们的货架空间有限，所以它们通常只选择那些强势品牌的产品销售。这样，那些处于非主导地位的品牌就面临着很大的压力，建立一个强有力的品牌变得刻不容缓，因此急需在品牌管理方式上变革，有一个专门的组织形式来集中对企业品牌进行管理和建设。这是导致企业品牌经理制产生的原因之二。

3. 创建和维持品牌费用昂贵。创建和维持品牌的费用越来越高，迫使企业集中于部分品牌，重点培育企业品牌或旗帜品牌。销售专家认为，在未来的市场竞争中，要想在北美及欧亚顾客中夺得显著的"印象占有率"，需要约 10 亿美元的广告费用。但苹果的产品一上市，就会立即被公众认可，原因就是苹果拥有一个强有力的品牌，而这一优势就来源于公司对其企业品牌的培养。培育企业品牌是现代市场条件下取得竞争优势的有力手段，而建立企业品牌经理制则有利于企业更好地培育企业品牌。

4. 品牌分散管理削弱品牌竞争力。品牌是识别产品的标志，是企业向其最终消费者、客户、股东、管理层传递信息的工具。因此，品牌必须能够传递一个企业所具有的共同文化，共同的目标、语言、方法、风格。但是如果企业有很多独立品牌的话，那么把这些信息放在哪一个品牌上合适呢？如果只放在一个品牌上，那么其他品牌又代表什么呢？如果缺乏系统管理，品牌分散的结果不仅造成企业形象的混乱，而且使企业内大多数品牌缺乏竞争力。而建立企业品牌经理制，重点培育企业品牌，则可以较好地解决这些问题，这也是推动企业推行企业品牌经理制的又一个原因。

5. 产品品牌经理制的缺陷越来越明显。产品品牌经理制缺陷越来越明显也是间接推动企业品牌经理制产生的原因之一。由于产品品牌经理制一度是企业进行品牌管理的"经典"方法，一旦其缺陷暴露，则大多数企业都面临寻求一种新管理方法的任务，于是从类别品牌经理制开始，到企业品牌经理制的建立，都说明了企业只有适应环境变化，不断调整品牌管理方法，才有可能在竞争日趋激烈的市场中立稳脚跟。

（二）建立企业品牌经理制的目的

从企业品牌经理制产生的原因分析，建立企业品牌经理制代表了品牌建设的努力方向，其目的主要有两个：

1. 通过企业品牌经理制建立和完善企业品牌（包括旗帜品牌），强化企业形象，在消费者心目中建立良好企业品牌与优质产品品牌之间的联想。企业品牌是企业价值观的体现，是企业对社会的一种承诺，也是企业经营全过程的总体反映。与产品品牌不同，企业品牌表达了企业存在的理由，代表了企业独特的组织目的，传达了企业与众不同的企业形象。因此，建立和完善企业品牌，是企业顺应营销环境变化做出的选择，也是企业建立企业品牌经理制的目的之一。

2. 通过企业品牌经理制整合品牌系统。这是建立企业品牌经理制的第二个目的。一般而言，大多数企业往往不止一个品牌。建立企业品牌经理制，就是要通过企业品牌经理制的作用，对企业众多品牌进行系统管理、协调发展，以便形成和谐统一的品牌体系，避免各自为政和相互牵制的磨蚀。正如 Jefferfy Sinclair 所说："一屋子的品牌就像是一个家庭，每一个都需要一个角色与一份和其他品牌之间的相互关系。"一个构思巧妙和管理完善的品牌体系有利于平衡各品牌间的关系，避免重心模糊、市场混乱和资金浪费。所谓"重心模糊"，实际上就是主次不分，也就是说在众多品牌建设中，找不准培育重点，于是盲目进行，结果要么是平均使力，要么是找错了对象，两种结果都不利于品牌建设。"市场混乱"往往是由品牌间相互勾心斗角引起的。有时各产品品牌经理为了维护自己的利益，不得不损坏其他品牌的利益，于是矛盾不断，大家都为各自的既得利益而战，结果狼烟四起，市场混乱不堪。"资金浪费"是品牌管理不善导致的又一个后果。通常来说，每一个品牌角色都需要资源，最常发生的是一项品牌的投资决策是奠基在与这个品牌相关的褊狭分析上，因此忽略了这项品牌对于系统中其他品牌所产生的影响，也未能适当考虑未来品牌的角色，从而使得各品牌相互抵触，造成品牌资产不必要的浪费。

上述三个方面的不利影响可通过企业品牌经理制的整合作用加以克服。其中品牌经理的作用就如同协调中介和管理中介，可使企业从战略高度上对众多品牌进行系统管理，从而推动品牌建设良性运行。

（三）企业品牌经理的职责

企业品牌经理的主要职责包括：

1. 制定品牌管理的战略性文件、规定品牌管理与识别运用的一致性策略方面的最高原则；

2. 建立母品牌的核心价值及定位，并使之适应公司的文化及发展需要；

3. 定义品牌架构与沟通组织的整体关系，并规划整个品牌系统，使公司每一个品牌都有明确的角色；

4. 品牌延伸、提升等方面战略性问题的解决；

5. 品牌体检、品牌资产评估、品牌传播的战略性监控等。

当然，企业品牌经理完成这些职责并不一定非得完全靠自己的力量或内部力量，有时企业也可借助"外脑"，即专业的品牌顾问咨询公司来完成任务。国内目前专门从事 Brand & Identify（品牌识别）战略咨询的高水准品牌顾问咨询公司还没有，目前已进入中国市场的专业品牌顾问公司美国朗涛（Landor）品牌设计管理顾问公司，就是全球最大的品牌设计管理顾问公司。在中国，一些著名的电器企业如美的、科龙都请 Landor 公司做过品牌规划与设计。另一个进入中国市场的专注战略性品牌管理（Strategic Brand Management）公司是美国 Enterprise IG 公司，它是世界上最大的传播机构 WPP 集团成员，像 American Express，IBM China，Hong Kong Post 等著名公司都接受过 Enterprise IG 的品牌顾问及咨询。在国内，香港 Enterprise IG 规划与解决了润迅集团的有关润迅通信品牌、新润迅品牌、润迅概念品牌的品牌架构体系问题。

（四）建立企业品牌经理制的意义

建立企业品牌经理制对企业来说，具有重大意义：

1. 可使企业从战略高度对品牌进行管理，而不再像以往那样，将品牌交由处于较低层次的产品品牌经理进行分散、孤立的管理。由于企业品牌经理制赋予了企业品牌管理层最高管理地位，同时负责品牌建设的总体规划和布局，因此避免了产品品牌经理制下缺乏协作的致命缺陷，使得企业品牌经理可从大局和整体利益出发，对企业品牌实行统一的系统管理，从而有利于企业品牌达到整体最优的状态。

2. 可使众多品牌相互支持，成为一个有机整体，而不是彼此独立，从而有利于企业形成"1+1>2"的整合效应。

3. 有利于企业集中培育企业品牌（或旗帜品牌），以维持统一的公众形象。一般来说，产品品牌更多地代表产品、配方、专有技术等；而企业品牌或旗帜品牌则代表企业利益、价值理念、企业文化等，是更高层次企业理念的表述。重点培育企业品牌或旗帜品牌，可使企业产品品牌在其理念的支持下，共同维持统一的对外形象。

4. 有利于企业更好地实现资源（用于品牌建设）的合理配置。

5. 有利于企业从更高、更远的角度选择适合自我发展的品牌管理模式。

三、实现品牌系统管理的途径

在企业品牌经理制下，实现品牌系统管理的途径主要包括以下几点：

（一）建立协调运作的、强有力的品牌管理机构

建立协调运作的强有力的品牌管理机构是企业品牌经理制实现品牌系统管理的前提条件。协调运作的品牌管理机构是由品牌管理的专门组织结构、队伍与制度构成的系统，是一个有机联系的整体。从组成上看，品牌管理机构一般由企业品牌经

理、品牌管理委员会、类别品牌经理、产品品牌经理组成。其基本结构如图 11-3
所示。

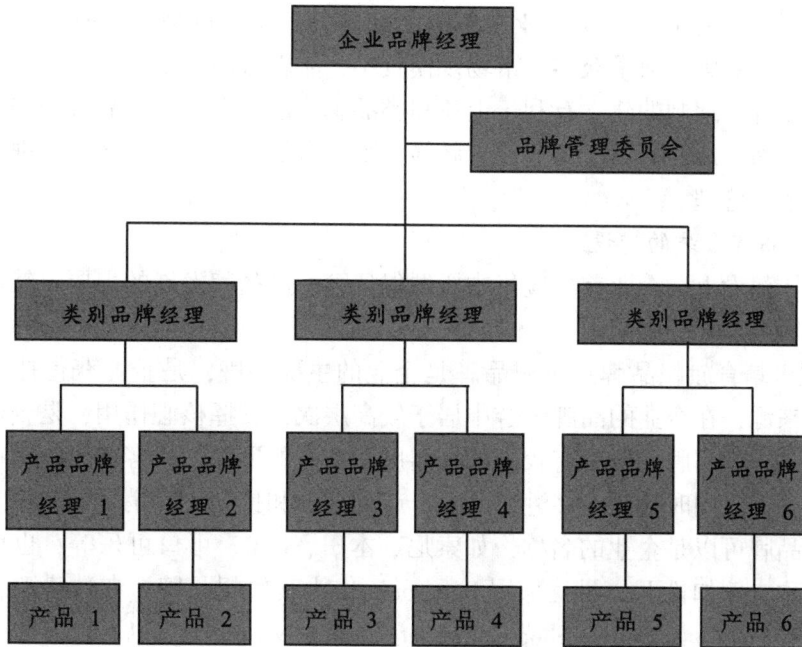

图 11-3　企业品牌经理制品牌管理机构

一般而言，企业品牌经理是品牌组织的发起人、重要人事决定者及高层协调人，同时协助总裁审定品牌计划。品牌管理委员会负责提出品牌策划的方针，审议品牌计划并给予建议。类别品牌经理，负责大类业务范围中多个品牌的管理，组织品牌计划、品牌设计的拟定，对执行过程如整合营销传播策略与执行活动进行监督。产品品牌经理，负责拟定单一品牌的品牌计划，组织完成品牌设计和品牌整合传播策略与计划，并协调和控制各项执行工作。

品牌的管理与执行，可以由内部完成，也可聘请外部的品牌管理专业机构进行代理。代理机构可以承担企业品牌经理的品牌管理职能，并负责部门执行工作，如视听识别体系与广告的设计，媒介的选择、传播沟通的整合等。确定一家品牌代理机构的介入，能够使品牌管理的专业水准、策略与执行的一致性、策略的长期持续性、传播组合的统一性，都得到强有力的保证。

（二）建立脉络清晰、有机联系的品牌体系

公司所有的各类品牌，不是杂乱无章地堆砌的，而是应构成脉络清晰、相互关联的有机整体，包括：

1. 企业品牌或旗帜品牌。这是企业中各类品牌的第一层。一般为全国或国际性的品牌，市场覆盖范围广、品牌投资大，是企业战略性利润来源，且品牌较为长久。

2. 辅助品牌 。这是企业中各类品牌的第二层。一般为区域性的品牌，并形成对主导品牌，即企业品牌或旗帜品牌的支持。

3. 细分市场品牌。这是企业中各类品牌的第三层，也是最下面一层。针对特殊消费群体的品牌，数量众多，市场规模较小，品牌可能不太长久。

企业品牌经理制的建立有利于上述三类品牌形成金字塔形的品牌结构，造成众星捧月的局面，从而有利于企业建立脉络清晰、有机联系的品牌体系，进而实现企业品牌的系统管理。

（三）品牌系统的建设

在具体建设上，企业首先应集中资源保证第一层品牌发展的需要；然后再是有理性地发展第二、三层品牌。

1. 积极培育旗帜品牌。旗帜品牌是企业的主要品牌，是企业获得持久竞争优势的重要来源，在企业的品牌组合中居于较高层次，发挥核心作用，是企业营销投资的重点。旗帜品牌一般具有较高的知名度和良好的形象，顾客联想较为抽象，延伸能力强，可以同时使用在多种产品上，起到注释和推动产品销售的作用。

旗帜品牌可以是企业的名称，如索尼、本田、IBM、可口可乐等；也可以不采用企业名称，例如松下公司就采用 Panasonic 作为其旗帜品牌。在数量上，旗帜品牌可以只有一个，如 Body、Shop、Internet、Nike、Virgin 等；也可以有多个，如吉列公司的 Gillette、Sensor、Gel、Series 等。培育旗帜品牌的做法各公司虽各有侧重，但概括起来大致包括三种方式：

（1）老品牌的再生。例如吉列品牌。在整个 20 世纪 80 年代，分散的广告宣传使得吉列成为廉价、蓝色、塑料剃须产品的代名词，尽管销售量不小，但毫无品牌优势可言。之后，公司改变战略，将吉列品牌重新定位，品牌主题设为"男人的最佳选择"，并将它作为全球通用的一致表达；取消了地方性的产品广告预算，集中力量宣传吉列品牌，再配之以技术上的突破（如感应剃须技术），几年内将吉列从分散的、地方性的低价"畅销"产品品牌转变为领导国际潮流的生活方式品牌"吉列"。

（2）提升明星产品品牌。有些公司的某种产品品牌享有盛誉，可以提升为企业品牌。例如，法国的 BSN 公司，公司名称在消费者中默默无闻，但其酸奶产品品牌 Danone 是个世界级的品牌。于是，公司也更名为 Danone。联合利华公司的 Elida 和 Ponds 以往都是下属子公司使用的产品品牌，在 20 世纪 90 年代通过整合公司最新研究成果，提升为公司的旗帜品牌。Niver 公司的 Niver 品牌，原来是非常成功的护肤油产品品牌，公司发现该品牌在消费者心目中具有关怀、正宗和信任等非常有利的联想，于是，从 20 世纪 90 年代开始，公司以该品牌名称推出了系列化妆品，从而将它成功地转变为公司的化妆品旗帜品牌。

（3）创建新品牌。例如，吉列公司依靠技术上的突破，成功地树立起 Sensor

品牌。美国的 Anseuse Busch 公司创造了 Eagle 品牌，起先主要用在早餐花生酱上，然后将之作为战略性扩展的平台，成功地扩展到其他快餐食品上。

以上是培育旗帜品牌的三种方式。无论采取哪种方式，企业先得进行品牌评估，掂量品牌分量，然后选出有发展前途的品牌进行培育。在评价被选择的目标品牌时，可以从以下几个方面进行：一是被选品牌的市场发展前景以及该品牌在消费者心目中的地位。前者可以通过利润率、市场占有率、市场吸引力等指标加以衍生；而后者则可以通过顾客忠诚度、顾客偏好度等指标衍生。二是根据品牌的涵盖性进行评价。一般而言，一个好的旗帜品牌必须要有一定的涵盖性，避免高度定位，提炼出超越品牌所依托的产品的核心利益的价值定位。只有当一个品牌具有广泛的涵盖性时，这个品牌的信息才能更好地被传递，该品牌也才能更容易得到扩展和延伸。例如吉列公司将品牌设定为"男人的最佳选择"，并将它作为全球通用一致的表达，而避免了狭隘的"剃须"定位；同样，雀巢也将口号制定为"我们制造最好的食品"，而非"我们制造好的咖啡或巧克力"；亨氏更是将其品牌主题改为"亨氏热爱家庭"，从而成功推出了从婴儿到成人食用的系列食品；汉堡包王公司的口号也不逊色，"任你称心享用"；美国联合航空公司则绕开了运输字眼，"你就是主人"在展示给顾客极其丰富的想象的同时，也给自己留下了广泛的扩展空间和延伸领地。"有家就有联合利华"这种高度提炼的企业经营理念定位为该品牌的延伸和扩张留下了无限的空间。所以，好的涵盖性是我们选择培育旗帜品牌时必须慎重考虑的。

2. 重点建设企业品牌。培育企业品牌是企业品牌经理制实现品牌系统管理的第一条途径。由于企业品牌代表着企业中各品牌的实质，企业品牌建设的好坏也直接关系到企业形象的好与坏，加之随着营销环境的改变，企业品牌日益为消费者所关注和器重，如果企业不能顺应这一潮流，则很难在竞争日益成为主流文化的社会中立足。更重要的是，企业品牌对内部资源可起到优化整合的纽带作用，在整个品牌系统中功不可没。因此，积极培育企业品牌是企业品牌经理制实现品牌系统管理的至关重要的一环。

近年来，越来越多的企业开始重视企业品牌的内部纽带作用和战略、领导作用，把企业品牌作为整合内部资源和调动员工积极性的激励工具。我们都知道，品牌不是一个简单的符号，它是一种承诺，是企业在日常营销活动、每项企业决策和每次顾客接触中都需要恪守的承诺。品牌承诺决定预算和调解纠纷。如果公司中的每个人都知道什么是企业的品牌承诺，知道他们将根据对于该承诺的投入取得相应的报酬和处罚，那么，政治权术和勾心斗角就会消失，企业中的员工将同心同德地将品牌建设工作做好。因此现在很多企业都试图通过企业品牌来激发企业员工工作热情和自豪感，增强组织凝聚力，并以此牵动品牌管理良性运作。

另外，企业品牌还可作为整合组织业务的纽带。按照基于资源的企业战略理论，企业的业务扩张应该以核心能力的有效利用为基础。也就是说，企业核心能力有效发挥作用的范围规定了企业扩张的边界。作为企业的一种核心能力，著名的企业品牌也可以发挥连接业务组合纽带的作用，作为企业业务扩张的基础。例如维珍公司是英国最大的非上市公司。该公司最早经营邮递业务，后来业务领域不断扩展，到 20 世纪 90 年代末，其业务范围已涉及航空客运、音乐、商店、可乐、金融服务、制片和铁路运输等多个领域。在许多人看来，如此庞杂的业务组合，很难取得成功。然而，事实让人们打消了疑虑。该公司的总裁是有 20 世纪英国最伟大企业家之称的 Richard Branson。他认为，虽然看上去业务庞杂，但实际上形散而神不散，维系公司不同业务的纽带就是维珍这一企业品牌，是这一品牌的良好声誉及其表现出来的质量、创新、快乐和低价的品牌特性。公司的所有业务均体现了这些品牌特性，同时，这些品牌特性也是公司选择进入新业务领域的主要依据，是企业扩张的基础。

最后，企业品牌还可与组织战略相结合，并通过企业品牌的导向作用来协调内部资源，实现品牌系统管理。例如瑞典 Pharmacia Nicorette 公司的经验充分说明了企业品牌在组织战略中的作用。1990 年，Pharmacia 收购了瑞典的一家小企业 ABLEO 公司，同时也获得了对方出色的产品——Nicorette 尼古丁口香糖，这是全球第一种戒烟产品，曾在 1984 年被美国《财富》杂志评为当年美国市场最佳产品。收购后，Pharmacia 面临着最大的挑战。于是公司制定了尽快确立市场领导地位的新战略，并将该战略表述为品牌愿景 "Pharmacia 生产的 Nicorette 将是戒烟产品市场上领先的国际品牌"，同时制定了相应的品牌主题 "助您度过困难时期"。与此同时，用 Pharmacia 这个企业品牌加强对专业市场（医生和药店）的沟通。公司通过企业品牌来表述战略，终于使内部资源得到协调并使企业品牌体系脉络清晰，发展有序。

3. 理性培育辅助品牌和细分市场品牌。一般而言，辅助品牌和细分市场品牌是对企业主导品牌，即企业品牌或旗帜品牌的支持，也是企业从特殊消费群体身上获取附加利益的品牌。因此，在保证企业品牌或旗帜品牌重点发展的前提条件下，理性培育辅助品牌和细分市场品牌，有利于企业从整体上获得最大收益。同时，理性培育辅助品牌和细分市场品牌，也有利于企业品牌形成脉络清晰的品牌系统。

（四）进行长期一致、全面统一的品牌管理

进行长期一致、全面统一的品牌管理也是建立协调统一品牌管理系统的重要举措。长期以来，实行产品品牌经理制的企业一直缺乏长期一致、全面统一的品牌管理，主要表现如下：

1. 广告与宣传前后不一，各个时期推出的品牌形象与概念前后矛盾、混乱；

2. 各种营销活动，如产品、价格、服务、广告、宣传等各行其是，缺乏同步整合与统一的品牌主题；

3. 没有长期统一的品牌策略，没有长期稳定的品牌管理组织。

以上几种情况的出现，使得企业品牌管理长期处于混乱、孤立、零碎的状态，完全不利于品牌管理的系统化建设。建立企业品牌经理制，则可以通过企业品牌经理的牵引作用，对企业中品牌进行长期一致、全面统一的系统管理。

本章小结

历史上曾先后产生过三种传统的品牌管理组织形式：业主负责制、职能管理制和产品品牌经理制。

业主（或公司经理）负责制是指品牌（或产品层次）的决策活动乃至很多的组织实施活动全由业主或公司经理以及公司的高层领导承担，而只有那些低层次的具体活动才授权下属去执行的一种高度集权的品牌管理制度。业主负责制的优点是决策迅速，协调能力强；缺点是不适合规模较大的企业使用。

职能管理制是指在公司统一协调下，品牌管理职责主要由公司各职能部门分担，各职能部门在各自的权责范围内分别对品牌进行管理，其中通行的做法主要由市场部或广告部制定有关的品牌管理制度。职能管理制的优点有：可使公司领导摆脱很多具体事务的纠缠，集中精力思考和解决企业发展的重大问题；可使品牌管理由传统的直觉与经验型转向以知识为基础的科学管理，从而提高管理水平。职能管理制的缺点有：彼此平行的职能部门之间缺乏有效的沟通与协调；责任模糊不清。

产品品牌经理制的基本操作思路是为每一品牌安排一位品牌经理，由其负责协调该品牌的各项活动。产品品牌经理制的局限性表现为：竞争有余而合作不足；品牌管理缺乏统一的规划和领导；导致腐败滋生；产品品牌经理有时会过分强调短期成果；产品品牌经理制所需的费用常常超出预算。产品经理的职能具体归结为：制定品牌的长期经营目标和竞争战略；编制详细的产品品牌年度营销计划，并进行销售预测；与广告代理商和经销商一起进行产品品牌的广告策划。激发销售人员和经销商对该产品品牌的推销兴趣；不断搜集有关产品的各方面信息。组织产品品牌改进，以适应不断变化的市场需求。成功的产品品牌经理须具备以下特点：敏锐的市场洞察能力，全面的产品知识，跨职能的领导能力。

类别品牌经理制将企业中的品牌按产品性质分为若干个类别，每一类别设置一个类别经理，管理着该类别下所属同类产品品牌。在管理体制上，实行二级管理，即在保留原先产品品牌经理的基础上，再增加一层协调机构——类别管理层。其主要职责是：协调与其他品类品牌的关系，确保同类产品的各品牌间不出现过度竞争。

企业品牌经理制这种品牌管理方式重点培育企业品牌（或旗帜品牌），并通过明确企业品牌与其他品牌的关系，使品牌系统中各品牌相互支持，从而实现品牌建设整体最优。企业品牌经理制产生的原因：营销环境改变；市场竞争压力加大；创建和维持品牌费用昂贵；品牌分散管理削弱品牌竞争力；产品品牌经理制的缺陷越来越明显。

企业品牌经理制强调对企业品牌进行系统管理，企业品牌经理制实现品牌系统管理的途径包括：建立协调运作的、强有力的品牌管理机构；建立脉络清晰、有机联系的品牌体系；加强品牌系统的建设；进行长期一致、全面统一的品牌管理。

复习思考题

1. 试列举传统的品牌管理组织形式的种类并分析其历史局限性。
2. 试述产品品牌经理制的产生背景及其缺陷。
3. 类别品牌经理制的职能是什么？
4. 企业品牌经理制产生的原因是什么？
5. 简述建立企业品牌经理制的目的和意义。
6. 试述企业品牌经理制实现品牌系统管理的途径。

案 例

新雀巢帝国

2011年12月23日，国内的"糖果大王"徐福记正式在新加坡证券交易所摘牌，这意味着徐福记正式拥有了新的东家——雀巢。这场持续半年的收购项目，最终以商务部通过雀巢出资17亿美元收购徐福记60%的股权而告终。此次收购的尘埃落定，引发了国内食品快消行业的巨大争议，有业内人士表示："在中国，正在形成一个外资食品的新帝国。"这种担忧并非空穴来风。雀巢在收购徐福记之前，已经以同样的方式拿下了国内蛋白饮料和八宝粥市场份额最大的厦门银鹭食品集团有限公司（以下简称"银鹭"）60%的股份。"虽然徐福记和银鹭从整个食品饮料行业来看，算不上量级特别大的公司。但是，这两家公司在细分市场里都有很大的市场份额，而这些领域恰好是雀巢中国以往所缺乏的。"在长期研究食品快消行业的正略钧策咨询公司合伙人闫强看来，雀巢在中国总是"润物细无声"，不像可口可乐、达能，一举一动都能引起满城风雨。但是，不经意间它已如老树盘根一般，把触角伸展到了食品快消行业的每一个角落。

多而不精

无论在全球市场，还是在中国市场，雀巢一直扮演着"并购狂"的角色。雀巢董事长包必达一直被外界称为"4%先生"，在他看来，企业停止增长就是死亡的开端，而并购是实现增长的重要手段。他坚持公司的营业收入每年要增长4%，并且告诫公司所有人："首先是规模，其次才是利润率。"因此，雀巢渗入每一个行业，首先追求的都是在量级上超越对手。雀巢在中国的第一次大规模并购始于20世纪90年代。当时，中国的调味品行业正处于年总产量超过1 000万吨、年产值在 300 亿元以上的快速发展期。各国食品巨头也都看中了中国这块风云突起的市场，联合利华更是在以 243 亿美元的天价成功并购美国百仕福食品公司之后，借助百仕福旗下的家乐鸡精成功打入中国市场。为了压制联合利华在中国市场的势头，雀巢在 1999 年分别收购了上海太太乐调味食品有限公司（以下简称"太太乐"）和西安调味食品有限公司各 80% 的股权，强势将中国本土鸡精的第一大品牌太太乐揽入怀中。紧接着，又在 2001 年收购了中国西南地区最大的鸡精生产商豪吉鸡精。

这一连串的并购行为，再加上旗下原有的美极鸡精，雀巢立刻在中国鸡精市场拥有了超过 80% 的市场份额。此外，为了抗衡联合利华在冰激凌市场的优势，雀巢分别在 1997 年和 1999 年收购了上海福乐食品和广州五羊冰激凌。虽然仍然落后于联合利华在整个冰激凌市场 16% 的份额，但是雀巢也占据了不小的市场。通过这一系列的并购，从 1997 年到 2004 年，雀巢在中国区的销售额就整整增长了 4 倍。

然而，并购虽然是雀巢打破不同国家、地区之间经济壁垒及进入门槛，迅速获得市场准入证最有效的方式，但是，雀巢的利润率却无法与企业规模匹配。一直以来雀巢的利润率都只能在 10% 左右徘徊，而其老对手卡夫、达能等利润率常年都保持在 20% 以上。另外，由于战线过长，雀巢的收购往往面临多而不精的局面。

就在雀巢收购徐福记通过国家商务部审批的同时，雀巢关闭了 12 年前收购的第一家冰激凌生产厂上海福乐食品有限公司。欧睿信息咨询（Euromonitor International）的数据显示，雀巢在中国冰激凌市场位列第四，2010 年销售额为 9.23 亿元，占据 3.2% 的市场份额，远远落后于国内品牌蒙牛（17.3%）和伊利（15.2%），甚至不到联合利华和路雪（7.4%）的一半。

事实上，雀巢多年来收购的企业虽多，但真正能占主导地位的却很少。在收购银鹭和徐福记之前，雀巢除了依靠太太乐和豪吉长期占据了中国调味品市场绝对领先地位之外，在乳业、饮料、糖果等细分市场都处于中下游的位置。最为讽刺的是，在饮用水行业中，雀巢作为全球最大的瓶装水生产商，拥有超过 70 个瓶装水品牌，但在中国饮用水市场，雀巢所占的市场份额却在前 7 名之外。

因此，雀巢的冰激凌业务主管赫尔福·卡特林曾坦言："未来，雀巢必须要在业务模式上进行调整。"

改弦易辙

关闭上海福乐食品有限公司正是雀巢改变在华策略的开始。

以往雀巢的战略目标以规模优先，利润其次为准则。但长期的高投资、低回报，即便对于"体格强健"的雀巢来说也难以承受。2009 年雀巢的利润 6 年来首次出现下滑，净收入减少了 2.8%。在这样的情况下，雀巢开始更加重视投资回报率。具体的做法是：放弃一些市场份额不高、利润空间又小的弱势市场或区域，加强对二三线城市的布局。以往，雀巢大部分的投资都集中在一线城市或者沿海发达地区。如今这些市场不仅竞争相对饱和，而且经营成本也很高。相反，在许多二三线城市还有很大的发展空间。

因此，2010年，雀巢在收购深圳景田百岁山失败之后，果断地拿下了云南山泉。云南山泉虽非全国性的大品牌，但在云南市场渗透率约有80%，占有率为40%，销售网络覆盖云南省95%以上。

同时，雀巢也开始加大对投资回报率高、有增长潜力的行业的投入，尽快弥补自身产品线上的不足。事实上，在收购云南山泉之前，雀巢将更多的精力都集中在欧美市场。从2001年到2009年，雀巢在欧美市场至少耗费了300亿美元用于收购。在中国市场，长达9年的时间里雀巢并没有什么大的动作。

但是，近年来随着全球消费市场的此消彼长，以中国为代表的新兴市场消费能力快速增强，雀巢开始重新意识到中国市场的重要性。2010年，雀巢在中国的销售额增长近15%，达到204亿元，但却只占雀巢全球销售额的2.55%。

因此，雀巢首席执行官保罗·巴尔克在2011年为雀巢定下新的发展目标。他要求，到2020年新兴国家市场对雀巢集团营业收入的贡献率要达到45%，而当前这一数字仅为31%。要提高发展速度，收购市场增长潜力巨大的本土品牌，是比单纯建厂或者扩产更快捷的方式。

资料来源：李少卿，熊元. 二十一世纪商业评论，2012-01-15：60-62.

○─────○ **案例思考题**

1. 根据案例试找出"雀巢"品牌管理中存在的问题及应对措施。
2. 结合本章知识和案例，请总结出"雀巢"独特的品牌管理策略。选择这种品牌管理策略的意义何在？

第 四 编
品牌资产管理

第十二章 品牌资产概述

"在未来，拥有市场比拥有工厂重要多了，而拥有市场的唯一途径是先拥有具备市场优势的品牌。"商界与投资者都将认识到品牌才是企业最珍贵的资产，品牌资产关系到企业的未来与发展。本章将分别阐述品牌资产的涵义、品牌资产的构成以及品牌资产的特征。

第一节 品牌资产的涵义

一、品牌资产概念的提出

20世纪80年代以来，西方营销界流传的一个最重要也最为人所知的营销概念就是"品牌资产"（Brand Equity），它将古老的品牌思想推向新的高峰，以大卫·爱克（David A. Acker）等人为代表的品牌专家对其做出了主要的贡献。它比品牌形象更进一步说明了品牌竞争致胜的武器是建立起强势的品牌资产。并且指出，构筑品牌资产的5大元素是：品牌忠诚（Brand Loyalty）、品牌知名度（Brand Awareness）、心目中的品质（Perceived Brand Quality）、品牌联想（Brand Association）和其他独有资产。

对品牌资产的研究还是起因于当时一些有影响的企业购并案，其最后的成交价都大大超出被并购方的有形资产价值，从而引发了人们对品牌这项无形资产的重视与研究。例如，1988年，瑞士雀巢食品公司以总额10亿多美元的价格买下了英国罗特里（Rowntree）公司，收获的是该公司财务报表上从未出现的东西：宝路（Polo），奇巧（Kit Kat）和八点以后（After Eight）等产品品牌，雀巢公司愿意支付给罗特里公司的收购金额使得后者的股价在证券市场中不断上升，从475便士上涨到1 075便士。雀巢公司支付的10亿多美元是罗特里公司财务账面总值的6倍。这意味着雀巢公司乐于为富有未来获利潜力的品牌支付出一大笔溢价。跨国公司乐于收购这些会"生金蛋"的品牌。这些品牌就是企业的资产。

二、品牌资产的概念

西方多数学者对品牌资产的界定都倾向于从这样一个角度来考察，即使用与不使用某一品牌，消费者对某一特定产品或服务会不会有不同的反应？例如，法奎汉（Farguhar）将品牌资产定义为："品牌给使用者带来的超越其功能的附加价值或附加利益。"品牌给消费者提供的附加利益越大，它对消费者的吸引就越大，从而品牌资产的价值就越高。加利福尼亚大学伯克利分校的大卫·爱克教授认为：品牌资产是这样一种资产，它能够为企业和顾客提供超越产品和服务本身的利益之外的价值；同时品牌资产又是与某一特定的品牌紧密联系的；如果说品牌文字、图形作改变，附属于品牌之上的财产将会部分或全部丧失。

按照美国营销学研究所（MSI）的定义：品牌资产就是品牌的顾客、渠道成员、母公司等对于品牌的联想和行为。这些联想和行为使得产品可以获得比在没有品牌名称的条件下更多的销售额或利润。可以赋予品牌超过竞争者的强大、持久和差别化的竞争优势。品牌资产包括广泛的品牌认知、正面的品牌联想（Positive Attitude）、与预期一致的感知质量（Perceived Quality）、高度的品牌忠诚（Brand Loyalty）。以消费者为中心的品牌资产，一方面有利于吸引顾客购买和继续购买该品牌产品，既保证了现有产品的未来销售，同时又替新产品的引入、业务的拓展提供了便利；另一方面也有利于集聚供应商、公众、分销商的信心，形成良好的营销环境。拥有品牌资产的企业，既奠定了现有经营领域的中长期稳定发展的基础，同时也创造了拓展业务领域的条件，增强企业抵御风险的能力，保障企业在未来获得较稳定的收益。

我国有学者将品牌资产定义为"附着于品牌之上，并且能为企业带来额外收益的顾客关系"。这种观点认为，品牌资产给企业带来的附加利益，归根结底来源于品牌对消费者的吸引力和感召力。所以，品牌资产实质上反映的是品牌与顾客（包括潜在顾客）之间的某种关系，或者说是一种承诺。这种顾客关系不是一种短期的关系（比如，偶尔一次购买，并且没留下任何印象），而是一种长期的动态的关系。那些有助于增加消费者购买信心的记忆、体验和印象以及在此基础上形成的看法与偏好，是构成品牌资产的重要组成部分。我国实行新会计制度后，无形资产被正式列于企业的资产负债表上。品牌资产作为一项重要的无形资产，应该在企业的资产负债表中列示出来。

三、品牌资产的价值

品牌资产是一种超越商品有形实体以外的价值部分。品牌资产的价值概括起来可以分为两类：为消费者提供价值和为企业提供价值。

（一）为消费者提供价值

品牌资产为消费者提供的价值主要通过以下几方面表现出来：

1. 通过品牌名称、品牌标志物的认知作用，有助于消费者加工整理、存储有关产品及品牌信息。例如，"耐克"运动系列象征着大家公认的流行时尚与高品位，在消费者脑海里，"耐克"就是与时尚、流行、高品质等特征联系在一起的。

2. 增强消费者的购买信心，缩短购买商品的决策过程。消费者通过购买并使用某品牌产品，如果对该品牌的产品感到满意，就会对其产生一定程度的品牌忠诚。品牌忠诚度越高，消费者对该产品的信心就越强，购买时花费的时间就越短。

（二）为企业提供价值

品牌资产通过以下方面为企业提供价值：

1. 培养消费者的品牌忠诚。当消费者对某一品牌产生较高的品牌忠诚时，在以后较长的时期里，就会不断地重复购买这一产品。企业即便投入较少的促销费用，也会获取稳定的丰厚利润。

2. 品牌体现的质量，能促使该品牌产品以溢价销售。品牌体现的质量实质上是一种消费者的感性认识，是消费者对某一品牌产品或服务的全面质量或特征的感性认识。品牌体现的质量来源于有关某品牌产品的特征、性能的信息对消费者的长期影响。如果消费者经常谈到有关某品牌产品质量或售后服务有问题的报道，那么他们就会认为该产品质量很差。该产品在市场上一方面销路不畅，另一方面，售价也不可能高于同类产品。相反，如果消费者认为某品牌产品质量上乘，那么较高的价格也是容易接受的。而这种较高的价格实际上就是溢价，即高于产品内在价值的价格。当人们购买奔驰汽车、杰尼亚西服、轩尼丝白兰地以及景德镇陶瓷时，他们必定相信自己买的是高质量的商品，付出相应的高价格也是在所难免的。

3. 品牌资产为品牌扩张提供了有利的条件。高知名度的品牌为企业产品线的扩展提供了便利条件。因为知名度高的品牌一般具有较高的社会认同，在此情况下，推出的新产品也容易获得消费者的认可。可口可乐公司创始人阿萨·坎德勒的玄孙女伊丽莎白·坎德勒·格雷厄姆在其所著的《可口可乐家族》（The Real One）中写道："现在，可口可乐已经成为一种全球性的产品。不必懂英文，只要一提'可口可乐'，人家就懂你的意思。在中东的沙滩上，在阿根廷的大草原，在波利尼西亚岛的树丛中……只要你一说'可口可乐'，人们就知道你要什么。"正是由于可口可乐具有无可比拟的知名度，可口可乐公司的新产品酷儿（QOO）没怎么进行广告宣传，很快就成了市场的新宠儿，赢得了消费者的青睐。

4. 品牌资产提供了对竞争者来说是进入目标市场的一种障碍的竞争优势。知名度高的品牌体现的质量及由此而取得的深刻的品牌认知是竞争对手难以超越的障碍。

第二节 品牌资产的构成

品牌资产是由品牌形象所驱动的资产，它形成的关键在于消费者看待品牌的方式而产生出来的消费行为。而要使消费者对品牌所标识的商品或服务进行购买和消费，则需要投资于品牌形象，使消费者取得认同和亲近，从而接受这一品牌，购买这一品牌。因此品牌资产有别于有形的实物资产，它是一个系统概念，由一系列因素构成。品牌名称和品牌标识物是品牌资产的物质载体，品牌知名度、品牌美誉度、品质认知、品牌联想、品牌忠诚度和附着在品牌上的其他资产是品牌资产的有机构成，为消费者和企业提供附加利益是品牌资产的实质内容。它们之间的联系如图 12-1 所示：

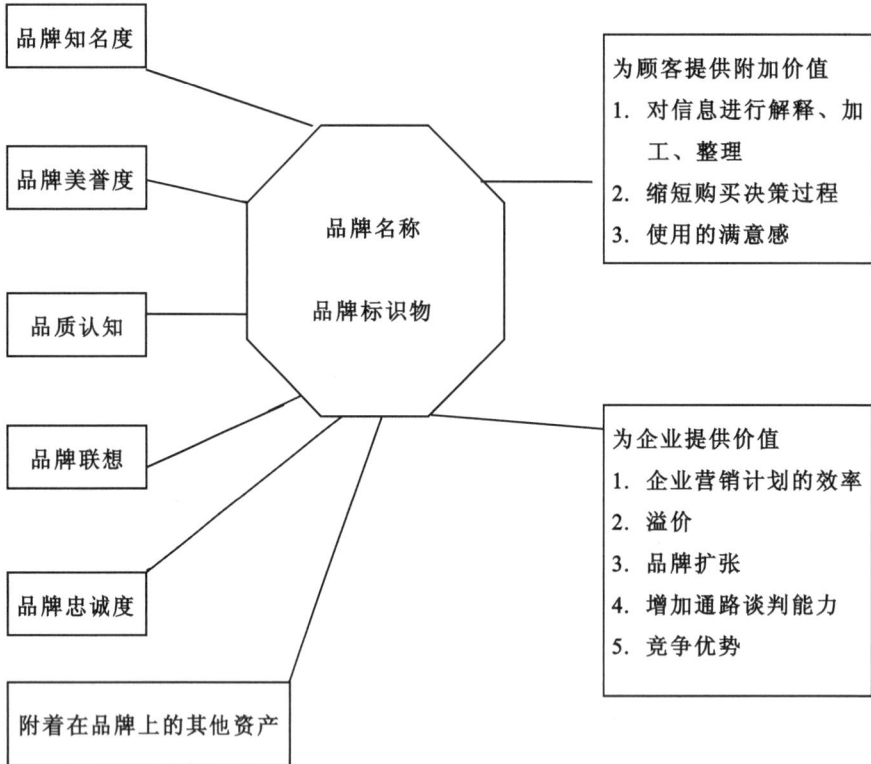

图 12-1 品牌资产系统

一、品牌知名度

品牌的知名度是指某品牌被公众知晓、了解的程度，它表明品牌为多少或多大比例的消费者所知晓，反映的是顾客关系的广度。品牌知名度是评价品牌社会影响大小的指标。品牌知名度的大小是相对而言的，名牌就是相对高知名度的品牌。

（一）品牌知名度的层级

品牌知名度的范围很大，包括一个连续的变化过程。一般将知名度分为四个层级：无知名度（Unaware of Brand）、提示知名度（Aided Awareness）、未提示知名度（Unaided Awareness）和第一提及知名度（Top of Mind）。四个层次呈金字塔形，品牌达到第一知名度，意味着达到金字塔的顶端，从底层往上发展，实现难度逐渐加大。从品牌管理的角度，产品经理应关注后三个层次。

1. 无知名度。无知名度指消费者对品牌没有任何印象，原因可能是消费者从未接触过该品牌，或者该品牌没有任何特色，根本无法引起消费者的兴趣，十分容易被消费者遗忘。消费者一般不会主动购买此品牌的产品。

2. 提示知名度。提示知名度是指消费者在经过提示或某种暗示后，可想起某一品牌，能够说自己曾经听说过的品牌名字。比如，当问及电脑有哪些品牌时，可能有人不能马上回答上来。但如果接着问他们知不知道"联想"电脑时，他们会给出肯定的答复，那么"联想"就只具有一种提示知名度。这个层次是传播活动的第一个目标，它在顾客购买商品选择品牌时具有十分重要的地位。

3. 未提示知名度。未提示知名度指消费者在不需要任何提示的情况下能够想起来的某种品牌，即能正确区别先前所见或听到的品牌。对某类品牌来说，具有未提示知名度的往往不是一个品牌，而是一串品牌。比如，说到手机，我们就马上想到苹果、三星、华为、HTC；提到小汽车，奔驰、宝马、雪佛兰、奥迪等可能就出现在我们的脑海里了。虽然对于这些具体的品牌来讲，它们都不是唯一一个能被马上想到的，但至少有一点值得肯定，那就是消费者对这些品牌都形成了较深的印象，消费者在选购产品时会在这些品牌中进行比较，哪种品牌的特征更能满足消费者的偏好，哪种品牌的产品就能被消费者选中。

4. 第一提及知名度。第一提及知名度是指消费者在没有任何提示的情况下，所想到或说出的某类产品的第一个品牌。比如想到咖啡，就会想起雀巢；想到香烟，就会想起万宝路；想到微波炉，就会想起格兰仕。"第一提及知名度"的品牌，是市场领导者，或者说是强势品牌（Strong Brand），当然，不同的消费者对同类产品的"第一提及品牌"是不同的。调研显示，第一提及的品牌在消费者心目中形成了强有力的偏好，是他们购买该类产品的首选品牌。

产品经理的任务之一就是让本企业的品牌进入金字塔的第二和第三层，最好是顶层，即具有第一提及知名度。

（二）品牌知名度的资产价值

1. 品牌知名度是品牌资产形成的前提。品牌资产的拥有者是企业，但赋予品牌资产价值的却是消费者，没有消费者的货币选票，品牌资产的价值是无法实现的。品牌知名度是消费者赋予品牌一定资产价值的第一步，品牌知名度的高低与品

227

牌资产的大小是成正比的。因为消费者总是喜欢买自己知道、熟悉的品牌，熟悉意味着拉近距离，意味着减少不安全感。人们只会对已经熟悉的产品产生好感，产生忠诚。

消费者购买行为模式五阶段的第二阶段是收集信息，即当消费者决定购买某种产品后，便会收集有关产品的信息，显然，消费者所熟悉的这类产品的品牌首先进入其信息库；其次，如果消费者不熟悉该类产品品牌，需要向有关人士咨询这类产品的信息时，他通常首先想知道的是这类产品中的知名度高的品牌有哪些，以便于选择，且被咨询者也会首先把自己熟悉的、知名度高的品牌介绍给他人；最后，只有进入消费者产品信息库的品牌才可能成为消费者的最终选择，品牌知名度越高，越容易进入消费者的选择域。

大量研究表明，深入人心的记忆与人们的购买态度和购买行为之间存在着关系，各品牌在测试中被记起的先后次序不同，它们在被优先选择和购买的可能性上就表现出很大的差别。对于经常购买的日用消费品，品牌知名度的作用是至关重要的，因为品牌购买决策一般是在去商店之前就做出了。综观中外品牌，资产高的品牌无一不是具有极高知名度的品牌。2014 年全球最有价值品牌排名第一的是苹果。提到苹果，世界各国的人们都会想起苹果的产品——iPhone、iPad……也会产生一致的认识：苹果——世界上用户体验最棒的电子产品。2014 年中国最有价值品牌排名结果中，阿里巴巴以 1 574.23 亿元首次跻身于第 11 名，创历史新高，"双 11购物节"的家喻户晓和惊人销量也让这个结果不足为怪。

2. 弱化竞争品牌的影响。品牌知名度的高低是一个相对的概念，是同类品牌比较的结果。当消费者对某种品牌具有较高的认知时，自然会影响对其他品牌的认知，因为消费者的偏好有限、对信息的存储有限。消费者对信息的吸纳，一般要经过"过滤"这么一个环节，只有那些对消费者有用的、新鲜的、有特殊意义的信息才有可能进入消费者的"长时记忆"被储存起来。品牌知名度越高，意味着消费者对该品牌的印象越深刻，竞争品牌进入消费者的"印象领域"的难度越大。

（三）品牌知名度的测量

测量品牌知名度包括三个方面：公众知名度、社会知名度和行业知名度。

1. 公众知名度的测量。从市场营销的角度来说，品牌的公众知名度，指某品牌在相关公众中的影响力，即主要是指该品牌在顾客中的影响力。通常采用简单测量法和复合测量法来测量。

（1）简单测量法：简单测量法只是测量被访问者是否知道某品牌的名称。

您知道＊＊品牌吗？

◇知道　　　◇不知道

品牌知名度＝知道该品牌的人数/被调查总人数×100%

简单测量法由于测量的指标过于简单，得出的结果过于笼统，而使得在进一步考察影响知名度的更深层次的因素时，无法发挥作用。

（2）复合测量法：复合测量法是运用多个指标的综合结果来反映品牌的公众知名度，通过总加测量法来进行。例如，可以在测量表中列出几个问题，供调查对象选择：

1）您对＊＊品牌的名称

◇很熟悉　　◇熟悉　　◇一般　　◇不熟悉　　◇很不熟悉

2）您对＊＊品牌的标识

◇很熟悉　　◇熟悉　　◇一般　　◇不熟悉　　◇很不熟悉

3）您对＊＊品牌提供的产品

◇很熟悉　　◇熟悉　　◇一般　　◇不熟悉　　◇很不熟悉

4）您对＊＊品牌提供的服务

◇很熟悉　　◇熟悉　　◇一般　　◇不熟悉　　◇很不熟悉

5）您对＊＊品牌的广告

◇很熟悉　　◇熟悉　　◇一般　　◇不熟悉　　◇很不熟悉

每道题的答案取值分别为4，3，2，1，0。根据回答者对每道题的回答结果记分，然后，计算总和分数。每个回答者的得分计算方法为：

$$X = \sum X_i N$$

其中，X_i 为每题的得分，N 为回答者的人数。

使用复合测量法，可以针对不同的情况设计不同的指标，指标数量的多少，根据企业的实际要求而定。

在实际工作中，两种测量法可交替使用，既要了解品牌的一般知名度，也要把握品牌的公众知名度的具体构成要素。

2. 社会知名度的测量。品牌的社会知名度是指某品牌在社会大众中的影响力，通常用该品牌在大众媒体上出现的频率来表示。大众传播对社会大众的舆论导向作用巨大。传播的力度和深度是其他方式不能比拟的。品牌知名度的提高主要依赖于传播的力度。考察社会知名度，可以根据企业对品牌的定位，将有关大众传播媒体分类，然后分别计算出该品牌在各类别媒体上出现的频率，就可以得到该品牌的社会知名度。

3. 行业知名度的测量。品牌的行业知名度是指某品牌在相关行业（特别是在本行业）中的影响力，通常也是通过问卷调查的方法来研究。调查品牌行业知名度可以参照品牌公众知名度的方法。在每个行业中往往有若干个品牌存在，行业知名度可以反映出某品牌的行业地位、本品牌与竞争品牌在知名度上的差异。

二、品牌美誉度

品牌的美誉度是指某品牌获得公众信任、支持和赞许的程度。相对于品牌知名度这个量的指标而言，品牌美誉度是一个质的指标，只有建立在美誉度基础上的品牌知名度才能真正形成品牌资产。

（一）品牌美誉度的资产价值

品牌美誉度的资产体现在"口碑效应"上，即通过人们的口头称赞，一传十，十传百，引发源源不断的销售。一些调查报告显示由口头信息所引起的购买次数3倍于广告引起的购买次数；口传信息的影响力是广播广告的2倍、人员推销的4倍、报纸和杂志广告的7倍。品牌的美誉度越高，"口碑效应"就越明显，品牌的资产价值也就越高。

（二）品牌美誉度的测量

品牌美誉度的测量包括公众美誉度、社会美誉度和行业美誉度三方面。因为行业内部影响因素比较复杂，所以行业美誉度只作为参考，应重点对公众美誉度和社会美誉度进行考察。

1. 公众美誉度的测量。品牌的公众美誉度也可以用简单测量法和复合测量法来考察。

（1）简单测量法：运用一项指标对品牌美誉度进行的测量。如

您喜欢＊＊品牌的产品吗？

◇喜欢　　　　◇不喜欢

品牌美誉度＝对该品牌持赞誉态度的人数/被调查总人数×100%

（2）复合测量法：运用多项指标对品牌美誉度进行总加测量。即根据对某品牌的特征研究，提出若干测量指标，将这些指标及其取值录入问卷，根据回答结果，计算总和分数，就可以得出该品牌的复合美誉度。

运用复合测量法研究品牌美誉度的关键步骤是设计出具体的测量指标。下列项目可作为测量指标的参考：技术优良；研究开发力强；认真对待顾客投诉；企业规模大；希望到此公司就业；新鲜感；信赖感；具有清新的形象；国际竞争力强；公司风气良好；经营者优秀；对顾客服务周到；销售网络相当完善；想购买公司的股票；对社会的贡献大；喜欢公司的产品。

在实际调查中，可以根据需要设计指标。每一项指标的取值，可以使用两级、三级和五级，根据回答者的实际得分计算出结果，该结果可以是一个绝对数，也可以换算成相对数（百分数）。

2. 社会美誉度的测量。品牌的社会美誉度是通过大众传播媒体对某品牌报道的性质来考察，它以正面积极报道占总报道量的比重来表示。例如，某品牌被大众传播媒体报道的次数为312次，其中123次为正面积极的报道，那么，该品牌的社会美誉度就是123/312×100%＝39.42%。

三、品质认知

（一）品质认知的含义

产品品质从狭义上理解是指产品的适应性，即产品为达到使用目的应具备的性

质；从广义上理解，品质是指产品的使用价值及其属性能满足社会需要的程度。企业、经销商和最终用户各自对产品品质的评价标准是存在差异的，原因在于评价者在判断产品品质优劣时，不仅渗入了自身的利益因素，而且还渗入了个性、心理、环境等方面的因素。从这一角度我们可能会觉得产品品质是一个主观的概念。但是消费者作为一个整体，特别是存在同质性的消费者群体，对产品品质的判断会呈现某种共同的图景，潜藏着一共同图景下的则是消费者所采取的共同或类似的品质评价标准。从这一意义上，品质评价标准具有客观性。根据品质评价标准客观性的原则，我们来分析消费者对产品的品质认知。

品质认知是指消费者对产品或服务的适应性和其他功能特性适合其使用目的的主观理解或整体反应，是消费者对产品客观品质的主观认识，它以客观品质为基础，但又不等同于产品的客观品质。不同产品的客观品质可能完全相同，但消费者对不同产品的品质认知却相差甚远。这种例子不胜枚举，许多商品在标上名牌商标后，身价倍增。显然，消费者形成品牌偏好和品牌忠诚的重要影响因素不是产品的客观品质，而是产品的认知品质。它不仅包括产品自身的品质，还包括产品服务的品质。P&G，世界一流产品；海尔，星级服务，都是消费者对品牌的一种认同。品质认知大体上包括如下内容：产品功能与特点、适用性、可信赖度、耐用度、外观、包装、服务、价格、通路等。

（二）品质认知的资产价值

产品品质是品牌资产的基础，或者说是维系、发展长期顾客关系的一个重要方面。品质认知的资产价值体现在四个方面：提供购买理由、产生溢价、增加通路谈判能力、提高品牌延伸力。

1. 提供购买理由。产品使用价值是消费者选择产品的基本理由，产品品质是体现产品使用价值大小的主要因素。产品品质的高低将直接影响消费者从产品消费中获得的利益。强势品牌受消费者青睐的主要原因在于其卓越的品质，许多消费者愿意购买名牌，是因为这些品牌的产品品质有保证。

2. 产生溢价。消费者愿意支付更高的价钱购买他们认为高品质的品牌产品。例如，NIKE 的产品价格要明显高于同类产品，但消费者对 NIKE 产品的高品质认知使得他们愿意花更多的钱购买其产品。

3. 提高通路谈判力。具有高品质产品的企业在与代理商、分销商、零售商等成员谈判时拥有优势。经销商都乐于出售受消费者青睐的品牌，一是销售量有保障，二是减少交易费用，三是提高自身形象。由于经销商的形象直接受其提供的产品或服务的影响，因而，经销高品质的产品对经销商自身形象起着举足轻重的作用。

4. 提高品牌延伸力。品牌延伸成功与否受诸多因素的影响，而延伸品牌本身的品质是被延伸品牌能否被消费者接受的基础，只有拥有高品质印象的品牌在品牌延伸上才可能产生较大的辐射力。消费者对延伸品牌产生认同的主要原因是，消费者认为采用延伸品牌的产品与原品牌的产品具有同样的品质。

四、品牌联想

（一）品牌联想的涵义

品牌联想是消费者在看到某一品牌时所勾起的所有印象、联想和意义的总和，比如产品特点、使用场合、品牌个性、品牌形象等。比如，万宝路总是让人想起孤独而阳刚的牛仔、男子气概、神采飞扬的群马、自由奔放的西部原野、新鲜的太阳与空气、男人的友谊……百事可乐则可以让人充分领略青春动感、活力无限。品牌联想（或品牌联系）大致可分为三种层次：品牌属性联想、品牌利益联想、品牌态度。

1. 品牌属性联想。品牌属性联想是指对于产品或服务特色的联想，比如消费者认为产品和服务是什么。品牌属性可分为与产品有关的属性和与产品无关的属性。与产品有关的属性联想是指产品的物理组成和服务要求，它决定着产品的本质和等级。与产品无关的属性并不直接影响产品性能，但它可能影响购买或消费过程。比如，品牌名称、产品价格、使用者状况、品牌标识、品牌原产地等。

（1）品牌名称联想。品牌名称是消费者对品牌的初步接触，由于各地文化差异、风俗习惯、宗教信仰等的不同，由品牌名称带来的联想会导致消费者对品牌的偏好。家乐福、奔驰、好美佳等品牌名称十分符合中国人的价值取向。

（2）产品价格联想。产品价格是市场营销组合中的重要组成部分，它虽然与产品特性或服务功能无直接联系，但它对购买产生重大影响。消费者常根据品牌价格的高低来判断品牌的档次，并将价格与产品质量联系起来。

（3）品牌使用者联想。消费者对品牌的感知在很大程度上受品牌使用者的个性、形象、地位的影响。

（4）品牌标识联想。

（5）品牌原产地联想。德国的汽车使消费者产生质量优异的联想，美国车给消费者的联想则是大气，购买日本车的消费者看重的是外形及省油。

2. 品牌利益联想。品牌利益联想是指消费者感觉认为某一品牌产品或服务属性能给他带来的价值和意义。品牌利益联想又可分为产品功能利益联想、产品情感利益联想和体验利益联想。

（1）产品功能利益联想。产品功能利益是指产品或服务固有的内在的可以提供给消费者的利益，这种利益一般与"产品相关属性"匹配，它是消费者购买该产品最基本的动机，比如购买自行车代步，购买手机为了沟通便利，购买 MP3 可以更好地网上听音乐。有些品牌带有很强的功能利益，比如可口可乐提供饮料解渴，迪斯尼提供休闲娱乐，麦当劳供应新鲜美味的汉堡。

（2）产品情感利益联想。情感利益是指产品或服务能提供给消费者的相对外在的利益，它一般与"产品无关属性"相匹配，尤其是使用者状况。这种情感的利益满足消费者的社交需要、自尊需要等一些比较高层次的需要，消费者根据自我形象可能认为某一品牌很显赫或很孤傲，或很时髦，抑或说是很流行。比如说，消费者有时会认为某一品牌只供特定人群使用，如劳斯莱斯——皇家的坐骑；柒牌西服——成功男士的选择；劳力士——尊贵典雅、崇尚个性的人的最爱。

（3）体验利益联想（Experiential Benefits）。体验利益是指消费者消费产品或服务后的感受，它既与"产品相关属性"相匹配，又与"产品无关属性"相匹配，这些利益能使消费者获得感观愉悦或者某种刺激。搭一身兰蔻（LANCOME）香水于人群中走过，在感受众人驻足品味的同时，优雅与自信也会不经意地写满你的脸了。

3. 品牌态度。品牌态度是最高层次也是最抽象的品牌联想，它是指消费者对品牌的总体评价。品牌态度直接影响消费者品牌的选择，它通常建立在品牌属性和品牌利益上。例如，消费者对餐饮店做出总体评价，主要通过这几个方面的考核，如餐饮店的地理位置、店堂的布局、设计、服务的速度、服务的态度、口味、价格等。品牌态度有一定的幅度，从厌恶到喜欢就有几个层次。值得一提的是，品牌态度是难以改变的。要想改变消费者对品牌的态度，企业需要付出很大的代价。

（二）品牌联想的资产价值

积极的品牌联想意味着品牌被消费者接受、认知，进而可形成品牌偏好和品牌忠诚。品牌联想的价值包括如下几个方面。

1. 品牌联想有助于品牌认知，扩大品牌知名度。白色的西装、满头的白发、饶有趣味的山羊胡子及亲和的微笑，这就是KFC国际形象的最佳标志。看到KFC的标志，我们就想到了新鲜美味的香辣鸡翅、原味鸡块、鸡腿汉堡，热情、快捷的服务，良好、卫生的用餐环境。肯德基所产生的这种联想使得它在中华大地遍地开花，征服了中国大量的新生代。

2. 产生差异化。产品越来越趋向于同质化，只有形象差异才能对市场和消费者产生震撼。同样是纸和烟草的组合，"万宝路"香烟变成了强悍阳刚的牛仔，"健"牌激起人们对休闲天地的向往，"555"成为高科技的象征，"百乐门"塑造了一个温馨浪漫的情侣世界。没有这些定位各个不同的品牌形象塑造，香烟靠什么与消费者沟通并形成联系？"万宝路"、"健"牌、"555"、"百乐门"又如何成为世界级名牌？有区别的联想为竞争者制造了一道无法逾越的障碍。品牌名称、定位、广告等沟通手段都可以创造差异化的品牌联想。

3. 提供购买理由。无论品牌属性联想还是品牌利益联想或消费者对品牌态度，都直接与消费者利益有关，从而能提供一个特别的理由促使消费者购买或使用这一品牌。我国西藏有一个矿泉水品牌——"喜马拉雅"，在它的广告中特别指出，水源地是"拉萨以北果拉山海拔5 000米"，"喜马拉雅，更高的是天……"许多消费者之所以购买这种品牌，是因为由该品牌产生的丰富联想让消费者感到某种满足。

4. 品牌延伸的重要因素。品牌所具有的联想可以用于其他产品上，因为它们可以共享同一种联想。比如海尔的"高品质，零缺陷，星级服务"造就了海尔冰箱、海尔洗衣机、海尔彩电、海尔空调、海尔电脑……

五、品牌忠诚

（一）品牌忠诚的含义

在现实生活中，可以发现一种有趣的购买现象，那就是相当一部分消费者在品牌选择上呈现高度的一致性，即在某一段时间甚至长时间内重复选择一个或少数几个品牌，很少将其选择范围扩大到其他品牌。这种消费者在一段时间甚至很长时间内重复选择某一品牌，并形成重复购买的倾向，就可称之为品牌忠诚。

Oliver 在 1997 年的时候是这样定义品牌忠诚的：一种对偏爱的产品和服务的深深承诺，在未来都持续一致地重复购买和光顾，因此产生了反复购买同一个品牌或一个品牌系列的行为，无论情境和营销力量如何影响，都不会产生转换行为。这是迄今为止较为成型的品牌忠诚定义，它包括了行为忠诚和态度忠诚两个方面，也是普遍被接受的定义。

品牌忠诚度是品牌资产的重心，拥有一群忠诚的消费者，就像为自己的品牌打造了一道难以跨越的门槛，它能阻挡竞争对手的刻意模仿、破坏性的销价，它也是一个品牌所要追求的最终的目标。据美国一调查公司对 22 个品牌的消费者进行的长期跟踪调查，"平均品牌"（也就是把 22 个品牌进行综合，以一个"平均品牌"来代表他们的整体特性）的高、中、低度行为忠诚者占被调查者的比例分别为12%、14%、74%。显然，从消费者数量看，高度行为忠诚者所占的比例比较低，只占低度行为忠诚者的16.2%。但是，与此形成鲜明对照的是，高度行为忠诚者的品牌购买量占该品牌销售量的69%，而低度行为忠诚者品牌购买量仅占5%，这足以说明高度行为忠诚者对于品牌的重要性，品牌忠诚度也是品牌资产中最核心、最具价值的内容。

（二）品牌忠诚的类型

按品牌忠诚的形成过程，品牌忠诚可以划分为认知性忠诚、情感性忠诚、意向性忠诚和行为性忠诚四种类型。消费者行为学者认为，在消费者态度形成过程中，消费者会首先收集相关品牌的信息（认知）；然后对这些零碎而复杂的信息进行重新整理、加工之后，会对该品牌做出肯定或否定的综合评估（感情评估）；并在这一综合评估的基础上产生某种行为意向。因而，品牌忠诚的形成过程是先有认知性忠诚，其次是情感性忠诚，再次是意向性忠诚，最后是行为性忠诚。

1. 认知性忠诚。它是指经由品牌相关信息直接形成的，认为该品牌优于其他品牌而形成的忠诚。对某个品牌认知性忠诚的顾客，仅仅是认可该品牌产品或服务的相关品质，一旦其他竞争品牌产品的品质更好，或者性价比更优惠时，此类顾客就极有可能"跳槽"转向竞争品牌，因而认知性忠诚也是最浅层次的忠诚。

2. 情感性忠诚。它是指在使用某种品牌并获得持续满意后，形成的对该品牌的偏爱和情感。在很多情况下,情感性忠诚是指某一品牌的个性与顾客的生活方式、价值观念相吻合,顾客对该品牌已产生了感情,甚至引以为豪,并把它当做自己的朋友和某种精神寄托,进而表现出持续购买的欲望和行为。比如,一位美国报纸编辑说:"可口可乐代表美国所有的精华,喝一瓶可口可乐就等于把这些美国精神灌注体内,可乐瓶中装的是美国人的梦。"如果顾客持有这样的"心理体认",不论其实际上购买与否,都说明他对该品牌具有较高的情感性忠诚。有一点还需要指出的是,出于种种原因,喜欢某个品牌的顾客不一定就会购买这个品牌的产品和服务,如高昂的价格很可能就会让有些顾客退而求其次。

3. 意向性忠诚。它是指顾客十分向往再次购买某个品牌,不时有重复购买的冲动,但是这种冲动还没有转化为行动。顾客的意向性忠诚既包括顾客与品牌保持关系的意愿,也包括顾客追求自己偏好品牌的动机。企业可以根据顾客与品牌保持关系的意愿和顾客的行为意向,来衡量顾客的意向性忠诚,以预测顾客将来的购买行为。

4. 行为性忠诚。它是指顾客将忠诚的意向转化为实际行动,顾客甚至愿意克服障碍实现购买。行为性忠诚的顾客反复购买某个品牌的产品和服务,他们的购买决策行动是一种习惯性反应行为,他们不留意竞争对手企业的营销活动,不会特意收集竞争对手企业的信息。行为性忠诚反映顾客实际的消费行为。但出于惰性或因某个企业的市场垄断地位而反复购买某个品牌的产品或服务的顾客并不是真正的忠诚者。

(三) 品牌忠诚的资产价值

研究发现,吸引一个新消费者的花费是保持一个已有的消费者的 4~6 倍;从品牌忠诚者身上获得的利润是品牌非忠诚者的 9 倍之多。美国的一项调查结果也表明,在许多产品和服务业中,如果企业能够将顾客对品牌的忠诚度提高 5% 的话,该品牌产品或服务的利润率就会相应提高 1%。所以,品牌忠诚度是一项战略性资产,如果对它进行恰当的经营开发,那么它就会给企业创造多项价值。品牌忠诚的资产价值分析如下:

1. 降低营销成本。留住老顾客比争取新顾客的成本小得多的原因有二:一是降低直接营销成本,说服老顾客特别是品牌忠诚者购买本企业的产品比说服新顾客要容易得多,相关的沟通、广告、推广费大大减少,一般来讲,一个品牌吸引一个新消费者的费用是保持一个已有消费者的 4~6 倍;二是降低相对营销成本,本企业品牌的忠诚者是竞争者品牌的新顾客,竞争者要说服本品牌忠诚者购买他们的产品需付出相当大的营销成本代价。为争夺本品牌的忠诚者,本企业的营销成本降低,竞争者的营销成本却要增加。Desatulock 和 Detzel 在其《努力保持消费者》一书中谈道,"在汽车行业中,一个终生消费者可以平均为其所忠诚的品牌带来 14 000 美元的收入,在应用制造业,一个终生忠诚的消费者价值超过 2 800 美元;地方超级市场每年可以从忠诚的消费者那里获得 4 400 美元左右"。

2. 增加通路谈判力。经销商知道，销售拥有大量品牌忠诚者的品牌比其他品牌要容易得多，这在无形中对商店的进货决策产生控制作用。在企业推出新的产品规格、种类或品牌延伸的产品时，这种作用显得尤为重要。

3. 吸引新顾客。品牌忠诚代表着每一个消费者都可以成为一个活的广告。对于潜在的购买者和高关心度的商品，品牌忠诚可以使一个顾客成为一个品牌倡导者，以优秀的广告和美好的使用经验形成口碑，口耳相传，创造新的使用者。

4. 减缓竞争威胁。品牌如果拥有一批忠诚的购买者，则该品牌抵御竞争产品攻击的能力会大大增强，因为忠诚的消费者一般对所选择的品牌有一种眷恋感，他们很难发生"品牌转换"。这就给竞争对手造成很大的市场进入阻力，并削弱了竞争者的利润能力。品牌忠诚还为企业争取到了对竞争做出反应的时间。如果竞争者开发了一种新产品，就会逼迫企业对产品进行改进，而品牌忠诚的存在就给企业争取到了对产品进行改良的缓冲时间，以开发出更卓越的产品对抗竞争者。

（四）品牌满意与品牌忠诚

品牌满意是指顾客需求得到满足后的一种心理反应，是顾客对该品牌产品和服务的相关特征或者该品牌产品和服务本身满足自己需求程度的一种判断。依据满意水平的不同，顾客对某个品牌的满意有满足、高兴、好奇、惊喜等多种表现形式。品牌满意是品牌忠诚的基础，但品牌满意并不一定会导致品牌忠诚，两者之间的关系具体表现为：

1. 品牌满意是品牌忠诚的前提条件。很多学者认为，品牌满意是品牌忠诚的核心，如果顾客对自己消费某个品牌的经历不满，他就不会忠诚于该品牌。企业要培育顾客的品牌忠诚，就必须为顾客提供满意的品牌消费经历。同时，品牌忠诚的形成是一个动态的过程，企业只有满足顾客不断变化的需求，始终为顾客提供满意的品牌消费经历，才可能把顾客对该品牌的满意转化成忠诚。

2. 品牌满意不是品牌忠诚的充分条件。对自己在某个品牌消费经历满意的顾客不一定就会忠诚于该品牌。国外学者的实证研究表明，在声称自己满意或非常满意的顾客中，65%～85%的顾客会"跳槽"，转而购买竞争品牌。在美国汽车业，85%～95%的顾客声称自己满意或非常满意，但只有30%～40%的人在再次购买汽车时选购同一品牌。社会交换理论指出，人们是否愿意保持某种关系并不是由他们对这一关系的满意程度决定，如果人们能从其他关系中获得更大的利益，他们就可能会终止现有的关系。顾客与品牌之间的关系也是如此。如果其他品牌能够为顾客提供更大的利益，顾客就可能会转而购买其他品牌的产品和服务。因而，品牌满意是品牌忠诚的一个必要条件，却不是充分条件。

3. 企业可以采取其他方式调节两者之间的关系。如企业与顾客建立社交性联系，某品牌的服务人员与顾客建立私人关系，品牌与顾客之间的互动加强后，顾客对品牌满意对他品牌忠诚的影响就会逐渐减弱。同时，品牌转换成本、顾客的品牌归属感等也会影响品牌满意与品牌忠诚之间的关系。

（五）品牌忠诚度的测量

如果要对品牌忠诚度进行更深入的研究，以更好地指导企业制定相关的营销策略以及品牌建设的话，企业就有必要按照一定的标准先将顾客的品牌忠诚度进行量化。综合起来，测量方法大致可以分为以下六类：

1. 按购买比例来测量。对顾客购买所有品牌量进行排序以确定忠诚度，比如在一年中某顾客购买了几个品牌 A、B、C，按比例排序为 70%、20% 和 10%，那么他就最忠诚于 A 品牌，忠诚度为 70%。

2. 按重复购买次数来测量。在一定的时间内，消费者对某一品牌产品的重复购买次数越多，说明对这一品牌的忠诚度越高，反之则越低。当然，由于产品的用途、性质、结构等因素会影响消费者的再购买次数，因此在确定这一指标的合理界限时，要根据不同的产品的性质区别对待，不可一概而论。比如，快速消费品的重复购买次数至少要达到 3 次，才称得上品牌忠诚；但汽车、冰箱之类的耐用消费品，就不能用 3 次作为衡量指标了。

3. 按购买决策需要的时间来测量。根据消费心理规律，消费者购买商品都要经过挑选这一过程，但由于对相关品牌的熟悉程度、偏好程度等的不同，消费者做出购买决策需要的时间是不同的。通常，顾客的品牌忠诚度越高，购买决策需要的时间就越短，反之，忠诚度越低，购买决策需要的时间就越长。在利用这个指标测量顾客的品牌忠诚度时，也要考虑产品的价格、用途和使用时限等因素。例如，大多数女性在选购洗衣粉、香皂、洗发水等价格不高的日用品时，在超市里短时间内就能马上做出决策，而在购买服装时，即便面对自己忠诚度很高的服装品牌，也不能马上就能做出决策。

4. 按顾客对价格的敏感程度来测量。事实表明，对于喜欢和依赖的品牌，消费者对价格变动的承受能力强，即敏感度低，反之对于那些自己不是很喜欢或依赖性不高的品牌，消费者对其价格变动的承受能力很弱，即敏感度高。比如，现在物价普遍上涨了，每罐百事可乐价格上涨 1 角钱，涨幅 5%，这丝毫不影响某位百事可乐忠诚消费者的购买，但当这位消费者看到某品牌的茶饮料也涨价了，也涨了 1 角钱时，以前偶尔也会买点茶饮料的他却明显地感觉到了，并愤愤然地拒绝再次购买。

5. 按顾客对竞争产品的态度来测量。顾客对某品牌产品的态度发生变化，大多是由于竞争品牌而引起的。因此，根据顾客对竞争品牌的态度，可以从反面角度来判断对某一品牌忠诚度的高低。比如，当竞争品牌降价促销或推出品质更好的产品时，品牌忠诚度不高的顾客可能就要移情别恋了，而品牌忠诚度很高的消费者却能对之熟视无睹。

6. 按顾客对产品质量的承受能力来测量。任何产品都有可能出现由各种原因造成的质量问题，如果顾客对该品牌的忠诚度较高，当产品出现质量问题时，他们会采取宽容、谅解和协商解决的态度，不会因此而突然失去对它的偏好；如果顾客的品牌忠诚度较低，产品出现质量问题时，他们会深深感到自己的正当权益被侵犯了，极有可能产生反感情绪，有些甚至要通过法律方式进行索赔。

六、附着在品牌上的其他资产

与品牌资产相关的还有一些专门的特殊的财产，如专利、专有技术、分销系统等。这些专门财产如果很容易转移到其他产品或品牌上去，则它们对增加品牌资产所做的贡献就很小，反之，则成为品牌资产的有机构成。

专利竞争是国际间企业竞争的战略制高点，它既是企业的进攻手段，也能从长远的利益出发，阻止竞争对手的攻击。"产品未动、专利先行"已是跨国公司谙熟的竞争战略。在知识经济时代，唯有善用专利，才能将公司价值完全发挥。中国的企业应该从战略的高度上更加致力于对专利技术的开发和吸收，或者制定相应的应对措施，从而使自己不至于在未来的发展中遭遇四处碰壁的困境。IBM 目前仍然保持着拥有全世界最多专利的地位。自 1993 年起，IBM 连续 21 年出现在全美专利注册排行榜的榜首位置。到 2002 年，IBM 的研发人员共累积荣获专利22 358项，这一记录史无前例，远远超过 IT 界排名前 11 大美国企业所取得的专利总和，这 11 家 IT 强手包括：惠普、英特尔、Sun、微软、戴尔等。IBM 在 2014 年获得了7 534 项美国专利，刷新该公司的历史记录。然而，就在 21 年前，IBM 因为忽视对个人计算机领域的专利技术的控制，差点招致灭顶之灾。造成 IBM 衰落的最主要原因是战略决策的失误。过去 IBM 一直以大型机及其软件为主营业务。大型机及其软件每年大约为其创造 40 亿美元的利润，产生 70% 的投资回报率。但 IBM 没有料到自己投巨资首先开发的个人计算机，会彻底改变计算机行业的格局，特别是没有预料到个人计算机成长将代替大型机、微型机这些 IBM 传统优势之所在。当它意识到 PC 机的发展潜力时，却没能控制住 PC 最有价值的两个关键部分：微处理器和操作系统。最终操作系统的专利控制权落在比尔·盖茨的手中。微处理器的专利控制权落在英特尔手中。IBM 的再次崛起，很大程度上要归功于它战略的再次调整，积极鼓励员工在任何领域进行发明，因为你很难知道未来产品到底需要哪种专利。因此，专利覆盖的范围越广越好。

技术可以分为两类：基础性技术和专有技术。专有技术能够被一家公司拥有，例如，一家制药公司可以拥有某种药品配方的专利权。只要专有技术受到保护，它就可以成为长期竞争优势的基础，使得公司可以从中获得比竞争对手高的利润。"可口可乐"的神秘配方这一百多年以来一直被当做商业机密，这种神奇的药水，勾起了人们无限的遐想，这对可口可乐品牌的个性和形象产生着积极的影响，配方的价值也就自然地融入"可口可乐"品牌之中。

LG 电子公司从 1994 年开始进军中国家电业，目前已在中国的家电市场占据一席之地，成为拥有一大批忠实消费者的家喻户晓的品牌。其在中国成功扩张的原因之一在于LG一直把营销渠道作为一种重要资产来经营，通过把握渠道机会、设计和管理营销渠道拥有了一个高效率、低成本的销售系统，提高了其产品的知名度、市场占有率和竞争力。娃哈哈之所以能成功挑战"两乐"，在很大程度上也要归功于它独特的分销系统。

第三节　品牌资产的特征

我国实行新会计制度后，无形资产被正式列于企业的资产负债表上。品牌资产作为一项重要的无形资产，是企业的资产负债表应当核算的对象，在试图弄清楚该如何核算它之前，我们有必要了解它有哪些具体特征。

一、无形性和附加性

品牌资产是一种无形资产，它不同于厂房设备等有形资产，无法凭眼看手摸，凭人们的感官直接感受到。品牌资产的这一特性，增加了人们对它予以直观把握的难度，特别是准确评估其价值的难度。从所有权角度看，品牌资产作为一种财产权，由其无形性所决定，它与有形资产存在差异。

1. 有形资产通常是通过市场交换方式取得的，而品牌资产权一般是经由品牌使用人申请品牌注册，由注册机关按法定程序确定其所有权。因而，品牌资产的使用价值具有不重复性，即不可能出现两个使用价值完全相同的品牌资产。企业对该品牌资产的使用价值拥有独占权、独享权，其他企业如要占有或使用该品牌资产的使用价值，只有通过该企业转让品牌资产的所有权或使用权来实现。

2. 品牌资产的使用价值具有依附性。品牌的使用价值没有独立存在的实体，只有依附于某一实体才能发挥作用。品牌只有和企业的生产经营活动结合起来，与企业向市场提供的产品与服务结合起来，才能实现其使用价值。当品牌与企业及企业的产品或服务有机结合在一起的时候，品牌资产就会将自身的使用价值化于产品和服务中，实现其经济价值。

3. 品牌资产意味着赋予产品一种"附加价值"，是品牌持有者长期在营销方面为品牌所做的投资的结果，这种投资所带来的收益就是：更高的忠诚度，对于竞争对手的营销行为具有较强的抵抗能力，对市场危机具有较强的应变能力，企业的顾客对产品价格的上升有较强的承受力，可以得到更多的行业合作和支持，以及增强营销沟通效果等。正如美国经济学家威德仑所说："顾客就像工厂和设备一样，也是一种资产。"品牌忠诚度是顾客对品牌感情的量度，反映出一个顾客转向另一个品牌的可能程度。以品牌忠诚为目标的营销成为20世纪90年代中期西方营销学的热点话题。为了保持利润的持续增长，公司的目光要从市场占有率的数量转向市场占有率的质量，而这必须通过创立和巩固品牌忠诚度来实现。

二、构成与估价上的特殊性与复杂性

1. 品牌资产构成的复杂性。品牌资产反映的是一种顾客关系，而顾客关系的深度和广度是通过品牌的知名度、品牌的美誉度、品牌的忠诚度、品牌的品质形象等多方面的内容予以反映的。所以品牌资产在构成上是非常特殊的。我们将品牌资产分成不同部分单独考察，只是一种理论上的抽象，目的是为了更好地认识和理解这一资产，而实际上以上各个部分是互相联系、互相影响、彼此交错的，任何单独一个部分是很难与其他部分截然分开的。品牌资产的价值由成本价值和增值价值两部分构成。品牌资产成本价值由企业投入的与品牌资产的形成直接或间接有关的各要素的价值构成，包括直接费用和间接费用两部分。形成品牌资产成本价值的直接费用是指企业创建品牌资产的过程中发生的能够对象化的费用。比如，品牌名称和标识的设计费用，品牌商标的注册费用，品牌的广告费用等。直接费用的显著特征是能够对象化和量化，它和创建品牌资产的若干活动的对应关系是直接的、明确的，费用金额也是明确的。品牌资产成本价值的构成还包括间接费用。企业为提高产品质量而发生的费用，企业开拓市场的费用，产品售后服务的费用，宣传企业形象的费用等，都是间接费用。对企业来说，品牌是企业产品或服务的组成部分，应该负担产品或服务的一部分成本，而且，间接费用虽然不是直接为品牌资产而发生的，但确实使品牌资产的价值有所增加，应该按一定的比例计入品牌资产的成本价值。应该认识品牌资产的价值有很强的吸纳功能，在企业发生生产经营费用时，品牌资产可以自觉地增加价值而丝毫不影响该经营活动的收入费用关系。

2. 品牌资产包括增值价值。品牌资产的价值不仅包括它的政治经济学意义上的价值，即上述的成本价值，而且还包括它的增值价值，这是品牌资产价值与有形资产价值的一个明显区别。品牌资产价值中超过成本价值的部分便是它的增值价值。品牌资产的增值价值是由它的使用价值决定的，与使用价值成正相关关系，使用价值越高，它的增值价值越多，反之亦然。因为存在增值价值，所以品牌资产的市场价值没有必然的关系，这正是品牌资产的市场价值并不取决于其成本价值的原因所在。

3. 品牌资产的价值最终要通过品牌未来获利能力或获利性反映出来。这种获利性既取决于品牌的市场地位或品牌在消费者中的影响力，取决于品牌投资强度、品牌利用方式与策略；又受到了许多外部因素的影响，如市场容量、产品所处行业及结构、市场竞争的激烈程度等，均可能影响品牌投资与运用的效果，并对品牌资产大小和增减变化产生冲击。所以，合理评估品牌资产价值，并不是一件容易的事情。

三、形成上的长期性与累积性

（一）品牌资产形成上的长期性

无论是品牌知名度的提高、品牌品质形象的改善，还是品牌忠诚度的增强，均不是一朝一夕完成的。如果从长期顾客关系的角度考察，品牌资产的发展更是一个不断演进的过程。品牌从无名到有名，从不为消费者所了解到逐步被消费者所熟悉并对其产生好感与偏好，其间无不伴随着企业的不断努力与长期投入。所以说，品牌资产是企业长期投入人、财、物的沉淀与结晶。Landor 机构在 20 世纪 80 年代末期开展的全球性的品牌力调查中，所得到的关于影响品牌力的几大结论具有普遍的适用型。其中之一是，存在时间长对品牌形象力大有帮助。如果是同类产品中的第一个则更加重要。许多排名前 100 位的品牌在一定市场领域内已存在 25～50 年，甚至更长。品牌资产，如同经济上的资产一样，是随时间而建构起来的。

（二）品牌资产形成上的累积性

品牌资产价值的形成，不像有形资产的价值是一次完成的，而是要经历一个从无到有、从少到多的逐步积累、逐步增值的过程。它的成本价值中，除品牌的注册费用、设计费用是一次性投入以外，其他的直接费用和间接费用都是多次投入，每增加一次投入就会相应增加它的成本价值。提高品牌资产的使用价值是一个积累的过程，因而其增值过程也存在一个积累过程。一般来讲，企业累积品牌资产的途径和方法大致有以下三种：全面质量管理及质量标准导入、CS 战略导入和 CI 战略导入。其中全面质量管理及标准是企业及产品品牌累积最根本的途径和方法，而且贯穿在企业生产、管理、销售等全部环节中；而 CS 战略由于其考虑问题的起点是顾客，需要建立顾客满意的系统，故而从经营理念上讲，更能透露出以人为本、以消费者利益为重的真诚，更能体现出企业深刻的文化内涵；而 CI 战略注重的则是企业外部形象的塑造，在一定意义上很难摆脱"推销"的色彩，导入 CI 可以创造或累积品牌资产但不等于导入 CI 就能成为名牌。对企业品牌资产的累积而言，上述方法尽管角度不同，也各有差异，但从现实的市场运作看，其实均会有良好的效果。企业必须从文化、经济以及整个经营过程的视角来审视这些战略方法，并能够将其有机地结合在一起协同操作，从而使其品牌资产价值得到不断累积。

四、投资与利用的交叉性

有形资产的投资与利用往往是泾渭分明的，存在明显的界限。而品牌资产的投资与利用通常却是相互交错在一起，无法截然分开的。比如，广告投资可以视为品牌投资，这种投资部分转化为品牌资产，部分促进产品的当前销售；当前销售的增加既和当前的广告投入有关，又和品牌资产的过去存量有关。所以，广告促进产品当前销售的过程，同时又应视为对品牌资产利用的过程。

就总体而言，品牌投资会增加品牌资产存量，品牌利用会减少品牌资产存量，但如果管理得当，品牌资产不仅不会因利用而减少，反而有可能获得增加。一些企业在品牌大获成功后，不失时机地将其延伸使用到其他产品上，品牌影响力不但没有因此下降，反而有所提升，就反映了这种情况。维珍（Virgin）公司就是从流行音乐的出版商和零售商开始发展起步的，在确定了 Virgin 品牌的终极价值——友好、革新、质量和乐趣后，它现在已成功步入航空、伏特加、饮品、财务服务等诸多领域。

五、品牌资产价值的波动性

品牌资产的价值并不是一成不变的，它会随着时间的推移而增大或减小，也会随着空间的变化而发生变化。品牌资产的价值会随时间发生变化有两方面的原因：一方面，品牌资产的价值是一边积累，一边使用，一边增加的，品牌资产价值所具有的累积性使它的价值不断变化；另一方面，品牌资产的价值会产生无形磨损。企业信誉下降、市场竞争失败、品牌宣传不力、不公平竞争等情况都会导致品牌使用价值的降低。品牌资产的使用价值也受到空间因素的影响。品牌总是表现为一定空间范围内的品牌，脱离了一定范围，品牌资产的使用价值就难以实现。一方面，品牌总是一定地理范围的品牌。在 A 地是知名品牌，在 B 地可能就是非知名品牌；在 A 地是著名品牌，在 B 地可能就是一般品牌。即使是世界级的知名品牌，在不同的国家、不同的地方，其知名度和影响力也是不同的。

2014 年 10 月 22 日，北京名牌资产评估有限公司发布了《2014 年中国最有价值品牌研究报告》。这是该公司借鉴世界最有价值品牌评价所进行的一项研究活动。自 1995 年以来，该公司每年发布一次研究报告，这已经成为国内外各界了解我国名牌企业市场竞争力状况的重要参考，最近几年中国最有价值品牌和全球最有价值品牌的排名变动，如表 12-1、表 12-2 所示（引自 http：//www. mps. com. cn/brand's_ studies. html）。

表 12-1　　　　　　　　　　　　中国最有价值品牌排行榜

年度	2012 年		2013 年		2014 年	
名次	品牌	价值（亿元）	品牌	价值（亿元）	品牌	价值（亿元）
1	海尔	962.8	海尔	992.29	海尔	1 038
2	国美	661.26	国美	716.02	国美	742.52
3	五粮液	659.19	五粮液	701.58	五粮液	735.8
4	中国一汽	630.18	中国一汽	684.19	中国一汽	703.23
5	美的	611.22	美的	653.36	美的	683.15
6	TCL	583.26	TCL	639.16	TCL	668.59

年度	2012 年		2013 年		2014 年	
名次	品牌	价值（亿元）	品牌	价值（亿元）	品牌	价值（亿元）
7	金融街	408.08	金融街	413.05	金融街	421.61
8	茅台	373.46	茅台	383.79	长安	401.19
9	长安	346.30	长安	382.02	茅台	399.26
10	青岛	323.12	青岛	349.72	青岛	362.25
11	燕京	267.89	燕京	301.08	万科	328.01
12	红塔山	253.85	波司登	282.29	燕京	311.02
13	波司登	245.08	双汇	269.68	双汇	300.66
14	双汇	216.03	红塔山	267.76	波司登	293.93
15	腾讯	215.81	腾讯	261.57	腾讯	278.63
16	创维	192.9	创维	237.4	红塔山	272.87
17	小天鹅	191.26	泸州	221.7	创维	242.28
18	娃哈哈	188.62	哈药	201.63	泸州	230.67
19	伊利	184.16	百度	199.52	百度	213.13
20	哈药	183.65	伊利	198.19	哈药	206.11
21	蒙牛	182.28	小天鹅	193.08	伊利	204.86

表 12-2 **2014 年全球最有价值品牌排名前 20 名**

2014 年名次	2013 年名次	品牌名称	国家或地区	品牌价值（亿美元）
1	1	苹果	美国	104.68
2	2	三星	韩国	78.752
3	3	谷歌	美国	68.62
4	4	微软	美国	62.783
5	10	威瑞森	美国	53.466
6	7	通用电气	美国	52.533
7	11	AT&T 电信	美国	45.41
8	8	亚马逊	美国	45.147
9	5	沃尔玛	美国	44.779
10	6	IBM	美国	41.513
11	15	丰田	日本	34.903

续表

2014 年名次	2013 年名次	品牌名称	国家或地区	品牌价值（亿美元）
12	9	可口可乐	美国	33.722
13	20	中国移动	中国	31.845
14	—	T-Mobile	德国	30.607
15	14	美国富国银行	美国	30.242
16	13	沃达丰	英国	29.612
17	21	宝马	德国	28.962
18	12	壳牌	荷兰	28.575
19	17	大众	德国	27.062
20	22	汇丰银行	英国	26.87

由上面两表可以看出，品牌的价值不是终身制，价值的大小由每年的市场说了算。世界著名品牌都不可能高枕无忧，更何况知名度一般的品牌呢？所以，企业要有一定的忧患意识，不断进取，化被动为主动，努力提高品牌的资产价值。

本章小结

对品牌资产的概念有着不同的阐述。法奎汉：品牌给使用者带来的超越其功能的附加价值或附加利益；大卫·爱克：品牌资产是这样一种资产，它能够为企业和顾客提供超越产品和服务本身的利益之外的价值；美国营销学研究所：品牌资产就是品牌的顾客、渠道成员、母公司等对于品牌的联想和行为；我国学者：品牌资产是附着于品牌之上，并且能为企业带来额外收益的顾客关系。

品牌资产的价值概括起来可分为两类：为消费者提供价值和为企业提供价值。为消费者提供价值主要通过两个方面表现出来：第一，通过品牌名称、品牌标志物的认知作用，有助于消费者加工整理、存储有关产品及品牌信息；第二，增强消费者的购买信心，缩短购买商品的决策过程。同时品牌资产也通过以下四个方面为企业提供价值：培养消费者的品牌忠诚；品牌体现的质量，能促使该品牌产品以溢价销售；品牌资产为品牌扩张提供了有利的条件；品牌资产提供了对竞争者来说是进入目标市场的一种障碍的竞争优势。

品牌资产是由品牌形象所驱动的资产，它是一个系统概念，由一系列因素构成，具体包括：品牌知名度、品牌美誉度、品质认知、品牌联想、品牌忠诚度和附着在品牌上的其他资产。

品牌知名度是指某品牌被公众知晓、了解的程度，它表明品牌为多少或多大比例的消费者所知晓，反映的是顾客关系的广度。

品牌的美誉度是指某品牌获得公众信任、支持和赞许的程度。相对于品牌知名度这个量的指标而言，品牌美誉度是一个质的指标，只有建立在美誉度基础上的品牌知名度才能真正形成品牌资产。

品质认知是指消费者对产品或服务的适应性和其他功能特性适合其使用目的的主观理解或整体反应，是消费者对产品客观品质的主观认识，它以客观品质为基础，但又不等同于产品的客观品质。

品牌联想是消费者在看到某一品牌时所勾起的所有印象、联想和意义的总和。品牌联想大致可分为三个层次：品牌属性联想、品牌利益联想、品牌态度。

品牌忠诚是一种对偏爱的产品和服务的深深承诺，在未来都持续一致地重复购买和光顾，因此产生了反复购买同一个品牌或一个品牌系列的行为，无论情境和营销力量如何影响，都不会产生转换行为。按品牌忠诚的形成过程，品牌忠诚度可以划分为认知性忠诚、情感性忠诚、意向性忠诚和行为性忠诚四种类型。

品牌满意是指顾客需求得到满足后的一种心理反应，是顾客对该品牌产品和服务的相关特征或者该品牌产品和服务本身满足自己需求程度的一种判断。品牌满意是品牌忠诚的前提条件，但不是充分条件。

品牌资产包括五大特征：无形性和附加性；构成与估价上的特殊性与复杂性；形成上的长期性与累积性；投资与利用的交叉性；品牌资产价值的波动性。

复习思考题

1. 试述品牌资产的涵义。
2. 品牌资产包含哪些要素？
3. 品牌资产的美誉度可通过哪些途径获得？
4. 品牌联想的层次有哪些？
5. 品牌忠诚的类型有哪些？各种类型的特点是什么？
6. 品牌满意与品牌忠诚的关系是什么？
7. 简述品牌资产的五大特征。

案　例

吉利汽车收购沃尔沃的成功案例及其启示

一、吉利收购沃尔沃背景

2010 年 3 月 28 日，吉利控股集团（以下简称"吉利"、"吉利汽车"）宣布在沃尔沃所在地瑞典哥德堡与福特汽车签署最终股权收购协议，以 18 亿美元的代价获得沃尔沃轿车公司 100% 的股权以及包括知识产权在内的相关资产。作为中国汽车业最大规模的海外收购案,吉利上演了一出中国汽车企业"蛇吞象"的完美大戏。吉利董事长李书福评价说:"这如同一个农村来的穷小子追求一个世界顶级的明星,这是一场盛大的跨海婚礼。"

二、收购双方简介

1. 吉利控股集团

浙江吉利控股集团有限公司是中国汽车行业十强中唯一一家民营轿车生产经营企业,始建于1986年,经过20年的建设与发展,在汽车、摩托车、汽车发动机、变速器、汽车电子电气及汽车零部件方面取得辉煌业绩。1997年进入轿车领域以来,凭借灵活的经营机制和持续的自主创新,取得了快速的发展,资产总值超过140亿元。连续6年进入中国企业500强,连续4年进入中国汽车行业10强,被评为首批国家"创新型企业"和首批"国家汽车整车出口基地企业",是"中国汽车工业50年发展速度最快、成长最好"的企业。

集团总部设在杭州,在浙江临海、宁波、路桥和上海、兰州、湘潭建有六个汽车整车制造基地,拥有年产30万辆整车的生产能力。现有吉利自由舰、吉利金刚、吉利远景、吉利熊猫、上海华普、中国龙等8大系列30多个品种整车产品。

吉利汽车2010年年报显示,公司2010年实现销量41.58万辆,同比增长27%。然而,去年中国的乘用车市场平均增长幅度为34%,吉利汽车并未能跑赢大市。不久前,吉利汽车又公布了2011年上半年的销售情况,公告显示6月份,吉利汽车销量较5月份下滑了4.6%,上半年累计总销量为21.3万辆,只完成其全年销量目标的44.5%。可见由于经济大环境不理想,吉利业绩表现也不尽如人意。

2. 沃尔沃公司

沃尔沃,英文名为Volvo,瑞典著名汽车品牌,又译为富豪,该品牌汽车是目前世界上最安全的汽车。沃尔沃汽车公司是北欧最大的汽车企业,也是瑞典最大的工业企业集团,世界20大汽车公司之一。创立于1927年,创始人是古斯塔夫·拉尔松和阿萨尔·加布里尔松。

沃尔沃集团是全球领先的商业运输解决方案供应商,主要提供卡车、客车、建筑设备、船舶和工业应用驱动系统,以及飞机发动机零部件等产品和服务。此外,沃尔沃集团还提供金融服务。沃尔沃分为沃尔沃集团(Volvo group)和沃尔沃汽车(Volvo cars)两家公司。沃尔沃制造卡车、客车、建筑机械、应用于船舶和工业用途的动力系统、航空发动机及航空发动机部件。产品范围还包括客户定制的金融、租赁、保险和维修总体解决方案,以及基于IT技术的运输信息和管理的整体解决方案。沃尔沃集团经营范围主要由8个商业领域组成,分别是:沃尔沃卡车,雷诺(Renault)卡车,马克(Mack)卡车,沃尔沃客车,沃尔沃建筑设备,沃尔沃遍达公司,沃尔沃航空航天公司以及金融服务。此外,还有多个商业机构在工程、研发、IT、零部件和物流等领域提供全集团范围内的支持。在2003年,76 000名员工实现销售额195亿欧元。产品遍布世界140多个国家

1999 年 4 月 1 日，福特汽车公司正式收购沃尔沃。然而，福特公司在过去几年的经营情况并不是很理想。福特汽车在 2004—2009 年累计亏损已达 390 亿美元。

三、收购日历

1999 年，福特以 65 亿美元的高价购得沃尔沃品牌。

2002 年，拿到汽车生产许可证不久的吉利梦想收购世界名牌沃尔沃。

2007 年 9 月，李书福通过公关公司向福特阐明了收购沃尔沃的想法，但此时的吉利还未组成专业的收购团队，其收购意向也没有引起福特重视。

2008 年初，在底特律的车展，李书福在公关公司帮助下第一次见到了福特财务总监、董事会办公室主任和采购总监等一干人。这次谈话并不成功，福特方面不断强调"沃尔沃有 150 亿美元的年销售额"，言下之意是，吉利太弱了。虽然李书福表示有诚意和能力做到，但对方只是礼节性地称"回去研究一下"。正是在此次会面以后，李书福回国后就开始组建吉利收购沃尔沃的专业团队。首先主动约见了在汽车产业界颇具声望的罗斯柴尔德银行大中华区总裁俞丽萍。根据汤森路透的数据，在吉利并购沃尔沃交易之前的 12 个月里，由罗斯柴尔德银行提供咨询的汽车并购案总价值高达 892.5 亿美元。

2008 年 6 月的罗斯柴尔德一次全球合伙人会议上，俞丽萍说服了董事会，代表吉利参与竞标收购沃尔沃的事宜。

随后，收购团队搭建了起来，按照分工，富尔德律师事务所负责收购项目的所有法律事务；德勤负责收购项目、财务咨询，包括成本节约计划和分离运营分析、信息技术、养老金、资金管理和汽车金融尽职调查；罗斯柴尔德银行负责对卖方的总体协调，并对沃尔沃资产进行估值分析。

2009 年 1 月，又一年底特律车展，李书福带着顾问团队与福特高层进行了接洽，吉利的认真态度，最终让福特表示一旦出售沃尔沃，将第一时间通知吉利。

2009 年 3 月，吉利在国内与政府的沟通最终得到了回复，获得了发改委的支持函。

在福特向美国 SEC 提供的年度财务报表中，我们看到福特表示了出售沃尔沃的决定：

During the first quarter of 2009, based on our strategic review of Volvo and in light of our goal to focus on the global Ford brand, our Board of Directors committed to market Volvo actively for sale, notwithstanding the current distressed market for automotive-related assets. Accordingly, in the first quarter of 2009 we reported Volvo as held for sale.

2009 年 4 月，福特首次开放数据库，项目团队开始阅读6 473份文件，通过 10 多次专家会议，2 次现场考察，3 次管理层陈述，吉利收购团队开始真正了解沃尔沃状况。针对福特起草的2 000多页的合同，进行了 1.5 万处的修改标注。

2009 年 5 月，国际竞争对手出现（皇冠（CROWN）的美国公司和一家瑞典财团），其报价远远高于吉利的 18 亿美元，达到 28 亿美元。正是在这样的报价下，两家竞争对手都由于未在福特规定的递交标书的最后期限内完成融资，而退出了竞标。

2009 年 7 月，吉利向福特递交具有法律约束力的标书获得通过。

2009 年 10 月，福特宣布吉利集团成为沃尔沃的首选方。

2009 年 12 月，福特对外宣布已和吉利达成框架协议。

2010 年 3 月 28 日，吉利控股集团有限公司与美国福特汽车公司在瑞典哥德堡正式签署收购沃尔沃汽车公司的协议。

2010 年 8 月 2 日，完成对沃尔沃及相关资产的收购。

资料来源：郭璇．吉利汽车收购沃尔沃的成功案例及其启示．对外经贸实务，2010（12）：70-72.

案例思考题

1. 吉利公司为什么要收购沃尔沃这个品牌？沃尔沃给吉利公司带来了什么？

2. 从吉利公司购买沃尔沃这一案例来看，品牌可为企业带来哪些价值？

第十三章 品牌资产的建立

品牌资产的构成包括六大要素，这些品牌资产要素其实涵盖了品牌经营者的"工作框架"——品牌经营者的任务就是建立和不断提升品牌知名度、品牌美誉度、品质认知度、品牌联想度、品牌忠诚度及其他专属资产。本章分节讨论了品牌知名度、品牌美誉度、品质认知度、品牌联想度、品牌忠诚度的建立。

第一节　建立品牌知名度

当人们在选购饮料、汽车、服装、化妆品或是旅游目的地时，除价格因素外，一般不自觉地就会去选择那些比较有知名度的产品和旅游地点。这就是品牌效应。建立或提高品牌知名度的基本要点是建立品牌认知和加强品牌记忆。品牌认知是指消费者通过各种渠道获取有关品牌的各种信息，从而对品牌有一定的认识和了解，或称消费者识别某种品牌的能力。品牌记忆是指消费者在不需要任何提示的情况下能够想起某种品牌的能力，即能正确区别先前所见或听到的品牌。促使消费者主动去识别品牌和记住品牌的关键在于品牌的有效传播，营销传播的方式多种多样，企业应根据具体情况加以选择。

一、进行有效的广告传播

（一）标新立异的广告创意

传播的差别化是创造知名度的有效途径。人云亦云、亦步亦趋、盲目跟风、生搬硬套的做法注定要失败。但如何来创造优秀的广告呢？其关键是要与众不同、标新立异，这是广告运作所追求的基本原则。美国广告大师罗素·瑞夫斯认为，一个优秀的广告遵循三个要点：广告主题必须包括产品的一个具体的效用；这一效用必须是独一无二的；这一主题必须能够推动销售，必须是能够影响消费者购买决策的重要承诺。在浩如烟海的广告中要想让消费者对广告引起兴趣，并记住广告的诉求，新颖、独特、与众不同的创意是关键。金霸王电池的系列广告是有效传播的例子。

场景一：一大群玩具兔子在打鼓，"咚咚咚"，"咚咚咚"，然后一只接一只的兔子慢了下来，停了下来，没了声音，最后全场只剩下那只背着金霸王电池的兔子，还在那里埋头苦干地"咚咚咚"、"咚咚咚"地敲着。

场景二：一群玩具小人有快有慢，勤勤恳恳地向上攀岩，然后渐渐地有人停下来了，爬不动了，最后，仍然只有背着金霸王电池的那一个小人，孤零零地奋勇向上。

场景三：罗马竞技场中，一辆辆小战车和骑士们争先恐后地绕着圈奔驰着，然后一辆辆地人仰马翻，最后，当然还是背着金霸王电池的那一辆战车成为英雄。

这些都是属于表现的部分，演员可以不同，故事可以不同，但根本的核心创意是相同的，那就是这样一个概念："金霸王电池总比所有其他的坚持得更久。"

金霸王的创意概念，说明了金霸王的承诺，对使用者的承诺，它可以使你坚持最久，让你表现得比别人好，它是你胜出的重要关键，你总是可以信任它。这种产品，这种创意，对消费者来说可以说是非常具体和实际的。

（二）采用口号

广告口号的特点是加强消费者对广告的记忆。好的口号或广告歌能创造出一种意想不到的沟通效果，它们能加速消费者对品牌的认知速度。短小精悍的口号包含了产品可能被形象化的特征，而脍炙人口的广告歌更是应用了韵律、声调使得品牌名琅琅上口、易于发音和记忆。那些脍炙人口的广告口号或广告歌曲，让消费者在有意无意中十分自然地记住了品牌，例如我们熟悉的海尔的"真诚到永远！"，飞利浦的"让我们做得更好！"，雀巢咖啡的"味道好极了！"，娃哈哈果奶的"甜甜的，酸酸的，有营养，味道好！"。改革开放30多年来，在中国内地发布的优秀广告歌和广告语层出不穷，如表13-1所示。

表 13-1　　　　　　　　　　中国内地发布的优秀广告歌和广告语

比流行歌曲还流行的广告歌	挂在百姓嘴边的广告语
"燕舞，燕舞，一曲歌来一片情"（燕舞集团）	"味道好极了"（雀巢咖啡）
	"让我们做得更好"（飞利浦）
"TOSHIBA，TOSHIBA，新时代的东芝"（东芝）	"车到山前必有路，有路必有丰田车"（丰田轿车）
"当太阳升起的时候，我们的爱天长地久"（太阳神）	"钻石恒久远，一颗永流传"（戴尔比斯）
"今年二十，明年十八"（白丽美容皂）	"喝光啦！"（麒麟啤酒）
"千万里，我一定要回到我的家"（孔府家酒）	"人类失去联想，世界将会怎样"（联想电脑）
"悠悠岁月久，滴滴沱牌情"（沱牌曲酒）	"其实男人更需要关怀"（丽珠得乐）
"我说我的眼里只有你，只有你让我无法忘记"（娃哈哈纯净水）	"喝了娃哈哈，吃饭就是香！"（娃哈哈果奶）
"相爱永不渝，忘不了你"（奥妮洗发水）	"相信我，没错的！"（奥妮洗发水）
"Come Come 给我感觉，给我给我真的感觉"（雪碧）	"农夫山泉有点甜"（农夫山泉）

(三) 恰到好处的标识

广告标识是一个以视觉为中心的品牌标识系统。通过符号、图案等展示的标识更容易使消费者识别和记忆。发展一种能与一种品牌紧密联系的符号，可以在创造品牌知名度过程中发挥重要的作用。一个符号是一个生动的形象，比起一个字或一句话更容易为人了解和记忆。美国雷诺兹公司推出的世界名牌"骆驼"香烟，其标志采用一只傲视俗世的骆驼驻足沙海；苹果公司那只被咬掉了一口的苹果，象征着希望、革新和愉快。为我们大多数人熟悉的奔驰汽车的徽志、耐克的勾、三星的蓝色、可口可乐的瓶子、麦当劳的金黄色拱门、雀巢标签上的鸟巢、海尔小兄弟等，这些象征和标识都强烈地传达着品牌的识别，折射着品牌的个性和文化，给消费者带来很大的视觉冲击力。

(四) 持续重复

我们已经知道，知名度包括品牌再认和品牌回忆两种表现形式。产生记忆比产生认知要困难得多。认知通过几次展现就可以建立，而记忆会随着时间的推移慢慢模糊以至于消失。因此需要加强品牌与产品的联系，进一步突出品牌名字，帮助消费者建立记忆。建立记忆的基本技术是重复。独特的创意、精练的口号有助于品牌的识别。要加深消费者对品牌的记忆，必须让信息不断地冲击消费者的大脑。恒源祥就是国内率先使用重复的手段传播其品牌而建立其知名度的。1994 年在中央电视台新闻联播后黄金时段播出其广告，在五秒钟的广告中连续重复广告内容三遍。广告由极简单的三部分组成。先是品牌"恒源祥"慢慢而清晰的叙述，之后介绍它所属的产品类别是"绒线羊毛衫"，最后是一小囡囡用稚嫩的童声叫了三声"羊、羊、羊"。这种三遍联播（或拆开在剧前、剧中、剧后分播）的新形式开出了中国电视广告的先河。之后，"恒源祥"广告的成功曾一度引来许多企业竞相仿效。它的成功就在于抓住知名度广告的基本要素：品牌名、产品类别、关键的联想。在利用持续重复这种广告模式建立和扩大品牌的知名度的时候，有一点还需要特别指出的是，不恰当的重复会引起消费者的反感。

二、强势公关

公共关系在企业营销中的重要性进一步明确起来。建立品牌的知名度是企业开展营销活动的任务之一。在创建企业品牌的知名度时，为了达到更好的传播沟通效果，就需要综合运用多种手段。

品牌知名度传播的另一手段是举办相关的公关活动。精心策划的公关活动有时比广告更能让消费者信赖，而与广告支出相比，公关活动的成本优势非常明显。比较常见的公关活动有：赞助、竞赛、电视或广播访谈、受众参与的发问节目、展览、新闻报道、与电视台共同举办娱乐节目、设立各种奖励基金等。

海南养生堂公司可说是善用公关传播术的代表。它的"养生堂"龟鳖丸、"农夫山泉"饮用水均采用组织消费者实地考察生产基地的公关活动，声势浩大，如

"100%野生龟鳖海南寻真行动"，还有我们现在熟悉的"您现在购买的每瓶农夫山泉中都有一分钱支持着希望工程"活动。海南养生堂公司通过这些活动，在受众的心目中建立起企业产品质量可靠、企业关注社会效益的良好印象。

另外，一家企业与社会大众的关系也会对品牌有所贡献。麦当劳就是一家深切了解公共关系对品牌形象重要性的公司，它在北京开业伊始，就让员工每周星期六下午在附近地铁站清洁扶手护栏，虽然很难用获利标准来判断它的社会效益和经济效益，但北京媒介大幅报道至少让麦当劳看起来像是一家有远见和关心环境的国际化公司。

三、消费者的口传效应

对全世界有搜索引擎需求的人来讲，几乎没有人不知道 Google 网。可又有几个人能想到，"这个 15 年前还是个名不见经传的小公司，如今市值已遥遥领先于其他互联网公司，成为全球最受欢迎的企业。"沿着 Google 成长的历程梳理，你会发现 Google 地位的确立竟得益于消费者的口传效应。

网民说：你去 Google 一下；我要 Google 资料；他是个 Google 主义者……

创业中的小公司说：我的大部分客户来源于 Google 的搜索结果。

对手说：Google 的网页太过庞杂，其中含有限制性内容。

媒体说："Google 经济"和某某年度 Google 20 大流行词汇排名，以及一个寡妇如何借助 Google 把有效的客户流量吸引到自己的网站上，从而维持一份体面生活的类似故事。

华尔街和硅谷说：Google 如果上市，或许能为重振科技股雄风带来希望。

正是因为上述种种"说"法，Google 这个单词才在全世界得以快速流传，Google 在人们心目中的地位才得到一次又一次的强化和提高，Google 才在"没有做过一次电视广告、没有张贴过一张海报、没有做过任何网络广告链接"的情况下获得了成功。

企业在建立品牌知名度的过程中，往往要花费大量的资金和精力做广告、做促销、进行公关等，然而事实上，这些方式不一定能达到满意的市场效果，因为这些方式都是主体性的"我说"，品牌的自我推销很难打动那些对广告有着很强戒备心理或对广告持怀疑态度的消费者的心，而消费者的口传则是客体性的"他说"，它以熟知的"证人"、眼见为实的"证物"和信得过的"证词"三者相结合的优势，说服或促进其亲朋好友、同事邻居等人对该品牌的试用和购买。流行在西方营销的一句谚语"一个满意的消费者是你最好的推销员"，十分形象地反映了口传对消费者行为的影响力。消费者对某一品牌、某一企业的赞誉，进而在周围群体中传播所形成的口传效应，是其他任何方式都不能替代的。也正如一首歌里唱的："金奖银奖不如老百姓的夸奖，金杯银杯不如老百姓的口碑。"在中国的文化背景下，面对中国的消费者时，消费者的口传效应尤其应该高度重视。

首先，从文化背景来看，口传是一种人际沟通与情感交流，这与中国传统文化注重人际关系是相符的，因而极易被接受和推广。据零点调查公司对中国 10 个城市的 4 800 多位居民调查显示，有 39.5% 的受访者经常和别人交流"购买及使用商品的经验"。

其次，从人的心理状态分析，口传产生信任的一个基本前提是情感上形成的共鸣，然后进一步形成确信。消费者口传的对象，一般来说，都是自己的亲戚朋友、同事、邻居等自己周围的人。对于那些有意于近期购买同类产品或服务的熟人来说，由于广告信息是从自己周围的人口中传递出来的，并且已经有他们的购买行动做了"示范"，有他们的消费经验作为参考，那些还处在观察、等待、犹豫和比较阶段的被介绍者，就会在周围人的"言传"、"身教"下实施购买行动。被介绍者一旦购买后，推荐者会进一步询问、确认被介绍者的满意程度，被介绍者满意程度越高，介绍者的自我满足和被认同感会越强，对品牌的认同感也会更强。

第二节　建立品牌美誉度

"秦池"在国内制造巨大的"标王"效益后，为何很快身陷困境呢？其中原因很多，但有一点为人们所共识：有了知名度，缺少美誉度。秦池现象，并非独有。国内有的企业产品质量很好，广告投入也很大，市场占有率在短期内迅速上升，但在与强势品牌的角逐中却很快败下阵来。究其原因，主要是企业在具有一定知名度后，忽视了品牌美誉度的提升，在消费者心目中形象不完美，缺乏吸引力。为保证企业的长期稳定发展，在扩大品牌知名度的同时，应努力提升品牌的美誉度。品牌如同一个人，品牌的知名度和品牌美誉度则是其两条腿，当第一条腿迈出去之后，第二条腿如果不能很快跟上去，品牌是走不动的，甚至还会摔倒，当一个企业具备较高的知名度后，其下一个的目标就是要充实品牌内涵，提升品牌的美誉度。

一、保证卓越的产品质量

（一）优秀的设计质量

一个品牌要得到广大消费者的认可称赞，没有优秀的产品提供给消费者，光靠广告和媒体的作用是不行的。以中国的家电行业为例，中国的家电行业是一个市场竞争最为激烈的行业，每个企业都十分注重品牌建设和品牌形象的策划推广，它们投巨资在央视和各地电视台进行品牌的推广和巩固。利用广告打市场，企业的知名度和第一提及度是增加了，如果广泛的知名度没有与优秀的、令消费者心动的产品形成良性互动关系，那么知名度的提升也很少能够带来消费者切实的购买行动，广告及媒体对于品牌美誉度的贡献也相当有限。要改变这种情况，企业就必须设计、提供给消费者与众不同的好的产品，以符合、满足消费者的消费品味。美国哈佛商学院著名教授海斯曾经说过："昨天各公司在价格上竞争，今天在质量上竞争，明天将在设计上竞争。"今天，这个设计竞争的时代已经到来了。韩国的三星电器，如今在全球享有极高的美誉度，它能与苹果这个全球电子第一品牌试比高。谁能想到这个 20 年前还名不见经传的韩国品牌今天能取得如此高的成就？从前，韩国公司的产品大都缺乏创意，相貌平平。20 年前，三星的董事长在全球发动了一场设计革命，全面转换企业的经营战略，一改传统的依靠技术来推出新产品，转而注重优秀的设计。现在，他们生产的都是具有先进设计水平的产品，三星品牌形象及三星品牌美誉度的极大提升自然就不难理解了。

（二）不断对产品进行改良更新

海尔、联想之所以有很高的美誉度，关键是产品拥有可靠的产品质量。没有产品质量，就没有产品的美誉度，没有产品质量，品牌的美誉度就成为无源之水、无本之木，就变得不堪一击。新产品在上市之初可能存在很多不完善的地方，特别是对于高新技术产品而言。以 PC 为例，差不多每 3~6 个月就会实现一次技术升级，技术变革的速度是如此之快，以致于对于任何一家 PC 生产厂家来说，都不可能等到确保产品没有任何缺憾时再推出市场。这就造成了，在消费者使用过程中会发现产品有很多不足，需要企业不断地进行改良和更新。如果企业不能及时对产品进行改良更新的话，一方面会引起原有客户的不满，同时也由于产品落后于竞争对手，也会在吸引新客户的竞争中落败。

（三）确保产品品质稳定

通常在强势的广告拉动下，某些品牌的市场迅速扩大，销量膨胀的压力让产品品质控制得不到保证。市场上很多保健品之所以短命，就是采取了"掠夺式"的市场进入方式，利用消费者盲目跟风的心理赚取第一笔钱，却因产品没有带给消费者满足感，弃之而去的人日渐增多。等到企业清醒过来之时，悔之晚矣。

二、提供优质的售后服务

售后服务是产品质量的延伸，是产品美誉度的重要方面，特别是在激烈的市场竞争条件和相对过剩的经济条件下，谁能拥有优质的售后服务，谁就有了战胜对手的法宝。海尔公司在目前空调市场激烈的竞争中认识到：在产品性能、功能、质量大体接近的情况下，谁能搞好售后服务，谁就可能赢得良好的美誉度。为此，海尔公司在售后服务方面动了很多脑筋，想了很多的办法。如维修人员上门维修时，统一穿着有海尔公司标识的工作服。进门前，穿上自备的鞋套，拆卸的零件放在专用垫布上，维修完后，还为客户建立用户台账，并请用户签名确认。海尔的星级服务在为海尔赢得巨大的市场份额的同时，也为海尔品牌赢得了巨大的品牌美誉度。

三、建立良好的企业信誉

市场经济是信用经济，良好的信誉是企业的无形资产。而好的品牌要靠良好的信誉支撑。当今世界 500 强企业，很多是"百年企业"，它们之所以经久不衰，关键是在长期的经营过程中形成了良好的信誉。在市场经济条件下，我国的企业信誉应该而且必须成为企业社会责任的一部分，把建立和增强企业信誉作为自身赖以生存和发展的生命线。对顾客而言，产品承诺和服务承诺是否有力，是建立良好的企业信誉最基本的条件。正如张瑞敏所说，企业应该首先卖信誉，其次卖产品。只有持之以恒地提供优质产品和服务，才能赢得顾客对品牌的信任，才能建立良好的企业信誉，从而提升品牌美誉度。

四、加强顾客满意管理

（一）实现顾客满意

品牌美誉度形成的心理机制，表现为当顾客尝试购买后，总会有意或无意地根据自己的期望对商品进行评价。如果该品牌产品的可感知效果与顾客的期望值相匹配，顾客就会满意；如果可感知效果超过期望，顾客就非常满意；如果不符合期望，顾客就会不满意。根据菲利普·科特勒的观点，提供顾客让渡价值是实现顾客满意、赢得赞誉的根本途径。顾客让渡价值可以看做是顾客的"利润"。它等于整体顾客价值与整体顾客成本之间的差额。整体顾客价值包括产品价值、服务价值、人员价值和形象价值；整体顾客成本包括货币成本、时间成本、体力成本和精神成本。增加顾客让渡价值有两种方法：一是增加整体顾客价值；二是降低整体顾客成本。

（二）培养意见领袖，促进人际传播

最先购买该品牌的一批消费者，对品牌形成了某种看法，他们出于各种各样的需要，总会有意无意地把自己对新购品牌的意见告诉别人。这些以非正式形式向别人提供品牌意见、影响别人的品牌选择的人称为意见领袖。

如果意见领袖对所选品牌有好感，品牌就被传为佳话，有口皆碑地一波一波散布开来。而且，这种口头传播对品牌选择者具有强有力的影响。它比广告轰炸和雪片似的商品传单要有效得多。因为口头传播是面对面的直接交谈，听者不但接受说者传来的信息，同时能够听到说者的语音语调，观察其面部表情、手势及其他细微的身体语言，深受感染而且印象深刻；另外，口头传播是在彼此关系很好的人之间发生的，因而有更强的信赖感。听者对熟人的品牌评价和建议深信不疑，并以此为依据做出是否购买的决定。

因此，企业必须真诚地对待每一位顾客，尽力为其提供最高的顾客让渡价值，并在顾客尝试购买阶段着力培养一批品牌的意见领袖，通过他们的口头传播来带动其他消费者购买。

第三节　建立品质认知

消费者对品牌品质的肯定是单凭广告所无法做到的，它不仅需要品质恒定如一，更有对品牌在发展过程中提出的创新要求。有关人类学的研究显示，人们对于他们了解的和较为熟悉的东西更容易产生信赖感和自在感。反映在营销上的一种普遍现象，就是顾客往往习惯于购买他们所熟悉的品牌。正因为如此，顾客对品牌的认知会直接影响品牌的价值。

消费者对品牌的品质认知是建立在产品客观品质基础上的主观认识，企业在建立品质认知时可从以下几方面努力：

一、提供高品质的产品和服务

产品表现是一个品牌最直接的品质表现，一个品牌是否有品质，首先体现在产品的质量、性能和外观等方面。保证产品的高品质是消费者建立品牌认知的客观基础。品质是品牌的生命基础，又是产品"长寿"必不可少的环节。据一项调查表明，世界500家最大的公司中2/3的高级管理人员认为，质量决定顾客的满意程度，也贯穿产品生命的全过程。消费者对品质的肯定，这是品牌资产的一部分。索尼产品的品质人尽皆知，索尼人认为，产品1%的不合格，其结果往往和产品100%的不合格是同样的。因此，在不到50年的时间，索尼产品便享誉全球。无独有偶，有人戏说，海尔今天的成功是张瑞敏用斧子砸出来的。20世纪80年代海尔还是一家濒临倒闭的企业，2014年海尔品牌资产的价值却位居第一，成为中国最有价值品牌，"高品质，零缺陷，星级服务"是海尔成功的关键。

二、展示品质认知

产品的内在品质必须通过外在的展示才能得到消费者的认可。在很多情况下，消费者对品质的判断往往借助于产品或服务本身传出的信号特征。深谙此道的哈雷摩托车的营销策略之一就是全力争取"露脸"机会。由于哈雷摩托车造型够酷够帅，许多广告公司想利用哈雷摩托车拍广告，以烘托产品的独特气质。哈雷公司也乐于利用"得天独厚"的本钱，因为这样不用花公司一分钱的广告费，就可以达到大量广告传播的效果。事实也是如此，哈雷公司大方借出旗下20款不同的车型，为自己争取到了价值百万美元的广告演出机会。那年，哈雷公司一分钱的广告费都没支出，而造型独特的哈雷摩托车却频频出现在观众的视野里，带给观众一次又一次的视觉震撼和刺激。

运用广告展示品牌的品质，有助于消费者认知产品品质。广告传达品质信息，要使用理性诉求方式，解释并展示产品的原理、生产过程、组织保障等方面。有时候，一些小的细节对品质的说服作用很大。例如，现在一般的食品外包装袋上都设有方便消费者撕开的锯齿，如果哪家企业忽略了这一点，它的产品质量和信誉将免不了受到些质疑。

当然，创意的作用始终不可低估。上海通用的别克轿车有这样一个经典的电视广告：一辆崭新的别克在林间小道迂回穿梭，始终绕过树叶上掉下的水珠，从玲珑剔透的水珠里，我们看到了被放大的"别克"车体——广告语只有一句：不允许有任何水分。

为了易于传播，有些厂商甚至会策划一些品质故事，从而给公众留下"高品质"的形象。相信大家对"不怕水的键盘"、"能洗土豆的洗衣机"、"冰箱里的笔记本电脑"这类的故事都耳熟能详。

新奥迪高贵品质的一个重要方面就是做工精细，精细得使人有一种爱不释手的感觉，整体车型浑圆一体，天衣无缝。而其后的支撑则是零间隙技术，这意味着钢板之间的密合度很高，不超过0.1厘米。这使得奥迪在关门的声音上表现得更加稳重，不是"啪"的声音而是一声"砰"。影视广告"门声篇"精妙地表达了新奥迪的高品质。

在"门声篇"这一广告中："喔、嚓、叮、哄、咚、砰"，应和着六声截然不同的音响，电视屏幕上依次闪现出A1至A6的字样，画面中只有一辆银灰色的奥迪A6车。当最后一个透着沉稳与浑圆的声音"砰"然响起时，在放大了的"A6"映衬下，一扇车门应声关上。就是这最后一声"砰"，让消费者体会到了奥迪A6的魅力。

三、利用价格暗示

在营销活动中，价格往往是产品品质的一种重要暗示。这在很大程度上是因为顾客对产品质量的主观感知是决定品牌资产价值的一个非常重要的营销变数，而顾客对产品质量的界定或衡量，并不完全以企业提供给他们的技术规格和质量标准为惟一的依据，而更多的是根据他们自己在长期的使用过程中形成的一种对质量的主观感知来划定的，而这种主观感知的形成受到包括文化、社会、心理、个性、生活方式与使用习惯等互相关联的许多因素的影响。在购买者对产品质量缺乏应有的分析能力的情况下，顾客的主观感知对产品品质的影响尤为明显。

有研究证明，以下四种状况的高价位意味着高品质：消费者对商品品质、性能，除了以价格作为衡量标准外，别无其他标准可循；消费者无使用该商品的经验；消费者对购买感到有风险时，或买后感到后悔时，容易以高价作选择标准；消费者认为各种品牌之间有品质差异。该研究对企业营销实际活动极具指导意义，高品质产品高价策略的重要意义是，在消费者心中树立了高品质的品牌形象。海尔的高品质、高价位策略吸引了无数的消费者购买它的产品。

四、提供产品的品质认证证书

一份具有实际意义的保证书能够给品质提供可信的支持。关键是保证书本身不能做得很粗糙，让顾客感到这只是一种客套。一份有效的保证书应该做到：它是无条件的，易懂的，易执行的，有实际意义的。同时，在美国，若产品获得"保险实验室"（Underwriters Laboratories）、"好管家"（The Good Housekeeping）的认可证书或标签，便能得到消费大众的信任。现在国内的好多企业也开始逐渐意识到这一点的重要性，那些诸如产品通过 ISO9000 体系质量验证、产品有太平洋保险公司承保等之类的声音也渐渐在我们的耳边多了起来。

第四节　建立品牌联想

任何一种与品牌有关的事情都能成为品牌联想。促使消费者产生品牌联想的因素就有很多：品牌的名称、产品的性能、包装、价格、销售渠道、广告、促销、产品的服务、企业形象等都能使消费者产生相应的品牌联想。产品经理若要建立良好的品牌联想，需围绕这些方面来工作。

一、选择联想的关键因素

（一）品牌属性

品牌属性包括品牌名称、产品的价格、使用对象、品牌标识、品牌原产地等，品牌利益又可分为产品功能性利益、产品象征性利益和产品体验利益，品牌态度是消费者对品牌的总体评价，它通常建立在品牌属性和品牌利益上。在选择品牌联想的关键因素时，我们也应该重点从品牌属性和品牌利益两个方面着眼。

1. 品牌名称。当消费者听到本品牌的名称时，会产生什么样的联想呢？消费者先入为主的联想对一个品牌能否在市场竞争中站稳脚跟至关重要。"农夫山泉"很形象、很直接地反映了其定位"天然水"的概念；"蒙牛"就给人以"内蒙古的奶牛"之类的联想，通俗易懂，而且富有特色；力士相对于玉兰油品牌，给人的感觉可能"阳刚的味道"更浓一些；同样是宝洁公司的洗衣粉品牌，定位于中高端的就叫做"碧浪"，定位于普通消费人群的就叫做"汰渍"。碧，既是一种颜色特征也是一个清洁意蕴很浓的词语；浪，漂洗衣服时旋转引起的小浪花，整个品牌名称非常富有意境，也符合目标消费群的消费特征。而汰渍，则直接反映"淘汰污渍"的基本功能，也符合一般消费者的沟通水平。一个好的品牌名称要能形象地反映品牌定位，要能引发目标受众一定的、正面的联想。

2. 产品价格。研究发现，价格是产品质量的一个重要标志。大多数消费者常以价格高低作为判断产品质量的参照物，即"一分钱一分货"，认为价格高的产品质量好。因此，当各主要竞争品牌的知觉质量有较大差异时，就可用价格来影响消费者的知觉质量。如果品牌间价格相近，那么，就要采取其他的定位途径以创造差异。价格战造成的两败俱伤是任何企业都不愿见到的，因而现在的企业都在试图寻找一种共赢的模式。

3. 使用对象。麦当劳一向对儿童诉求，在成功占领了儿童市场后，公司又耗资 7 500 万美元做广告，试图进军成人市场。化妆品与肤质关系密切，因此，羽西化妆品品牌在进入中国市场时，重点强调产品特别适合东方人。在使用对象上，许多品牌希望建立与名人的联系，因为名人经常能带来强烈的联想。就拿休闲服饰来说，森马花重金请到了当前在国内大受欢迎的三位当红韩国男明星：李敏镐、金秀贤和李钟硕；优衣库则选择在中国各年龄段都比较熟悉和喜爱的电影明星孙俪和陈坤担任中国地区的代言人；如今以纯（YISHION）推出的，每种新款也来让"新晋小天后"邓紫棋第一个在广告镜头前试穿。

4. 品牌标识。品牌标识是传达品牌特性的直接载体。过去，不少企业在设计品牌时，对于英文标识在国外是否被注册、英文原意是否符合国外的文化取向等，一般不太注意，结果一走出国门往往遭遇"尴尬"。比如，在欧洲人心目中，白象意味着傻大笨重，我国的白象电池出口欧洲市场就只好铩羽而归。为了以一种活泼时尚的姿态出现在消费者面前，著名移动通信制造商摩托罗拉将英文标识缩短为更加琅琅上口的"MOTO"；联想启用英文新标识 lenovo，其中"le"取自原先的 Legend，承继"传奇"之意，"novo"则代表创新，整个名称的寓意为"创新的联想"。

5. 品牌原产地。一个国家或地域的自然环境、资源、文化和传统等与某些类别产品的品质联系非常密切，因而品牌的原产地也会影响消费者的品牌联想。比如，我国新疆的葡萄干，景德镇的瓷器，西湖的藕粉，苏州的刺绣，阳澄湖的清水大闸蟹等，都会让消费者感觉更加正宗、品质更好。从国家的层面上看，我们总是对法国的葡萄酒、时装和香水，德国的啤酒和极品汽车，日本的家电，意大利的皮制品和巧克力，韩国的手机和偶像剧情有独钟。这些联想都可以将品牌与品质联系起来而受益。

（二）品牌利益

品牌利益可分为产品功能性利益、产品象征性利益和产品体验利益三个层次，在依据品牌利益选择品牌联想的关键因素时，我们也应该从这三个层次着眼。

1. 产品功能性利益。它来自于品牌产品内在的品质。对于餐巾纸，它的功能性利益可以是柔软、洁白、抽取方便、坚韧、吸湿性、多色彩等。有效的定位就是要找出一种重要的功能性利益，这种利益最好是消费者未曾满足的，竞争对手未采用过的。"心相印"目前的市场地位就大半归功于产品在上市之初的独特定位——"超强的吸湿性"。让品牌的传播与某些特定产品类别牢牢联系起来，也能更好地促进消费者的品牌联想，如"果冻我就要喜之郎"、"治疗胃痛、胃胀、胃酸，请用斯达舒"、"车到山前必有路，有路必有丰田车"等的诉求。当一种类别中的竞争品牌太多时，我们还可考虑产品属性是否适合另一产品类别。如自行车除了代步，还可用来健身。

2. 产品象征性利益。它更多地来源于品牌的附加值，来源于品牌个性带给使用者的情感利益与自我表达利益。消费者通过对某些具有鲜明品牌个性的产品的消费，来表达和传递某种意义和信息，包括他的地位、身份、个性、品位、情趣和认同。消费过程不仅满足了人的基本需要，而且也是社会表现和社会交流的过程。如驾驶雷克萨斯汽车时更高贵，喝百事可乐更年轻，使用夏奈尔香水时感觉更精致，饮用雪花啤酒更放松。

3. 产品体验性利益。拥有一辆哈雷摩托车，并不仅仅是拥有一辆摩托车，还意味着超脱了日常生活的束缚；苹果电脑不仅仅意味着运算，还能帮助人们轻松开发前沿的未知领域。消费者购买的并不是纯粹的产品和服务，而是自由、冒险和健康。

二、选择品牌联想的传播工具

传播是创造品牌联想的核心方法。包装、广告、促销、公共关系等是品牌联想传播的核心工具。下面是几种主要工具的运用。

(一) 包装

美国杜邦公司有一个十分著名的"杜邦定理"——有63%的消费者是根据商品的包装而做出购买决策的。俗语讲的"人靠衣装，马靠金装，品牌靠包装"也是说的这个道理。产品的包装很重要，好的包装有利于引发联想，推广品牌。"多力鸭"洁厕剂有趣的鸭嘴包装设计使得家人不再把它与家中最讨厌的活联系起来，相反，清洁马桶顷刻变得愉快起来。L'Eggs公司的连裤袜由于装在惹人喜爱的蛋形塑料盒中，竟垄断了妇女袜子市场。难怪有学者说，能抓住消费者情感的因素有三个：品名、包装和定位。一个好的包装决策包括包装材料、样式、成本、色彩、容量以及对环保的考虑等。对于中国制造（Made in China）的产品，国际市场的评价是"一流的品质，二流的价格，三流的包装"，那些试图在国际市场上有所作为的中国企业就应该注意了，改进产品的包装已是刻不容缓的事情了。

(二) 广告语

广告语是品牌、产品、企业在市场营销传播的口号、主张和宣传主题及理念，包括品牌定位。品牌的所有主张或服务承诺就是通过广告语来承载、体现的。广告语按其性质可分为：理念、科技、服务、品质、功能五大类。海尔的"真诚到永远"，海信的"创新就是生活"当属理念类；诺基亚的"科技以人为本"和LG电子的"用智能科技为您的生活填色"诉求科技；农夫山泉的"农夫山泉有点甜"，可口可乐的"清凉一刻"，广州奥林匹克花园的"运动就在家门口"诉求功能；碧桂园"给您一个五星级的家"诉求服务。常见的知名品牌广告语都在某种程度上交叉含有其他类型的含义，有口语化的趋势。比如耐克的"尽管去做"，百事可乐的"新一代的选择"等。一条有穿透力、有深度、有内涵的广告语其传播的力量是无穷的，而且往往成为目标消费者的某种生活信条，直至成为生活方式。高起点的广告语就是该品牌的精神和思想，内涵相当深刻，也与通俗化并不矛盾，它所主张和诉求的价值理念与目标消费者的价值理念是高度和谐与对称的。

（三）形象代言人

形象代言人是品牌的形象标识，它最能代表品牌个性及诠释品牌和消费者之间的感情、关系，致使许多形象代言人成为该产品的代名词。万宝路的硬汉没有肤色和语言的障碍通行世界。穿着耐克运动鞋的迈克尔·乔丹值得世人欣赏的不仅仅是篮球。麦当劳叔叔带给全世界小朋友的何止是欢乐？美的北极熊憨厚可爱，幽默风趣，你还能说生活不美的吗？圣象让人读懂的不仅是地板！海尔小兄弟走出国门，正在准备拜访更多的地球人。形象代言人一下拉近品牌与消费者之间的关系：像朋友、又像邻居，像家人一样毫不陌生、亲切熟悉，品牌个性具像之至，甚为传神。据国外有人做过的一项实验研究，让不同的广告源，即名人、专家和典型消费者各推荐三种不同的产品：珠宝、真空吸尘器和饼干，结果发现，以消费者的广告态度、品牌态度和购买意向作为评价标准，这三种产品依次最适合采用的广告代言人分别是名人、专家和典型消费者。以这个实验结果推而广之，就是名人适合推荐心理和社会风险大的产品；专家适合推荐经济、功能和生理风险大的产品；各种风险都小的日常用品则适合典型消费者来推荐。所以，形象代言人只要是个性化人物就行，并非一定要动用名人明星，关键是人物要与产品个性相吻合。由于明星的风险大，成本又高，而且同时代理几种不同类别产品的广告会使明星效应稀释、弱化，因而，自制卡通也是许多企业采用的办法。

（四）促销

促销（或者说是营业推广）的核心机能是为购买决策带来短期的刺激作用。它的一个明显的负面作用是，过度地运用促销，往往会降低品牌的身价，适得其反地损坏品牌形象。但这并不是说促销不能建立或创造积极的品牌联想，关键是要选择恰当的促销手段，使它增加而不是削弱品牌价值。摩托罗拉在 2001 年举办的一次促销活动颇为成功，我们不妨借鉴一下。

主题：摩托罗拉为您演绎缤纷时尚
具体内容如下：

1. 时尚本色　金秋更出众　摩托罗拉金秋献礼

金秋佳节，摩托罗拉为您演绎缤纷时尚，从即日至 10 月 15 日，凡购买摩托罗拉

V8088：有机会赢取价值 3 000 元路易威登皮具或其他等值礼品，中奖名额达 350 名

V998+：获赠精美礼品一份，内有真皮钱包及派克笔一支

T2688：获赠时尚耳机一副

2. 思恋的心 想听到你 摩托罗拉金秋献礼

走在秋风中，有一种莫名的感动。啊，是谁传来一个声音，让我如此想听到你。远方那熟悉的话语缓缓融进我的血液……

从即日起至 10 月 15 日，购买摩托罗拉 T2688 手机，就可获得摩托罗拉金秋赠礼。

礼品数量有限，先到先得，送完为止

本次促销活动最终解释权归摩托罗拉公司所有

摩托罗拉的这次促销活动的品牌定位相当准确成功。以"思恋的心，想听到你"来演绎产品概念与品牌概念的结合，将品牌与时尚联系在一起，重点区隔并定位在年轻人市场，让动感、时尚、引领潮流与摩托罗拉品牌相结合，率先脱离产品诉求，而完全以品牌概念去塑造产品。

（五）公共关系

在创造品牌联想上，公共关系有时胜于广告。好的公共关系活动具有可信度，而且吸引人。20 世纪 80 年代中期，日本的"健伍"（KENWOOD）为了舍弃其"在家里听音乐"的旧有形象，开发为 F1 汽车大奖赛赞助提供无线通讯设备，并成为快艇竞赛的主要发起人，结果健伍成功地塑造了其充满青春活力的形象，在年轻人脑海中深深地烙下了"汽车音响的健伍"的新联想。公共关系还在处理品牌的危机事件上具有专门的功效。

第五节　建立品牌忠诚

消费者对于某一品牌的忠诚度由于受到各种内外因素的影响，常常表现出"朝秦暮楚"、变化无常的特征。企业只有深入了解消费者的品牌忠诚度的变化规律，才能因势利导，维持和提高消费者对自身品牌的高度忠诚。提高顾客品牌忠诚的办法，就是设法加强他们和品牌之间的关系。高知名度、受肯定的品质、强有力的品牌设计及丰富的品牌联想都能协助达到这个目标。顾客对品牌忠诚度的高低是由许多因素决定的，因此，提高品牌忠诚度也须从多方面入手才能取得成效。

一、超越顾客的期待

让产品超越顾客的期待，是争取众多顾客、培养品牌忠诚的有效方法。例如，日本汽车的平均交货期为两周，而丰田公司在逐渐缩短这一时间的前提下，正在研究如何在一周内交货。缩短客户原先以为要等待的时间，便是超越了客户的期望，这在经营上无疑是一种创意。这种创意对顾客来说，等于向他提供了额外利益，因此在同类产品中他会毫不犹豫地将此作为选择对象。其他汽车的品牌忠诚度平均不到 50%，而丰田车则高达 65%，这样看来也是情理之中的了。

二、完善服务体系

目前很多国际著名企业都在试图用先进的传媒系统缩短与消费者之间的距离。像日本的花王公司，其反馈系统是日本最先进的消费者电子咨询系统，接线生可以在极短的时间内查询多达 8 000 页的资料，同时将顾客的意见或问题输入电脑。它不仅为消费者详细地了解企业及其产品提供了便利，也为企业及时了解和掌握消费者的意见、建议和要求提供可能，从而使企业做到按需生产、按需销售，保证产品适销对路。

品牌的忠诚度往往体现在顾客对其产品的重复购买率上，可是要保持较高的重复购买率，没有高水平的售后服务是办不到的，它是企业接近顾客、取得消费者信赖的最直接的途径。据 IBM 公司的经验，若对产品售后所发生的问题能迅速而又圆满地加以解决，顾客的满意程度将比没发生问题更高，它能够使"回头客"不断增加，市场不断扩大。售后服务是一个系统工程，必须用完善的售后服务体系加以保证。那样售后服务就不仅仅是一个"三包"的问题了，它包括送货上门、安装调试、人员培训、维修保养、事故处理、零配件供应以及产品退换等。企业如果真正想打"服务牌"，借此赢得消费者的心的话，就要使消费者从购得产品的那一刻起直到产品消费完毕，每一个环节，都处于满意状态，真正感到放心、舒心。"一招不慎，满盘皆输"。

三、加强顾客关系管理

(一) 建立消费者数据库

收集、积累丰富的消费者资料是当今企业发展的需要。现代消费者的生活正向着个性化和多样化发展。一方面，人们带着强烈的自我意识，在日常生活的各个领域中生活着，人们试图通过自我显示来向他人展示自己某一方面的能力，希望通过品牌消费表现出自己独特的个性和品位；另一方面消费者行为也向着多样化发展，生活成为一个剧场，人们大多怀有这样一种渴望，即想要借助一定的道具步入舞台从而可以体验另外一种生活，消费者的生活越来越具有多变和感性的色彩。强化品牌与消费者的关系，必须了解消费者的需求及其变化，在建立顾客资料库的基础上，进行个别化营销，企业视顾客资料为公司的重要资产，试图搜集有关顾客的各种资料。主要包括如下内容：消费者的基本信息（年龄、收入等）、购买习惯、重复购买率、品牌转换率、生活方式、品牌认知、品牌联想等。

(二) 建立常客奖励计划

对经常购买本企业品牌的顾客给予相应的让利，是留住忠诚顾客最直接而有效的办法，它能使消费者感觉到自己的忠诚得到了企业的认可和回报。我国许多大型商场为经常在本商场购买产品的顾客累积分数，达到一定分数便给购买产品者折扣或奖励，此举保持了大量的常客。常客奖励计划是留住忠诚顾客最直接有效的方法，它不但能提高一个品牌的价值，同时能让消费者觉得，自己的忠诚得到了回报。如一家航空公司推出的"里程积累计划"，即在顾客达到一定的里程数后，可以享受一定的打折优惠，通常奖励那些经常乘坐本航空公司的忠诚顾客，还有诸如北京赛特商场推出的"常客优惠卡"和希尔顿饭店推出的"资深荣誉常客计划"等。

（三）成立会员俱乐部

相比较之下，常客奖励计划比较静态，范围也较小，而会员俱乐部能让顾客有较高的参与感。它给消费者提供了一个渠道，抒发他们对这个品牌的想法和感受，同时还可以与其他和自己有相同品牌嗜好的人分享经验。如玉兰油的"玉兰油会员俱乐部"，会员们可以获得折扣、定期收到新产品上市的资料、获得免费的护肤资料、获得赠品等，苹果电脑公司的"用户组织"、"任天堂欢乐俱乐部"等都属此列，即使在广告界，拥有一张"龙媒会员卡"，也可以享受到诸多的方便。

用会员俱乐部的促销方法，能不断加强品牌与忠诚顾客的关系。而且，在会员俱乐部内部，各会员之间还可相互交流、沟通、分享有关品牌的信息，核心忠诚会员可进一步带动其他顾客的品牌忠诚。例如，为了拉拢与维系哈雷迷的品牌忠诚度，哈雷公司特别出资赞助成立哈雷俱乐部。哈雷员工也极力配合与支持，以促成企业再造任务的完成。事实上，许多哈雷员工自己就是个哈雷迷，并且尽一己之力推销这些产品。在哈雷公司的董事会中，也有不少高级主管在假日骑着哈雷摩托车，与俱乐部的哈雷迷一起同乐。截至目前为止，此俱乐部在全球共拥有 36 万多名会员，经常不定期地举办旅游、比赛、促销与折扣活动等，甚至举办一些慈善活动，大大改变了一般人对哈雷迷就是"飞车党"的负面印象。和"常客奖励计划"一样，会员俱乐部也能让忠实顾客们感觉到自己被重视。

本章小结

建立品牌知名度、品牌美誉度、品质认知度、品牌联想和品牌忠诚度是品牌经营者经营品牌资产的五大任务。

建立或提高品牌知名度的基本要点是建立品牌认知和加强品牌记忆。品牌认知是指消费者通过各种渠道获取有关品牌的各种信息，从而对品牌有一定的认识和了解，或称消费者识别某种品牌的能力。品牌记忆是指消费者在不需要任何提示的情况下能够想起某种品牌的能力，即能正确区别先前所见或听到的品牌。促使消费者主动去识别品牌和记住品牌的关键在于品牌的有效传播。品牌传播方式包括广告传播、强势公关和口头传播等。

相对于品牌知名度这个量的指标而言，品牌美誉度是一个质的指标。建立品牌美誉度，需要企业从几个方面综合着手努力：保证卓越的产品质量；提供优质的售后服务；建立良好的企业信誉；加强顾客关系管理。

消费者对品牌的品质认知是建立在产品客观品质基础上的主观认识，企业在建立品质认知时可从以下几方面努力：高品质的产品和服务；展示品质认知；利用价格暗示；提供有效保证与寻求支持。

任何一种与品牌有关的事情都能成为品牌联想。促使消费者产生品牌联想的因素有很多：品牌的名称、产品的性能、包装、价格、销售渠道、广告、促销、产品的服务、企业形象等。建立良好的品牌联想需要做好以下工作：1. 选择联想的关键因素，主要从品牌属性和品牌利益两方面着眼。2. 选择品牌联想的传播工具。包装、广告、促销、公共关系等都是进行品牌联想传播的核心工具。

建立品牌忠诚是经营品牌资产的关键任务。建立品牌忠诚要设法加强消费者与品牌之间的关系，具体措施：超越顾客的期望；完善服务体系；加强顾客关系管理。

复习思考题

1. 试述品牌经营者经营品牌资产的五大任务。
2. 试从品牌资产的角度出发阐述如何建立或提高品牌知名度。
3. 企业在建立品牌美誉度的过程中，为什么首先要保证产品的品质？
4. 企业怎样建立品牌认知？
5. 试述建立良好的品牌联想需要做好哪些工作。
6. 经营品牌资产的关键任务是什么？如何建立品牌忠诚度？

案 例

中粮大而不强

品牌强，则企业强。市场资源不仅要靠资本整合，也要靠品牌整合。市场结构则主要靠品牌奠定，所以，大不意味着强，或大只是相对的强。大可称为优秀的企业，而强才能称作卓越的企业。中粮属大而不强或相对强的一个企业代表，所以中粮只能算优秀的企业。

世界500强一个显著的特征是全球化布局。世界500强的格局与其他特征是，企业或处于行业领导者地位，或处于技术领先地位，或具备较强的品牌竞争优势。对于中粮来说既没有全球化布局，以上企业优势一条也不具备，所以说中粮若称其为世界500强，莫不如称其为世界500大更贴切。

中粮唯一个显而可见的优势，就是占据了中国这个人类五分之一的大市场。然而，在全球化的冲击下，中粮的这个优势已逐渐呈丧失之势。

因此说，中粮当下的重点不是收购、兼并的问题，不是继续做大的问题，而应是集中精力、资源和力量做强的问题。其中主要一条是把现有品牌做成行业领导品牌的问题。市场上只有领导品牌才能有效巩固和提高市场占有率。

中粮作为世界 500 强其主业基本是围绕快消品进行的，而消费品要想取得成功，一个显著的特征是品牌的经营。但至今来看，中粮还不曾有一个品牌在行业中堪称第一，还不曾有一个品牌成为行业中当之无愧的领导品牌，更不用说在世界范围了。

消费品要想成为常青树必须要靠品牌的强力支撑，消费品若缺少品牌的强势支撑，那么这样的消费品其市场基础就不坚实。

因此，中粮重要的不但要吃的进，还得要消化得了，这一点对于中粮来说有两个明显的案例：一是五谷道场至今如鲠在喉；二是对于蒙牛的当下现状及处境不说是束手无策，但看得出仍无良策。

两三年前长城葡萄酒与张裕葡萄酒在品牌建设上还仲伯难分，如今，张裕品牌已明显居于行业的领导品牌地位。中粮的金帝巧克力，以及米、面、油系列产品等与其同类相比较，多少年来其营销手段和市场表现都呈不痛不痒、不温不火、不具强势的状态中。2002 年末 2003 年初，中粮给蒙牛换包装，此举使得蒙牛由一个一流品牌一举沦为一个二流品牌，到现在蒙牛也在靠降价、促销、打价格战来度时日。从中粮给蒙牛换包装一事足见中粮的营销功底不扎实。

市场上什么最难改变？最难改变的、最顽固的恐怕就是被定了位的人的大脑。尽管中粮在集中精力下工夫的深耕着自己的产业链，但产业链的培育与深耕需要较长的周期，当若干年后中粮的产业链建成后，竞争品牌可能已遥遥领先得以确立了，在亿万消费者大脑里定了位了，那时中粮再下功夫于品牌难免事倍功半。

近两年，不知何故中粮旗下所有的品牌在营销上几乎都处于被动挨打的状态，都是在对手挥起鞭子后，自己才有动作。如长城被张裕打、蒙牛被伊利打，尤其中粮的粮油类在益海嘉里面前从品牌到营销更是处处被动挨打。

与消费者打交道不能打太极，有效的品牌塑造是单刀直入，单刀直入似的品牌塑造所以有效，是因为单刀直入往往直抵人的心智。而"产业链，好产品"就明显的欠火候，就不如直接告知消费者中粮的国际国内地位以及中粮决心要为中国消费者做什么更容易一箭中的。

品牌强，则企业强。品牌是决定企业卓越与平庸的一个决定因素，这点中粮一定懂，但中粮在这点上却无作为。中粮或其旗下的品牌如果不能确立其品牌在市场的领导地位，只是长期处于发展中维持和维持中发展，那么中粮就将长期是个大而不强的企业。

资料来源：陈永成. 中粮大而不强. 中国营销传播网，2013-12-18.

案例思考题

1. 中粮在建立自己的品牌时存在什么问题？
2. 结合所学知识，分析如何解决中粮大而不强的现象。

第十四章　品牌资产的评估

品牌资产是企业重要的无形资产，它能够为企业和顾客带来提供超越产品或服务本身利益之外的价值。这种附加的价值来源于品牌对消费者的吸引力和感召力。如何认识、衡量、评估企业所拥有的品牌资产，是现代企业经营管理过程中的重要组成部分。本章在对品牌资产评估的意义进行论述的前提下，阐述品牌资产评估的方法，品牌资产财务价值评估模型，品牌资产评估体系。

第一节　品牌资产评估的意义

品牌资产作为企业的一项重要无形资产，在市场竞争中发挥着越来越大的作用。因此对企业自身所具有的品牌资产做出公允可信的评估，对企业而言，具有重大意义。

一、加深对品牌资产的认识

品牌资产作为一种无形资产，不像厂房、机器设备，难以从直观上把握，由此使人们对它有一种神秘感和抽象感。消除这种感觉，除了应对品牌资产的构成、来源等有清楚了解外，还需要从数量上对品牌资产大小做出估计。不管何种资产，如果缺乏数量上的界定，将使人们对其认识和了解造成影响，从而导致在使用过程中不知道如何操作，使企业对品牌资产的把握流于空洞。

二、品牌资产管理的基础

20世纪80年代，西方媒体纷纷指责某些年轻的产品线经理或品牌经理，只顾眼前业绩，掠夺性地利用品牌资产。这从一个侧面反映，品牌资产如果管理和利用不当，将会对企业的长远利益造成不利影响。要改变这种状况，只有将品牌资产增减变化考核纳入经理人员的业绩评价体系之中，才会真正地有所裨益。进行品牌资产评估，正是为了提供品牌资产管理的基础。

品牌资产管理的目的是为了更为有效地发展和利用品牌资产，使品牌资产在企业发展中发挥更大的作用。为达到此目的，企业需要将品牌资产管理纳入其整体营销活动中，综合考虑品牌资产的投资、利用与管理等活动以及它们与企业其他活动的配合、协调和相互影响。比如，企业在进行营销决策时，应将营销活动对品牌资产的影响纳入决策视野。

品牌资产的投资代表了一种长期利益，它的利用则更多地体现了企业短期利益的需要。每一个企业都需要在长期与短期之间做出权衡、取舍，这种取舍只有建立在数量化的基础上，才更符合企业的整体利益。

三、更全面地反映企业的经营业绩

品牌资产既是过去经营成果的沉淀，又联系着未来，它的价值在于能够为企业创造未来收益。在今天，当品牌等无形资产在企业资产中比重不断上升，甚至超过有形资产的情况下，仍然单一地用传统财务报表反映企业经营情况，是不全面的。进行品牌资产评估，把品牌资产的价值增减纳入会计报表，能更全面、更真实地反映企业经营业绩。尽管目前很少有企业把公司的品牌资产纳入企业的会计报表，人们在利用品牌资产来衡量经营业绩时更多是在企业内部纵向进行。主要原因是品牌资产自身由于具有一些较复杂和抽象的特点，学术界对其衡量和评估还存在很多争议，很难确定一个为人们所公认的测评程序。不过随着人们对品牌资产的认识的更进一步深入，很有可能制定一个相对稳定和科学的测评系统。

四、便于企业间品牌资产的交易

品牌本身是可以转让的，因此在企业间发生兼并、收购或租赁时，交易双方对品牌资产的评估必然非常重视。如果被兼并、被收购或被租赁企业的价值在评估时，品牌资产作为无形资产的重要部分被疏漏或低估，无疑会损害股东的利益。这也是今天品牌资产评估方法研究的一个重要促进因素。

另外，对各公司品牌资产评估结果的排名，无疑是对公司品牌的一种激励或鞭策，优秀公司其品牌资产也会得到升值。北京名牌资产评估事物所从 1996 年开始对中国最有价值品牌进行了跟踪评价，评价结果每年都在《中国质量万里行》杂志上公开发表，它的排名结果对中国的消费者产生了重要的影响。

第二节　评估品牌资产的来源

从消费者的视角来定义品牌资产：品牌资产是有关品牌的知识——包括品牌意识和强烈的、受赞誉的、独特的品牌联想等——在消费者对品牌营销的反应上产生的独特效果。品牌资产源于消费者的品牌认知和联想。因此评估品牌资产必须从消费者的视角进行，可以通过两种基本方法评估品牌资产：间接的方法是通过识别和追踪消费者的品牌知识结构，测试以消费者为本的品牌资产潜在来源；直接的方法可以更直接地评估品牌知识对于消费者对营销方案中不同因素反应上的直接影响。

消费者所持有的对品牌的看法、感觉和态度，对他们选择并坚持使用最合适的品牌至关重要。如果营销者能构建消费者的消费"心理图"，就可以准确地把握消费者的品牌意识——所有的观点、感觉、信仰以及对不同品牌的态度。但一般这种品牌知识结构仅仅存在于消费者的脑海里，并不是容易测量的。对消费者进行全面了解，是有效的品牌管理过程中不可或缺的一环。本节将按照以消费者为本的品牌资产模型结构来确定品牌资产的来源，介绍定性和定量两种方法对品牌资产来源进行评估。

一、定性调研法

与品牌相关的品牌联想有多种类型，例如与产品有关的属性、使用者形象、用途描述、品牌个性、功能优点、经验的优点、象征性的优点等等。可以通过多种方法来找出与品牌相关的联想的类型以及它们相应的强度、赞誉度和特性。定性调研法常用来辨识可能的品牌联想和品牌资产来源。这种方法是一种结构性相对较弱的测试方法，可以允许有一系列可能的消费者反应，因此它通常是了解消费者品牌和产品形象的"第一步"。下面来讨论可用来评估品牌资产来源的多种定性调研方法。

（一）自由联想

让消费者自己回答当他们想到这个品牌时头脑中会出现什么形象，是描绘品牌联想最简便、也最有效的方法。这也是自由联想法的特点之一。消费者在回答问题时，除了获知是什么产品以外，没有任何提示或线索。自由联想的目的是确认消费者心目中会出现的品牌联想的范围、以及粗略地反映品牌联想的相对强度、受喜爱程度、特性等。例如在测试"戴尔笔记本电脑"时，消费者会给出"专业化的，性能稳定的"这个第一联想。这个联想就可能是最强烈的，并将影响消费者的决策。另一方面，出现联想的次序反映了消费者品牌联想的相对强弱，联想的次序越靠后，说明该项联想强度越弱。因此，比较品牌与竞争品牌所列出的联想，可以反映品牌的相对独立性。从消费者对品牌联想的叙述方式用词中，甚至可以看出品牌联想的受喜爱程度。

1. 内容。通常可以用来测量品牌联想的内容是：

● 你最喜爱该品牌的哪一方面，它积极的方面是什么，你不喜欢它的什么，它的缺点是什么？

● 你认为该品牌的独特之处是什么，它与其他品牌有什么区别，在哪些方面是相同的？

这些简单、直接的评估方法，在决定品牌形象的核心部分时非常有用。更为详细的问题还有：

● 谁使用这个品牌？这些人的基本特征是什么？

- 他们在何时、何地、何种场合使用这个品牌？
- 他们为什么使用这个品牌？他们从中能得到什么？
- 他们怎样使用这个品牌？他们的目的是什么？

2. 原则。对消费者的自由联想测试主要考虑两个问题，一是怎样从被评估对象接受测试类型方面设计问题；二是怎样分析并解释所得数据。对于问题的结构和内容，首先应从总体性问题入手，再进入到具体问题。因此，首先应当在没有任何特别的产品提示的情况下，向消费者询问他们对品牌的总体印象是什么，接着再问一些有关某一产品或品牌形象某个方面的具体问题。就数据分析而言，每个消费者的报告都将被分解成一个个词组，再将他们进行分类组合。从而了解消费者眼中有关品牌形象和品牌联想的描述。

（二）投射法

评估品牌资产的来源，要求尽可能精确、完整地描绘出消费者的品牌知识结构。但是，在很多场合下，消费者感到自己讲述的真实感受会是社会难以接受或并不需要的。尤其是面对一个陌生的访谈者，他们可能会隐瞒自己真实的想法，而谈一些让采访者更能接受的甚至是他们期望的一些回答。因此，要想准确地描述品牌知识结构，就得采用一些特殊的研究方法。投射法是用来诊断那些不愿或不能在某些问题上表达自我感受的消费者的真实想法的有效工具。投射法的基本思路是，给消费者一个不完整的刺激物，让他补充完整，或给消费者一个含义模糊、本身并无意义的刺激物，让他讲出它的含义。这种方法认为，消费者在进行这种测试的过程中，会暴露自己真实的信念和感受。因此这种调查方法在探究个人深层动机或个人、社会敏感问题的时候特别有效。投射法常用的有两种：

1. 补充完整和解释法。经典的投射法使用不完整或含义不清的刺激物引起消费者的思想和感受。其中一种方法是"气泡法"。在测试过程中，先给出一组卡通画片或图片，描绘的是不同的人在购买或使用某种产品或服务，图中有一些空的气泡，代表某个人的想法、言语或动作，消费者被要求形象地"填充气泡"，说明他们认为在这个场景中发生了什么或者说了什么话。根据填充气泡练习和图片解释中所讲述的故事和对话，能有效地评估一个品牌的用途和使用者形象。如，在对美国捷运公司的研究中，一个消费者将持金卡的人画成一个积极做事的宽肩膀男子，将持绿卡的人画成是坐在电视机前的懒散的人，根据此画和其他画，公司决定将金卡作为"能控制生活和财务的有责任心的人的标志"进行传播。

2. 比拟法。比拟法是要求消费者将品牌比作某个人、国家、动物、活动、职业、汽车、杂志、蔬菜、国籍甚至其他品牌等，从而表达出自己的真实印象。通过分析被用来代表品牌的物体和做这样比拟的原因，都能发现一些消费者关于这个品牌的心理。特别是在了解品牌的用户和用途形象以及其他与产品无关的联想时，揭示这些选择所对应的联想的类型或暗示将发挥重要的作用。

（三）扎尔特曼隐喻推导法

哈佛大学的杰拉尔德·扎尔特曼和康涅狄格大学的罗宾·希吉·库尔特发现，在调研过程中，非语言交流渠道经常被忽视，从而错过了一个了解消费者的重要机会，因此，他们一起开发了扎尔特曼隐喻推导法（ZMET）。他们将 ZMET 设计为揭示驱动消费者思考、行为的心理模型，以及积极使用消费者隐喻的方式来描绘这些模型的研究工具。隐喻是指从另一个事物来了解和体验某一事物。ZMET 建立在以下几条理论上：

1. 人类许多交流是非语言的；

2. 虽然思想经常用语言表达，但它仍经常出现在非语言形象中；

3. 隐喻是思维的基本单元，是观察消费者思想和感觉、了解消费者行为的重要窗口和机制；

4. 感观图像能提供更多的隐喻；

5. 消费者通过相互关联的有关市场经验的想法（概念或观点）来反映他们的知识和行为；

6. 能够接触到隐藏的或更深层的思想；

7. 情感和理智是在消费者心中混合的推动力。

ZMET 用定性法探测消费者视觉和其他感观印象，并由此推导出驱动消费者思想和行为的隐喻、观念和心理模型。具体做法是：邀请大约 20 人参加研究，要求他们通过拍照或收集图片（从杂志、书、报纸或其他来源）等，指出某个品牌对他们意味着什么，参与研究者在最初的 1 周或 10 天后，与研究人员进行一对一的个人交谈，即"引导性对话"来了解被研究者。引导性对话可以包括如下的一部分或全部步骤：

1. 讲故事。参与者描述每一张图片的内容。

2. 遗漏的图像。参与者描述没能得到的图片及它们的意义。

3. 分类。参与者将图片按不同的含义分类，并为每组图片贴上标签，给出描述。

4. 含义推导。参与者用图片作刺激物，揭示基本概念和它们之间的相互联系。

5. 最有代表性的图片。参与者指出哪张图片最有代表性。

6. 反面图像。参与者指出哪些是与所给品牌和所分配任务相反的图片。

7. 感观图像。参与者指出哪些描述了或未能描述颜色、情绪、声音、气味、口味、触觉等方面概念。

8. 心理图。先对所有提及的观念进行回顾，并且询问参与者，这些概念是否准确地代表了他们要表达的含义，还有什么重要的想法被遗漏。之后，参与者便能描绘一张心理图或建立一个因果关系模型，将推导出的概念相互连接。

9. 概要图像。参与者用自己所收集的图像（或由图像库提供的图像）制作一幅概要图像或综合图，用来表达重要观点。数字图象技术可用来简化这一图像制作过程。

10. 解说词。参与者用一小段文字或录像帮助传递重要观点。

在完成对参与者的访谈之后，研究者便开始识别关键主题或概念，对数据进行编码，将最重要的概念组成一幅综合图。对数据进行定性分析，可以为广告、促销和其他推销决策提供信息。ZMET 相应地被用做多种用途，包括作为帮助了解消费者对品牌、产品、公司印象的测试工具。

（四）品牌个性及价值

品牌也可以和人一样具有某些个性特征。一个品牌可以同人一样被称作"时尚"或"过时"、"可爱"或"怪异"。品牌个性体现的是人们对一个品牌的感觉，而不是他们认为这个品牌是什么。一个具有合适性格的品牌，能使消费者感觉这个品牌适合自己，是"和他们相似的产品"。消费者可能更愿意投资于这种"关系"，或者与品牌建立一种"友谊"。有些产品的用户及用户形象对消费者决策作用很大，这些商品品牌的个性与用户形象的同一性更强，如汽车、啤酒、烈性酒、香烟、化妆品。消费者常常挑选使用与自己个性相近的品牌，虽然有些时候这种挑选是基于消费者期望的自我形象，而非真实的自我形象。了解品牌个性特征，看它是否与目标客户的情况相一致，是了解品牌资产的一个重要途径。

品牌个性可用不同的方法测量，最简单也是最直接的方法是对研究目标征集开放式的回答。例如：如果一个品牌是一个有生命力的人，它将是什么样的？它会做什么？它会住在哪里？它会穿什么衣服？如果它去参加一个宴会，它会和谁讲话（会说什么）？通过了解消费者对这些问题的回答，就可以了解品牌在消费者头脑中是怎么样的形象，它具有什么类型的个性特征。

总之，定性调研法是一种创造性的方法，能确定其他方法无法揭示的消费者感知。定性调研法使用的范围受到研究者创造性的限制。当然由于调查采用的样本也有限，有时所得出的结论不一定能代表整体，这些缺陷有时会减弱研究结果的深刻性。同时由于这些数据都是定性的，受访者的主观性较强，因此在分析时针对不同的研究者分析同一调研结果有可能得出不同的结论。

二、定量调研法

定性调研法通常用来引出消费者某种文字上的回答，定量调研法则专门使用各种不同的等级评分，最后得出一个数字的答案和结论。对于品牌知识来说，采用定量法能更有效地评估品牌认知的深度和广度，以及品牌联想的强度、赞誉度和独特性。定量法还是长期监控消费者品牌知识结构和管理运营品牌资产的重要方法。

（一）品牌意识

消费者的品牌意识与记忆中的品牌强度相关，由消费者在不同条件下识别不同品牌元素（品牌、商标图案、符号、性质、包装、口号）的能力所反映。品牌意识还关系到在给出不同类型线索的条件下想起一个品牌的可能性和容易程度。品牌元素意识有多种尺度，合适尺度的选择取决于该品牌意识对该产品消费者行为的重要性及其对品牌营销方案的成功是否起决定性作用。通常，在品牌名称、商标、包装等都被有形地展示在销售现场时，品牌识别很重要，而在非销售现场时，品牌记忆比品牌识别就更重要了。

1. 品牌识别的直接和间接测试。识别的过程就是要求消费者能认出一个刺激物，如他们曾看到过的一个词、一个物体或一个图像。品牌识别指的是消费者在各种环境下认出一个品牌的能力，也包括对各品牌元素的确认能力。

识别程序最基本的类型，是直接以书面或口头形式给消费者一套单个条目，询问他们以前是否听说过这些项目。如果需要进行更灵敏的测试，则常常需要使用诱饵，即使用一些消费者不可能听说过的条目。除了"对"或"错"的回答外，还可以要求消费者根据他们自己能识别一个条目的信心打分。另外还有一种"知觉降级"法，它可以让某个品牌元素在视觉上被掩盖，或以某种方式被扭曲，或仅出现极短的时间。例如，品牌名称识别可以通过去除某些字母的方式进行，测试消费者是否能够识别这些品牌的名称。

品牌识别间接测试的方法有使用视速仪和目光跟踪技术的研究方法，例如对品牌的不同包装设计的有效性，主要是根据以下一系列特别标准来评估：

货架影响程度；特别设计的元素的影响和记忆；在多远的距离内可首先认出这个包装；在何种角度上能首先认出这个包装；认出该包装的速度；感觉的包装尺寸；文字的明显和清晰度。

这种评估能比简单的"对"或"错"提供更灵敏的量度。通过应用这些直接、间接的品牌识别评估，销售人员可以确定消费者的记忆中保留着哪些品牌元素，以及它们联想的强度如何。品牌识别评估相对于记忆评估的一个优点，是它能以任何形式使用。例如，因为品牌识别在本质上通常是视觉上的，所以可以使用视觉评估。让消费者仅凭记忆以文字或图形描述商标或符号可能很困难，但让他们在识别评估中凭视觉来评论同样的品牌元素却比较容易。然而，品牌识别评估对潜在记忆能力只能提供粗略的估计。要想判断一个品牌元素是否在各种环境中都能被记起，就必须使用品牌记忆评估。

2. 品牌记忆。品牌记忆与消费者在各种环境中识别品牌的能力有关。根据品牌记忆，当消费者得到某种相关的线索或暗示时，就能从记忆中检索出实际的品牌元素。故而，品牌记忆较之品牌识别对记忆力的要求更高，因为不仅仅是向消费者出示一个品牌要素，而且要求消费者鉴定或辨别他们以前是否见过该要素。

根据提供给消费者线索的不同，可以分为无辅助记忆和辅助记忆。

（1）无辅助记忆。是用"所有品牌"作为提示，该方法一般仅用来辨识强度最大的品牌。

（2）辅助记忆。辅助记忆则使用各种提示帮助消费者进行记忆，通过各种提示看消费者在何种情况下能回忆起该品牌。辅助记忆法的一种方法是按提示范围逐步收缩的顺序进行，如产品大类、产品类别、产品型号标签，以观察消费者品牌知识结构的组织。也可以使用其他类型提示进行品牌记忆评估。例如，可以提示消费者产品的性质（"当你想到手机时，会想到哪个品牌?"）或使用目的（"如果你想到服装，会想到哪个品牌?"）。为了掌握品牌记忆的广度，有必要对购买决策和消费使用的背景进行测试。例如，可以提示不同的消费动机，使用产品的不同时间、地点，看看消费者会想起哪些品牌（例如，一天的不同时间、一周内的某一天、一年内的某个时间；在家，在单位、度假时等）。一个品牌与这些非产品因素联系越紧密，在给出这些环境提示时想到该品牌的可能性越大。将该产品性质、种类的记忆评估与给出环境、用途提示的评估结合起来，便可得出品牌记忆的广度。

辅助记忆法的优点是能深入了解品牌知识在记忆中的组织方式，以及什么样的暗示或提醒对于消费者从记忆中检索出某个品牌是必不可少的。了解进行不同层次产品种类特性提示时的记忆状态是十分重要的，因为它暗示了消费者动机是怎样形成的，购买决策是如何做出的。以保时捷为例，假定消费者在考虑各种汽车时，很少想到这个特殊汽车类型，而当考虑外国赛车时则非常容易想到它。换言之，消费者明确地将保时捷归入典型赛车类，而且只从这个方向考虑。如果情况真是如此，为使更多的消费者想到购买一辆保时捷944，就必须拓宽保时捷的含义，使它与广义的汽车建立高强度的联想。当然，这种策略也有风险，它会伤害一些现有客户，这些客户是被保时捷944纯粹的赛车形象所吸引的。因此，在衡量采用某种策略是否适当时，要综合考虑这两种细分市场作为目标市场时各自的成本和利益。

（二）品牌形象

品牌形象是由消费者对品牌的联想所反映，强烈的、受赞誉的、独特的联想，是以顾客为本的品牌资产的基础。品牌联想有多种方式，可根据不同尺度进行分类。一种比较有价值的分类方式是将品牌联系区分为两个层次，一个是与消费者对特殊性质和益处的感知相关的"低层次"联想，一个是与总体爱好及各种态度、行为相关的"高层次"联想。这两个层次之间有明显的联系，因为消费者对品牌总体的态度和行为，通常取决于其对某些特殊性质和优点的感知。下面我们分别讨论对这两种品牌联想的评估。

1. 具体的、低层次的品牌联想。品牌联想观点是与某个品牌及其竞争者相关的那些具体的性质和优点。例如，消费者对世嘉家用电子游戏的品牌联想观点是："有趣和刺激"、"酷和时尚"、"色彩鲜艳"、"高质量图像"、"高技术"、"丰富的软件品种"和"有些暴力"。消费者对世嘉游戏持有这些观点是对它的这种特殊利益的认可和记忆，属于品牌联想中的低层次。这种品牌联想观点可以根据前述的定性测量法进行评估，当然，为了更好地了解观点联想对品牌资产的潜在贡献，需要根据构成品牌资产来源的三个关键尺度之一或几个（如强度、赞誉度、独特性）对已认识到的品牌观点进行评估。

第一步可采用前面提到过的开放式评估法，对品牌联想的强度、赞誉度、独特性进行测试。可以采用这些问题：

- 你对该品牌最强的联想是什么？你想到这个品牌时，在你头脑中出现的是什么？（强度）
- 这个品牌有什么优点？你喜欢这个品牌的什么？这个品牌有什么缺点？你最不喜欢它什么？（赞誉度）
- 这个品牌的独特之处是什么？它和其他品牌共有的性质和特点是什么？（独特性）

为了能提供更具体、更深入的信息，可根据强度、赞誉度、独特性等方面进行等级评分，以进行量化。当然，任何潜在相关的联想，都能够而且应该被评估，包括有关产品的形象和关系到产品质量方面的优点，例如性能、特色、可靠性、耐用性、风格、设计等，以及关系到用户和使用印象及产品个性的非产品相关属性。可以通过多种方式提出这些问题，并对品牌观点和感知进行实际评分。通常可以使用语义差别方式（两级形容词）、李克特量表或类型等级。具体采用何种类型等级，可根据以下几个方面考虑决定：

- 绝对或相对等级
- 文字、数字或空间等级
- 等级数（如奇数或偶数）
- 平衡或不平衡等级
- "无意见"或"不知道"之类的回答在等级中的处理

国外学者巴纳德和艾伦博格设想了三种有关消费者对不同属性看法的测试方法：

- 自由选择法：让被试者一条一条地指出所给属性中哪些是属于品牌表中的各个品牌的。
- 等级法：让被试者从"非常同意"到"极不同意"和"没有意见"的五个等级中选择一个，指出一个品牌与属性的联系程度。
- 排序法：让被试者根据不同品牌与某一个属性联系的密切程度进行排序。

一般来说，在这三种测试方法中，一个品牌在每种属性上都处于大致相同的相对位置。这表明，使用绝对等级法还是相对等级法，至少在它们所处的环境中，对评估品牌观点并无重大影响。

2. 总体的、高层次的品牌联想。测试高层次品牌联想的目的，是发现消费者怎样将有关品牌的特殊联想组合成不同类型的品牌评价，这种评价将在消费者的态度、意图和行为中得到反映。

（1）品牌态度。消费者对一个品牌的态度有多种评估方法。可以考虑从以下几项指标进行评估：总体品牌态度、对产品相关属性和优点的态度、对非相关属性和优点的态度、对价格和价值的态度、对公司的态度等。对消费者喜爱品牌的程度和对品牌的态度所进行的各种测试，对于了解关键品牌联想的赞誉度十分重要。一般来说，品牌总体态度的强度会发生变化，可以用微电脑来测试消费者指出品牌评价等级的反应时间的长短，从而测量出品牌态度的微弱。虽然可能仅有几微秒的差异，但这些差异在经营上会产生显著的影响。另外，可以采用比较法测试品牌态度，通过引出有关相对偏好的回答来衡量态度的独特性。

（2）品牌意向。意向测试的对象是购买某品牌的可能性和从一品牌转向另一品牌的可能性。心理学指出，购买意向能够预测实际购买，因为两者在以下几个方面一致：

- 行动（如为自己使用或送礼而购买）
- 目标（如某种具体产品和品牌）
- 环境（如依据价值或其他条件，决定在什么类型的商店购买）
- 时间（如1周内、1个月内或1年内）

也就是说，当让消费者预测他购买一种产品或品牌的可能性时，有必要具体明确地说明涉及的环境——购买目的、购买场合、购买时间等。消费者可用一个11分可能性等级来描述自己的购买意图。0＝绝不会购买，10＝肯定会买。

（3）品牌行为。品牌行为测试可以问消费者，他购买或使用某个品牌在多大程度上是由于：

- 有益或有害
- 愉快或不愉快
- 可怕或美好
- 聪慧或愚蠢

利用其他测试法还能获知消费者对品牌的忠实程度。可以直接对消费者提出一些问题（例如购买史），以预测未来的购买中会有百分之几的消费者购买该品牌（将来打算购买）。

第三节　品牌资产财务价值评估模型

对现有的品牌资产进行量化评估，首先需要对品牌资产进行概念上的界定。由于目前在学术界对品牌资产的理解和认识存在一定的争议，导致品牌资产评估产生了多种模型和各种不同的方法。正如美国 W. D. 韦尔（Wells）所言："对品牌资产的研究好像盲人摸象，不同的人出于不同的目的和受个人背景的局限，赋予其不同的含义及采用不同的评估方法。"上一节本文从以消费者为本的品牌资产出发，讨论了寻找品牌资产的来源和一些考察的方法，本节将考虑从量化的角度分析如何具体地评估品牌资产价值，并介绍相关的评估模型。

目前存在的各种品牌资产评估方法，多是广告公司、市场研究公司、品牌资产专业机构源于各自对品牌资产的不同理解，设计出不同的品牌资产概念模型。大体来讲，较为被接受的品牌资产量化评估理论有两类：会计方法和市场评价法。会计方法着重于使用客观财务数据，通过相关的会计报表、档案、文件等，体现出品牌资产的交易价值。市场基础评价法则是基于消费者调查、股市业绩考察等统计数据，通过识别相关参数，用一定的模型来计算，体现品牌的内在价值。

这两大类方法体现了从不同的角度来看待品牌资产的内涵，具体到操作层面，又受到不同的评估目的的影响，例如，并购财务的需要，品牌管理的需要，市场竞争及战略的需要等。使用较多的方法主要有以下几种：

会计方法	市场基础评价法
历史成本法	溢价法
重置成本法	消费者偏好法
股票价格法	Interbrand Group 方法
未来收益法	Financial World 方法
	北京名牌资产评估事物所的评价方法

下面将从实用的角度简要介绍这几种评估方法。

一、会计方法

1. 历史成本法。评估品牌最直接的方法莫过于计算其历史成本，而历史成本法是直接依据企业品牌资产的购置或开发的全部原始价值进行估价。最直接的做法是计算对该品牌的投资，包括设计、创意、广告、促销、研究、开发、分销、商标注册，甚至专属于创建该品牌的专利申请费等一系列开支等。对于一个品牌，其成功主要归因于公司各方面的配合，我们很难计算出真正的成本。因为我们已经把这些费用计入了产品成本或期间费用，怎样把这些费用再区分出来是一个颇费周折的事情，而且没有考察投资的质量和成果，即使可以，历史成本的方法也存在一个最大的问题，它无法反映现在的价值。因为它未曾将过去投资的质量和成效考虑进去。使用这种方法，会高估失败或较不成功的品牌价值。因此应用这种方法的主要问题是如何确定哪些成本需要考虑进去，例如管理时间费用的计算必要，具体计算方法等都是一个难题。另外，这种方法也没有涵盖品牌的未来的获利能力。

2. 重置成本法。重置成本法是按品牌的现实重新开发创造成本，减去其各项损耗价值来确定品牌价值的方法。重置成本是第三者愿意出的钱，相当于重新建立一个全新品牌所需的成本。其基本计算公式为：

$$品牌评估价值＝品牌重置成本×成新率$$

按来源渠道，品牌可能是自创或外购的，其重置的成本的构成是不同的。企业自创品牌由于财会制度的制约，一般没有账面价值，则只能按照现时费用的标准估算其重置的价格总额。外购品牌的重置成本一般以可靠品牌的账面价值为依据，用物价指数高速计算，公式为：

品牌重置成本＝品牌账面原值×（评估时物价指数÷品牌购置时物价指数）

成新率是反映品牌的现行价值与全新状态重置价值的比率。一般采用专家鉴定法和剩余经济寿命预测法。后者的公式为：

品牌成新率＝剩余使用年限÷（已使用年限+剩余使用年限）×100%

这里要注意的是，品牌原则上不受使用年限的限制，但有年限折旧因素的制约，不过它不同于技术类无形资产的年限折旧因素。前者主要受经济性贬值（外部经济环境变化）和形象性贬值（品牌形象落伍）的影响，后者主要受功能性贬值（技术落后）的影响。

3. 股票价格法。这种方法由美国芝加哥大学 C. J. 西蒙（Simon）和苏里旺（Sullivan）提出，它适用于上市公司的品牌资产评估。该方法以公司股价为基础，将有形与无形资产相分离，再从无形资产中分解出品牌资产。具体做法是：

第一步，计算公司股票总值 A，这可以通过股价乘以总股数获得。

第二步，用会计上的重置成本法计算公司有形资产的总值 B，然后用股票总值减去有形资产总值，即得公司的无形资产总值 C（C＝A−B）。无形资产可以分解成三个部分：品牌资产 C1、非品牌资产 C2 以及行业外可以导致垄断利润的因素（如政府管制，产业集约化形成的）C3。

第三步，确定 C1、C2、C3 各自的影响因素。

第四步，建立股市价值变动与上述各影响因素的数量模型，以估计不同因素对无形资产的贡献率，然后在此基础上可以得出不同行业中品牌资产占该行业有形资产的百分比 β。由 C1＝B×β 即可以得出品牌资产的数值。

用股票法得出的是公司各品牌资产的总值，因此，这种方法尤其适用只有一个品牌或虽然有多个品牌但仅有一个著名品牌的企业。

4. 未来收益法。未来收益法又称收益现值法，是通过估算未来的预期收益（一般是"税后利润"指标），并采用适宜的贴现率折算成现值，然后累加求和，借以确定品牌价值的一种方法。其主要影响因素有：（1）超额利润；（2）折现系数或本金化率；（3）收益期限。它是目前应用最广泛的方法，因为对于品牌的拥有者来说，未来的获利能力才是真正的价值，试图计算品牌的未来收益或现金流量。因此该种方法通常是根据品牌的收益趋势，以未来每年的预算利润加以折现，具体则是先制订业务量（生产量或销售量）计划，然后根据单价计算出收入，再扣除成本费用计算利润，最后折现相加。在对品牌未来收益的评估中，有两个相互独立的过程，第一是分离出品牌的净收益；第二是预测品牌的未来收益。

收益法计算的品牌价值由两部分组成，一是品牌过去的终值（过去某一时间段上发生收益价值的总和），二是品牌未来的现值（将来某一时间段上产生收益价值的总和）。其计算公式为这相应两部分的相加。

然而，对于收益计量法，存在的问题是：其一是它在预计现金流量时，虽然重视了品牌竞争力的因素，但没有考虑外部因素影响收益的变化，从而无法将竞争对手新开发的优秀产品考虑在内，而且我们无法将被评估品牌的未来现金流量从该企业其他品牌的现金流量中分离出来，因为它们共用一个生产、分销资源；其二是贴现率选取和时间段选取的主观性较大；其三是在目前情况下，不存在评估品牌的市场力量因素。

二、市场基础评价法

市场基础评价法旨在克服会计法上的一些不足。因为品牌属于一个长期的投资，而销售量、成本分析、边际报酬、利润以及资产回报率等指标均为短期性数据，不足以适应衡量品牌作为特殊的无形资产时的复杂性。它从消费者或者企业交易的角度，通过消费者的偏好，对企业实际业务能力表现加以定量化赋值，按照一定的模型来评估品牌资产。

1. 溢价法。这是通过观察消费者由于使用某一品牌而愿意额外支付多少货币来确定品牌价值大小的一种资产评估方法。用溢价法评定品牌价值，首先要确定品牌的溢出价格，即比较不使用品牌或比较使用竞争品牌的情况，消费者为选择该品牌愿意支付的额外货币。这需要大量的消费者调查。比如，为了获得"中华"牙膏品牌的溢出价格，可以就同一产品询问消费者在使用该品牌和不使用品牌的情况下愿意支付的货币数量，两者的差额即是"中华"的溢出价格。溢出价格乘以当年该产品的销量，即可得到该品牌当年创造的价值。当年价值除以行业平均投资报酬率，可获得该品牌的总价值。仍以"中华"为例，若调查发现该品牌溢出价格为0.30元/支，当年产品销售量为1.5亿支，而行业平均投资利润率为15%，则"中华"品牌总价值为：

$$0.30 \times 1.5 亿 / 15\% = 3（亿元）$$

需要注意的是由于企业在不同年份的产品销售量可能会因经济的波动而有较大不同，我们可以以过去3~5年的年均销售量为基数，确定品牌平均每年创造的价值，再以这3~5年的行业平均投资利润率作为除数，获得该品牌的资产总量。

2. 消费者偏好法。消费者偏好法是通过市场调查，了解在使用某一特定品牌与不使用品牌的情况下，消费者对产品的态度或购买意向是否存在差别，然后将这种差别与产品的市场份额联系起来以评估品牌价值的方法。采用这种方法可以确定某一年度或某一时期该品牌所创造的利润，再用该利润除以该时期行业平均投资利润率，即可获得品牌资产总价值。

消费者偏好法的困难是如何确定消费者偏好或品牌态度与市场份额的依存关系，即就整个市场而言，消费者品牌态度或购买意向每增加一个百分点，该品牌或该产品市场份额相应将有多大变化。为此，需要从时间序列角度，系统搜集产品所在行业各主要品牌的有关数据，包括品牌的市场份额、消费者对各品牌购买意向两方面数据。在此基础上建立经验模型，超出购买意向与市场份额两变量的经验关系。因此，就总体来说，采用消费者偏好法评估品牌资产，时间较长，费用也比较高。

3. Interbrand Group 法。英国的英特品牌集团公司是世界上最早研究品牌评价的机构。它以严谨的技术建立的评估模型在国际上具有很大的权威性。美国的 *Financial World* 杂志从 1992 年起对世界著名品牌进行每年一次的跟踪评估，其采用的方法就是建立在英特品牌公司的模型基础上。*Financial World* 的评估结果被各大媒体转载公布，在世界上具有很大的影响力。下面介绍英特品质评估模型以及 *Financial World* 的操作方法。

英特品牌模型同时考虑主客观两方面的事实依据。客观的数据包括市场占有率、产品销售量以及利润状况；主观判断是确定品牌强度。两者的结合成了英特品牌模型的计算公式：

$$V = P \times S$$

式中，V 为品牌价值；P 为品牌带来的净利润；S 为品牌强度倍数。

首先看 P，即品牌带来的纯利润。*Financial World* 从公司报告、分析专家、贸易协会、公司主管人员那里得到有关品牌销售和营业利润的基本数据。例如，1995 年，吉列这个剃须刀品牌的销售额为 26 亿美元，营业利润为 9.61 亿美元，而我们所关注的是"吉列"这个品牌名称所带来的特定利润。为此，首先要决定这个特定行业的资本产出率。产业专家估计，在个人护理业资本产生率为 38%，即每投入 38 美元的资本，可产出 100 美元的销售额。这时我们可算出吉列所需的资本额为 26×38% = 9.88 亿美元。然后，假设一个没有品牌的普通产品其资本生产可以得到的净利润为 5%（扣除通货膨胀因素）。用 5% 乘以 9.88 亿美元，即 9.88×5% = 0.49 亿美元。从 9.61 亿美元的盈利中减去这个 0.49 亿美元，我们就得到可归于吉列这个名字下的税前利润，即 9.61-0.49 = 9.12 亿美元。算出品牌税前利润后，下一步就是确定品牌的净收益。为了防止品牌价值受整个经济或整个行业短缺波动的影响过大，*Financial World* 采用最近两年税前利润的加权平均值。最近一年的权重是上一年的 2 倍。最后，把品牌母公司所在国的最高税率应用这一盈利的两年加权平均值，减去税收，得到吉列品牌的净收益为 5.75 亿美元。这个数字就是纯粹与吉列品牌相联系的净利润。

第二个方面是估算出品牌强度倍数 S，又称品牌因子，是指品牌的预期获利年限。按照英特品牌公司建立的模型，它由七个方面的因素决定，每个因素的权重有所不同。考察品牌强度时，英特品牌公司主要关注以下七个方面：（1）市场特性（Market）。一般而言，处于成熟、稳定和具有较高市场壁垒的行业中的品牌，强度得分就较高。（2）稳定性（Stability）。即品牌维护消费者特权的能力，一般企业进入行业越早，就拥有越多的忠诚消费者，品牌强度得分就越高。（3）品牌在行业中的地位（leadership）。属于领导地位的品牌，对市场有更大的影响力，因此，它会较居于其他地位的品牌有更高的强度得分。　　（4）行销国际能力

（Internationality）。品牌行销范围越广，甚至能够越过国界，进入海外市场，其抵御竞争者和扩张市场的能力就越强，因而该品牌的强度得分就越高。（5）品牌趋势力（Trend）。即品牌对行业发展方向的影响力。在消费者心中越具有现代感，与消费者的需求越趋于一致，该品牌的强度得分就越高。（6）品牌支持力（Support）。获得持续投资或重点支持的品牌通常更具有高品牌得分。（7）品牌保护力（Protection）。品牌有没有进行专利注册，有没有进行持续有力的打假，其得分值是不一样的。一般来说，受到特殊法律保护的品牌较受到一般法律保护的品牌强度得分更高；注册地理范围越广，品牌强度得分越高。

品牌强度系数用上述七个因素加权得出，每个因素的权重如下表（表 14-1）：

表 14-1　　　　　　　　　　　**品牌强度评价因素的权重**

评价因素	含义	权重（%）
领导力	品牌的市场地位	25
稳定力	品牌维护消费者特权的能力	15
市场力	品牌所处市场的成长和稳定情况	10
国际力	品牌穿越地理文化边界的能力	25
趋势力	品牌对行业发展方向的影响力	10
支持力	品牌所获的持续投资和重点支援程度	10
保护力	品牌的合法性和受保护的程度	5

Interbrand 公司采用专家评价法，对这七个因素进行打分，然后乘以上述权重，就得到了该品牌的品牌强度系数 S。S 值越大，品牌的预期获利年限就越长。仍以吉列为例，该品牌的 1995 年的得分为 17.9。根据公式可计算出吉列品牌价值为 103 亿美元，即

$$V = 17.9 \times 5.75 = 103 \text{（美元）}$$

4. *Financial World* 方法。*Financial World* 杂志每年度公布世界领导品牌的品牌资产评估报告，所使用的方法与 Interbrand 方法基本接近，主要不同之处是 *Financial World* 更多地以专家意见来确定品牌的财务收益等数据。（1）该方法强调品牌的市场业绩，首先从公司销售额开始，基于专家对行业平均利润率的估计，计算出公司的营业利润。然后再从营业利润中剔除与品牌无关的利润额，例如资本收益额（根据专家意见法估计出资本报酬率）和税收，从而最终得出与品牌相关的收益。（2）根据 Interbrand 的品牌强度模型估计品牌强度系数，品牌强度系数的范围大致在 6 到 20 之间。（3）计算出 *Financial World* 品牌资产=纯利润×品牌强度系

数。其具体计算过程见表 14-2。

表 14-2　　　　　　　　　**Financial World 品牌资产计算方法**

步骤	项目	公式	万宝路（1992）	可口可乐（1993）
1	销售额		154 亿	90 亿
2	利润率	（行业）	22%	30%
3	利润	1 * 2	34 亿	27 亿
4	资本比率	（行业）	60%	60%
5	理论资本	1 * 4	92 亿	55 亿
6	一般利润	5 * 5%	4.6 亿	2.7 亿
7	品牌利润	3-6	29 亿	24 亿
8	修正利润	三年加权	--	--
9	税率	（行业）	43%	30%
10	理论纳税	8 * 9	12 亿	7.3 亿
11	纯利润	8-10	27 亿	16.7 亿
12	强度系数	6-20 之间	19	20
13	品牌价值	11 * 12	310 亿	334 亿

Interbrand 和 *Financial World* 这两种方法多年发表评估结果，已形成了国际性地位，具有较强的权威性和通用性，可用于任何产品类别或品牌。特别在品牌收购、兼并或租赁等情况下。

5. 北京名牌资产评估事物所的评价方法。这种方法参照英特品牌公司的评估模型，根据中国的实际情况，建立起中国的品牌评价体系。该评价体系以英特品牌模型的七个强度因素为框架，这七个强度因素是：品牌市场份额；品牌的超值创利能力；品牌的出口能力；商标是否具有广泛的法律效力和不断投资的支持；品牌超越地理和文化边界的能力。将这些因素转化为三个评价指标：品牌的市场占有率（M）；品牌的超值创利能力（S）；品牌的发展潜力（D）。这三个指标的权重不同，分别为 4、4、3（不同行业，略做调整）。其评价公式简单表述为：

$$P（品牌综合价值）= M+S+D$$

实际上，影响品牌价值的因素是多方面的，因此，从多个角度进行品牌资产评估都有其合理性。这就意味着，品牌价值评估方法的多样化有其客观基础，不能强求趋于统一。对于品牌价值的测评不可能十分精确，但这多种方法给我们提供了测评的多种思路，我们可以采用不同的方法对品牌价值分别加以评估，然后再对比分析，取得一个合理的测评值。如果存在较大差距，则应仔细寻找差距存在的原因，并进一步寻找更合理的测评方法。

第四节 品牌资产评估体系

品牌资产每一个时刻都可能发生变化。因此，要想对品牌资产进行管理或运营，最理想的方案，是建立一个"品牌资产指数"。要想知道在某一时间上的品牌资产值，品牌管理者只要对相关项目进行计算，就可以获得品牌资产的准确数值，同时也了解品牌的"健康"程度。品牌资产是一个多维的概念，其内容非常复杂，任何品牌资产的评估方法，都只能从某一个方面反映品牌的"健康"程度。因此，在评估品牌资产时，要采取多种方法，从各种角度全面评估品牌的健康状况。这需要建立品牌资产评估体系，该体系是指一系列调研步骤的组合，这一组合可以向市场营销人员提供有关品牌的及时、准确、可行的信息，帮助他们在可能的范围内制定最好的短期战术性决策和长期战略性决策。建立品牌资产评估体系的目的，是为了能够全面理解品牌资产的来源和产出，并尽最大可能在这二者之间建立联系。品牌资产评估体系的建立需要遵循三个步骤：实施品牌审计；设计品牌追踪调研；建立品牌资产管理体系。

一、实施品牌审计

品牌审计是指从品牌资产来源的角度对品牌进行全面的、综合的审查。品牌审计主要是一项立足于外部消费者的活动，它包含了一系列对品牌健康程度进行评估、挖掘品牌资产来源，以及为改善和增加品牌资产提供建议的过程。进行品牌审计，需要从公司和消费者两个角度理解品牌资产的来源。从公司的角度说，需要了解现时提供给消费者是什么样的产品和服务，这些产品和服务是怎样进行营销的，以及它们的品牌是如何建立的；从消费者的角度说，需要深入他们的思想，挖掘他们的观念和信条，以了解品牌及产品的真正含义。进行品牌审计有助于为品牌制定战略性决策。例如，目前品牌资产的来源状况令人满意吗？某一特定的品牌联想是否需要加强？品牌缺乏独特性吗？品牌所面对的机遇和潜在的挑战有哪些？在这些战略性分析的基础上，就可产生出一份以实现品牌资产最大化为目标的营销计划。

品牌审计主要包括两大步骤：品牌盘存和品牌测定。

（一）品牌盘存

品牌盘存的目的是为了公司对出售的产品和服务给出一个及时的、全面的描述，这需要对所有相关的品牌要素及辅助营销计划进行分析，也就是说，有必要为每一种产品或服务编制清单：（1）名称、标识、符号、文字、包装、广告语或其他商标；（2）品牌所反映的产品内在特性或特征、定价、沟通、分销政策以及与品牌有关的其他营销活动。品牌盘存的结果，应该是从品牌要素如何被利用、利用了哪些品牌要素，以及辅助营销计划的性质等角度，就公司出售的所有产品和服务的品牌给出一个准确、完整、及时的描述。另外，品牌盘存还可以对竞争品牌也进行类似的研究，尽可能详细地了解其品牌和营销努力。

品牌盘存还可以应用一些有用的分析手段，为如何更好地管理品牌资产提供一些最初的品牌信息。如，可以评估同一品牌下的所有产品和服务之间是否具有一致性；品牌要素是建立在一个统一的基础上，还是同一产品的品牌名称、标识及其他要素根据不同市场的地理区位、不同目标细分市场有所差异。对企业进行彻底的品牌盘存可以了解品牌一致性的程度。

（二）品牌测定

品牌测定是收集消费者方面的详细信息，用品牌研究的方法了解消费者对品牌的看法，尤其是品牌认知度和力度、赞誉度以及品牌联想的独特性。

对于品牌测定的进行可以参考本章第二节所论述的相关定性与定量方法。当然，首先企业必须对先前做过的一些研究进行考察，那些可能对许多重要问题有过理解和解答，也有可能提出了一些需要解决的新问题。同时，对公司内部人员进行访谈，了解他们对本公司品牌及竞争品牌的消费者感知的看法也很重要。一般来说，定性研究极具启发意义，但如果想对品牌认知度和力度的深度及广度、品牌赞誉度、品牌联想的独特性做更准确的评估，往往需要借助于定量研究的方法。品牌测定在定量阶段的框架相对比较清晰。在定性研究阶段所发现的潜在的、重要的联系，都必须从品牌力度、赞誉度和独特性的角度进行评估。同时，不论是对某一特定的品牌信念，还是对总体的态度和行为，都必须进行考察，以便从中发掘品牌资产的来源和产出。另外，对品牌认知度的深度和广度，要在不同的提示条件下进行评估。通常，还要对竞争对手进行类似的研究，以便更好地了解其品牌资产的来源以及它们与目标品牌相比的优劣。

二、设计品牌追踪调研

品牌追踪调研需要长期有规律地收集消费者信息，通常采用定量方法向营销人员提供即时信息，使用由品牌审计或其他方式确定的一组关键维度，考察品牌及其营销计划的业绩。实施品牌资产跟踪系统时需要考虑很多问题，下面将讨论追踪调研时应采用什么方法，如何实施追踪调研，以及如何解释追踪调研的结果。

（一）追踪调研的内容

品牌追踪调研的内容包括对产品品牌的追踪和对公司品牌的追踪，并确定要追踪的品牌要素。

1. 产品品牌追踪。对于产品品牌追踪，重点在于考察特定品牌的认知度和品牌形象。追踪品牌认知度应同时采用回忆和认知的方法。认知度测试从概括性问题开始，再到比较具体的问题。品牌形象追踪中特别要重视特定品牌感知（消费者认为品牌特点是什么）和品牌评价（品牌对消费者意味着什么）及一些与品牌相关的具体品牌联想，这些品牌联想都是潜在的、可长期追踪的对象，其中最重要的是那些作为品牌定位基础的品牌特质和价值联想，它们可以是与竞争品牌相一致的共同点，也可以是与众不同的差异点，例如与业绩有关的便利因素——方便、使用简单等。对产品品牌形象的追踪既有对具体的、较低层次的品牌联想的评估追踪，也有对比较概括的、较高层次的品牌联想和成果评估进行追踪。具体的、较低层次的品牌联想包括所有潜在的品牌资产来源——产品相关及非产品相关特质，功能性的、经验性的及象征性的价值。由于这些方面常常反映了与竞争品牌间的共同点和差异点，所以追踪价值联想就显得特别重要。对比较概括的、较高层次的品牌联想和成果评估进行追踪是为了更好地理解品牌价值信念的变化。

2. 公司品牌的追踪。公司品牌有着比产品品牌更广泛和不同的内容，也决定了消费者对这两者不同的认知。对公司品牌联想进行评估，通常要了解下面的问题（以 SONY 公司品牌为例）：

- SONY 公司对于自己的行业是否很熟悉？
- SONY 公司干得如何？
- 与 SONY 公司做生意容易吗？
- SONY 公司是否富有创新精神？
- 您在多大程度上信任 SONY 公司？
- SONY 公司给人以好感吗？
- SONY 公司为客户着想吗？
- SONY 公司容易接触吗？
- 您在多大程度上尊敬 SONY 公司？
- 您乐意与 SONY 公司做生意吗？

（二）如何进行追踪调研

实施追踪调研需要解决几个问题：追踪谁，什么时候追踪。

1. 追踪谁。对品牌追踪调查的对象可分为三大类：消费者、中间商及企业员工。对消费者可以进行许多有效的分类。具体可分为：品牌当前的消费群体；忠于品牌的消费者；忠于其他品牌的消费者；在品牌间摇摆不定的消费者。在品牌当前的消费群体中，还可以根据消费量的多少把顾客区分开来。对销售渠道成员及其他中介人员的追踪调查也将为品牌提供极为有用的价值。追踪雇员主要是了解他们对品牌的信任程度，以及他们自我认为将为品牌做出多大的贡献。

2. 追踪的时间。决定品牌追踪调查的频率是追踪调查中的一个重要决策。通常要考虑下列因素：产品的类别、消费者行为、产品大类的营销活动及品牌联想的稳定性。如对耐用品的追踪频率较低，因为这些产品的购买效率低。许多公司每周甚至每天都要对一定数量的不同消费者进行访谈，然后将结果经过滚动的或变动的平均基础处理，写进每月或每季度的报告中去。当某一品牌的联想比较稳定和持久时，追踪调研的频率可以稍低；不过，即使品牌营销在长期内变化不大，对品牌的追踪也是十分重要的，因为即使没有其他原因，仅仅是竞争性的市场进入，也会改变整个市场的力量对比，从而改变消费者感知。最后，从全球范围来讲，在决定追踪频率时，还需要考虑产品品牌所处的生命周期阶段。例如，在成熟市场中消费者的意见变化不大，但在新兴市场中却变化很快，甚至难以预料。

（三）分析追踪调研的结果

运用关联的方法对追踪调研的结果进行分析。实施品牌追踪调研最重要的任务之一，是找出品牌资产的决定因素。分析追踪调查的主要内容聚集在这些方面：品牌联想、品牌真正的"价值驱动因素"、影响和决定消费者对产品和品牌选择的有形和无形的差异点，哪些营销活动能最有效地影响品牌知识、消费者对于广告及其他沟通组合要素的态度等。

三、建立品牌资产管理系统

品牌资产管理系统是指为加深对品牌资产概念的理解，改进品牌资产的利用效率，在公司内部设计的一套组织流程。该系统能减少导致品牌管理在长期内低效率的潜在因素的不良影响。虽然品牌资产管理系统无法保证总能做出"明智"的品牌决策，但它可以增加做出这类决策的可能性，获知至少能减少做出"糟糕的"品牌决策的可能性。完成一套品牌资产管理系统，要经过三个步骤：建立品牌资产图；撰写品牌资产报告；明确品牌资产责任。

（一）建立品牌资产图

建立品牌资产图是将公司对品牌资产的理解以书面的形式规定成文件，以便为公司内部的营销经理及公司外部主要的营销伙伴提供相关的工作指导。这一文件应该：

1. 从公司的角度对品牌资产概念做出定义并解释其重要性。

2. 从相关产品及其冠名、营销方式（以公司的历史记录及最近的品牌盘存为依据）的角度描述关键品牌的范围。

3. 从公司水平和单个产品水平确定所有相关层次品牌的实际资产和理想资产。同时，还必须对相关联系进行定义，包括联想的特质、价值及构成共同点和差异点的想法。

4. 说明如何利用追踪调研及由此得出的品牌资产报告对品牌资产进行评估。

5. 对如何根据总的战略原则（如强调长期内营销计划的一致性）管理品牌资产提出建议。

6. 描述如何依据具体的战术原则（如广告评价标准、品牌名称选择标准）修订营销计划，从商标使用、包装及沟通的角度确定处理品牌的正确方法。

例如，通用电气公司有一份"识别计划文件"，对通用电气公司所有的营销沟通活动中应该表现出的通用电气品牌形象作了定义。在简短地陈述了品牌历史及品牌重要性之后，这份文件对针对通用电气品牌价值的研究做了总结，明确了通用电气品牌的核心承诺（"更美好的生活"）、个性及价值，并为品牌管理提出了若干原则。这些原则强调了一致性和纪律性，并被总结成一张问题清单，以督促通用电气的营销决策者们明确关键产品的特征、销售建议及其与通用电气核心承诺的联系。

品牌资产图的内容需要每年更新，以便更好地描述品牌现状，帮助决策者分辨品牌新的机会及潜在风险。当新产品问世、品牌计划修改及其他营销活动发生时，也需要把这一切在品牌资产图中充分地反映出来。

（二）品牌资产报告

建立品牌资产管理系统的第二步，是将追踪调研及其他相关品牌业绩评估的结果以品牌资产报告的形式反映出来，定期（每月、每季度或每年）送交管理层。品牌资产报告就是试图将所有关于品牌的信息及相关的评估结果有效地整合起来。品牌资产报告应该提供的信息有：描述性信息及品牌现状；诊断性信息及原因说明。它应该涵盖内部和外部的有关品牌业绩、品牌资产来源和成果的所有评估结果；而且，报告中应有专门的一部分，对追踪调研得出的有关关键特质或价值联想的消费者感知、消费者偏好及行为进行总结。此外，报告中还应该用一定的篇幅，提供更带有描述性的市场水平信息，例如：

1. 产品经由分销渠道的运送和转移；

2. 相关成本损失；

3. 适当的价格和折扣计划；

4. 按相关因素（如地理区域、零售或消费者类型）细分的销售及市场份额信息；

5. 利润评估。

（三）品牌资产责任

为了建立一套可使长期品牌资产最大化的品牌资产管理系统，还需要在组织内部明确划分与品牌相关的责任和流程。内容包括公司内部为实施正确的品牌管理所涉及的责任分配问题，以及公司外部营销伙伴应当扮演的恰当角色。

1. 品牌资产的监督。公司应为品牌战略管理或品牌资产管理设立专门的职位，以便进行整体协调。担任此职位的人有责任监督品牌资产图的实施，品牌资产报告的完成，并最大限度地保证各部门及各地区的产品和营销活动能够反映品牌资产图的精神及品牌资产报告的实质，以追踪实现品牌资产最大化。具体实施这些监督职权和责任的机构，可以是公司内部的一个直接向高层报告的营销小组。如高露洁、可口可乐及雀巢食品，已为其部分或全部品牌资产设立了品牌资产"守门人"。IBM也成立了一个小组，专门负责品牌资产的调研，其任务是发掘有关品牌资产的联想，并从中找出那些需要修剪的不理想的联想，以及那些需要继续培育、以实现公司所希望的品牌形象的理想联系。这一小组的工作设计的领域十分广泛，包括产品的总体印象和感觉，其目的是保证产品能最大限度地加强品牌资产。该小组还负责将有关品牌资产的信息在 IBM 各部门之间进行沟通，并负责解决公司内部各团体之间有关品牌资产的争议。

2. 组织设计及结构。人们已经越来越认识到品牌的重要性及稳妥管理品牌资产的困难，在品牌管理的组织设计及结构上表现为以下两个方面：产品大类管理和地理上的营销促进。

（1）产品大类管理。产品大类管理的组织形式由宝洁开始实行。20 世纪 80 年代后期，宝洁公司开始强调新产品大类，为每 40 个左右宝洁公司参与竞争的产品大类（如洗衣剂、洗碗剂及其他特色产品）任命一个总经理，并赋予其直接的职责和权力，而品牌经理的责任实际上没有变化。宝洁公司认为，它的新组织结构有许多优点。传统的品牌经理制在品牌经理间培养内部竞争，因而创造了内部追求卓越的强烈动机，但这样的激励是以内部协调的丧失为代价的，因为品牌经理之间有时会相互争夺公司资源，如广告费、生产能力等，因而无法使他们的计划协调一致。与以前份额较小的产品大类相对容易被忽视不同，新计划是为了使所有产品大类都能得到充足的资源而设计的，因此，产品大类管理被视为一种有效的品牌管理方式，它可以加强品牌之间适当的共同点和差异点。

（2）地理上的营销促进。如何分布地区间的市场营销力量，以最有效地实施品牌资产管理是营销组织设计面临的另一个问题。许多公司正在逐步取消传统的市场营销部门，探索其他营销组织结构，如事业集团、多方执法小组，以期待能改善内部协调、提高营销效率、加强零售商、消费者等外部因素的重视。

3. 营销伙伴的管理。外部供应商及营销伙伴对品牌资产的建立起着重要的作用。加强对营销合作伙伴的管理是品牌资产管理系统的重要方面。许多公司都在逐渐加强自己与营销伙伴间的关系，并减少外部供应商的数量。

本章小结

品牌资产评估的意义表现为：有助于加深对品牌资产的认识、理解和把握；是品牌资产管理的基础；有助于更全面地反映企业的经营业绩；便于企业间品牌资产的交易。

运用定性调研法和定量调研法两种方法对品牌资产来源进行评估。

定性调研法常用来辨识可能的品牌联想和品牌资产来源。这种方法是一种结构性相对较弱的测试方法，可以允许有一系列可能的消费者反应，因此它通常是了解消费者对品牌和产品形象认知的"第一步"。评估品牌资产来源的多种定性调研方法有：自由联想法、投射法、扎尔特曼隐喻推导法及品牌个性及价值分析。

定量调研法能更有效地评估品牌认知的深度和广度，以及品牌联想的强度、赞誉度和独特性。定量调研法还是长期监控消费者品牌知识结构和管理运营品牌资产的重要方法。定量调研主要是对品牌意识和品牌形象的调研。对品牌意识的测试包括：品牌识别的直接和间接测试、品牌记忆。品牌形象是由消费者对品牌的联想所反映，强烈的、受赞誉的、独特的联想，是以顾客为本的品牌资产的基础。品牌联想有多种方式：具体的、低层次的品牌联想；总体的、高层次的品牌联想。

品牌资产量化评估理论有两类：会计方法和市场基础评价法。会计方法有：历史成本法、重置成本法、股票价格法、未来收益法；市场基础评价法包括：溢价法、消费者偏好法、Interbrand Group 方法、Financial World 方法及北京名牌资产评估事物所的评价方法。

品牌资产评估体系的建立需要遵循三个步骤：实施品牌审计；设计品牌追踪调研；建立品牌资产管理体系。

品牌盘存和品牌测定是品牌审计的主要内容。

品牌追踪调研是指企业长期有规律地收集消费者信息。品牌追踪调研首先要确定追踪调研的内容：产品品牌追踪及公司品牌追踪。其次要确定追踪调查的对象，如消费者、中间商及企业雇员。最后运用关联的方法对追踪调研的结果进行分析。

完成一套品牌资产管理系统，要经过三个步骤：建立品牌资产图；撰写品牌资产报告；明确品牌资产责任。建立品牌资产图是将公司对品牌资产的理解以书面的形式规定成文件，以便为公司内部的营销经理及公司外部主要的营销伙伴提供相关的工作指导。品牌资产报告应该提供的信息有：描述性信息及品牌现状；诊断性信息及原因说明。它应该涵盖内部和外部的有关品牌业绩、品牌资产来源和成果的所有评估结果；对追踪调研得出的有关关键特质或价值联想的消费者感知、消费者偏好及行为的总结，及提供带有描述性的市场水平信息。品牌资产责任的内容包括公司内部为实施正确的品牌管理所涉及的责任分配问题，以及公司外部营销伙伴应当扮演的恰当角色。

○ 复习思考题

1. 如何运用定性调研法评估品牌资产的来源？
2. 如何运用定量调研法评估品牌资产的来源？
3. 分析比较品牌资产的会计评估方法。
4. 分析比较品牌资产的市场基础评价法。
5. 简述品牌审计的内容。
6. 简述品牌追踪调研的实施。
7. 如何建立高效的品牌资产管理系统？

Diageo 的品牌资产监测程序

在和 Guinness 兼并成为 Diageo 之前，大都会（Grand Met）拥有一系列品牌，其中包括一些与 Smirnoff、Baileys、Haagen-Dazs、Green Giant 以及 Burger King 一样享誉世界的品牌。

1988 年，大都会把收购的品牌作为无形资产列在资产负债表中，这种做法曾经震惊了财政界。由于公司拥有众多知名品牌，这种做法也可以让人接受。因为公司的高级管理层认识到了这些品牌对于公司的长期健康发展具有积极的重要作用，希望能把这些反映在公司的账面上。1988 年公司包括了品牌的资产负债表显示公司价值 6.08 亿英镑。

对于大都会董事会而言，一连串价格高昂并且举世瞩目的收购如果不列入账户，这一切不仅看起来荒谬而且前后矛盾，并且公司价值还很可能面临被低估的风险。

让人感到不解的是，尽管大都会自身拥有的品牌很明显也是价值不菲，但在资产负债表中披露的仅仅只有收购的品牌。同样，早期的价值评估也是基于历史收益进行的，如今已不常用了，因为这种方法不能精确反映出品牌的真正价值。

大都会为了解决这个问题，引入了"品牌资产监测程序"（见图 14-1），真正在营销和财务部门之间建立起沟通的桥梁。这种做法的目的不是以历史成本评估品牌价值，而是提出管理品牌绩效的新思路。这种监测程序不仅仅评估一些和利润得失直接相关的因素，还考察包括经济、消费品和品牌绩效等方面。上述这些综合在一起构成了一个微妙而又敏感的机制，不仅能够跟踪品牌健康状况，在需要时还能有效评估品牌财务价值。

这种程序方法从早期的估价方法而来，如今 Diageo 利用这种程序监控众多关键的财务和营销驱动因素以便于精确了解品牌资产水平。通过明确这些驱动因素，公司管理层集中注意力设法赢得品牌知名度、顾客忠诚、市场份额以及提升品牌获取价格溢价的能力。而这种品牌溢价可以把品牌价值传递给公司股东。

Diageo 公司使用多种评价指标来评估品牌资产的未来走势。比如，可能包括品牌知名度、广告支出、市场渗透和市场份额等一些指标。公司管理层还能从一系列具有一致性而且可靠的数据中分析出品牌的健康状况。事实上，绝大多数数据可能永远都不会出现在公司的账面上；但这些数据对整个集团最有价值资产提供了一定程度的战略和操作上的控制。

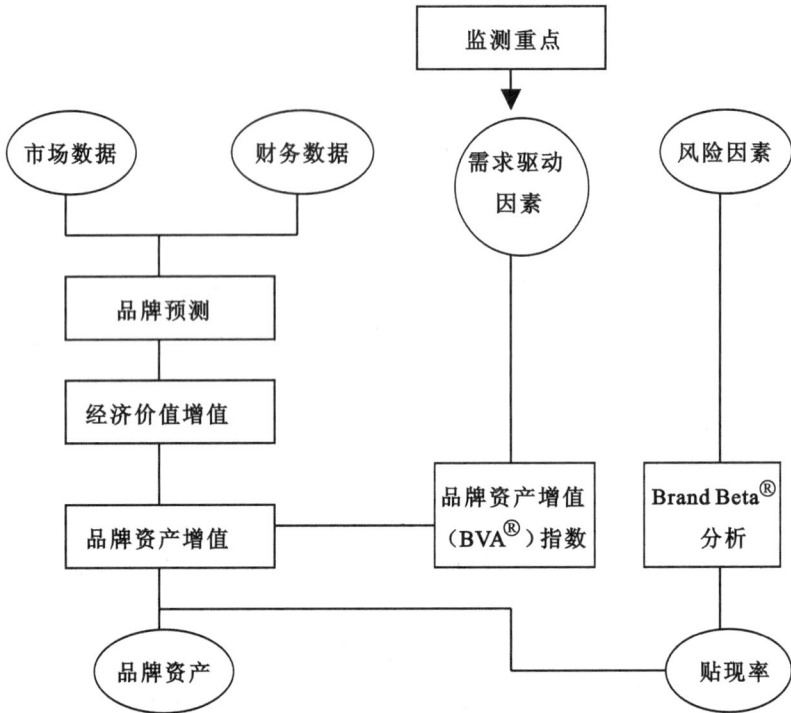

图 14-1　Diageo 公司品牌资产监测程序（基于 Brand Finance 方法）

资料来源：Temporal P. 高级品牌管理——实务及案例分析．北京：清华大学出版社，2004.

案例思考题

1. 什么是公司最有价值的资产，为什么？
2. Diageo 的品牌资产监测程序同一般的品牌资产评估模型有何异同？
3. 举出在品牌资产管理方面做得较好的公司，试用本章的知识进行分析。

第十五章　品牌资产的保护

优良的品牌资产是企业一项重要的无形资产，可以给企业带来丰厚的利润，是企业的一笔巨大财富。当企业辛辛苦苦创立了品牌甚至是名牌后，切不能认为可以高枕无忧了。一旦品牌没有得到好的维护和持续的投资来促其增长的话，无论是来自企业内部的管理失误，还是外部竞争对手和假冒产品的出现，品牌资产都有贬值的危险。因此，积极地认识和掌握品牌资产的保护措施对于企业而言有重要的意义。本章将从法律保护、企业自我保护及经营保护三个方面对品牌资产的保护进行论述。

第一节　品牌资产的法律保护

品牌资产的实质是对消费者的号召力和影响力，这种力量的来源就是品牌的名称，即一般通常所称的商标。有些企业的品牌名称和其商标不一致，需要区别对待。但对大多数企业的品牌来说，品牌资产法律保护的主要内容是保护品牌的商标权，防止不法个人或企业侵犯企业的品牌商标权。法律保护是品牌资产保护的最主要途径，因为法律保护具有权威性、强制性和外部性。商标权法律保护的内容包括受到商标法保护的商标名称、图形及其组合。在企业经营实践中，品牌名称（标志）保护与商标名称（标志或组合）保护通常是同时进行的，两者具有不可分割性，因此，我们在研究品牌的经营、管理和保护时也是采用这种一贯的做法。但在法律保护过程中，品牌名称和标志与商标保护的法律依据有一定的差异，我们将分别来看。

一、品牌名称（标志）的法律保护

当品牌名称（标志）与商标名称（标志）合二为一时，品牌名称和品牌标志的保护是相对简单的，即通过商标法就可以达到对其加以有效保护的目的。例如，在照相器材行业，"柯达"品牌名称和商标名称是统一的，虽然"柯达"在美国的专利局注册了一系列防御商标，如"Kodagraph"、"Kodagrome"等，但是，"柯达"在企业经营实践中只使用了单一的"柯达"（Kodak），因此，通过对商标名称的保护就可以达到将品牌名称和商标名称一起加以保护的目的。但在另外一些情况下，品牌名称（标志）常常会出现与商标名称不一致的现象，此时商标法只对商标名称施以保护，而品牌名称的保护只能通过其他的途径而不是商标法途径来达到保护的目的。例如，同是照相机品牌的"美能达"（Minolta）照相机，除了"美能达"这一商标名称以外，公司还使用了"咔博士"（CaPios）和"立瓦"（Riva）等其他相关的品牌名称，这样，企业要想有效地保护品牌名称就必须采取一些新的方法和途径。具体来说，方法主要包括：

（一）进行主动和事前保护

企业的品牌名称和标志要想取得主动和事前的有效保护，一条最重要的途径就是实现品牌名称向商标名称的过渡。按照中国的商标法，只有注册商标才能受到商标法和有关法规的保护，而未注册商标是不能受到商标法保护的。因此，将品牌名称特别是那些已经成为名牌的品牌名称转换为具有法律意义的商标名称和标志，对于有效地保护品牌名称无疑是一条捷径。

（二）进行事中和事后保护

如果排除第一种保护方法，则对品牌名称、标志只能进行事中和事后保护，特别是事后保护。事后保护的基本含义是：当一个企业所拥有的具有独特意义的特有名称（标志）被侵权时，按照《中华人民共和国反不正当竞争法》和《中华人民共和国著作权法》的有关规定，企业可以从法律的角度寻求对其具有资产性的名称等进行合理的保护。对于企业特有名称的保护，法律规定是详尽和科学的。例如，《中华人民共和国反不正当竞争法》第二章第五条第二款明确指出擅自使用知名商品特有的名称、包装、装潢，或者使用与知名商品近似的名称、包装、装潢，造成与他人的知名商品相混淆，使购买者误认为是该种商品的行为为不正当竞争行为。上述的规定对企业具有十分重要的指导意义。一个具有品牌保护意识的企业必须做到：（1）推出新产品时应在积极注册商标的同时，设计出具有独创性的品牌名称和标志。像"康师傅"的"雪米饼"、日本"佳能"公司的"大眼睛"等等。但也有些企业在品牌名称设计时，没有经过深思熟虑，而是一蹴而就，没有考虑以后这一名称是否能受到法律保护的问题。前者在未来的商战中将占据主动权，而后者有可能会将企业花费巨资创出的名称拱手送给他人。（2）在品牌经营过程中，密切注视其他企业是否存在侵犯本企业品牌名称的行为。在有些情况下，对企业品牌名称的侵权行为具有间接性，例如，将知名商品的品牌名称稍加修改予以使用，或者是将知名商品的品牌名称与其自己的品牌名称连缀使用等。

二、商标的法律保护

我国商标法对商标保护制定了非常详尽和科学的条款，因此，企业只要按照商标法的要求，正确地使用和管理商标就可以得到商标法有力的保护。

（一）商标权的基本特征

经过合法注册过的商标在法律上的权利包括商标使用权、商标转让权、商标专用权、继承权和法律诉讼权等权利。其中最主要的是商标的专用权。商标专用权也称商标独占使用权，即注册商标的所有人有权在核定的商品上使用其注册商标，同时可以禁止其他人在未经许可的情况下使用该注册商标。商标专用权是商标权的最基本也是最主要的内容。没有商标专用权，商标权也就失去了存在的意义。商标权的基本特征主要有以下几点：

1. 商标权的确立或取得。商标权不像有形资产那样是通过市场交换获得的，而是由国家依法授予的。对商标权的占有实际上是一种法律上或名义上的占有，商标所有人不可能像一般财产所有人那样把商标这种财产置于自己的直接控制下，从而实现真正的占有。基于此，商标权较有形的财产权利更容易遭受侵害。商标权利遭受侵害时，由于损害的是注册商标的信誉，而商标信誉是看不见摸不着的，因此如何给予被侵害方以赔偿及赔偿额的确定，远比一般侵害要复杂和困难。

2. 商标权具有专用性。商标权的专用性又称独占性或垄断性。这有两方面的含义：一是指在同一国家同一商标只能由某一企业或个人在指定商品上注册并归其所有，不能由多家所有；二是指商标获准注册后，注册商标所有人具有独占使用权。

3. 商标权的地域性。地域性是指在一国核准注册的商标，只在该国领域内是有效的，对其他国家不发生效力。也就是说，经过一个国家注册的商标，仅在该国法律管辖的范围内受到该国法律的保护，其他国家对这一商标权没有保护义务。

4. 商标权的时效性。商标在法定的时间内受到法律保护。这一时间称为注册商标的有效期。我国的商标法规定的有效期为 10 年。有效期满后，商标权人可以按法定程序进行续展。依法获得续展的商标，每次续展的有效期也是 10 年，并且可以无限地续展下去。

（二）商标注册保护

在商标注册方面，企业应注意以下几点：

1. 提前注册、及时续展。只有经过国家注册的品牌才成为法律保护的商标。商标一经注册，所有人即依法取得商标专用权，他人不得仿制假冒，不得在同种商品或类似商品上使用与注册商标相同或近似的商标，否则就是侵犯商标权。商标既可由本企业独自使用，也可依法有偿转让或特许他人使用。著名的皮尔·卡丹公司就是通过在许多国家特许他人使用其商标而获取巨额利润的。名牌商标既是企业开拓市场、控制市场的利器，又是能为企业带来超额利润的摇钱树，国内外著名企业都是凭借其拥有的著名商标支撑和发展起来的。

品牌法律保护要求企业具有战略观念，将其具有市场发展前景的商品品牌及时注册，使之成为受法律保护的商标，并积极预防他人抢注。据统计，现在约有1 000个中国品牌已经被其他国家和地区抢注。像"亚都"品牌，被我国香港的一家公司抢注后，公司如继续使用该品牌则必须每年向这家公司交付1.5万美元的租金。面对这种严峻的局面，企业应当提高商标注册意识，积极申请商标注册，以保护自己的合法权益。为了获得法律的保护，商标必须依法注册。通过注册获得商标权特别是商标专用权是寻求法律保护的前提和基本保证。过去我国企业由于商标注册不及时而被国内同行或外商抢注的事件屡屡发生，迫使企业或花重金买回属于自己的品牌，或改名换姓，为再创声誉付出高昂的代价。值得注意的是，我国商标注册审批程序复杂，审批时间较长，这就要求企业在注册时间选择上应坚持提前注册的原则，即在产品生产出来之前就申请商标的注册。同时，企业还必须注意到商标的时效性，即商标权超出法律规定的有效期限，就不再受法律的保护，这就要求企业要设立科学的、完善的商标档案，配备熟悉商标知识和商标法规的管理人员，在规定的期限内及时进行商标续展。

2. 实施全方位注册。即将纵向注册和横向注册、国内注册和国际注册、传统注册和网上注册相结合，并注重防御性商标的注册。如露露集团不仅将"露露"商标在国内（40 个类别）而且在多个国家进行了注册，并注册了网络实名；娃哈哈集团为了有效地防止其他企业模仿或抄袭自己的品牌，在"娃哈哈"之后，又注册了"娃娃哈"、"哈哈娃"、"哈娃哈"等一系列防御性商标。

3. 在地域上坚持辐射原则。即品牌注册的地域要广泛，不能仅仅在某一个国家或地区注册，而应同时在很多国家和地区注册。到国外申请注册商标有两条途径：一是国际注册，即根据我国 1989 年加入的《商标国际注册马德里协定》，申请人在国内办完商标注册手续后，向设在日内瓦的世界知识产权组织国际局提出一次申请和交纳一定费用，就可以在所有协定成员国——办理商标注册手续；二是在国外进行逐国注册，即分别向各个国家直接提出商标注册申请。目前向尚未加入《商标国际注册马德里协定》的国家申请商标注册，只能通过这条途径。

4. 在范围上坚持宽松有余原则。即企业申请注册时，不应仅仅在某一类甚至某一种商品上注册，而应同时在很多类商品上注册。

5. 申请原产地保护。我国名优特产丰富，在中国加入 WTO 融入世界经济一体化的今天，怎样利用好这一笔巨大的历史文化遗产，提高产品特别是农产品的国际竞争力，申请原产地保护是一条有效的途径。至 2001 年年底，国家商标局核准注册的原产地证明商标为 47 件，而国家质量监督检验检疫总局也对 16 种产品实施了原产地域产品保护。相比其他国家和地区（如欧盟就有 900 多种产品获原产地保护，其中法国就占了 400 多种），我国在此方面还有很大的发展空间。

三、品牌其他构成要素的保护

品牌的构成要素非常复杂，除了品牌名称、品牌标志和商标外，还有一些要素对于品牌形象的形成具有非常重要的意义。例如，品牌的定位主题句、品牌代言人甚至品牌的标准色等，它们已经成为品牌形象一个重要的组成部分，也是企业品牌资产的重要组成部分，企业应对其做出有效的保护。按照《中华人民共和国著作权法》的有关条款，凡是具有独创性的文字、图片及影视作品，都应纳入保护的范畴，而企业在塑造品牌形象过程中，在媒体上所使用的一些广告语，凝聚了广告设计人员的脑力劳动，必须加以保护。品牌代言人对于品牌形象的形成同样具有极其重要的意义。所以，品牌代言人也是品牌形象重要的组成部分，企业应当对其加以保护以维护品牌形象的一致性。

对企业的品牌或商标的法律保护应该在职业管理制度上进行健全。国外著名企业有专人专门机构管理商标、专利、专有技术等专业产权。我国中小企业在这些方面的工作比较薄弱，一方面出于成本的考虑，但更重要的是在法律意识上的缺乏和制度的缺陷。因此，企业应设专人监督商标的两次公告（初步审订公告和核准注册公告），及时行使异议权、撤销权，将与本企业在同类产品上已注册商标相同或相近似的商标撤下。其次应有专人专门机构，追踪同行对手，监控市场，一旦发现了假冒侵权商标，应马上采取法律对策，遏止侵权，减少损失，不能允许假冒商标泛滥侵占市场，毁坏本企业商标的商誉。

第二节 品牌资产的自我保护

在法制不很健全、执法力度不是很大、地方保护主义强烈的情况下，企业对品牌资产的自我保护构成品牌资产保护的另一重要方面。企业打假工作的难度很大。当然，打假需要全社会的配合，需要综合治理，作为企业，也应当学会自我保护。

一、商标权的保护

（一）定期查阅商标公告，及时提出异议

企业应定期查阅商标公告，一旦发现侵权行为，及时提出异议，以阻止他人的侵权商标获得注册。

（二）运用高科技的防伪手段

如企业通过采用不易仿制的防伪标志、使用防伪编码等手段，同时主动向社会和消费者介绍辨认真假商标标识的知识，不仅为自己的品牌产品加了一道"防伪"保护伞，也为行政执法部门打击假冒伪劣产品提供了有效的手段。

（三）协助有关部门打假

当注册商标的专用权受到损害时，企业应采用有力的手段，协助有关部门打假，制止侵权者的不法行为。

（四）注重向消费者宣传识别真伪的知识

如果消费者能分辨真伪，也就分得清真货和假货，假冒产品也可以从根本上予以杜绝。因此，消费者应广泛利用新闻传媒、公关等形式向消费者宣传本产品的专业知识，让消费者了解产品，掌握一定的商品知识，明白真假之间的区别。只有这样，假冒伪劣产品才能成为无本之木。

二、商业机密的保护

一般来讲，企业保护自己商业机密的方法主要有：

（一）申请专利

企业拥有专利就意味着企业拥有了对市场的控制权，它既是品牌之"矛"——通过技术许可证贸易进一步扩展市场，又是品牌之"盾"——排斥其他企业进入这一技术领域。可以说，专利是企业维护自己品牌地位的重要手段。VCD的先行者万燕就是由于缺乏知识产权的保护意识，没有及时取得VCD整机专利技术，从"先驱"成为"先烈"。因此，我国企业应重视知识产权，熟悉与专利有关的知识和相应的申请程序，保护自己的技术。

（二）严守商业秘密

商业秘密是指不为公众所知悉，能为权利人带来经济利益，具有实用性并经权利人采取保密措施的技术信息和经营信息。主要包括企业的生产方法、技术、程序、工艺、设计、配方、计划、销售和市场信息、客户名单等，大多数是企业赖以生存的绝招，凝聚着企业的劳动和汗水。商业秘密一般是企业为克服专利的局限性而设立的，因为一种新技术如果申请专利，虽能获得专利权，但却必须以公开这一技术为代价，这就会为竞争对手进一步研究并超越这一专利技术的开发提供了可能；并且专利的保护也有一定的年限，超过该年限专利的技术就不再受到法律保护。在知识产权保护方面，企业除了可以申请专利进行保护以外，还可以采取高度保密的措施，使之成为专有技术。可口可乐就是典型的例子。我国企业一些重要工作人员在跳槽或退休的时候，常常将生产方法、技术、配方、市场信息等商业秘密带走并转让他人使企业损失惨重。因此，我国企业必须牢固树立保密观念，制定严格的保密制度，以保护企业的利益和品牌的地位。

（三）谢绝技术性参观

技术性参观也是商业间谍们获取情报的途径之一。因此，品牌经营者有必要谢绝技术性参观。中国是文明古国，优良的传统之一就是热情好客、有问必答，这更加助长了信息情报失窃的现象。我国景泰蓝具有独特的制作工艺，国外商人对其垂涎已久，总想窃为己有，但想不到得来非常容易。20世纪80年代初期的一天，一位某国的华侨以"代理商"的身份要求参观景泰蓝的整个生产过程，工厂热情接待并派专人陪同，这位代理商在陪同人员详细的介绍下，参观了整个制作过程，并用摄像机拍下了每个环节。时隔不久，在国际市场上就出现了一种该国制造的景泰蓝，打破了中国产品一统天下的局面。中国景泰蓝自己培养了国外的竞争对手。

（四）争创驰名商标

目前，多数国家在国内知识产权立法中对《保护工业产权巴黎公约》中对驰名商标的特别保护内容加以确认，我国也不例外。企业应充分利用这一法律武器，积极创造条件争取驰名商标的认定，从而可以对国内外非法和恶意抢注我国驰名商

298

标、牟取非法利益的行为，加以有效的遏制。

第三节　品牌资产的经营保护

品牌资产保护的难点，是如何面对市场环境发生的变化。由于消费者消费心理、社会经济发展、技术变革或者竞争对手的转变，会导致消费者行为、竞争策略、政府的政策等方面的变化，都会影响品牌的命运。另外，公司在本身的战略或经营方向上采取各种行动或做出各种改变，也有可能导致品牌推向市场的方式要进行或大或小的调整。因此，有效的品牌资产保护或管理需要进行前瞻性的战略设计，以便公司在这些环境发生变化的时候，品牌资产要维持保值甚至增值的可能。从本质上来说，企业的经营活动是品牌资产得以维持和增值的源泉。只有企业在正常的经营活动中，讲信誉，重质量，进行科学的管理，强调顾客满意，努力做好售后服务，企业的品牌才能得以保值和增值。因此，企业要在自身的经营过程中，从战略上对品牌的管理和维护给予高度的重视，下面我们分别从技术、生产、营销等几个方面来探讨品牌资产的经营保护。

一、技术方面的保护

（一）保持技术领先

技术领先是企业品牌地位赖以确立和长久维持的先决条件。技术领先意味着在相同市价条件下，企业提供的产品比同类竞争产品具有更多的功能和更优的品质，能给消费者带来更多的利益和效用，使之产生"物有所值"乃至"物超所值"的满足感，将广大消费者吸引在自己周围，促使他们对企业产品形成品牌偏好。技术领先还意味着企业凭借其对先进技术的创造与把握，能以最新的理念、材料、工艺与方法，不断开发出先人一招或高人一筹的新产品，执掌产业发展牛耳，引领消费潮流变化，从而使竞争者只能望其项背，而不敢贸然触犯。日本索尼公司在这方面的运作是比较成功的，索尼公司始终站在行业技术的前沿，不断为消费者提供新产品来满足其需求。

（二）严格技术保密

差异化是现代企业参与市场竞争的基本战略之一。差异化的实质就是形成企业产品独有的特色，以明显区别于竞争者提供的同类产品，从而形成某种相对垄断局面在激烈的竞争中赢得一席之地。产品差异可以存在于多个方面，但相当一部分企业产品与其独特的原料、配方、工艺或其他技术秘密有关。可口可乐自 1886 年诞生以来，因其独特的口味而逐渐风行全球。可口可乐公司现已成为世界最大的软饮料厂商，日销量达 18 亿瓶，也就是全世界每 10 人中就有 2 人会喝可乐。其实，可口可乐生产工艺并不复杂，关键在其神秘配方上，可口可乐的成功很大程度上就得益于其 100 多年来严格的技术保密。与此相反，由于缺乏保密意识，我国一些传统产品的配方被人窃取，丧失了在国际市场上的长期垄断地位，如景泰蓝等，令人十分痛惜。

（三）统一技术标准

在激烈的竞争中，一些拥有良好效益和品牌声誉的公司，往往会突破原有企业、地域乃至国界的局限，通过购并、控股、合资、联营、承租乃至纯粹的品牌特许方式，将生产扩散至别的单位或允许他人有偿使用本企业品牌生产产品，以求获得更多的市场份额和利益。必须切记的是，质量是品牌的生命，企业在扩散生产时一定要视自己的控制能力而行，对扩散单位坚持统一的技术要求，严格按母公司的质量标准组织生产，决不能因盲目追求规模而牺牲企业品牌声誉。我国北方有一家啤酒企业，20 世纪 80 年代中期已成为全国啤酒业几大名牌之一。后因盲目在各地发展联营，而对联营厂啤酒质量又无法有效控制，致使大量贴着母公司商标但质量又达不到要求的劣质品流向市场，严重损害了母公司品牌声誉。短短几年，一个兴旺发达的企业因盲目扩散生产而陷入重重危机，往日灿若北斗的名牌商品成了无人问津的昨日黄花，其间的教训极为深刻。

二、生产方面的保护

（一）按有效需求组织产销

在现实生活中，由于一些商品固有的消费周期或更新周期、厂商普遍差异化经营以及消费者购买力增长有限等条件制约，企业面对的往往是一个扩张潜力有限的市场需求。在此情形下，为维持企业品牌已有良好形象，就不宜盲目扩大产销，更不宜一味地降价竞销，片面追求一时的市场占有率。对强势品牌企业来说，即使在激烈竞争的市场环境中，也应保持清醒头脑，坚持自己产品特有的品位、风格与个性。按照目标市场有效需求，有计划地安排产销量，巧妙维持供求平衡，甚至刻意营造一定程度的需求饥饿状态，保持旺盛的市场需求，避免因扩产过量而最后不得不削价竞销，导致品牌声誉受损的不良后果。英国劳斯莱斯高级轿车的名牌形象，就是通过其长期坚持的厚利限销政策实现的。

（二）持之以恒的严格质量管理

实施严格质量管理是品牌资产经营保护最重要手段。严格要求、严格管理体现在企业活动的各个方面和全部过程。其目的是为了保持和提升品牌的竞争力，使品牌更具有活力和生命力，成为市场上的强势品牌。首先要坚持全面质量管理和全员质量管理。"质量第一"是品牌经营保护的根基。"以质取胜"是永不过时的真理。卓越的品牌是靠优异的产品质量创造出来的，尤其是企业在实施品牌战略上，没有始终如一过硬的产品质量，没有持之以恒周到的客户服务，品牌资产就会消失。在中国已经加入 WTO 的现实条件下，跨国企业和本土企业同台竞技，要想在激烈的竞争中生存、在消费者挑剔的眼光下发展，企业惟有制定切实可行的质量发展目标，积极采用国际标准和国外先进标准，形成一批高质量、高档次的名优产品，提高品牌产品的市场占有率。同时，企业要以市场为导向，面向市场以满足消费者的需要为目标，建立技术创新体系，加快产品更新换代，努力开发一批适应国内外市场需求的新产品，全面提高产品档次和质量水平。符合市场需求的高质量产品，是企业对品牌经营保护的重要法宝。

综观国内外知名品牌，成功的原因有很多，但无一例外地都把提高产品质量和品牌体现的质量作为战略放在企业生存发展大计的首位。严格质量管理，推进质量创新，是企业对品牌进行自我保护的基础和关键环节。越是市场紧俏越要重视质量，保持质量对品牌的先进性、稳定性、持续性和创新性。

而反观一些失败的企业，其失败的原因固然很多，但很多都是由于忽视质量、对质量管理抓得不紧、执行得不严格，导致质量不稳定甚至下降，结果很快失去消费者的信任而被抛弃，许多一度颇有知名度的品牌一旦出了名就放松质量管理，或者墨守成规，不再提高质量，最终被淘汰出局。忽视质量，降低质量、对品牌来说，无异于饮鸩止渴。

三、营销策略方面的保护

(一) 审慎开展品牌延伸经营

绝大多数企业往往从专业化经营起步，经过若干年艰苦努力在行业中有了相当地位，塑造出了较有影响力的品牌。为了谋求进一步发展，不少企业走上多元化扩张的道路，我国企业的多元化扩张大多是跨行业而为之，如卷烟厂涉足制药业，电器厂涉足建材业，家电业涉足金融业等。出于节约新产品市场开发费用的考虑，不少企业实施所谓品牌延伸战略，将老产品的成功品牌嫁接到新进入行业的产品上。殊不知，"隔行如隔山"，各个行业有各个行业的特点，企业在某个行业获得成功，不等于在其他行业也必然能成功，其间风险甚大，稍有不慎便可能掉入"多元化陷阱"。盲目地开展品牌延伸，一旦新行业开发不成功，不但新行业受挫，还会因"一损俱损"而殃及老产品，伤害企业来之不易的品牌形象。国内外这方面的教训实在不胜枚举。因此，应当防止随意扩大本企业品牌商标的使用范围，导致品牌信誉度下降而遭受严重损失。企业创出的品牌商标，尤其是名牌商标，是一笔客观的无形资产，在进行企业兼并、收购、资产重组的过程中，转让商标使用权，是经常发生的。在这一过程中，一定要严格管理，防止品牌商标转让的过度化和泛滥化。企业不要轻易转让注册使用权，尤其是对那些被兼并的后进企业，当它们产品达不到质量标准时，用了知名商标却生产出低质量产品，就会损害品牌声誉，甚至毁掉这个品牌商标。

(二) 始终树立以消费者满意为中心的经营理念

市场经济优胜劣汰的规则下，几乎每天都有新品牌诞生，同时每天也有品牌在消亡。原因很简单，顺消费者需求者昌，逆消费者需求者亡。品牌资产并不是一旦拥有，终身不变，而是不断随着市场环境的变化、消费者需求的转变而起伏的。要想始终维持品牌的知名度、保持顾客的忠诚，就必须不断迎合消费者的兴趣和偏好，赋予品牌新特征，这就要求企业的品牌经营需始终围绕着让消费者满意来进行。有许多品牌在创立之初，遵守了消费者满意的经营理念，迅速使品牌成长起来，一旦品牌拥有了一定知名度，便以为可以高枕无忧了，殊不知这就是品牌被消费者抛弃的开始，有些昙花一现的品牌到了消亡时才明白，品牌是需要始终如一地呵护的，需要根据市场竞争及消费者的变化而不断创新的。

（三）与消费者沟通的连续性

不断将品牌信息传递给消费者才能保持品牌在消费者心中的印象。据有关调查发现，我国绝大多数青少年从广告上熟悉品牌。许多企业在品牌建立初期不遗余力地进行广告宣传，一旦建立了一定的知名度后就以为消费者会永远记住自己的品牌，便不再与消费者沟通，这种误区导致许多品牌由此而被消费者遗忘，可口可乐与消费者的沟通从未间断，这是消费者选择该品牌的一个重要原因。

（四）维持标准定价

要消费者不计价格、无条件地忠实品牌是不可能的。一旦品牌的价格超过同类产品的平均范围，消费者就会敏感。即使是名牌产品也需根据市场状况对品牌的价格进行调整。1993年万宝路销量大跌，于是在全美国降价销售。一年后，万宝路市场份额达到历史最高水平（29.1%），比1993年"万宝路星期五"高出7个百分点。品牌降价说明，品牌要想在市场上立足，必须维持同类产品的标准定价，品牌的价位如果居高不下，就会失去消费者。但品牌价格是有一定限度的，在决定品牌降价上要遵循两点：首先，不能因降价而忽略了品牌形象和声誉价值；其次，市场标准价格并非由少数商品的价格所决定，而是由顾客的喜好和产品的差异大小决定的。降价水平应以同类产品中价格相同的那些产品作为参照标准，而不应以同类产品中的最低价格作为参照标准。

（五）保持价格控制权

价格也是企业品牌保护要点之一。价格不仅关系到企业利润，而且对企业品牌形象产生影响，因为一定品牌是与一定的价格水平相联系的。厂家应尽可能将价格控制权掌握在手中，保持市场价格的统一性和相对稳定，以维护产品品牌声誉。统一性指在同一区域或同一业态的商场中，产品按统一价格出售，要求商家严格执行，不允许经销商随意变价，更不能放任他们恶性降价竞争。否则，你降他也降，商家的损失是一时性的，而给厂家带来的伤害则可能影响久远。维持价格统一性，除了厂家有雄厚实力和良好的产品销路外，还在于厂家定价科学合理。这要求企业根据区域内各种业态合理的经营费用、盈利要求，并结合要货数量有差别地加以规定，而不是简单地按商家每次购买数量随机确定。目前，一些厂家实行的要求商家按指定价格销售产品，再根据其销量多少给予推销奖金或比例返还就是维护企业统一价格的有效办法。保持价格相对稳定对维护品牌声誉也非常重要。价格随意变动，朝令夕改，不仅让商家难以适从，而且易给消费者以企业定价不严谨甚至投机取巧的不良印象。企业定价要有战略眼光，应根据产品长期成本和盈利要求确定，而不是随短期因素变化做频繁调整。一般而言，企业促销也不宜直接采用变价手段，而以相继采取奖售返还、附量馈赠、增加服务或其他变通办法为好。

（六）避免恶性竞争

品牌之间的恶性竞争只会导致两败俱伤，在品牌保护中要力争避免以下行为：

1. 切忌恶性价格战。降价是一种促销手段，可以增加企业的销售额。但恶性价格战会破坏消费者已建立起的品牌忠诚，不利于维护良好的品牌形象。品牌之间的竞争性降价，不仅使品牌经营者在经济上受到损失，而且还会使顾客产生一种"被欺骗"的感觉。

2. 切忌行业内的相互攻击诋毁。品牌经营者在市场竞争中，不应该攻击竞争品牌，更不能对其进行诋毁，否则将招来凶猛的反击，有时还会引起法律纠纷，最终的结果是失去消费者的信任和好感。2014 年 10 月 16 日，最高法院的宣判宣告"3Q 大战"终于落下帷幕，在这一场两大互联网公司的对决中，腾讯与 360 绑架用户，在 PC 端强制要求用户卸载对方的软件，否则本公司软件就不能正常使用。最终的结果是大批用户卸载 360 安全卫士的同时，也有相当数量的用户一度选择通过 MSN 代替 QQ 聊天软件，两家公司都遭到了用户的一致讨伐。

再让我们来看一个正面的例子。在纽约梅瑞百货商场的大厦里设有一个咨询台，当顾客在本店里没有买到想要的商品时，咨询台的服务小姐会将顾客介绍到附近其他的购物场所里去。这种做法既赢得了顾客的信任，又获得许多竞争对手的友谊，极大地提高了梅瑞百货商场的形象。

四、不断创新

企业在品牌经营的过程中必须不断创新，品牌经营创新是一个广义的概念，指品牌经营活动必须不断随着市场环境的变化而改变其品牌经营战略和策略，以满足消费者动态变化的需求。沿袭企业曾经的成功模式因循守旧地经营品牌，势必导致品牌资产的衰落。

曾经的国际手机巨头诺基亚在 2013 年 9 月 3 日被微软收购。从此，这家创始于 1865 年的公司逐渐从人们的视线当中消失。诺基亚的电信部门起始于 1960 年的电缆厂电子部。1969 年诺基亚首先引进符合国家电报电话咨询委员会（CCITI）标准的 PCM 传输设备，北欧移动电话服务网络（NMT）于 1981 年开通，首次全球通对话就是用诺基亚电话，于 1991 年通过芬兰诺基亚 Radiolinja 网络进行的。

2007 年，诺基亚公司实现净销售额 511 亿欧元（约合 761 亿美元），利润收入达 72 亿欧元（约合 106 亿美元）。截至 2005 年底，公司在全球 8 个国家拥有 14 家工厂，并在 11 个国家设立了研发中心，雇员人数达到了约 58 800 人。诺基亚曾是欧洲人的骄傲，但现在大家谈到这家手机制造商时，更多的却是伤感。在 20 世纪末和 21 世纪初，诺基亚是全球最大的手机制造商，也是消费者首选的手机品牌，在一些新兴市场，这家拥有 147 年历史的芬兰公司，甚至已经成为"手机"的代名词。不过在达到顶峰后，诺基亚开始慢慢走向衰落。但就是在 2006 到 2007 年间，诺基亚的一系列决策就已经为日后的衰落埋下了伏笔。归结起来，有以下几方面原因：

第一，管理层缺乏远见。诺基亚未能果断放弃塞班系统，转向新一代 MeeGo 平台是致命的失误。在诺基亚处于辉煌时期，该公司管理层缺乏前瞻性战略眼光，未能制定出远大的发展计划，以至于在竞争对手发起攻击时，未能迅速作出决策。诺基亚管理层太过于专注现有产品的"渐进式创新"，而忽略了"破坏性创新"。

第二，忽视软件。从更深入的角度来看，诺基亚当前在智能手机领域面临的困境其实属于软件问题。目前，诺基亚几乎没有任何软件，该公司并不清楚应用以及围绕应用打造生态系统的重要性。相对于开发软件系统，诺基亚或许更适合成为一家硬件公司。

第三，执行不力。虽然诺基亚曾看到了未来的发展趋势，但却并未能把握住机会，该公司始终未能消除手机功能第一的想法，这导致其忽略了那些极具价值的新想法。诺基亚曾看到了手机产业未来的发展动向，并也曾想抓住这个机会，但他们都未能很好地执行下去。该公司看到了智能手机的重要性，推出了 Sysbian 系统，并采用了触摸式用户界面，但最后却将其发展成只能通过键盘使用的操作系统。即便是该公司最后才投入的移动服务目前也遭遇执行不力的困境。

企业拥有良好的品牌形象，意味着企业可以以更低的成本获得更高的利润，但绝不说明可以从此高枕无忧。如果不注重继续修炼内功，对企业的品牌疏于管理，放任自流，吃老本，再好的品牌资产也会坐吃山空，到时候，后悔莫及。

本章小结

品牌资产的法律保护包括品牌名称（标志）的法律保护和商标的法律保护，商标权的基本特征有：由国家依法授予、专有性、地域性和实效性。商标注册保护应遵循以下原则：提前注册、及时续展；实施全方位注册；在地域上坚持辐射原则；在范围上坚持宽松有余原则；申请原产地保护。

品牌资产的自我保护中对商标权的保护措施有：定期查阅商标公告，及时提出异议；运用高科技的防伪手段；协助有关部门打假；注重向消费者宣传识别真伪的知识。保护商业机密是企业品牌自我保护的另一个重要方面，其措施有：申请专利、严守商业机密、谢绝技术参观、争创驰名商标。

从技术、生产及营销策略上对品牌资产进行经营保护。在技术上保持技术领先，严守技术秘密，统一技术标准。生产上按有效需求组织产销，坚持持之以恒的严格质量管理。营销策略上审慎开展品牌延伸经营；始终树立以消费者满意为中心的经营理念；保持与消费者沟通的连续性；维持标准定价；保持价格控制权；避免恶性竞争。

○━━━━○ **复习思考题**

1. 品牌资产保护包括哪些内容？
2. 简述商标权的基本特征。
3. 商标注册保护应注意的要点有哪些？
4. 应如何对品牌资产进行技术保护？
5. 品牌资产的生产保护重点是什么？
6. 结合实例分析品牌资产经营的营销策略保护。

案 例

怕上火喝什么？——解读加多宝和王老吉之争

"怕上火，就喝王老吉"这曾是大家耳熟能详的广告词，如今广药集团收回"王老吉"的商标使用权，加多宝集团重磅打造加多宝凉茶，成为 2012 年的一大热点。

凉茶是广东、广西地区的一种由中草药熬制、具有清热祛湿等功效的"药茶"。在众多老字号凉茶中，又以王老吉最为著名，被公认为凉茶始祖，有"药茶王"之称。从王老吉品牌历史脉络可以看出，1949 年，王老吉品牌一分为二，其中一支被归入广州羊城药厂，隶属于广药集团；而另一支随王泽邦的后人带到了香港，拥有中国香港和海外商标注册权。1995 年广药集团将罐装王老吉凉茶的商标使用权租给加多宝公司（隶属于鸿道集团），而广药集团生产绿色盒装王老吉凉茶。

王老吉红罐凉茶在加多宝公司的营销管理下迅速成长，十几年后，王老吉红罐凉茶在中国市场超越了可口可乐，成为"中国饮料第一罐"，这也引发了两家企业对红罐王老吉商标的争夺。2008 年，广药集团开始与鸿道集团交涉，认定王老吉品牌为国有资产，为防止国有资产流失，要求收回王老吉品牌的使用权；2010 年广药集团启动法律程序，申诉 2002—2003 年期间与鸿道集团签订的补充协议无效，品牌使用权在 2010 年停止。经过将近两年的申诉与调解，2012 年 5 月经仲裁裁决，加多宝公司停止使用王老吉商标，王老吉品牌回归广药集团。

这场纷争的导火索显然是利益之争，王老吉品牌价值超过千亿，谁见了都会眼红，而两家企业截然不同的背景也预示着这场纷争的必然结局。广药集团这位国企东家，收回王老吉品牌势在必得，但王老吉品牌在这十几年间成长的心智历程却是谁都抢不回来的。

任何品牌都有生命周期，经历着品牌的进入期、成长期、成熟期和衰落期，但不同的品牌在经历各个阶段的时间长短并不相同。有的品牌运用各种营销传播策略，延长品牌成熟期，成为长盛不衰的品牌，有的品牌也可以在衰落期起死回生，进行品牌的再次成长，而王老吉在加多宝公司的手中就经历了一次品牌再成长的过程。

1995 年，加多宝公司开始接手经营王老吉品牌，经过几年成长，王老吉红罐凉茶在岭南一带销售业绩尚佳，市场反馈也还不错，有固定的消费人群，连续几年销售额都维持在 1 亿多元。作为地方品牌，王老吉算是活得不错了，但始终无法向北方推广，也无法占领全国市场。21 世纪初期的王老吉红罐凉茶主要有三方面的问题：

王老吉红罐凉茶仅在广东和浙江南部一带销售良好，无法推广至北方地区。主要是因为在北方，人们并没有凉茶的概念，而且北方消费者的"祛火"需求已经被类似牛黄解毒片等药物填补。这就使红罐王老吉面临一个极为尴尬的境地：品牌优势仅限于广东、浙南两地，无法在全国范围推广。

在 2002 年以前，加多宝集团对王老吉红罐凉茶的定位不清导致推广概念模糊不明：如果用"凉茶"概念来推广，加多宝公司担心其销量将受到地域限制，但作为"饮料"推广又没有找到合适的区隔，因此，在广告宣传上不得不模棱两可，无法突出王老吉的品牌特征。

但后来王老吉红罐凉茶成功的定位及营销传播使得王老吉凉茶销售额从 2002 年的 1.8 亿元提升到 2011 年的近 200 亿元，同时王老吉品牌价值也一跃而起，2010 年底，中国知识产权（驰名商标）高峰论坛上，"王老吉"品牌价值评估为 1 080.15 亿元，超越海尔，成为中国当时的第一品牌。

2012 年 5 月 9 日，中国国际经济贸易仲裁委员会作出最终裁决，认定之前的两份"补充协议"无效，要求加多宝集团停止使用"王老吉"商标。一纸裁决，让加多宝将苦心经营的"王老吉"品牌拱手相让。从此，广药集团拿回了"王老吉"品牌。加多宝也随即开展了一系列的市场动作试图挽回痛失商标的损失。

资料来源：韩云珠. 怕上火喝什么？——解读加多宝和王老吉之争，中国广告网，2013-02-01. 有删改.

○—— 案例思考题

1. 王老吉品牌之争凸显了品牌资产保护中的哪些问题？
2. 很多人认为王老吉赢了官司输了人心，你怎么看？

第 五 编

品牌管理新趋势

第十六章 品 牌 领 导

市场日趋复杂、竞争压力不断加大、媒体发生巨变和消费者消费心理日趋成熟，仅仅是品牌管理已无法让消费者保持足够高的品牌忠诚度。所以当"品牌价值"成为关注焦点的时候，大卫·艾克又站在新的视角将其思想推进到"品牌领导"的高度。本章主要介绍了传统品牌管理模式的产生及其弊端，品牌管理的发展方向，新兴的品牌领导模式的特点以及与传统品牌管理模式的区别，品牌领导的任务，建立品牌识别、品牌结构和超越广告创建品牌的目标、步骤以及应该注意的问题。

第一节 传统品牌管理模式

一、传统品牌管理模式面临的压力和挑战

传统的品牌管理制度强调品牌经理必须把品牌作为一项事业进行经营，根据品牌的市场表现及对企业利润的贡献来决定品牌经理人的回报。第二次世界大战后，品牌经理制几乎被认为是从事多品种经营的消费品生产企业的规范组织形式，许多消费品生产企业尤其是耐用消费品的生产企业都学习宝洁公司，纷纷采用品牌经理制。某种程度上，宝洁和其他企业传统的品牌管理系统是成功的，原因在于系统中的人员由专门的、工作能力强的策划人员和执行人员组成。然而最近几年来所发生的变化却对品牌管理这套过去似乎行之有效的制度提出了疑问和挑战。20 世纪 90 年代以后，就是品牌管理制度的先驱者——宝洁公司也对它一直以来引以为傲的这一方面进行了较大的调整。波士顿管理咨询公司的调查也显示 90% 的美国消费品企业已经对其营销部门进行了组织架构的再设计。那么究竟是哪些因素导致了这样的变化呢？

（一）信息技术（IT）的发展

IT 技术的发展，将对营销领域包括品牌和品牌管理都产生深刻的影响。它将使得许多直销方式成为可能，例如，目录营销、电话及电视营销以及基于互联网的具有革命性意义的网络营销。信息技术的发展，尤其是互联网的发展，一方面，显

著地降低了消费者的搜寻成本；另一方面，消费者在互联网上使用各种搜索引擎，甚至可以实现邀请多个供应商同时进行投标竞争，从而获取最低的购买价格。这样一来，买方和卖方就完全可以在一个既定的价格条件下实现交易从而使市场变得越来越有效。然而，市场越来越有效反过来就会对传统的基于市场不是十分有效的条件下才出现的以品牌管理为导向的营销的存在提出了置疑。

（二）大量品牌的出现

现在在很多市场上，即便是成熟市场，一个品牌的成功，都会吸引大量的新的竞争对手品牌模仿进入，更甚的是，一个品牌定位和广告诉求的成功，也会引起很多企业的争相仿效。例如中国的凉茶市场，"王老吉"引入"红罐凉茶"成功之后，随之而来的是多个品牌凉茶迅速跟进，都将产品定位于清热消火饮品，试图影响消费者的选择。消费者每天都要为大量的市场信息所包围，信息搜寻成本变得越来越高，他们区别品牌的能力也越来越弱。品牌的大量繁衍，也将导致品牌作为营销工具之一的作用大大削弱。

（三）零售商力量的不断增长

规模更大、势力更强、信息更灵通的零售商正要求更多的贸易促销来交换稀有的货架空间。贸易促销费用的增多，减少了品牌经理的基本营销手段，即全国性广告的利润。零售商还要求更多的"多种品牌"促销以满足不同的顾客偏好，以便能兼顾制造商的众多品牌并帮助零售商更好地竞争。这些促销手段都超过了单个品牌经理的职能范围，其设计必须在企业的更高层次进行。

（四）消费者价值观念的转变

今天的消费者面对的是不断增多的可接受的品牌，并处于永无宁日的价格促销的包围之中。其结果是，他们的品牌忠诚度越来越低，随时都有可能改变自己的品牌偏好。

（五）品牌延伸策略的滥用

过去，很多企业认为：品牌延伸可以扩大品牌的范围，削减广告成本，提高产品的销量。然而为了追求短期利益而过度的延伸很可能将导致品牌核心利益的模糊，从而最终对品牌本身造成致命的伤害。最近许多公司已经开始意识到这一问题，并开始大量削减可能的品牌延伸。

二、品牌管理的发展方向

随着品牌及品牌管理所面临的环境的变化，传统品牌管理模式的弊端不断暴露出来，品牌管理制度的变化将不可避免。那么未来品牌管理可能的发展方向大致有以下三个方面：

（一）公司品牌的重要性将逐步优于单个产品品牌

企业在品牌结构方面可能面临着两种大方向的选择，一种是使用一个与公司名称完全不相关的品牌名称，这种模式构成独立品牌模式（individual brand）。在这种品牌模式下，对不同的产品使用不同的独立个体品牌，即便是同一类别的产品都有两个或两个以上的独立品牌，其典型代表是宝洁公司，仅洗发水这个品类就有潘婷、海飞丝、飘柔、沙宣等。这种品牌模式建立在产品基础上，在西方许多企业中它都是一种占主导地位的品牌模式。另一种是直接使用公司名称作为品牌名称，也叫做公司品牌模式（corporate brand）。在这种品牌模式中，公司名称在整个品牌名称中占据着主导地位。如飞利浦电器，飞利浦照明等。

随着消费者价值观念的转变，对单个品牌忠诚度的降低和随时都有可能改变自己的品牌偏好，企业的竞争战略也要相应随之发生改变，以往强调单个品牌的重要性的思想就要发生转换。随着中间商力量的增强，他们对有限的货架空间的占有权给许多实力不够强的中小品牌施加了很大的压力。过去建立在产品基础上的独立品牌模式更加注重单一品牌，各自为战，并不利于整体市场份额的扩大，这样就很难获得中间商的青睐，就可能会被清除出局。因此企业在品牌管理过程中将会更加强调公司或整个组织对品牌的影响，因为公司品牌模式更容易适应快速变化的市场环境，如时尚的变更、技术的更新换代以及市场规模的增长等，从而更快地赢取市场份额。现在的绝大部分服务性企业都是使用公司品牌模式，像航空公司、通讯电信企业。

（二）品牌管理将逐步让位于品类管理

正如前面所言，随着营销重心朝中间商的转移，而中间商的关注重心朝品类的转移，迫使制造商品牌管理开始让位于品类管理。品牌管理将不仅仅只是以品牌为中心的一个公司内部各个部门职能的协调过程，它的范围变得更加广泛，企业将从围绕以品牌为中心朝着围绕以品类为中心进行组织和协调。这一趋势现已凸现。宝洁公司已经开始引入品类经理的概念，各个品类下属品牌由品类经理负责总体协调，避免内部过度竞争，保证整个品类的市场份额最大化。有些企业与一些大型的中间商或者零售商联合进行品类管理，委派品类经理长期跟踪大型零售商，以保证有效地获取顾客意见、及时送货以及实现零售商满意度最大化。

（三）公司的营销管理将由以品牌为中心过渡到以顾客为中心

在过去，我们可以发现这样的事实：消费者每天要面对越来越多的市场信息，进行选择并做出决策，而品牌可以是众多市场信息的载体，代表着一定的质量、价值，因而它可以使消费者信息收集和处理更加简单化，从而减少需要面临的选择并降低风险；企业利用品牌，可以进行市场细分，并瞄准锁定自己的目标消费群；新产品如果使用消费者熟悉的品牌，也可以吸引消费者去尝试。然而，随着信息技术的发展，品牌是否仍然是减少消费者寻找成本以及帮助企业识别消费者的最佳方式呢？除了品牌，是否还存在着其他的方式可以有效地实现以上目的呢？信息技术的发展为品牌管理提供了一个新的视角。通过利用日益发展的信息技术，企业可以识别和发现顾客，不管这些顾客是最终消费者还是中间商。许多航空公司、零售商、直销商已经开始利用信息技术进行了以顾客为中心的管理。由于很少企业与顾客的交易是"一锤子买卖"，这就要求企业在与顾客打交道的过程中越来越从更为长远的"关系营销"角度思考问题。品牌过去曾经服务于帮助建立企业与顾客的长期关系，但这是在过去直接的顾客管理不可行的情况下的一种有效的方式，而绝对不是惟一有效的方式。信息技术使得企业进行直接顾客管理已经变得可行。

如果企业营销的重心由品牌转移到顾客，整个企业的营销组织结构将会发生彻底的变化。过去以品牌为中心的营销管理组织将要革新为以顾客群为中心的管理组织。一个企业可能服务于几个目标顾客群，因此将围绕这几个顾客群组合形成顾客服务经理制度的营销组织结构。过去传统意义上的品牌经理或产品经理的职责目标将可能不再是向尽可能多的消费者出售品牌，而是在整个营销组织结构中作为一个产品专家或品牌专家，起支持性或辅助性的作用，帮助公司顾客服务经理发展其目标所需的产品或品牌。而顾客服务经理将承担更多的职责，负责处理与目标顾客的关系。以顾客服务经理为中心的营销组织与以品牌为中心的营销组织是两种完全不同的组织架构。过去品牌经理制度中，品牌经理是品牌的"所有者"，他的职责是使品牌利益最大化，公司的广告、营销研究、R&D 及公关都是围绕品牌而进行的。但是顾客服务经理制度中，顾客服务经理的职责是建立和维持与各自目标顾客群长期的关系，实现向目标顾客群提供最大的价值，在这种架构下，广告、营销研究、R&D 及公关乃至品牌都是为目标顾客群服务的。

第二节　品牌领导模式

一、品牌领导模式的内涵

传统的品牌管理系统曾经对企业的品牌管理发挥过巨大的作用。然而，随着环境的变化，传统的品牌管理模式在新的市场环境下已变得力不从心，品牌领导作为一种更完善、更能反应时代要求的品牌管理模式就这样应运而生了。该模式由美国品牌专家大卫·A·艾克提出，艾克在他所撰写的《品牌领导》一书中，对品牌领导模式与传统品牌管理模式的区别进行了详尽的论述，见表 16-1。品牌领导模式注重战术，更注重战略，其视野更开阔，不但为销售，更为品牌识别所驱动，它注重产品管理，更注重管理顾客需求。

表 16-1　　　　　　　　　　品牌领导——正在兴起的模式

传统品牌管理模式	品牌领导模式
从战术管理到战略管理	
战术型　及时反应	战略型　具有远见

传统品牌管理模式	品牌领导模式
品牌经理资历浅、经验少	品牌经理资历深，处于企业高层
概念模式——品牌形象	概念模式——品牌资产
着眼于短期效益	发展品牌资产评估
从有限的焦点到广阔的视野	
着眼于单一产品和市场	跨产品和跨市场管理
单一的品牌结构	复杂的品牌架构
着眼于单一品牌	多元品牌——目录管理
多国化——每个国家配备一个品牌管理小组	全球观念
品牌经理协调传播团队	传播团队有专门领导
品牌处在一个职能化的组织中	品牌由个人或跨职能的团队进行管理
外向型的视野	依附于企业的文化和价值观
战略的推动者由销售转为品牌识别	
由销售和市场份额推动	由品牌识别推动
由产品带来品牌成功	由品牌带动一批产品市场成长

资料来源：大卫·A·艾克. 品牌领导. 北京：新华出版社，2001：10.

二、品牌领导模式的特点

与传统品牌管理模式相比，品牌领导模式的特点如下：

（一）从战术到战略的管理

在原先的宝洁模式中，品牌经理是战术型和反应型的，关注的是竞争者、传播渠道的活动、销售和差价的动态。一旦察觉到问题，他们马上采取应急措施尽快解决，而这个反应过程由销售和差价驱动。战略性的工作则要么由代理商承担，要么干脆就忽略了。较之过去传统品牌管理模式中的品牌经理注重战术、反应及时，资历浅、经验少，新兴的品牌领导模式下的经理人才更加注重战略、具有远见，资历深、从业经验丰富、位于企业高层。在传统的品牌管理模式下，企业主要以品牌形象作为概念模式，时至今日，新兴的品牌领导模式主张应把品牌作为一项资产来管理。

1. 注重战略更有远见。品牌领导模式中的经理较之过去的注重战术和反应，更有策略头脑和远见卓识。他们从长远的战略角度出发来对品牌进行管理。他们必须做到，对内对外传播的品牌识别能反映品牌在消费者心目中的形象并能持续有效一致。为了实现这一目标，品牌经理就必须介入经营策略的制定和实施，而不能像以往那样仅仅停留在战术的执行层面。空泛的品牌承诺比没有承诺更糟糕。因而在制定品牌识别策略时一定要综合考虑企业的财力支持状况，量力而行。同时，如今市场概念的内涵和外延都在不断扩展，全球化渐渐成为一种趋势，品牌策略还要具有战略眼光，能融入不同文化。

2. 企业中占据高层。在传统的品牌管理系统中，品牌经理从业资历短，经验相对不足，在整个企业中的地位也不高，不具备调配整合整个企业资源的权力。而战略管理的观念要求品牌经理从业时间长，经验丰富，在企业中占有较高的地位。在新兴的品牌领导模式下的经理人员往往都是企业营销方面出类拔萃的顶尖高手。当整个企业的营运模式是以营销部门为核心时，其品牌经理的地位将会是即便在高层管理人员中也算很高的，他们可能而且有时就是企业的首席执行官。

3. 聚焦品牌资产。品牌领导模式的特点之一是品牌形象和品牌资产并重。在高度重视品牌形象时，还要从战略的高度把品牌作为企业的一项非常重要的无形资产来管理。在新兴的品牌领导模式下，品牌形象就只是一个战术性的问题，交由专门的广告和促销专家来处理，能使它的短期效应很好地发挥就行了。相反，品牌资产是个战略性问题，它是企业保持长期竞争优势的基础，是企业长期利润的源泉，必须由企业的高级管理层来亲自决策。品牌领导模式的目标不仅要管理好品牌形象，更要建立起品牌资产。

4. 发展品牌资产评估。品牌作为一项资产不仅仅是一个市场营销的概念，还是一个财务概念，它有自己独特的价值。品牌领导模式鼓励开展品牌资产评估，并在企业内部的财务报表上显示出来，作为管理者决策的重要依据。在评估时，我们需要考虑品牌资产的时效性。随着企业竞争地位的不同，企业的品牌资产随之发生变动。品牌资产包括的这四个要素如品牌认知、品牌忠诚、品质认知和品牌联想，要在评估中逐一反映，从而才能清楚地辨别出是哪些加强了消费者和品牌之间的关系，而哪些需要改进和提高。

（二）品牌经理传播任务扩展

传统品牌管理模式是基于战略业务单元理论，适应单一产品和市场以及单一品牌结构，着眼于单一品牌创建、保护和发展的一种模式。在这种模式下，品牌经理的沟通工作范围也比较狭窄，内部的品牌沟通多被忽略。然而，现在的市场环境发生了很大的变化，品牌经理所面临的挑战和环境已完全不同，在新兴的品牌领导模式下，品牌经理的传播任务也相应扩展了，这主要表现在以下几个方面：

1. 多元化的产品和市场。在单一产品的格局下，营销传播活动都是围绕提升同一个品牌的价值而进行的，而在品牌领导模式中，一个品牌覆盖多个产品和市场，因此，决定品牌的产品和市场范围成为一个重要的管理问题。产品范围包括管理品牌的延伸产品和获得品牌许可的产品。品牌应附着在哪些产品上？哪些产品超越了品牌的目前领域和目标领域？当产品种类增加时，究竟是进行品牌延伸呢，还是采用一个新品牌？若新产品采用新品牌，那么原有品牌与新品牌之间的关系如何协调？企业总品牌与各产品品牌之间的关系又该如何协调？在这方面，雀巢的经验值得我们学习，它灵活地运用联合品牌战略，既很好地利用了"雀巢"这一可以信赖的总品牌获得消费者的初步信任，又用"宝路"、"美禄"、"美极"等品牌来张扬产品个性，在获得消费者广泛的认知度和一定的品牌偏好的同时，还节约了不少广告费。而市场范围则指品牌跨越市场能够伸展的范围。品牌的伸展可以是纵向的，如万达地产、万达酒店、万达影视、万达商场等；也可以是横向的，如维珍同时介入电台和电视台等媒体机构。有些品牌，比如 IBM、海尔、可口可乐和百事跨越多个市场时使用相同的识别。而有些情况下需要多种品牌识别或多元品牌。如宝马在面对不同层次的市场开发推出相应的产品时就采用不同的品牌。在竞争日益激烈的市场环境下，管理者要想管理好品牌的产品范围和市场范围，就必须拥有足够的灵活度，既要能很好地彰显跨产品与跨市场品牌的合力，又要能在不同市场上采用恰当的策略使其品牌所向披靡。跨越产品和市场的品牌策略如果僵化呆板，没有一定的灵活性和变通性，一旦竞争对手发动凌厉的攻势，品牌就会在强悍的对手面前显得束手无策。此外，混乱的不能有机整合的品牌系统还会使企业的市场行为低效无力。

2. 产品类别成为焦点。在传统的品牌管理体制下，鼓励同类产品不同品牌之间互相竞争，正如同属宝洁旗下的潘婷、海飞丝、飘柔和沙宣在整个洗发水市场上并存，由于这些品牌的定位不同，细分市场各异，通过这些品牌可以覆盖各个细分市场，因而组织内部的竞争也被视作是有益的。然而，两种主要因素促使许多企业不得不考虑以同一产品类别的不同品牌取代独立品牌的组合。首先，消费品零售商发生了变化。他们已经能够利用所掌握的信息技术和资料库使某一产品类别成为他们的研究个体，因此他们希望供应商在谈判桌上也能从"品类"角度看问题。当沃尔玛、家乐福、麦德龙将分店开到世界各地时，它们就希望供应商帮助他们实现跨国界合作，一个品类由一个人负责全球联络，而不再仅仅局限于某个单一国家。其次，市场日益饱和导致市场混乱、竞争加剧和沟通失效等普遍的后果使同类别的姐妹品牌难以继续维持差异性。品牌分类经营一旦实施就容易达到定位清晰、管理有效。例如，纳贝斯克公司没有任命几个饼干品牌经理，而是采用了三个品类管理小组，分别负责成人浓味饼干、营养饼干和儿童饼干。每个品类由一个品类经理领导，包括几个营销人员、品牌经理、一个销售计划经理和一个市场营销信息专家，由他们负责品牌战略、广告和销售促进。每个小组还包括来自财务、研究与开发、制造、管理和销售部门的专家。通过企业内部跨品牌的问题交流，品类管理能增加收益、完善市场战略。然而，实现品类管理后，品牌经理又需要对以下这些方面重点关注：品牌的哪些认知和哪种定位能使整个品牌系统协同一致、简明紧凑？品类管理是否也给采购和后勤工作带来了新的机遇？消费者和销售通路的需求是否激发出对品类的某些先见之明，从而带来一次新的突破呢？研究开发部门的成果怎样才能最合理地推广到各个品牌上？

3. 复杂的品牌架构。传统的品牌经理很少处理品牌延伸与亚品牌（Subbrands）的问题，而品牌领导模式却要求经理们具有驾驭复杂品牌架构的灵活度。为扩展品牌和充分发挥品牌的能量，人们导入托权品牌（endorsed brand）、亚品牌，有时包括组织型品牌等概念来代表不同的产品市场。品牌架构，又称品牌结构，是指品牌组合的组织结构，它具体规定了各品牌的作用，界定了品牌之间和不同产品市场背景之间的关系。主要内容包括三个方面：品牌组合、品牌扩展、品牌审核。这在本章的第二节会有比较详细的论述。

4. 全球观念。传统的跨国品牌管理模式意味着各企业在当地设立自主的品牌经理。当企业进行跨国经营时，对于同一个品牌，就需要设立多个品牌经理。随着全球化趋势的日渐明朗，企业全球市场竞争使命的变化，该观念的不足之处也日益显现。因此，越来越多的企业调整了它们的战略措施，采取了有助于贯彻其全球整体经营战略的组织结构，全球性集中采购、生产、研究开发和品牌都是其中的重要环节。在品牌领导模式下，企业应具有全球观念，获得竞争合力、提高效率和实现策略整合都应是跨国和跨市场品牌管理的主要目标。同时，全球观念还要求企业必须思考整个全球市场之间有哪些差异？品牌战略中哪些要素可以全球通行，而哪些要素又有明显的适用范围，只能适用于特定的市场？在全球观念的指导下，战略的实施要涉及更多组织和个人参与合作，而且要在全球范围内培养企业获取知识的能力，因而建立最佳行动准则也会因此遇到新的困难。

5. 领导传播团队。传统的品牌经理要与广告代理商和经销商一起研究广告的文稿设计、节目方案和宣传活动。在这个过程中，品牌经理往往只是战术性传播活动的协作者和调度者。然而，媒体与市场细分使得传播工作已经今非昔比，品牌经理的职责因而也要相应发生变化。在新兴的品牌领导模式下，品牌经理必须成为传播活动战略家和传播团队领袖，指导企业运用包括赞助活动、网络、直效行销、公关活动和促销等在内的多种手段。品牌经理因而就要面临这两大挑战：如何确定最有效的媒体选择以及对媒体间的信息如何加以协调进行有机的整合。赞助活动以及网络所带来的显著广告效应引起越来越多企业的关注。超越传统的媒体广告来进行广告传播往往能取得很多意想不到的效果。这也就需要品牌经理转换思维模式，将传播工具的范围拓展得更宽些，在进行有效的媒体选择以及确定最有效的媒体组合时所面临的难度也相应增加很多。同时，由于媒体间的信息是由不同组织和个人来控制的，每个人看问题的角度和出发点又不可能完全一致，有时甚至存在很大的差异，这无疑也增加了信息协调整合的难度。为了很好地解决这两大问题，品牌经理就需要首先致力于创建有效的品牌识别和建立能适应复杂环境下的品牌管理的组织。此外，品牌经理不仅要制定战略，对战略熟谙于心，还要精心安排部署战略的实施，引导所有传播活动达到品牌的战略性目标。

6. 内部传播与外部传播。如今的市场环境发生了很大的变化，由生产商拥有和控制品牌的年代结束了。通过研究现在的科技公司如何将自己的产品推向市场，我们就可发现，在这个行业，新产品通常是协作、合伙和不同技术结合的产物，品牌的特性也反映了这种合作的关系。因而，成功的品牌策略还要能够促使品牌与其企业内部和企业外部的其他品牌互相沟通、互相激励。除了通常人们关注的外部因素外，品牌领导模式下的传播模式还应关注内部传播。品牌识别的职责之一是企业内部传播工作，所以员工和合作者也是传播对象。不清晰、不和谐的品牌识别是无法传播的，内部传播工作应享有优先地位，因为新的品牌联想物在被外界认同之前应首先在内部推行。问题是如何传播和鼓动员工以及合作者来了解和关心这些新的联想物呢？内部认知的差异足以误导策略的实施，消除差异理所当然地应成为首要考虑的问题。来自旧金山的广告战略家林恩·阿泼肖提出的这两个问题可以帮助人们审查一下是否需要加强自己的品牌传播。向员工或负责传播的人员提出的这两个问题是：

● 你知道品牌代表着什么吗？

● 你关心品牌吗？

如果希望品牌的承诺能得以实现，对上述问题都应回答"是"。

（三）品牌识别是战略的推动者

在品牌领导模式中，指导品牌战略的不仅仅是销售和利润等短期效果，更重要的是品牌识别，清晰一致、能打动消费者心扉的独特的品牌识别能帮助企业树立持久的竞争优势。品牌识别就是要将品牌希望能体现出的东西具体化，让消费者对品牌的感觉明晰化。对于企业内部来讲，品牌识别的方向明确了，战略的执行才能有的放矢、行之有效。对于企业外部来说，品牌识别的内容明确了，消费者在选购具体的品牌时就不会仅仅为价格所左右。不过在发展品牌识别的过程中，我们还需要明确的是，品牌识别的发展依靠人们对公司的顾客、竞争者和经验决策的全面理解，而不能片面地局限于某一个方面。但是，推动品牌价值的最终力量还是消费者，因此品牌策略必须建立在严格的市场细分策略基础上，对消费者动机有深入的了解，要能找出影响消费者购买行为和忠诚度的内因。品牌识别还要尽显差异化，体现出与竞争对手之间显著的区别，所以分析竞争对手也很关键。最后，品牌识别要反映经营策略。品牌要实现对消费者的承诺就要进行项目投资，品牌识别还要能体现出企业的这种投资意愿。

1. 创建品牌的回报。传统品牌管理模式着眼于短期销售额，根据当期销售额的大小就可以判断品牌投资是否见效，应对竞争对手的策略是否得当了。销售额和利润表就是特定品牌的一张晴雨表，品牌经理可以根据销售和盈利情况及时调整品牌的广告策略和促销策略。相反，品牌领导模式着眼于建立能带来长期利润的资产，而品牌资产的具体价值大小就很难甚至无法核算。同时，建立品牌需要经年累月的强化，立竿见影的回报只是一小部分。事实上，由于建立品牌需要投资，这在短期内可能还会减少品牌的当期利润。同时，为了在激烈的市场竞争中占有一席之地，很多企业都在伺机发动进攻以打乱既定的市场格局以便重新排序。有时为了应对竞争对手出其不意的打击，企业就需要在很多方面仔细权衡。当许多厂家正在为"黑色家电"与"白色家电"拼价格的时候，海尔已经拥有了引导世界潮流的以高科技作为支撑的"蓝色家电"，它将用高新技术来决胜市场。这是否也说明了在竞争中，有时也需要"忍一时之气，退一步海阔天空"呢？

品牌领导模式的前提是品牌的建立不仅能创造资产，而且从长远来讲，还是公司生存制胜不可或缺的元素。公司的最高执行官必须相信建立品牌最终会获得竞争优势和经济回报。拥有引导世界潮流的高科技支撑的"蓝色家电"的海尔，世界先进水平产品代名词的乐视，估计在大家都在为价格战所累的时候，也能不为之所动，按自己既定的方略轨道前进。同时，品牌资产作为企业的一项非常重要的无形资产，也和其他的无形资产一样存在一个共同的问题，即投资回报的评估很困难。正如我们所见到的，人员、信息技术和品牌对于所有的企业来讲都是它们最重要的资产，然而却没有一项能出现在资产平衡表当中。量化评估这些资产对企业的贡献实际上是不可能的，因此只能粗略地估计它们的价值。同时，它们的价值也是客观存在的，决不能忽视的。苹果如今作为世界上最有价值的品牌已经达到1 189亿美元了。这样一来，无形资产投资在某种程度上就要依赖一个概念性的模式。尽管这种模式通常很难衍生，也不完全可靠，但缺乏它的指引，品牌领导的发展运动过程将会受到抑制。

2. 价格竞争的替代品。价格战的盛行使消费者对价格的关注开始胜过对质量和差异性特征的重视，许多企业把品牌只当做商品。企业要想维护自己的竞争优势和巩固自己的市场地位，就要努力防止产品变成大众化的同质商品，仅仅意识到这点还远远不够，企业必须明确创建品牌才是唯一能代替价格竞争的办法。企业从长远的战略角度来讲，也只有采用这种方法。乐视推出的超级电视，是全球首款率先采用骁龙 S4 Prime 处理器推出的智能电视，集成四核 Krait CPU 和 Adreno 320 GPU，为业界首家支持 OpenGL ES 3.0 标准的图形处理器。对于下一代 3D 图形，Adreno 320 的 OpenGL ES 3.0 等接口能够通过硬件加速高级渲染功能（如实例化、遮挡查询、高级纹理压缩格式和多重渲染目标）实现更加逼真的 3D 图形效果。"超级电视"的问世不仅可以帮助乐视摆脱价格战的困扰，还可以树立起乐视奢侈科技、追求卓越的品牌形象。海尔集团独家推出的太空系列网络家电被誉为引导世界家电消费潮流，刷新了欧洲名牌榜。而最重要的一个奖项，是来自于市场。根据国内权威的市场调查机构新生代所做的调查，海尔产品的欲购率连续几年在市场上名列前茅，这也是海尔很少为价格战所困扰的原因所在。这也说明变成大众化的同质商品完全是可以避免的。任何情况下，强大的品牌都能防止企业在价格一条战线上进行竞争。价格作为一种推动力的重要性往往被高估。调查显示，几乎没有消费者会仅仅凭借价格因素来决定购买。正如汤姆·彼得斯所说："在日益拥挤的市场上，傻瓜才会进行价格竞争。赢家会想方设法在消费者心目中创造持久的价值。"

3. 华尔街鼓励品牌建设。华尔街同样相信品牌的力量。在华尔街有很多金融家喜欢从他们自己的视角来分析品牌的价值。其中，有一位金融家在他所著的《从主街到华尔街的成功品牌》一文中谈到，一个首席执行官（CEO）在保持公司业绩持续增长的同时还能吸引投资人的目光，其办法就是培养一个品牌，以此来建立投资人和消费者的信心。而要保持一个品牌的价值和它在消费者心目中的吸引力，其办法就是要连续不断地打广告。反反复复的广告需要投入大量的资金，而大量的资金投入是否会收到想象中的收益呢？Corporate Branding Partnership 公司的CEO 杰姆斯通过对《财富》100 强企业长达 7 年的研究后，发现：广告的投入和股票价格升高以及底线的反弹有相同的曲线走向。大卫·A·艾克和华盛顿大学的罗伯特·贾库森曾主持过两项研究试图找到品牌资产与股市回报之间的关系。第一个研究的基础是全方位研究公司（Total Research）的品牌趋势研究数据库，第二个研究则依据高科技品牌方面的"科电"（Techtel）数据库。与大量经济学研究的结果类似，这两项研究发现投资回报与股市回报之间存在密切的关系。更值得注意的是，研究表明品牌资产股市回报率之间的关系也非常显著。在品牌资产上获得高收益的企业其股市回报率平均也达到 30%。反之，品牌资产收益低的企业，股市回报率平均是负的 10%。品牌资产和投资回报对股市回报率的不同在于它们二者之间的相关度较小。品牌资产带来了价差效应，从而提高企业的赢利能力，这可能在一定程度上影响了品牌资产和股市回报率之间的关系。这种关系无疑是由一个双向互动过程带来的：强势品牌造成价差效应，价差效应又向消费者暗示着品质的优越。正如可口可乐公司充分利用这一点，拓展它的经营品种，推出了减肥饮品；因为消费者喜欢迪斯尼的电影，所以他们愿意花两倍的钱去购买迪斯尼的服饰和玩具。

（四）强调顾客需求管理

传统的品牌管理制度是产品驱动型而非顾客驱动型的制度。品牌经理集中全部精力把他们的品牌推向任何人和每一个人，因此他们经常过分地注重一种品牌，以至于忘了整个市场。甚至品类管理也以产品为中心，例如："饼干"与"奥利奥（Oreos）牌香草奶油夹心巧克力饼干"相对应。但是，今天，企业必须不再以品牌为出发点，而必须以这些品牌所服务的消费者和零售商的需要为出发点，这一点比以往任何时候都显得迫切。

要建立品牌与消费者之间的关系不应该局限于产品的范畴里，而应该以消费者为中心，以建立起一种"如同人际之间般的关系"。这就要求赋予品牌人性化的特征，使品牌能够成为消费者的朋友、老师或者顾问等，从而品牌就在消费者日常生活中扮演了某个角色。消费者的利益价值主张在这人性化的品牌形象中得以体现，品牌自然就会获得消费者的认同，使消费者对品牌产生强烈的归属感，并为最终形成品牌忠诚奠定基础。高露洁公司在这个方向采取了行动。它从管理高露洁牙膏这个品牌转到管理所有的高露洁·帕默里夫牙膏这个品类，在品牌实现类别管理的基础上在从顾客的口腔健康需要出发实现顾客需求管理。这最后一个层次是让企业最终把注意力集中到了顾客需求上来，从而建立起品牌持久的核心的竞争优势。

第三节　建立品牌领导模式的挑战

品牌领导的建立必须解决好四个基本的问题，迎接四个方面的挑战，如图16-1所示。首先是建立创建品牌的组织；其次是发展一个全面的指明战略方向的品牌架构，要明确什么是主品牌，什么是副品牌，又有哪些是背书品牌以及在品牌组合中分别扮演的角色是什么；第三是为重要品牌制定品牌战略，其中要包括品牌识别、能实现品牌差异化同时还要能引发消费者共鸣的品牌定位；第四是制定高效的品牌创建计划，建立能追踪和测量效果的系统。

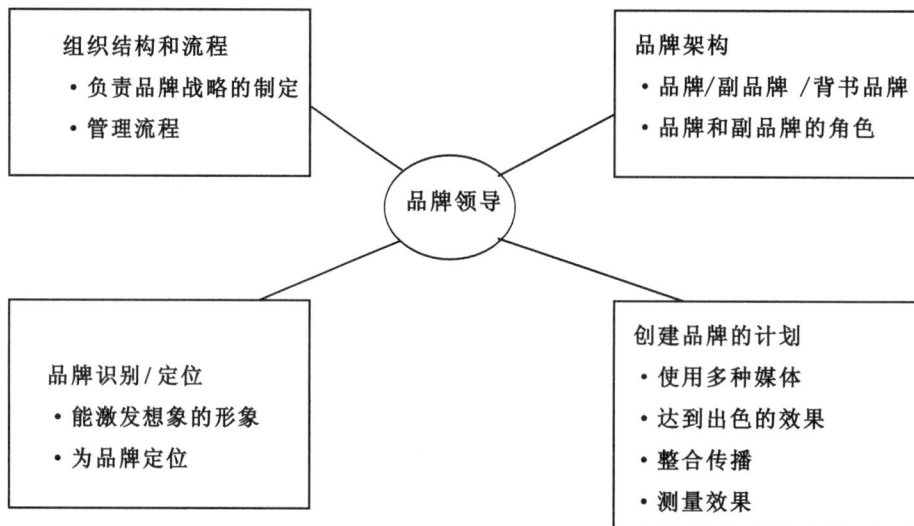

图 16-1　品牌领导的任务

资料来源：大卫·A·艾克. 品牌领导. 新华出版社，2001：29.

一、组织化的挑战

建立强势品牌的第一个挑战是如何创建为其服务的组织结构和流程。每个品牌必须由特定的个人或团体来负责，如果是跨市场、跨国或多元化产品共享的品牌，就要在每个领域配备专门的经理，同时还要制定一系列通用的运作方式。企业的对内对外传播系统要能让所有参与品牌工作的人交流和分享经验、见解和心得。总之，一个组织必须营造以建立品牌为目的的文化和系统。在建立全球性品牌领导地位方面做得最成功的公司采用的是一种在各个市场和各种产品都通行的全球性品牌规划模式，它能确保对一种品牌的表述不论是在美国、西欧还是中国，不论是 A 产品还是 B 产品，看起来和听起来都是一致的。在所有情况下，表述都使用固定的规范词汇，有着同样的战略分析投入、结构及相同的产出。

二、品牌架构的挑战

品牌架构的首要问题是对品牌系统中各品牌的角色和地位的判断：哪些品牌是主品牌，哪些是副品牌，哪些又是附属品牌，不同角色品牌之间的关系该如何处理？一个有效的、清晰的品牌架构能清楚地为消费者提供他们真正想要的东西，能凝聚各个品牌和它们的传播活动，充分发挥品牌资产的效力。对于创建品牌架构来说，还有一个至关重要的问题，那就是时机问题。何时延伸现有品牌，何时引进新品牌，何时使用背书品牌和何时采用附属品牌。决策的关键是要清楚地了解各个品牌的作用和管理情况，从帮助品牌跨越产品和市场发挥功效这个角度出发，来做出适当的决策。管理品牌不能像管理仓库那样，让仓库中的物品各得其所、各自为政。品牌管理者也不能仅仅像个仓库管理员一样，他不仅要清楚地知道每个品牌的位置，还要尽可能充分地发挥每个品牌的作用。另外，由于每个品牌的战略作用不一样，因而它们的地位也不一样，在企业制定战略部署时，每个品牌所分配的资源也不一样。对于企业未来发展至关重要的战略性品牌，就要集整个企业之力来优先发展它们。

三、品牌识别和定位的挑战

强势品牌都有清晰的品牌识别，品牌识别是品牌战略者试图创造或保持的与品牌有关联的事物或理念。品牌识别体现了企业希望品牌所代表的东西，比品牌形象更富有启发性，暗示品牌形象需要增加和改变哪些方面。实施品牌识别是为了得到一个持久一致、鲜明的品牌形象。这就为企业的发展定下了方向，企业上下就可以沿着这个方向不断向前进，最终实现目标。其次，品牌识别包括企业经营活动方方面面的内容，获得清晰的品牌识别是大家共同作用的结果，这些对企业各方面的要求统领着企业发展的方向、为企业"正确地做事"确定了衡量的标准。品牌识别是指引和激发品牌创建计划的工具，是整个品牌领导模式的核心。品牌识别一旦模糊暧昧，有效地创建品牌的机会就微乎其微了，创建强势品牌的可能系数之小就不难想象了。另外，品牌定位能突出品牌识别的焦点，确定传播目标。恰到好处的品牌定位要最能体现出差异化，最能吸引目标市场。

四、制定品牌创建计划的挑战

传播活动和其他创建品牌的计划必须把品牌识别具体化、现实化。事实上，品牌创建计划不仅仅只是按部就班地实施，在实施的过程中还要根据实际情况帮助修正更改定义品牌识别。有时候品牌识别会产生模糊和偏差，赞助活动的主旨不一定与品牌识别相符，广告的诉求点也不一定与品牌识别所凸显的东西一致，这时就要及时调整、矫正。强势品牌成功的要诀在于出色的执行。要关注消费者，要改变他们看问题的角度，要强化他们的态度，要加深与他们的联系，这都离不开正确地使用传播工具。广告不是惟一的工具，传统媒体的广告功能在逐渐减弱，而赞助、网络等工具的作用日益显著。未来的强势品牌必须超越传统媒体的局限，熟悉和使用互动媒体、赞助、网络、公共关系、直效行销、促销活动等方式。加强与消费者之间的沟通和互动，并让他们较好地体验到品牌是在试图与他们建立直接的关系。成功的管理离不开评估工作。企业还要学会控制产生效果的传播计划，使计划在战略上保持协同一致。

第四节　品牌领导模式的建立

一、建立品牌识别

品牌识别的建立包括三个步骤：战略性品牌分析、品牌识别系统及品牌识别的实施。具体分析如下：

（一）战略性品牌分析

品牌识别的目标有三点：品牌与消费者产生共鸣，品牌与对手有差别，品牌反映企业能够和希望做些什么。战略性品牌分析的内容就是围绕着品牌识别的目标来进行，即分析消费者、竞争者及品牌本身和企业。塑造一个真正与消费者产生共鸣的品牌一定要了解消费者语言背后的真实行为，解读消费者的心理历程。研究竞争对手的实力、品牌定位、品牌形象及品牌个性是为了保证品牌策略能实现差异化。分析现有品牌形象、品牌发展历史、企业资源与能力、企业的价值观等自我要素是实施品牌识别的基础条件。

（二）品牌识别系统

品牌识别的方向是要帮助品牌建立与消费者的关系，品牌识别是品牌战略者希望创造和保持的能引起人们对品牌美好印象的联想物，这些联想物暗示着企业成员对消费者的某种承诺。消费者对品牌的识别对象也是多元的，有作为产品的品牌（产品范围、产品特性、质量/价值、使用体验、用户和原产地）；作为组织的品牌（组织特性、区域性或全球性）；作为人的品牌（品牌个性、品牌/消费者的关系）；作为符号的品牌（视觉形象、标识及品牌历史）。构成品牌识别系统的要素包括：品牌核心识别、延伸识别、品牌精髓及品牌消费者关系。

1. 品牌核心识别。消费者识别品牌的内容是多方面的，通常需要 6~12 个方面的内容才能完整地说明品牌的内涵。品牌核心识别是品牌识别中最重要的部分，核心识别的每个方面都要反映企业的战略思想和价值观，至少一个方面反映与竞争品牌的差异，与消费者共鸣。核心识别也是能延伸到新产品中去的要素。苹果意味着创新、品质和信任。劳斯莱斯意味着世界级汽车。香奈儿带给消费者无尽的浪漫和遐想。劳力士手表一直贯彻严谨作风，精美的外形和精密的制造工艺带给消费者无上的体验。

2. 延伸识别。延伸识别是指品牌核心识别以外的所有品牌识别元素。如品牌个性、品牌符号等。

3. 品牌精髓。品牌精髓一般从 2~4 个方面精练概括出品牌的内涵。是核心识别各要素之间的粘合剂，带动核心识别各要素协同工作的中轴。"玛莎拉蒂"的品牌精髓是"舒适与激情并重"。耐克的品牌精髓是"超越"。美国运通的品牌精髓是"做得更好"。品牌精髓的特征是：与消费者共鸣和推动企业的价值取向。一种可能的误解是品牌精髓表现为广告口号。广告口号反映的是品牌的定位，或为消费者带来的品牌利益。而品牌精髓反映了识别的内容，其主要功能是与企业内部人员进行交流和激励，品牌精髓能跨越市场和产品类别，广告口号则局限于某种具体的产品。确定品牌精髓要回答以下问题：是以"品牌是什么"还是以"品牌能为消费者做什么"为焦点？对"品牌是什么"的回答表现为以理性诉求强调品牌功能性利益。对"品牌做什么"的回答表现为诉求品牌情感性利益和自我表现型利益。企业品牌营销实践证明，以功能性利益为品牌精髓的诉求虽然能产生显著的优势，但会把品牌局限在一个框架中。以情感性利益和自我表现型利益诉求的品牌精髓能更好地建立与消费者的关系。情感性利益是指品牌能在消费者购买和使用过程中使之产生的某种感觉，如开奔驰车有显示身份和地位的感觉，穿李维斯牛仔裤有坚实和粗犷的感觉。

4. 品牌消费者关系。一个深得消费者喜好的品牌一定是一个与消费者有着某种关系（朋友、伙伴、邻居、良师等）的品牌。

（三）品牌识别的实施

品牌识别实施过程包括四个步骤：品牌识别的说明和制定、品牌定位、品牌创建计划和效果追踪。

1. 品牌识别的说明和制定。品牌识别的说明和制定即是精心设计和诠释品牌。包括定义"领导者"、定义品牌个性、诠释品牌识别的内容、品牌识别支持活动的审核、品牌识别的角色模式、视觉标识的制定、品牌识别的优先因素、如何传播已识别的内容。

2. 品牌定位。品牌定位的任务是将品牌识别的内容和价值取向主动地与目标受众进行沟通，显示与竞争品牌的差异和优势。

3. 品牌创建计划。品牌创建计划是对品牌传播的规划活动。品牌创建是各种传播手段如广告、促销、公共宣传、人员促销、包装、旗舰商店、赞助等综合作用的结果。传播活动涉及品牌与消费者的所有接触点。品牌创建计划的一个重要方面是要确定选择一种最有效的传播手段，并辅之以其他传播手段来创建品牌。

4. 品牌创建活动追踪。对品牌创建活动进行的评估和审核。

（四）品牌识别中常见的错误

在创建品牌识别这一问题上，我们还要避免犯这样一些常见的错误：

1. 过于狭隘地看待品牌。对于这个问题，我们的解决办法是延伸品牌识别，从而帮助品牌摆脱产品的束缚，避免陷入"产品属性"和"广告口号"的陷阱。正如仅仅一句"味道好极了"解释不了雀巢品牌的成功一样，企业在发展自己的品牌时要尽量延伸品牌识别。

2. 品牌的焦点不在产品属性上，产品属性和功能性利益往往被忽略。然而，凭借特别的产品特性获得高人一等的市场定位将大大有助于品牌在激烈的市场竞争中脱颖而出。因此，我们需要在任何可能的情况下，将品牌与功能性利益联系起来。

3. 不了解消费者和品牌深层次的关系。如果在这个环节上出现偏差，企业就可能会遭遇危机。毕竟，在如今的竞争中，品牌只有牢牢把握住令消费者心动的东西，才能紧紧抓住消费者，才能有稳定的市场份额。在这个至关重要的方面，企业就需要采取系列措施在真正理解消费者的基础上制定品牌识别。

4. 忽视竞争对手。了解竞争者创建品牌的方式是制造品牌差异化的关键，企业可以从分析竞争对手目前和过去的定位策略开始。

5. 品牌识别的制定和执行发生脱节。例如广告代理商为品牌所做的定位可能就不受品牌识别的辖制。管理传播工作的团队与管理经营策略执行工作的人可能也会缺乏沟通。解决这些问题的办法是确保企业组织能贯彻品牌识别的内容。

6. 品牌识别往往会产生歧义。当品牌识别必须用简单的几个字或几句话来说明的时候，在传播的过程中就尤其容易产生歧义。如此一来，品牌识别就无法有效地发挥它的传播功能来激励员工和合作伙伴指导决策活动。这时，详细说明品牌识别显得尤其必要和重要。

二、建立品牌结构

（一）什么是品牌结构

品牌结构，又称品牌架构，是指品牌组合的组织结构，它具体规定了各品牌的作用，界定了品牌之间和不同产品市场背景之间的关系。例如，大众集团分成两个不同的品牌，一个是大众品牌，一个是奥迪品牌，奥迪品牌的定位主要是突出动感和运动，旗下包括兰博基尼、斯科达和奥迪品牌，这个集团的组成目的也是为了让旗舰品牌奥迪来带动其他品牌的发展。这就是品牌与品牌之间的关系。德国大众与中国大众，海尔彩电与海尔空调则代表了不同产品市场背景之间的关系。品牌结构由五个方面决定（如图16-2所示）——品牌组合，组合的作用，产品市场中品牌的角色，品牌组合结构以及品牌组合图形。

1. 品牌组合。品牌组合指所有依附于产品市场受托人的品牌和亚品牌，包括

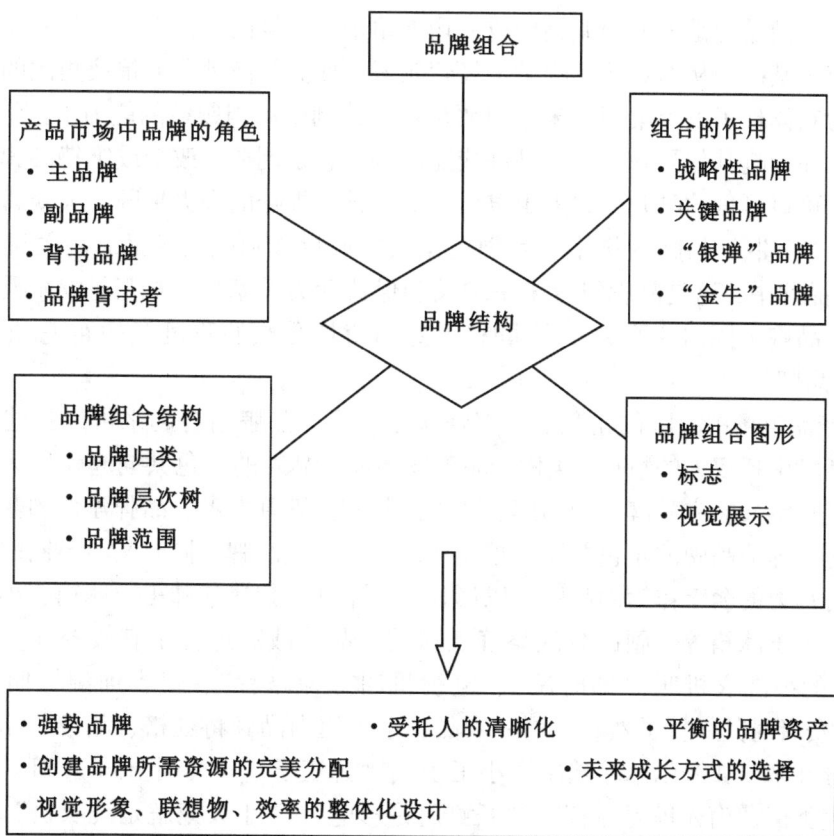

图 16-2　品牌结构

与其他公司合作的品牌。品牌组合的构成是品牌结构的一个基本参数。品牌的增加或减少都是品牌组合面临的决策。每个品牌都要分享品牌创建所需的资源；如果品牌过多，也许不足以支持所有的品牌，更糟的是，多余品牌的存在就会带来混乱。从经验上来讲，每3~6个月市场会有一个非常剧烈的改变，如何面对这个快速改变的市场呢？从内部来讲，企业一定要了解自己的品牌资产，企业每隔一年到一年半的时间要做一次品牌检验，以随时了解品牌资产的发展状况并对品牌应做怎样的延伸或投资及时做出调整。从外部来讲，企业要了解市场期望和竞争者的状况、顾客的需求、销售渠道或媒体间的关系，这些都会影响整个品牌结构规划。

　　2. 组合的作用。组合的作用是为人们从更系统的角度考察品牌组合提供了一个工具，它包括战略性品牌、关键品牌、"银弹"品牌和"金牛"品牌。它们的作用并不互相排斥，一个品牌可以同时是关键品牌和"银弹"品牌，也可以从战略性品牌发展为"金牛"品牌。战略性品牌预示着品牌未来的销售和利润水平，它目前要么是主控品牌，正规划着维持或扩大现有的地位，要么是计划着成为大品牌

的小品牌。如奥迪 A6 是战略性品牌，是奥迪在中国的中高档车市场保持领先地位
的基础。关键品牌是大型商业领域或公司展望未来前景的平衡点，它为建立顾客忠
诚度奠定了基础，从而直接影响某个经营领域。如五粮液酒是五粮液集团的关键品
牌，因为它体现了整个集团在未来白酒市场上控制中高档领域的能力。"银弹"品
牌是指正面影响其他品牌形象的品牌或亚品牌，它是创造、改变或维持品牌形象的
力量。如可口可乐的酷儿，农夫山泉出品的三种水果味的农夫果园，大众新甲壳虫
汽车等。"金牛"品牌的作用就是创造盈余资源投资到战略性品牌、关键品牌和
"银弹"品牌中，这是品牌组合未来增长和保持活力的基础。如奥迪 A6 既是战略
性、关键品牌，同时它可观的销量和很好的市场受欢迎程度又使得它成为一只
"金牛"品牌。

　　3. 产品市场中品牌的角色。一般情况下，几个品牌结合起来可以描述某个产
品市场环境中托权人的特征。4 种产品市场环境下品牌的角色共同起作用为具体的
受托人进行定义：主品牌、副品牌、背书品牌和品牌背书者。品牌建设的基本工作
之一就是要理清品牌的角色关系。把企业品牌作为主品牌，同时又给不同的产品起
一个富有魅力的名字作为副品牌，以彰显产品个性，如海尔帅王子冰箱、小王子冰
箱、小小王子冰箱等。副品牌战略确实对统一品牌战略进行了有效补充。海尔把
0.5 公斤的小洗衣机叫"即时洗"、电视机叫"探路者"、美容加湿器叫"小梦
露"，消费者对其一目了然。对同一商品，也可用副品牌将规格、品位、档次、功
能等区分开来，如海尔冰箱选用"小王子"、"帅王子"、"小小王子"等。这样也
避免产生类似"海尔就是冰箱"、"长虹就是彩电"、"小天鹅就是洗衣机"的思维
定势。选择副品牌战略，能有效引导消费者突破原有消费定势，接受和认可新产
品，并将对主品牌的信赖、忠诚迅速转移到新产品上来。背书品牌则是指企业品牌
隐在角落或幕后，只起到背书、担保或支持的作用，让消费者对产品产生信任感，
以利于推广新产品，如：五粮春——五粮液集团出品；在全世界一提到雀巢，你就
会想到与营养有关，所以它在发展旗下所有品牌时，所有和营养有关的部分都用
"雀巢"这个名称。如果和营养无关但和食品有关，举个例子说，雀巢在调味品市
场，它以"美极"品牌作营销工作，"雀巢"是"美极"后面的背书，这就是背
书式品牌。品牌背书者与背书品牌一样是一种担保，不同的是背书品牌是企业，是
品牌，而品牌背书者则是人，可以是企业家如微软的比尔·盖茨，也可以是形象代
言人如耐克的迈克尔·乔丹，百事可乐的古天乐。

　　4. 品牌组合结构。品牌组合构成了各品牌的相互关系。通过品牌归类、品牌
层次树和品牌范围这三种方法可以讨论和说明组合结构。品牌组合结构要回答的问
题是企业品牌组合的逻辑是什么？这个逻辑是否促进了协调和平衡？在顾客看来，
是否清楚明白？它能否使企业的战略集中和品牌的条理明晰？

　　5. 品牌组合图形。品牌组合图形是运用在跨品牌和商场环境下的视觉标识的
模式。通常最明显的中心品牌图是代表能在各种环境下和品牌扮演各种角色时通用

的商标。基本的标志元素、颜色、布局和字体都可以反映一个品牌所处的环境以及与其他品牌的关系。组合图形还表现在其他视觉形式，如包装、符号、产品设计、印刷广告的布局、广告语、甚至品牌的外观和触觉。品牌组合图形可以用来表示各个品牌的相对驱动作用；可以表明两个品牌的差异，使之区分开来；还可以用来指示品牌组合的结构，如同一标志和不同颜色的使用可以说明品牌归属的类别。

（二）品牌结构的目标

品牌结构的目标有别于品牌个体的目标，其主要目的是为了创造有效和强大的品牌影响力，除此之外，还包括实现品牌领导的其他几个基本要素。概括起来，主要有六个方面：

1. 建立有效的、强大的品牌。该目标的底线是建立强有力的品牌受托人，使之能与顾客产生共鸣，形成品牌独特的卖点，并对顾客有着与众不同的吸引力。在激烈的市场洪流中搏击，犹如"逆水行舟，不进则退"，不把建立强大的品牌作为品牌结构的目标无疑是不利于企业自身长远发展的。

2. 配置创建品牌的资源。对品牌组合中品牌资源的配置应以品牌组合的效用为标准，而不应仅仅根据各品牌当前获得利润来分配资源，那些目前销售额不高但潜力很大的品牌就得不到足够的支持，关键品牌或"银弹"品牌所得到的资源也将不足以支持它们发挥组合的作用，要想转化为"金牛"品牌难度也很大。

3. 利于品牌扩张。好的品牌结构，应该是在企业日后进行品牌扩张时它的扩充性、灵活性表现十分出色，而且可以适合不同的传播媒介。如果拥有这种好的品牌结构，未来发展新产品的理念就会很清楚。如果宝马汽车想进入低价市场，它是不是该用"宝马"这一名字？当然不该。可是宝马汽车可不可以进入这一市场呢？当然可以。它可以创造一个新的品牌区别"宝马"。当然，有时候也可以用"宝马"做背书，但这样做时收益与风险同在。

4. 进行战略整合。真正的一个品牌公司，它的操作模式应该是商品策略后面有一个品牌策略去整合所有的东西，包括它的产品、人事制度、广告、公关以及其他与品牌相关的行为。这样我们才可以说真正完整地建立起了自己的品牌。回过头来，品牌结构也就是从品牌的角度出发，把组织当做一个整体时，如何去构造与传播者、下属各部门以及同战略联盟之间的关系。

5. 平衡品牌资产。品牌是一种无形资产，资产若没有有效地运用，它就不可能继续增值。很多公司的品牌战略并没有有效地利用它的品牌资产。其实，如果企业不当地运用自己的品牌资产，有时会造成一个品牌危机，这个现象在国内尤为普遍，很多客户及广告主将他们的品牌无限制地延伸，这样是十分危险的。品牌结构的任务之一就是提供一个能把握品牌延伸机会的结构和原则。

6. 提供选择未来发展模式的指导。品牌结构应着眼于未来，并支持在新产品市场的战略性发展。建立一个有很大发展潜力的主品牌是一种明智的选择。

三、超越广告创建品牌

创建品牌的主要任务是创造视觉形象，建立品牌联想和品牌差异，发展与消费者的深度关系。完成这些使命的手段不仅仅依靠广告，可运用其他工具来实现品牌的创建。

（一）超越广告创建品牌的工具

经过长久的和越来越多的广告轰炸，消费者开始对广告持怀疑态度。某消费者研究显示，在英国只有16%的人承认他们注意过商业广告，65%的人表示不再相信电视广告，1/3的人认为广告让人讨厌。只有1/3的消费者能容忍和信任广告。运用广告之外的工具创建品牌的必要性越来越重要。

1. 通过赞助活动来创建品牌。赞助担负着品牌与特定事物之间的商业联系，是通过出资保证某项活动正常运行的一种商业行为，如运动赛事、一支球队、一项事业、艺术、文化活动、公益、道德行为或是娱乐等。如联想赞助北京奥运会或是农夫山泉对希望工程的赞助。最早的赞助活动是Bovril这一品牌在1898年就出资赞助了诺丁汉森林（Nottingham Forest）足球俱乐部，吉列在1910年赞助篮球运动，可口可乐赞助了1928年的奥运会。近几年来赞助在品牌创建过程中所起的作用也得到了显著的提高。根据芝加哥IEG的关于赞助活动的报告，2000年北美用于赞助活动的金额估计超过70亿美元，其中大约67%用于体育运动，还有19%用于娱乐观光和节日或是商品交易会等活动，8%用于事业赞助，剩下约6%用于赞助艺术活动。全世界用于赞助活动的费用估计约为北美的3倍。而已报道的绝大多数的赞助活动在与之相关的广告、促销以及其他方面所获得的利润可能是其费用的1～3倍。

赞助除了表现产品的外在特征，在拓展品牌方面也十分有效，因为赞助强调的是使人们能够更深层次地、更彻底地了解品牌，强调品牌的现代感以及品牌与消费者之间的联系。由此说明，赞助不仅仅是借助它的广告传播作用，运用于品牌创建中有其更独特的优点，如图16-3所示。赞助的主要目标通常是为品牌创造展示的机会和建立品牌联想。另外还有4个有利于品牌创建的内容与赞助的选择和评估密切相关：为创建品牌调动起组织的积极性；为消费者提供有关的经验；推介新产品或是新技术以及将品牌活动与消费者联系起来。

2. 通过网络来创建品牌。早期的品牌创造者把网络看成是另一种广告媒介，因而出现在网页上的尽是些消极的横幅广告，网络传播的效果很差。在如今的网络环境下，受众扮演十分积极的角色，这种主动而非被动的观念改变了一切。受众心里有一个功能性的目标，即从网络上寻找信息、娱乐和交易。网上创建品牌的工作如果迎合这种理念，参与和体验所带来的作用远比通过电波媒体广告创建整个品牌所发挥的作用更强有力。正因为网络可以参与和体验，网络就具有了一些独特的个性。首先，网络是互动的而且让人深陷其中；其次，网络提供最新、最丰富的信

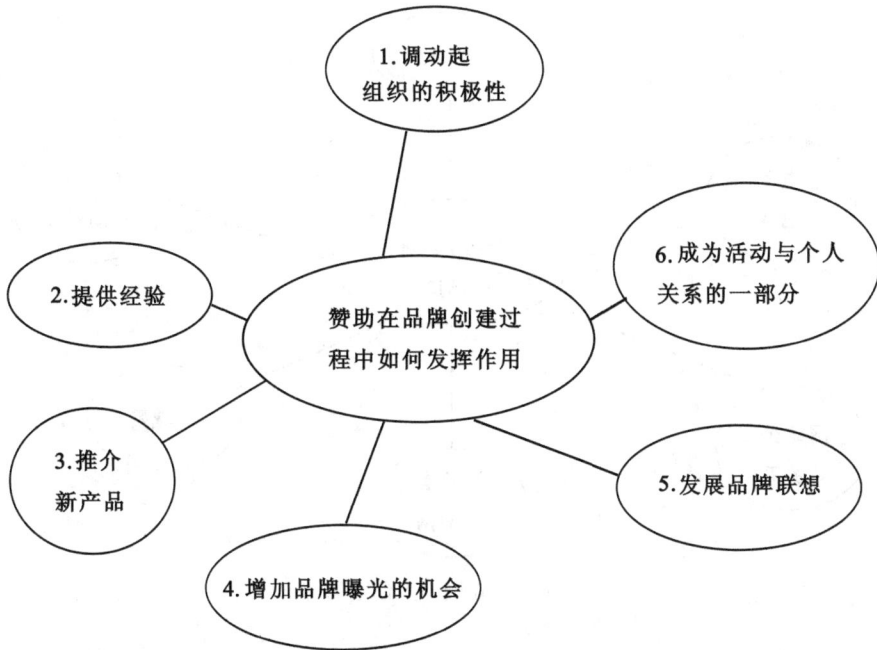

图 16-3　赞助在品牌创建过程中发挥作用

息，特别是那些有深度、在其他地方找不到的信息；再次，网络是个人化的从而使大批量地量身定做信息成为可能。我们可以充分利用网络的这些优势在网络上打造品牌。

利用网络来打造品牌，最有用的工具是网站及广告和赞助的内容。另外，企业局域网、顾客互联网、网络公关和电子邮件这四种也是很重要的工具。一个专门为品牌设立的网站可能是最具威力的创建品牌的工具。它可以根据对品牌的不同需要及品牌与顾客间的关系合理安排内容，同时还可以汇集所有的网络的力量来创造和加强品牌联想。网络上的横幅广告和其他付费的、出现在网上的视觉形象、信息和活动创造视觉联想，同时也吸引人们点击进入各具体网站。一个品牌也可同时赞助第三方网站发布内容和信息，如目录信息、游戏等，赞助加强了与另一品牌的联系，同时在互联网上占有一席之地。通过局域网，在企业组织内部或者合作者之间传播品牌识别可以使每个人都知道并关心品牌的内涵。企业开辟一部分局域网给客户，可以使他们与公司的内部系统联系起来。网络公关可以有效解决品牌无法控制的网络交流问题。通过电子邮件的交流，网站不仅可以和顾客之间建立起一种联系，同时还可以提醒顾客记住品牌及与品牌的关系。(见图 16-4)

(二) 超越广告创建品牌的原则

在利用这些超越广告的工具进行品牌创建时，企业应把握好以下这些原则：

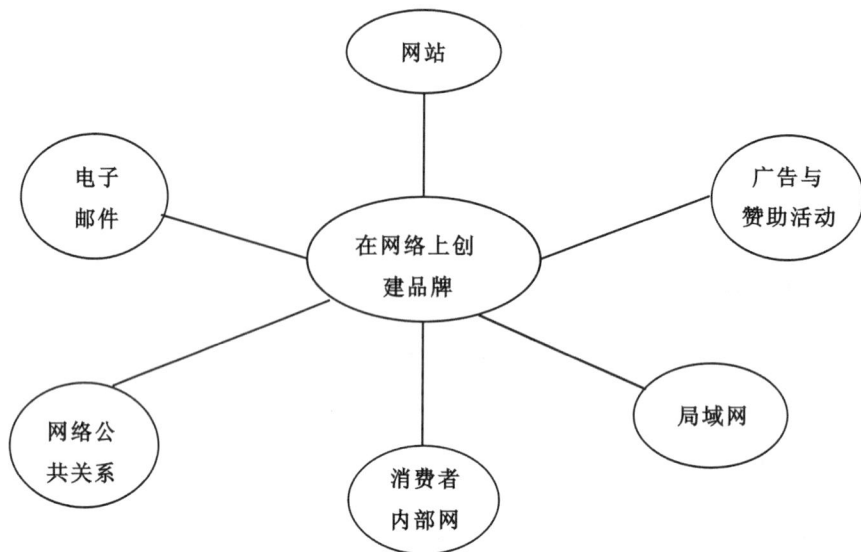

图 16-4　在网络上创建品牌

1. 要详细说明企业品牌的品牌识别、价值取向和定位。网络就可以直接支持品牌的核心识别，如可口可乐站点上就有个分支，引导访问者可以看到最酷、最新、最好玩的东西，这 3 点正是可口可乐的核心识别要素。它的"轻松终端"允许访问者自由作曲或复制"永远的可口可乐"这支歌。支持品牌识别的是价值取向和品牌定位。价值取向说明了品牌将要传播的功能性、情感性和自我表现型利益，这是与消费者建立关系的出发点。品牌定位是改变形象以适应品牌识别的前提，它发挥着指南针的作用。品牌定位因此必须集中焦点。

2. 品牌创建活动要与品牌产生关联。正如传统意义上的依靠广告来打造品牌时，也要反复强调这一点，广告要有好的创意，但决不能让消费者仅仅投入到广告的创意之中而忽略了广告背后的品牌。

3. 品牌创建计划要突出原创性和实质性。可口可乐网站最初的设计和好多普通的网站差不多，没有什么特色，也没有投入很多精力，当然也没有带来多少人气。重新设计后专门针对年轻一族的焕然一新的 Flash 版，马上便赢得了年轻消费者的喜爱。

4. 发现消费者的动心之处，架起品牌与消费者之间的桥梁。像耐克的"Just do it"，脉动的"随时随地，脉动回来"，士力架的"横扫饥饿，活力无限"等。

5. 要找到品牌的驱动性理念。驱动性理念是品牌与消费者产生共鸣的媒介。驱动性理念可以来自消费者，也可以来自品牌本身，如品牌个性、符号、产品等。

6. 让消费者介入品牌创建过程。戴尔选择让消费者自己来设计自己的电脑款式取得了很大的成功。耐克城的扣篮活动，阿迪达斯街头挑战赛都是精心设计供消费者参与的活动，哈雷摩托车的"哈雷迷"俱乐部不仅提供了"哈雷迷"之间交流的机会，同时还让他们加入了一个志趣相投、目标相近的社团。

7. 要像可口可乐、雅虎、阿迪达斯那样以多种创建品牌的方式包围消费者。如世界杯上的阿迪达斯"飞火流星"球，阿迪达斯三人街头挑战赛，阿迪达斯旗舰店等让消费者无时无刻都能感受到它的存在。

另外，在品牌的创建过程中还要为品牌选择一个能让企业品牌脱颖而出的恰当的诉求点。

本章小结

传统品牌管理模式面临着压力和挑战，品牌管理将朝以下方向发展：公司品牌的重要性将逐步优于单个产品品牌；品牌管理将逐步让位于品类管理；公司的营销管理将由以品牌为中心过渡到以顾客为中心。

品牌领导模式注重战术，更注重战略，其视野更开阔，不但为销售，更为品牌识别所驱动，它注重产品管理，更注重管理顾客需求。其特征为：从战术到战略的管理，品牌经理传播任务扩展，品牌识别是战略的推动者，强调顾客需求管理。

品牌领导的建立面临组织化、品牌架构、品牌识别与定位、制定品牌创建计划四类挑战。

品牌识别的建立包括三个步骤：战略性品牌分析、品牌识别系统及品牌识别的实施。品牌识别系统由品牌核心识别、延伸识别、品牌精髓和品牌消费者关系组成。品牌识别实施过程包括四个步骤：品牌识别的说明和制定、品牌定位、品牌创建计划和效果追踪。品牌识别中常见的错误：过于狭隘地看待品牌；品牌的焦点不在产品属性上，产品属性和功能性利益往往被忽略；不了解消费者和品牌深层次的关系；忽视竞争对手；品牌识别的制定和执行发生脱节；品牌识别往往会产生歧义。

品牌结构是指品牌组合的组织结构，它具体规定了各品牌的作用，界定了品牌之间和不同产品市场背景之间的关系。品牌结构由品牌组合、组合的作用、产品市场中品牌的角色、品牌组合结构以及品牌图形五个方面决定。品牌结构的目标在于：建立有效的、强大的品牌；配置创建品牌的资源；利于品牌扩张；进行战略整合；平衡品牌资产；提供选择未来发展模式的指导。

超越广告来创建品牌活动的工具有：通过赞助活动来创建品牌；通过网络来创建品牌。超越广告创建品牌的原则有：要详细说明企业品牌的品牌识别、价值取向和定位；品牌创建活动要与品牌产生关联；品牌创建计划要突出原创性和实质性；发现消费者的动心之处；找到品牌的驱动性理念；让消费者介入品牌创建过程；以多种创建品牌的方式包围消费者。

○ **复习思考题**

1. 解释下列概念：品牌识别、品牌结构、品牌组合。
2. 品牌领导模式的特征是什么？
3. 构建品牌领导模式面临哪些挑战？
4. 品牌结构的内容分析。
5. 如何建立品牌识别？品牌识别系统的构成要素是什么？
6. 品牌架构应包括哪几部分？
7. 谈谈你对超越广告来创建品牌的认识。
8. 利用网络创建品牌时应注意哪些问题？
9. 谈谈你对通过赞助活动来创建品牌这个问题的想法。

案　例

香飘飘：创造 24 亿元的销售大玩法

8 年时间，草根起家，全靠自有资金滚动，2006 年销售额 4.8 亿元，2008 年接近 10 亿元，2012 年突破 24 亿元，这是蒋建琪的香飘飘取得的惊艳成绩。蒋的门道是什么？（1）以学生为引爆点；（2）广告轰炸；（3）零库存战略；（4）聚焦和专注；（5）给品牌起个好名字……以下为《商界》杂志报道节选。

一、诞生

2003 年，一个困惑让蒋建琪和公司副总裁蔡建锋感到焦虑：彼时的老顽童年销售额几千万元，但明显遇见了不可能突破的天花板：主打产品棒棒冰是典型的淡旺季产品，一到冬天便急速下滑，并且很有可能成为一种过渡性产品。

企业迫切需要切入新的领域，但是举目四望，一片惘然。当时唯一确定的方向，是做一种能喝的产品。在蒋建琪的商业认知中，喝的东西肯定要比吃的东西销售量大。你看恰恰瓜子，一包瓜子往往嗑半天，更有甚者还把余下的密封起来，接着再嗑个半天……看着心急啊。

做饮料，做什么饮料呢？这个阶段的蒋建琪仔细研究了娃哈哈，娃哈哈在快消品行业的风格与地位，犹如腾讯之于互联网行业，美的之于家电行业。作为超级产品经理的宗庆后极其擅长模仿创新，一旦某个新品类在市场上崭露头角，娃哈哈往往立即跟进，继而利用强大的分销网络将品类开创者掀个底朝天。

比如其最挣钱的营养快线，其追随模仿的是小洋人"妙恋"；八宝粥模仿的是扬州亲亲八宝粥；赖以发家的娃哈哈儿童营养口服液，同样是在青春宝、中国花粉口服液的基础上拓展出来的……显然，这条路蒋建琪走不了，甚至他还必须得为自己日后的产品设计一个"低调期"，以防被行业老大尾随抄底。

时至 2004 年，一天，蒋建琪在街头看到一家奶茶店，人们排着长队购买珍珠奶茶。经验告诉他：一个地方只要排长队就一定存在供需失衡，就一定有创新的可能、商机的存在。

蒋建琪突发奇想：为什么不把街头的奶茶方便化、品牌化呢？立即行动，蒋建琪请来杭州市科技农业研究所帮助研发配方，请设计公司设计包装，大约半年多以后，产品试制成功。他给产品确定了一个新的名字：香飘飘。

香飘飘上市之前，只选择了温州、湖州、无锡、苏州 4 个城市试销，每个城市只选取中学、大学、标准超市，每个销售点公司都安排人员跟踪，继而再将结果画成图表。

半年的测试结果令人满意——这是一个有潜力的产品。抛开硬性的数字曲线，单凭自己眼睛看到的，都让蒋建琪兴奋不已。

二、以学生为引爆点

2005 年，蒋建琪决定：香飘飘要着手准备打仗了。

仗怎么打？拒绝漫天播撒胡椒面式的高举高打，毕竟试销数据已经告诉了蒋建琪引爆点在哪里。根据马尔科姆·格拉德维尔的引爆点理论：一项工作的 80% 都是由参与工作的 20% 的人完成的。同样，要发起流行，就得把资源集中在引爆点上，只要找对了一点，轻轻一触，这个世界就会动起来。

那么，能够迅速引爆杯装奶茶的流行趋势的人群在哪？出租车司机？明星？行业内的意见领袖？传统经销商？

——是学生。

香飘飘选择学校及其周边商超试销，只是，连店老板们都未见过的产品，学生怎么会买。于是，香飘飘在每箱产品里都附上一张红纸条：本包装箱内多放了一杯奶茶，由香飘飘公司邀请店老板亲自品尝。

市场渐渐有了反应，销售团队又买来几十本《中国黄页》，根据不同试销点所在的位置，将方圆十几公里内的大中小学地址全部打印出来，然后再邮寄给试销点，"把奶茶卖到这些地方去。"

——电话响个不停。有试销店老板好奇地说，"你们太厉害了，你们怎么知道我周围有这么多学校？我呆了这么多年都不知道的！"

照此办法，逐一推进，香飘飘先后以杭州、郑州、南京、北京等几个有辐射力的大中城市为中心，做深做透，继而再向周边城市辐射，借势成事，水到渠成。

在 2005 年于济南举办的全国糖酒订货会上，香飘飘正式向全国招商。此前，经销商们从未见过杯装奶茶，亲口品尝后兴奋不已，现场签单者络绎不绝。数月后，全国各地的订单纷纷向湖州聚集，香飘飘当年的账面资金，迅速攀升至 5 000 万元。

三、岌岌可危

时至 2006 年，中国杯装奶茶市场开始变天了。

此前两年，香飘飘南征北战，一骑绝尘，没有对手，其销售额从 2005 年的数千万元一下跃升至 2006 年的 4.8 亿元，一年时间，放量速度之快，让蒋建琪自己都觉得意外。

在风起云涌的快消品江湖，杯装奶茶当年的毛利在 40% 以上，天下还有这么好的生意？蛋糕引来猎食者，香飘飘引起同行注意，于是，阻力来了。

2006 年下半年，喜之郎旗下的优乐美、立顿旗下的立顿奶茶、大好大旗下的香约奶茶相继杀入杯装奶茶市场……一时间，全国冒出了几十家奶茶品牌。其中，最有竞争力的是喜之郎旗下的优乐美。喜之郎以果冻起家，浸淫食品行业很多年，无论是资金实力，还是经销商网络、销售团队规模，显然要比香飘飘高出许多。

通过一系列"剐肉"式改革，香飘飘奶茶终于将强大的对手甩在了后面，杯装奶茶——一个起初并不为人所关注的行业展现出惊人爆发力，何以如此？一是因为 8 年前的香飘飘抓住中国奶茶市场的结构型缺陷，一举打开了全新的品类之门，另一个原因，还得感谢各路高手在血腥竞争中，共同做大了这一市场蛋糕。

事实上，诸如香飘飘这种依靠单一品类制敌的企业，其优势在于五指合拳，不留退路，劣势则在于行业本身的市场容量。2012 年香飘飘销售额 24 亿元，未来能否突破 50 亿元甚至 100 亿元的行业天花板，则取决于企业能否在未来几年内搭建起平台战略。

资料来源：香飘飘：创造 24 亿元销售大玩法 . 中国电子商务研究中心，2013 年 07 月 09 日，有删改 .

案例思考题

1. 香飘飘奶茶是如何成为行业领导者的？
2. 如果你是香飘飘公司的管理层，面对众多后起强势品牌的围追堵截，你该如何做？

第十七章　品牌国际化

2001 年我国正式加入 WTO，许多跨国公司纷纷加快了进入我国市场的步伐，它们将凭借卓越的品牌形象、优良的服务开拓我国市场，与我国民族品牌展开了全面的竞争。在激烈的市场竞争中，我国涌现了海尔、小米、联想、华为、农夫山泉以及茅台等许多著名品牌。历史和现实都已经证明，世界市场竞争的核心是国际化品牌的竞争，国际化品牌的状况也是决定一个国家国际竞争力的重要因素。无论在技术上，还是理念上，我国企业品牌与西方发达国家品牌还存在一定差距，要想最终战胜跨国巨头，我国企业必须在产品质量、技术上缩小与世界品牌的差距，强化服务观念，建立国际化品牌。本章将分析国际化品牌的含义、国际化品牌的基本模式，并阐述我国企业国际化品牌的现状、建立策略及应注意的问题。

第一节　品牌国际化的内涵和意义

一、品牌国际化的含义

品牌国际化（Global Branding），又称为品牌的国际化经营，是指将同一品牌，以相同的名称（标志）、相同的包装、相同的广告策划等向不同的国家、不同的区域进行延伸扩张的一种品牌经营策略。其目的是通过品牌的统一化和标准化经营来获取规模经济效益，进而实现低成本运营。

品牌全球化有不同的形式，最低级的形式是产品的销售，即有品牌商品的输出；较高级形式是资本的输出，即通过在品牌延伸国投资建厂达到品牌扩张的目的；最高级形式是通过无形资产输出，即签订商标使用许可合同等方式，实现品牌扩张的目的。从全球经济发展趋势来看，发达国家企业已经基本上完成了由商品输出到资本输出再到品牌输出的过渡。从国外品牌在我国的发展历程也可以清晰地看出这一趋势。改革开放初期，国外品牌在中国的发展主要采取了直接销售的方式，典型的如"人头马"、"皮尔·卡丹"等品牌。20 世纪 80 年代以后，其国际化方式逐步向投资建厂的方向发展，而 20 世纪 90 年代中期以后，国外品牌在中国则更多地采取了品牌输出的方式，典型的如"可口可乐"、"索尼"和"雀巢"等品牌。

当然，风险最小、回报高、最理想的方式自然是品牌输出方式，企业品牌的国际化与企业的全球发展战略密切相关。从世界著名品牌的发展过程来看，往往是在本国国内竞争趋于激烈，企业无法获得持续性发展，在这种情况下转向国外，开拓国际市场，寻求新的发展空间。在国际市场中遇到新的竞争对手，接触新的消费者，开始有意识地注意到自己的品牌形象，并且展开了品牌国际化的研究。如20世纪70年代开始，随着日本企业在日本国内市场竞争的加剧，日本企业不断向国外发展。其品牌也不断渗透到欧美发达国家，其后发展到世界各地。由于日本企业不懈的努力，一大批日本品牌出现在世界各地，消费者逐步认识并接受了日本的品牌，在汽车、电子、家电等行业，日本的丰田、本田、索尼、松下、东芝等都已经成了家喻户晓的全球品牌。

二、培育国际化品牌的意义

对于国家来说，众多的国际化品牌能够大大提高本国的国际竞争力，对于企业本身来说，培育国际化品牌也有非常重要的意义。20世纪80年代中期以后，随着韩国国内企业竞争的加剧，韩国企业品牌也不断扩张，现代、三星等品牌不断向世界发出强有力的信息，使得世界认识并接受了韩国的品牌。品牌国际化对企业的发展有怎样的意义？著名品牌专家凯勒对此问题进行了深入的研究，他认为，企业实施品牌的国际化对于企业来说有以下作用：

(一) 有效传递各种信息，增加顾客感知价值

在国际市场上，由于空间距离和文化距离使顾客的信息收集过程更加困难。企业通过把产品内部所蕴涵的凝聚在有形的品牌形象上，就可以通过品牌向顾客传递大量的信息，传递企业本身的文化、产品属性以及产品价值等方面的信息。如：在全球任何地方，"花旗"二字就代表着花旗银行与众不同的服务，因为它们在世界任何一个地方设立的分支机构都是按同样的服务标准接待顾客，向顾客提供同样水平的服务，从这个意义上讲，"花旗"就代表一种服务标准。

(二) 实现生产与流通的规模经济

从供应方面来看，品牌国际化能继续产生大量生产和大量流通的规模效应，降低成本，提高生产效率。经验曲线告诉人们，随着累计产量的增加，生产制造成本会有所下降，品牌的国际化能促进产品的生产和销售，能带来生产和流通的规模经济。

(三) 降低营销成本

实施品牌国际化，可以在包装、广告宣传、促销以及其他营销沟通方面实施统一的活动。如果在各国实施统一的品牌化行为，其经营成本降低的潜力更大。如可口可乐、麦当劳、索尼等企业在世界各地采取了统一的广告宣传。可口可乐通过全球化的广告宣传，20多年里为可口可乐公司节省了9 000万美元的营销成本。

（四）品牌形象的一贯性

由于顾客流动性的增加，顾客能在其他国家看到该品牌的形象。各种不同媒体对不同的消费者进行同一品牌的宣传，能反映该品牌相同的价值和形象，保持品牌的一贯性。顾客不论在哪里，都能选购反映自己个性或嗜好的产品或服务。

（五）知识的迅速扩散

品牌国际化能增强组织的竞争能力。在一个国家产生一个好的构想或建议，能迅速广泛地被吸取或利用。无论是在企业的研发、生产制造方面，还是在营销或销售方面，在全球范围内汲取新的知识，不断实行改进，能提高企业整体的竞争力。

三、品牌国际化的文化障碍

政治、经济、法律、文化等环境因素都从不同方面对企业品牌国际化产生了非常重要的影响，政治、经济、法律因素对企业国际营销的影响在《市场营销学》中有了详细的分析，在这里主要分析文化因素对品牌国际化的作用与影响。文化作为一种沟通体系，它把人类的生物和技术行为融合到人类富有表现力的语言及非语言体系中，从而使人类社会得以存在。人类社会拥有丰富文化种类的同时，也产生了不同文化下人们行为方式的差别，文化通过这种差别对企业的营销活动产生巨大的影响，也成了决定品牌国际化成败的重要因素，许多关于品牌国际化的文献都非常强调文化的重要性。

（一）文化的含义

文化的含义和文化本身的内容一样比较复杂，不同的人在不同的时间对文化有不同的认识。英国人类学家爱德华·泰勒认为"文化是包括知识、信仰、艺术、道德、法律、习俗和任何人作为一名社会成员而获得的能力和习惯的复杂整体"。人类学家克拉克·霍恩提出"文化是人类社会的组成部分，是人在某一群体中学习其他人共有行为的结果，它是人类社会的遗产，而不是个人的遗传因素"。从企业管理的角度，霍夫斯塔德将文化定义为"影响一个群体对环境所做反应的各种共同特征的总和，它表现在价值观念、信仰、态度、行为准则、风俗习惯等方面"。从以上定义可以看出，泰勒和克拉克·霍恩从社会学的角度给出了文化的定义，而霍夫斯塔德则是从管理研究的方面分析了文化的定义，因此，霍夫斯塔德对文化的分析被广泛运用到各种营销研究中，本章也是在霍夫斯塔德对文化定义的基础上展开分析。

（二）不同国家社会文化的差异

霍夫斯塔德通过对40个国家116 000名在跨国公司工作的员工进行了调查，在实证和折中分析的基础上，他提出了4个基本的社会基本问题（个人和集体的关系、社会平等性、不同性别的社会地位、对不确定性的态度），并归纳出5个对不同文化的衡量维度：

1. 个人主义（Individualism）与集体主义（Collectivism）。个人主义文化是指群体内各个成员之间的关系松散，每个人都重点关心自己的利益。而集体主义则是指群体内成员之间关系相对紧密，个人对群体利益及群体内其他成员的利益也表现出较高程度的关注。霍夫斯塔德认为美国、英国等富裕国家的文化个人主义特征比较强，而巴基斯坦、哥伦比亚等穷国的集体主义倾向比较强。

2. 权力距离（Power Distance）。由于身体和知识方面的原因，人与人之间总是表现出财富和地位上的不平等。权力距离表明了社会公众对这种不平等的接受程度，即权力影响力的大小。在权力距离比较高的国家中，组织中的不平等比较普遍，成员表现出对权力的高度尊重，头衔、地位和等级对其他成员有较大的影响力。而在低权力距离的国家里，组织内成员间的关系较为平等，成员对上级的敬畏程度较低，地位和等级的影响力也较低。在现实生活中可以看出，受儒家文化影响的国家和地区，其权力距离都比较明显，西方发达国家的权力距离比较低。

3. 不确定性回避（Uncertainty Avoidance）。不确定性回避是指人们对未来不确定性的态度。在有的国家人们习惯于接受风险，人们对与自身不一致的行为和观点也有更高的容忍度，因为他们认为这些并不对自身构成威胁，这种文化的不确定性回避程度较低，如新加坡、瑞士和丹麦就属于这种类型。在不确定性回避程度较高的国家，人们非常厌恶风险，对与自身不一致的行为和观点有很大的排斥性，倾向于接受正式的各种规则，如日本、葡萄牙和希腊就是这样的文化。

4. 男性化（Masculinity）和女性化（Femininity）。这一维度表明男性和女性在社会分工上的差异程度。有的国家允许妇女广泛地参与各种社会活动，担当各种社会角色，如：美国和加拿大等国家。而有的国家则对女性的社会角色进行了严格的界定和限制，如：在日本妇女通常扮演家庭主妇的角色，另外在有些国家，妇女参与社会工作受到更多的限制。霍夫斯塔德提出男女社会分工差异大的社会被称为"男性化社会"，差异较小的社会被称为"女性化社会"。

5. 长期导向（Long-Term Orientation）与短期导向（Short-Term Orientation）。不同国家的投资者和经营者对企业经营效果的看法是不一样的，有的国家重视短期效果，希望迅速得到明显的回报，而在有的国家，人们更看重长期回报，重视长期投资效果，即使短期内亏损也并不在意，这两种导向比较有代表性的是美国和日本。

（三）文化对品牌国际化的影响

文化对品牌国际化的影响是多方面的，甚至是全方位的，这种影响主要表现在以下几个方面：

1. 企业品牌名称与品牌标识要与当地文化相融合。企业品牌要进入不同国家的市场，其品牌名称必须能够在当地消费者心中产生积极的意义，否则，就会产生反感，给企业市场开拓带来不利的影响。如："快乐的绿色巨人"（Jolly Green Giant）翻译成阿拉伯文却成了"令人可怖的绿色妖魔"（Intimidating Green Ogre）。福特公司向墨西哥推出由其最先进生产线生产的汽车，并为之取名"Caliente"，但是这个名字在墨西哥俚语中是指妓女。奥林匹亚（Olympia）公司的"Roto"牌激光复印机在智利销售一直不好，是因为"Roto"在智利有"末流"的意思①。

2. 文化差异对顾客理解企业促销活动和广告宣传标语的意义有重要的影响。促销和广告用语通常不是一句完整的话，或虽然是完整的一句话，但是正确理解必须有相应的文化背景。中国有五千年文明史，文化传承度极高，在国内十分有效的一句广告口号，到国外可能毫无意义。如"愿君多采撷，此物最相思"这句广告语许多中国消费者都能理解其含义，但是缺乏我国文化背景的国外消费者就很难理解。

3. 文化差异也给企业的管理沟通造成了很大的障碍。许多研究表明，不同文化下人与自然的关系、不同文化的生活哲学、人与人的关系等许多方面都有明显的区别。如与他人的关系，美国文化认为"人应该开放地、率直地与人相处，沟通应该直言不讳，且应该很快了解别人的观点。不拘泥礼节是好的"；中国文化认为"人若开放地、率直地与人相处是危险的，为保持和谐及避免麻烦，间接和不明确的语言经常是必须的，礼节是好的"。这种明显的差异，给中国品牌国际化（进入欧美市场）会带来大量管理上的新问题。

4. 现有品牌的地位和对当地消费者的文化意义。美国、欧洲、日本等许多国家的企业品牌纷纷进入了中国市场，但是，在这些品牌中很少有白酒品牌、中药品牌。造成这个结果的根本原因是在我国消费者心中有许多知名的国内白酒品牌，有的品牌已有上千年历史，具有丰富的中华民族的文化内涵，在这样的市场上，外国品牌很难有所作为，只有追求异国情调的人们才偶尔会对国外的品牌感兴趣。中药更是如此，一般的中国人不会相信外国品牌的"Chinese Medicine"（尽管不少专业人士知道日本的中医药，有不少超过了国内）。

可以看出，文化对品牌国际化的影响是全方位的，中国文化与欧美等国家文化有很大的差距，因此，我国企业在实施品牌国际化战略的过程中就会面临更大的障碍。

第二节　品牌国际化的模式及模式选择

在品牌国际化过程中，企业对全球化和本土化问题的处理方式有很大的差异，这种差异也导致了品牌国际化的不同模式。

一、品牌国际化的基本模式

（一）标准全球化

这种模式的基本特点是，在所有的营销组合要素中，除了必要的战术调整外，

---

① 保罗·A·郝比格著. 跨文化市场营销. 芮建伟，等，译. 北京：机械工业出版社，2000

其余要素均实行统一化和标准化，即将全球视为一个完全相同的市场、每一个国家或地区都是具有无差异性特征的子市场。从行业和产品上来看，实行这种策略的主要是一些高档奢侈品和化妆品，也有部分食品品牌。这部分品牌约占品牌总数的25%，这种标准全球化具有充分的根据：国际交通通讯的现代化，使各国之间在地理和文化上的差距逐步缩小；经济全球化，促使跨国公司逐步消除国别色彩；国际市场的统一化，推动了全球消费品市场的趋同倾向，生活在不同国家的居民更乐于接受相同的产品和生活方式。

（二）模拟全球化

即除了品牌形象和品牌定位等重要的营销要素实行全球统一化以外，其他要素都要根据当地市场的具体情况加以调整，以提高品牌对该市场的适应性。我们所说的其他要素，包括产品、包装、广告策划等。譬如万宝路香烟，其广告不是固定不变的，而是根据各地的市场环境，随机应变，在全球有20种不同配方以满足消费者口味。20世纪70年代，万宝路广告开始向香港地区拓展，香港人对其优美的情景和音乐虽持欣赏态度，但对终日策马牧羊的牛仔形象却没什么好感，因为在香港人心目中，牛仔是低下劳工，对此，万宝路的广告魔术般地改变了，香港电视上出现的不再是美国西部纹身的牛仔，而是年轻、洒脱、在事业上有所成就的牧羊主。广告宣传的侧重点放在"美国销量第一"这个信息上，并以"万宝路给你一个多彩多姿、包罗万象的动感生活"为广告标语。在日本，它的广告则是一个日本牧民，在没有现代化技术的情况下征服自然界，过着田园诗般的生活。而在中国，万宝路广告展现了沙丘、森林、海滨、沙滩，在优美的音乐声中伴随着出现一幅幅豪迈策马纵横的画面，在这个场面上，每个人可以去遐想，去创造一个自己心目中的"万宝路世界"。这种做法正是我们所主张的品牌国际化模式，简单地说就是"思考全球化，行动本土化"。它兼顾了全球化与本土化，使品牌更符合当地市场的需要，也更易于树立全球统一形象，相对来说成本费用也不会增加太多。

（三）标准本土化

这是一种国际化程度最低的品牌国际化策略。在国际化策略实施的过程中，所有的营销组合要素的出台，都要充分考虑所在国的文化传统、语言，并根据当地市场情况加以适当的调整。这主要是一些食品和日化产品，约占品牌总数的16%。这种模式的根据是，文化背景不同，顾客的需求必然存在明显的异质性，加上产品进入国际市场还要解决各国的政治、法律、经济等差异性问题，因此标准本土化更符合客观实际。例如，美国卡特比拉公司的机械设备在欧洲各国就要符合不同的技术要求，因为这些国家把不同的技术标准作为保护主义的手段；在某些国家，可口可乐的甜味、碳酸水含量实际上也进行了适应性的调整。这种模式会大大增加开发产品、推广产品、营销管理成本和控制难度。

（四）体制决定

所谓体制决定是指由于某些产品的特殊性，它们的营销并不完全取决于企业本身，而且要受所在国贸易和分销体制的巨大影响，从而企业只能在体制约束的框架内做出统一化或者本土化的决策。典型的行业是音像制品行业，它们约占品牌总数的35%。一般来说，这些产品品牌的国际化进程通常要受体制的极大影响，国际化程度也非常低。像美国的电影业，虽然在全球都占有巨大的份额，但是，从总体上说，由于各国对电影业的政策存在差异，所以，它的发展呈现出明显的不平衡性。

二、品牌国际化模式选择的影响因素

企业进行品牌国际化模式选择，既要考虑企业本身的资源状况，又要分析企业的市场环境状况，这些因素都对企业的品牌国际化模式选择有重要的影响。

1. 企业所在行业的特征。在品牌国际化过程中，企业所属行业的行业特征对企业品牌国际化模式选择有重要的影响。产品消费受文化差异影响比较大的行业就不易采用标准全球化模式，相反，产品消费受文化差异影响相对较小的行业其品牌国际化模式就更倾向于标准全球化模式。让-诺尔·卡菲勒对欧洲企业的品牌国际化模式进行了实证研究，研究发现：企业所在行业对品牌的国际化模式有明显的影响（见表 17-1）。

表 17-1　　　　　　　　　　企业所在行业与国际品牌标准化程度调查表

	欧洲市场（%）	本地市场（%）	本国市场（%）
奢侈品	64	28	8
化妆品	61	30.3	8.7
立体声	54.2	20.8	25
白色食品	54.2	37.5	12.5
洗涤剂	53.8	30.8	15.4
饮料	40	30	30
轻纺	39.1	39.1	21.8
汽车	35	35	30
服务	28.6	21.4	50
食品	23.5	50	26.5
咨询	25	16.7	58.3
总计	40	34	26

　　在所有被调查的欧洲品牌中，有40%的企业在欧洲使用共同的营销组合，34%的企业根据欧洲不同地区的环境状况调整营销组合，26%的企业在不同国家采用不同的营销策略。从调查所涉及的行业情况来看，食品行业品牌在国际化过程中采用标准化的最少，只有23.5%，食品行业需要根据不同地区的消费习惯来实施品牌国际化战略。相反，奢侈品、化妆品最容易实施标准化策略，其根本原因是世界各国对该种类型产品的需求动机基本一致，如，在全球范围内，人们购买化妆品的动机不外乎抗衰老、防晒、治疗痤疮、保湿等。

　　2. 企业所在国家的经营传统。让-诺尔·卡菲勒对210名欧洲品牌经理的调查发现，欧洲企业品牌的国际化战略类型与企业所在国家有密切的关系（见表17-2）。拉美国家与盎格鲁·萨克逊国家企业的品牌国际化战略有明显的差别，意大利、法国企业在实施品牌国际化的过程中更倾向于采用本土化战略。

表 17-2　　　　　　　　　　　　　国家对品牌国际化的影响

国家	本土化（%）	标准化（%）	没反应（%）
德国	4.5	95.5	--
英国	5.3	94.7	--
日本	--	85.7	14.3
瑞士	20	80	--
美国	5.7	77.2	17.1
法国	24	69	7
意大利	30	60	10
总计	12.9	81	6.1

　　3. 本国与目标市场国的市场环境差异程度。本国与目标市场国的市场环境差别越大，不同文化消费者的消费习惯、生活方式、消费者素质、购买力等方面的差异就会较大，品牌标准化的适应性就会越低。法律环境、市场竞争等方面的差别越大，企业进行营销策略调整的必要性就会越大。让-诺尔·卡菲勒研究发现，不同的市场因素对品牌国际化模式的影响不同（见表17-3），如：55%的品牌经理认为，在品牌国际化过程中应根据不同国家法律对品牌策略进行适当的调整。对于市场竞争环境来说，这一比例为47%，而对于消费者的年龄差异来说，这一比例仅为12%。

表 17-3　　　　　　　　市场环境因素对品牌国际化战略的影响

差异类别	必要调节（%）	差异类别	必要调节（%）
法律差异	55	市场竞争	47
消费习惯	41	消费结构	39
品牌意识	38	品牌销售水平	37
媒体观众	37	市场营销成功率	34
消费者需求	33	媒体	32
品牌形象	30.5	产品生产模式	27.5
品牌历史	25.2	消费者年龄差异	12

4. 企业本身的品牌管理能力。品牌本身包含许多构成要素，不同要素的国际化难度有很大的差别[①]。具有较高品牌管理能力和国际市场开拓经验的企业可以尝试采用具有较大国际化难度的品牌构成要素进行国际市场开拓，相反，企业只能采用比较容易国际化的品牌构成要素开拓国际市场。

三、品牌国际化程度的度量

品牌国际化是一个历史过程，不可能一蹴而就。品牌的国际化程度究竟怎样衡量，迄今为止，理论界尚没有定论，有的学者提出从以下几个方面进行衡量：

（一）以该品牌产品在其他国家的销售量（额）占全部销售量（额）的比重来进行衡量

国外销售额占全部销售额的比重越高，该品牌的国际化程度就越高，反之，则相反。如 1990 年"埃克森"（Exxon）在国外的销售额比重高达 77%，"高露洁"（Colgate）为 67%、"吉列"（Gillette）为 67%、"可口可乐"（Coca-Cola）为 61%，"施乐"（Xerox）品牌的海外销售额占总销售额的比重仅为 38%。从这个角度来看，在这些公司中，"埃克森"的品牌国际化程度最高，"施乐"的品牌国际化程度最低。

（二）以品牌在全球的认知度进行衡量

有些公司虽然在海外的销售额非常大，但全球知名度却非常低。作为衡量品牌在消费者心中认识程度的一个重要指标，认知度的高低也会在一定程度上反映企业品牌的国际化程度。1997 年盖洛普（中国）咨询有限公司在中国境内曾进行了一次规模庞大的全球品牌认知度调查，排在前 10 位的分别是中国银行（认知率

---

① 让-诺尔·卡菲勒. 品牌管理. 王建平，等，译. 北京：商务印书馆，2000.

85%）、"可口可乐"（81%）、"北京吉普"（77%）、"青岛啤酒"（76%）、"桑塔纳"（76%）、"海飞丝"（72%）、"松下"（70%）、"红旗轿车"（67%）、"日立"（67%）和"万宝路"（65%）。这个调查结果说明，像"可口可乐"品牌，虽然在海外的销售额占总销售额的比重不一定有"埃克森"品牌那么大，但其知名度和认知率却远远超过了后者，因此，其国际化程度也是非常高的。

（三）以品牌销售所分布的国家和地区进行衡量

有些品牌，虽然在海外的销售额非常高，但是，其销售分布却极其有限。例如，中国有很多企业，虽然每年的产品出口量很大，但绝大部分局限在亚洲或者非洲，出口到欧美的很少，这类品牌也只是处于国际化的初级阶段。相反，有些品牌则不同，虽然从出口额上来看，它们并不占优势，但销售分布却很广。最典型的仍然是"可口可乐"与"埃克森"相比，虽然可口可乐的海外销售比重不及后者，但它在全球的销售分布范围却几乎是后者的 2 倍。从这个角度来说，"可口可乐"的国际化程度显然要比"埃克森"高许多。

（四）以资源的国际化程度进行衡量

前面几点都是从贸易的角度来衡量品牌的国际化程度，但是，我们必须认识到品牌销售的国际化只是品牌国际化的初级阶段。随着国际化进程的深入，它必须逐步向资源和人才的国际化方向迈进。资源的国际化主要是指品牌运营所需要的资本、劳动力和原材料的来源实现本土化的程度，也就是指品牌生产经营的本土化程度。

随着世界经济一体化进程的不断深入，国家与国家之间的经济技术联系不断加强，品牌国际化中的本土化运营几乎成为所有跨国公司的必然选择。典型的如雀巢公司，其品牌运营的本土化情况非常突出。在很多国家，雀巢连一美元的投资也没有，它所投入的只是"雀巢"这个品牌的使用许可权，以及雀巢的管理和经营经验，资本投入、厂房设备等全部是由所在国的合资方自己解决。与那些只靠出口来获取知名度和经济效益的品牌来说，实现资源国际化的品牌在品牌国际化的过程中已经步入了一个更高的层面。

（五）以人力资源的国际化程度衡量品牌的国际化程度

有学者认为，人力资源国际化是品牌国际化的最高层次，企业雇员、特别是高层雇员中外籍人员比重越大，外籍人员的来源分布越广，该品牌的国际化程度越高，相反，品牌的国际化程度就越低。瑞典 ABB 公司的人力资源国际化程度主要体现在以下两个方面：第一，公司最高决策层人才来源已经实现了国际化。公司执行委员会 12 个委员分别来自瑞典、瑞士、德国和美国，文化背景截然不同。第二，子公司管理人员的国际化。ABB 公司所属的上万家海外子公司中，管理人员已经完全实现了本土化及流动化。一个中国的工程师，可能今天是 ABB 中国分公司员工，明天则成为 ABB 日本子公司的职员。

第三节　我国品牌国际化的对策

品牌国际化既需要各种资源的大量投入，又需要长期的持续经营。在长期的计划经济时代，我国企业只是政府的附属机构，没有自主决策权利。改革开放以来，随着市场经济体制的建立，企业才逐步认识到品牌的价值，企业家才开始注重品牌建设，但是由于缺乏资源和时间的投入，我国民族品牌的国际化进程还处在初级阶段。

一、我国品牌国际化的现状

由于受管理水平低、经营理念和经营环境等因素的影响，我国民族品牌国际化的现状不容乐观，与世界知名品牌相比还有很大的差距。

（一）我国品牌缺乏国际知名度与影响力

长期以来，由于民族企业对民族品牌的国际推广不够重视，使得我国民族品牌在国际上的知名度和影响力相当缺乏，导致我国严重缺乏国际知名品牌。令人欣慰的是近些年来国内一些著名的民族品牌纷纷跨出国门，并开展了行之有效的国际市场推广活动，在部分国家和地区已经有了一定的知名度和影响力。比较具有代表性的是"青岛"啤酒和"海尔"集团，随着近年来青岛啤酒和海尔电器两家公司一系列行之有效的国际市场开拓和品牌的国际推广，其在欧美等一部分国家和地区已经有了一定的知名度和影响力，并获得了当地有关机构和消费者的认可和接受，但这还称不上完全意义上的国际品牌，要成为真正意义上的国际品牌，还有很长的一段路要走。

（二）品牌的国际美誉度与忠诚度不足

在过去很长的一段时间内，我国商品都是以"质次价低"的形象出现在国际市场上，并因此被一些国外消费者称为是"地摊货"，因而很多国外消费者在提到中国商品时，所产生的品牌联想就是低品质、低价格、低档次，这样的品牌形象，使得我国民族品牌在国际知名度原本就非常低的情况下，品牌的美誉度与忠诚度更加低下。虽然在实际生活中可能会有不少国外消费者经常选购中国商品，但这并非是出于对品牌的好感与忠诚，而是由于低价格带来的。

（三）品牌缺乏整体规划

我国相当多的民族品牌缺乏整体规划，品牌的传播推广、管理维护等工作具有很大的随意性、分散性，缺乏贯穿于品牌建设过程中的主线，造成很多工作事倍功半，有时甚至出现事与愿违的结果，最终导致品牌缺乏延续性、集合性、整体性，不能有效地形成和积累品牌资产。民族品牌要迈向全球化应努力避免这一误区，对品牌进行整体战略规划，为品牌建设确定明确的方向。全球著名品牌"万宝路"

的成功就在于其数十年如一日地坚持美国西部牛仔风格的这一规划主线。

（四）品牌设计缺乏国际化思考

这种问题主要表现在两个方面，一方面是品牌形式方面缺乏国际化思考，另一方面是品牌的精神内涵没有国际化意义。

一个品牌的形式部分主要包括品牌名称（中英文）、品牌标识或符号及品牌形象载体等，而我国很多的民族品牌在这些方面的设计上，很不适合做全球推广。比如有些民族品牌仅有中文名称，或者说其英文名称也只是中文名的汉语拼音，不能够很有效地向国外消费者传递有关信息。再比如有些民族品牌的标志设计具有一定的民族、地域和文化限制，像中国建设银行，其品牌标识酷似一枚中国的古币——铜钱，这或许能够很准确地向中国消费者传递相关信息，但却无法向不懂中国历史和文化的国外消费者传递相关信息，这对建设银行的国际化进程是很不利的。

一个品牌要获得长久的生命力，必须要具有一定的精神内涵。我国不少民族品牌在精神内涵的设计上具有一定的民族局限性，甚至与某些国家或地区的利益和文化相冲突，不适合做全球推广。著名的体育民族品牌"李宁"以"推动中国体育事业，让运动改变我们的生活"为初衷，创造体育用品，这虽能引起多数国内消费者的情感共鸣，但对国外消费者而言却不然，李宁在全球范围的推广一直收效甚微。

二、企业实现品牌国际化的策略

（一）市场环节

1. 确立全球市场观念。观念问题是相当重要的，做任何事情如果没有正确观念和意识的指导，往往会走上岔路，导致失败。要开发国际市场、创国际品牌，首先就要确立全球市场观念，把目光放眼全球，从国际市场开发的整体角度去把握市场机会、把握目标市场、去参与市场竞争、去分析企业优劣势等。

2. 开展国际市场调研。也许有的民族企业会认为开展国际市场调研不是它们自身实力所能允许的，其实不然，国际市场调研分为直接国际市场调研与间接国际市场调研。前者是指企业自己或聘请专业调研公司为达到某一特定目的或就某一课题在目标国际市场上开展相关信息搜集，并进行分析研究，从而得出某种结论的市场活动；而后者是指企业自己搜集国际上有关公共权威机构在各种媒体上公开公布的相关数据、信息，并对之进行整理、分析、研究和推测，进而得出某种结论。开展直接国际市场调研活动需要较为庞大的人力物力和财力支持，这对多数实力暂时不强的民族企业来说是不可行的，但它们完全可以开展费用等其他要求都相对低很多的间接国际市场调研，从而为企业行为确定一个大致的方向，避免在国际市场中的盲目性。

3. 树立对国际市场的信心和决心。虽然在近期内不管是我国的民族企业在企业自身规模、实力等方面与国际大企业相比，还是民族品牌在国际知名度、影响力和美誉度等方面与全球著名品牌相比都存在着很大差距，但正是因为如此，我们的民族企业就更应该坚定对全球市场的信念，这样，才能充分发挥自身各种优势，在竞争中不断提升自身各方面的能力，变被动为主动，最终实现创建国际品牌的愿望。

（二）产品环节

1. 材料采购应实现网络化、全球化。为能减少采购误差、降低采购成本，以提升竞争力，民族企业应改变过去以人为主的采购方式，实现原料采购网络化，并充分利用国际网络互联技术把采购范围延伸到全球范围，而不只是局限在某一国或地区范围内，为民族品牌开拓全球市场、迈向全球化创造更多的有利条件。

2. 加强技术创新，争创技术制高点。在激烈的全球市场竞争中，产品的技术水平扮演着非常重要的角色，从某种意义上可以说，谁拥有了技术制高点谁就将在激烈的全球市场竞争中占据主动地位。而技术相对落后、专利技术缺乏却正是我国企业的重要不足，要开拓全球市场、创全球品牌就不得不加强技术创新，提高技术水平，全面打造我国品牌的高技术形象。

3. 加快产品研发，赋予品牌新内涵。产品不意味着一个品牌的全部，但却是创立品牌的根本点，任何品牌都只能通过产品这一载体才能获得消费者的真正认可和接受。从营销学的角度讲，一般的产品在市场上都是有一定生命周期的，因而对一个品牌若不能用不断开发的新产品赋予它新的内涵，就会逐渐被消费者所淡忘。曾经红极一时的"索尼"，正是因为企业创新能力的衰退，产品开发严重滞后，品牌没有新的内涵去适应市场的需要，这样随着索尼产品的衰落，"索尼"品牌也随之衰落，难以呈现之前的辉煌。

4. 提高产品质量，提升产品档次。在以往的很长一段时间以来，中国商品因为自身质量、包装、价格等方面的原因，一直都是以低档次的形象出现在国外消费者面前，这对民族企业开拓全球市场、创全球品牌极为不利。要改变这种局面，改变中国商品的低档次形象，我国企业必须从自身做起，全面提高产品质量、提升产品档次。近年来，我国不少企业已开始重视产品品质，加大质量控制方面的投资，并根据国际质量标准进行质量管理，使产品质量有了很大提升。如青岛啤酒已经以中、高档次的形象摆上美国的超市货架。

5. 全面提升产品包装水平。长期以来，我国商品在国际市场上的低档次、低价格形象除了因为质量较差以外，还有一个很重要的原因就是包装缺乏特色、没有时尚感、上不了档次。民族企业要开拓全球市场、创全球品牌，就应全面提升产品包装档次。但提升产品包装档次并不只是简单地把产品包装色彩化、豪华化。而应在充分考虑以下因素的基础上进行设计：（1）国内外消费者对不同色调的反应和理解；（2）产品本身的理念和属性；（3）如何把民族特色和时代气息赋予产品的包装之中。从而使得整个包装既具有我国的文化特色、富有时代气息，又能被国外消费者迅速辨认和接受。

（三）品牌环节

1. 对品牌进行重新设计。大多数民族品牌现有的设计，包括品牌视觉形象、品牌定位、品牌文化、品牌精神内涵等方面都不适合进行全球传播与推广，其品牌要素根本不能承载要上升为全球品牌的奋斗目标。如：原有的品牌名称、品牌标志不能够为国外消费者所理解，不利于进行品牌的国际传播；或品牌定位过于狭隘不能涵盖国际市场上的目标顾客；或品牌文化的内涵过于狭窄，甚至和国外某些国家或地区的风俗文化相冲突，等等。因此，民族品牌要迈向全球化，就必须进行重新设计，使品牌要素基本上具有全球互通性，能为中国消费者所理解也能为外国消费者所理解，并使国内外消费者对品牌产生基本一致的联想，从而使品牌的国际传播与推广工作能够更加顺利地进行，为民族品牌的全球化打下坚实基础。

2. 制定品牌全球推广的整体规划，坚持统一的品牌形象。品牌全球推广的整体规划就是给品牌的全球传播与推广界定一个总体方向，指引品牌该往什么方向走，最终要达到一种什么样的境界。它使一系列的品牌行为都能沿着一条确定的主线进行，不会导致品牌行为的随意性和盲目性，并坚持统一的品牌形象，从而有效地积累品牌无形资产。这是"可口可乐"、"万宝路"等一些全球著名品牌的全球化发展之路，也是被证实了的有效之路，我们的民族品牌要想尽快迈向全球化，制定品牌全球推广的整体规划与坚持统一的品牌形象就显得相当重要了。

3. 进行品牌的全球传播与推广。品牌的全球传播与推广是创全球品牌的重要工作。一个品牌能否在国际市场上赢得市场优势，很重要的一方面就是企业能否在全球市场上进行有效的品牌传播与推广，我国企业品牌可以根据自身的情况选择以下的几种战略之一或组合进行品牌的全球化传播与推广。

● 通过赞助某些国际上的大型比赛或运动会以提升品牌的国际知名度与影响力。"哈尔滨啤酒"作为 2014 年巴西足球世界杯的赞助商，有力地提升了"哈啤"的国际知名度和影响力。联想集团通过支持 2008 年北京奥运会成为了奥运会的全球合作伙伴，有力地推进了其品牌国际化的步伐。

● 通过借助某些有利时机开展有积极影响力的公关活动以提升品牌。恒大之前一直是专注房地产事业，在推出"恒大冰泉"之际，巧借恒大亚冠夺冠的庆典，其标识元素首次出现，吸引观众大量眼球，从而恒大冰泉顺利打开市场。

● 在相关国家或地区寻找品牌总代理，借助总代理提升品牌在该国或地区的知名度与影响力，实施这一战略关键是要与总代理方建立利益同盟关系，使总代理能够积极地参与企业的品牌推广，这一战略比较适合实力不是很强的民族企业。

● 分销战略，即在准备进入的国际市场上选择一定数量的经销商，并在当地建立分支机构，主要负责品牌在当地的推广与维护及对经销商进行一定的管理和给予一定的帮助。这一战略能够比较迅速地提升品牌，但风险、成本也较大，比较适合实力较强的民族企业。

4. 做好品牌的全球管理与维护工作。创全球品牌是一个长期复杂的浩大工程，民族品牌的全球化之路也是一个漫长的历程，快则十几年，慢则几十年。要实现全球化，民族品牌必须在品牌创建过程中，细致地做好品牌管理与维护工作，及时处理有可能对品牌造成危害的事件或危机，不仅要形成品牌的国际知名度，更要有品牌的国际美誉度与忠诚度，并不断给品牌添加能适应社会发展和市场需要的新内容，如不断开发新产品延伸或更新品牌内涵，等等。

三、品牌国际化过程中应注意的问题

（一）品牌国际化首先是人的国际化

海尔的张瑞敏先生曾说过一个观点：国际化首先是人的国际化。产品的国际化是很容易的，要想实现品牌的国际化则不是那么简单。OEM 就是中国制造的产品需要一个国际化的品牌才能卖出去，或者才能卖一个好价钱。产品还是那个产品，换个品牌价格就提高了很多。这背后的道理是一切国际化问题的起点：不同的国家或地域的消费者在购买商品时，并不是在购买商品本身，而是购买商品所提供的价值。品牌就是对价值的一种承诺：当顾客在购买海尔冰箱时，海尔这一品牌向顾客承诺一系列的价值，比如质量、维修服务、外观设计、甚至社会地位等。

因此，从这个角度来看，目前国内的若干品牌"国际化"努力，大多是产品层面的国际化而不是人的国际化，这其中甚至包括海尔本身。三星公司准备将业务扩展到某一个国家的时候，通常是派几个人，在没有硬指标的情况下在这些国家生活半年到一年，然后回国内总部递交一份关于当地社会经济、风土人情的报告，这份报告将是今后海外公司在这一区域商业运作的重要依据。这就是所谓的"国际化首先是人的国际化"，如果企业不能够学会从国际化（实际上是不同的文化）的角度思考，那么就只有一个简单的产品扩张，就像农民把菜从镇里卖到城里，并不意味着农民"城市化"，只有农民像"城市人"一样思考才可能实现真正的城市化。因此，对于想实行品牌国际化拓展的企业来说，有没有能像国际消费者那样思考的国际化人才，能否超越由文化、价值观的差异，导致在品牌传播、渠道发展、人员沟通等一系列过程中产生的种种障碍，将是企业考虑要不要进行国际化的首要前提。

（二）品牌国际化是一个过程，不可以一蹴而就

20 世纪表现卓越的一系列国际品牌，如联合利华、宝洁、卡西欧、麦当劳、丰田、雀巢等都经历过这样一个过程，即资本结构由单一到多元；市场策略由注重成本削减、降低产品价格到注重研发、不断推出新产品；管理由注重生产管理转向品牌管理。有人认为，宝洁对 20 世纪商界的最大贡献不是它的汰渍洗衣粉和象牙香皂，而是它的品牌管理。同样，西方百年品牌中的福特、摩根、波音、西门子等，从某种意义上讲，是科学管理结合效率原则及工业工程的产物。中国在 20 世纪没有彻底经历过工业时代的熏陶和市场经济的锤炼，先天性地缺乏一种造就品牌的工业文明思想和工业化的操作体系。微观上，企业要迅速完成资本原始积累，最

大限度地从产品上获得更多利润，就不可能牺牲眼前利益去换取品牌的价值。在中国企业的不完整性和成长背景的差异下，注重产品销售和价格促销也就在情理之中了。

虽然中国在许多方面用二十几年走完了西方 100 年才走完的漫长路程，但是在建立无形品牌资产的过程中，中国企业却无法逾越这百年历史。20 年来，中国企业始终在探索一条以劳动密集型的加工工业为主体的经济发展模式，尽力降低成本以使产品价格更具竞争性。进入 20 世纪 90 年代中期之后，以家电、保健品和日用消费品为代表的公司，纷纷致力于广告与促销活动，试图在全国建立密集而强有力的配销系统。但是中国企业进入 WTO 后，和所有国际品牌一样面临的将是同一个更加国际化和商业化的市场。

20 世纪末期全球企业的再造工程、资讯科技与交通的发达及市场的一体化，使各国企业的成本耗费和产品差异趋于同一，未来 21 世纪品牌的竞争策略，将诉诸于产品科技含量的提高、新产品的研发以及全球市场的推进，并且基于互联网在全球的应用，虚拟营销将成为企业进入全球市场不可缺少的入场券。中国企业必须具备良好的成长条件，利用科技成果的共同分享、资本的国际化，摒弃原有的、滞后的经营模式和公司体制，使企业在创造品牌资源组合和成果利用上实现国际化，方能在短时间内赶上国外品牌或与其保持同步发展。因此，我们应当时刻记住：品牌全球化是一个水到渠成的过程，只有立足企业自身，积累了足够应付国际市场风云突变的能力，才可以奢谈品牌国际化。

（三）品牌国际化需要企业从战略的高度来审视

对于企业来说，品牌国际化具有重要的意义，但是，只有从竞争优势的来源来分析，才能真正理解品牌国际化在企业经营过程中的位置。如果我们要寻求我国家电企业在参与国际市场竞争的优势时，就会发现，在美国这样的一些成熟区域，我国家电企业的市场竞争优势更多地在市场网络与品牌方面，而不是简单的成本与价格优势。而在越南、中东这样一些成长型区域市场，其竞争优势又更多地体现在市场开拓和与政府及政要的关系上。在这两类市场的战略选择是不一样的，海尔选择了前者，而 TCL、力帆等选择了后者，它们都取得了不俗的成绩。但是关键的一步我们仍然没有看到，这就是无论海尔还是 TCL，都没有从战略层面出发，建立起全球范围内的战略与运营一致的公司体系，在国内我们看到的大多是将国际化等同于"出口部"。

本章小结

品牌国际化是指将同一品牌，以相同的名称（标志）、相同的包装、相同的广告策划等向不同的国家、不同的区域进行延伸扩张的一种品牌经营策略。

对于企业来说品牌国际化具有重要的意义，主要体现在：实现生产与流通的规模经济；降低营销成本；扩大市场范围的影响力；品牌形象的一贯性；知识的迅速扩散；营销活动的统一性等许多方面。同时本节还分析了不同国家的文化差异，以及文化差异对品牌国际化的影响。

不同企业进行国际化有不同的实现模式，企业在品牌国际化过程中主要采用了以下四种模式：标准全球化；模拟全球化；标准本土化；体制决定。企业进行品牌国际化的模式选择也受众多因素的影响，主要有：企业所在行业的特征；企业所在国家的经营传统；本国与目标市场国的市场环境差异程度；企业本身的品牌管理能力。关于品牌国际化程度的策略，本章从四个方面进行了分析：以该品牌产品在其他国家销售量（额）占全部销售量（额）的比重来进行衡量；以品牌在全球的认知度进行衡量；以品牌销售所分布的国家和地区进行衡量；以资源的国际化程度进行衡量；以人力资源的国际化程度衡量品牌的国际化程度。

本章的第三节首先分析了我国企业品牌国际化的现状，以及我国企业实施品牌国际化的主要困难与障碍，然后阐述了我国企业实施品牌国际化的基本策略，最后指出了我国企业实施品牌国际化应注意的问题。

复习思考题

1. 名词解释：品牌国际化；文化；权力距离。
2. 品牌国际化对企业来说有什么意义？
3. 如何衡量不同文化的差异，以及文化差异对品牌国际化有哪些影响？
4. 品牌的含义及基本模式有哪些？
5. 企业进行品牌国际化基本模式决策一般需要考虑哪些因素？
6. 我国企业如何创立国际化品牌？

案 例

超级优衣库

最近的一年半时间内，优衣库在中国开张门店数达到了 132 家，而过去 11 年优衣库中国门店总数亦不过 80 家，未来每年新开张门店数须达到 80 至 100 家的目标，短时间里优衣库在中国市场的门店数扩张 1.65 倍，这意味着相应的管理难度增长绝不仅于此。

无论是膨胀中的零售业管理团队人数、门店选址与租赁速度、员工教育训练质量还是供应链体系；无论是单店的营运管理，还是每个货架陈列高度一致性，皆为其扩张难点。与此同时，如此之多的门店相对中国的需求景气是否可以跟上其快速扩张步伐？无论是在繁华的闹市中心还是静默的偏远社区，当大街小巷随处可见优衣库时，这台永不停歇的机器仍然以高效率在中国运转。

优衣库的全球最大旗舰店于 9 月 30 日即将登陆上海。有人打趣地称其为"优衣库宇宙旗舰店"，这绝非浪得虚名。优衣库的淮海路旗舰店 1 至 5 层的卖场面积超过 8 000 平方米，气势之磅礴令东京银座旗舰店、纽约第五大道旗舰店也难以望其项背。

令人晕眩的不仅仅是优衣库的华丽旗舰店，还有其势如破竹的扩张速度。尤其是过去的 2012 年这一年，海外店铺增加了 115 家，达到 292 家，最大功臣是中国市场。截至 2013 年 7 月，优衣库在中国总门店数已达 212 家，超越竞争对手 Zara 的 131 家，H&M 的 148 家 和 GAP 的 57 家。

相应的，当优衣库门店在中国快速扩张之时，日本东京证券交易所母公司迅销集团的股价也跟随中国门店增长而扶摇直上，自 2011 年起股价上涨超过 57%，相比同期日经指数这一成绩尤其突出。对于优衣库创始人柳井正而言，另一振奋人心的消息是其集团于 2013 年总销售额预计首度超过 10 000 亿日元，其正雄心勃勃地制定下一个目标：2020 年迅销集团销售额达到 50 000 亿日元，7 年业绩成长 5 倍；优衣库中国店铺数预计达到 1 000 家，同样成长近 5 倍。

这一次，柳井正把赌注投在了中国上海。最新的优衣库纸袋上已印上了"优上海，新启点"的 LOGO，中国对其有着不言而喻的地位。除了中国是优衣库最大的海外市场，还担负优衣库 90% 的生产任务，每年接近 6 亿件产品产自中国，同时超过 50 万中国人为优衣库努力工作。柳井正说："优衣库的成功有一半依靠中国人。"

一、一胜九败

如何在中国快速扩张？作为迅销集团的中国区 CEO，潘宁被委以重任。柳井正要求每年须于中国新开 80 至 100 家店铺，开疆拓土式的扩张计划令人备感压力。

潘宁是一位地地道道的北京人，已于优衣库工作 18 年。起初潘宁只是一名普通职员，加盟之初，优衣库于日本仅百家门店，后来快速膨胀至接近千家。从 100 家门店成长到 1 000 家门店，潘宁从柳井正那里学到了什么？"最重要的是严谨与勤勉。"他对《环球企业家》说，"我的老板非常敬业，作为那么多年的日本首富，有用不完的钱，可是每天他还是最早到公司。所以，我也很辛苦每天 6 点就到公司，参加有一小时时差的总部会议。"

潘宁从 2005 年底接管中国市场时优衣库的中国店铺数仅 7 家，"当时经营成绩确实很差，我关了两家北京店铺，然后把全部精力投入到华东市场。"潘宁对《环球企业家》说。

2002 年正式进军中国的优衣库在上海南京路开出第一间店铺。这比 H&M 与 Zara 投资中国市场提早了 4 到 5 年，却仍未占尽先机。当时优衣库在中国被定位为"大众品牌"，与其于日本市场定位一致。柳井正与当时的中国区负责人林诚为迎合这一定位将优衣库价格拉低。为把价格降下来，中国市场的产品面料全部改过标准，使得产品品质与日本市场差距明显，这些以低价销售而改造过的商品并未获得中国消费者认同。

更为糟糕的是优衣库还陷入与其他休闲服品牌价格战的泥潭，直到 2005 年，优衣库在中国依然没有盈利。此时，优衣库在香港市场却大获成功，负责人潘宁临危受命接管中国市场。他开始重新思考优衣库在中国的品牌定位。他认为日本的大众和中国的大众是截然不同的概念，两地单价约相差 10 倍。

日本大众几乎可以解释成为中国中产阶级以上的水准。恰逢五·一黄金周，潘宁无意中从一则广播新闻中获取了灵感。当时新闻说中国出游人口达到 1 亿 5 000 万人，他即刻联想到优衣库的生意，认为这 1 亿 5 000 万人代表了典型的中国中产阶级，这才是优衣库的目标消费群体，他将想法汇报给日本总部，引起了不小的震动。

优衣库是一家鼓励创新和改变的公司，正如柳井正倡导的"一胜九败"的商业哲学，他很快允许潘宁大胆地将想法付诸实践。更为幸运的是，实验成功了。

2006 年上海港汇广场被评为全国最佳购物中心，潘宁希望将港汇广场四楼的一间店铺作为优衣库改头换面的新起点。当时他给顾客的承诺——伦敦和东京优衣库能买到的商品在港汇店都能买到。虽然价格比过去上涨了，品项与质量却实现与国际接轨。

UT 系列的设计师合作款更是令消费者耳目一新，看到了一个优衣库用 T 恤衫打造的时尚王国。从此，优衣库在中国进入高速增长时期，店铺数量在今年稳居第一。彼时，潘宁站在港汇店门前指着店铺说："以前觉得港汇店挺大的，现在不过也就是一个中型店铺。"

潘宁将自己与优衣库的结缘解释为命中注定。当时他像许多在日本的中国留学生一样临近毕业时参加各类招聘会，而迅销只是他曾经备选 offer 中的一家公司。"当时这个企业在东京完全没有知名度，用中国的话来讲就是一家乡镇企业。"潘宁如此回忆 20 世纪 90 年代的优衣库。面试时柳井正却对他说要把优衣库打造成世界第一的时装品牌。回忆起在日本做店长时，潘宁印象最深的是黑色围裙。在学校时老幻想自己能够穿得西装革履坐在办公室里，但在现实生活中，自己却是穿着一条黑色的围裙，还用吸尘器在 500 坪（1 坪≈3.3 平方米）店铺里从左边的犄角旮旯吸到右边。

如今作为迅销集团中国区总裁面对千店扩张目标的他，回想起曾经在店里做过琐碎的工作，他认为正是这一切为之后经营打下坚实的基础。"如今作为一个 CEO，优衣库的管理执行核心就是三现主义：现时现场现物。所有问题的解决方法，所有将来的可能性，都是来自现场。现场就是我们的店铺。"潘宁告诉《环球企业家》优衣库的核心竞争力。

二、品质与服务

在中国焕然一新的除了产品，还有从日本移植而来的细致服务。然而，改造却并非一蹴而就，中国店员无法理解企业文化，也就难以执行吹毛求疵的细节。

在海外扩张计划中，迅销引进了大量输入自日本管理者的制度。这些管理者被派到海外支援当地录用的店长，对其进行培训。2008 年就来到中国、如今担任优衣库旗舰店店长的西村昌巳就是其中被外派的一员。1995 年加入优衣库的西村昌巳来中国前在日本拥有超过 10 年的店铺运营经验。日本银座旗舰店所在区域就曾在其管辖范围。"我们不是指导员工做这个或者不做这个，而是告诉他为什么要这样做，教育过程就是不停反复地指导。"西村昌巳对《环球企业家》解释如何培训店员的原则。

这也离不开严谨与勤勉。正如柳井正提出的"全员经营"理念，他希望每一位优衣库员工都能以经营者角度去思考问题。

以品项为例，优衣库服装多为基本款，陈列讲究以超级整理术凸显仓储式陈列效果。细致到每个货架的陈列高度，每一件衣服陈列在货架的对齐方式都有严苛的统一标准。虽然是极其简单的商品整理工作，但优衣库也要求店员做到极致。开店初期，每天营业最后一个小时都是商品整理训练。此时店铺像训练场一样，培训人员计时吹口哨，员工要按规范迅速整理衣物，只有在 1 分钟内叠好 5 件衣服才算合格。魔鬼式训练让每名优衣库店员都成了业内佼佼者，同为日资企业无印良品的一名员工形容，优衣库员工对整理衣物有着近似强迫症的狂热。

迅销集团把优衣库那一整套成功经验复制到集团旗下的多个品牌。比如在日本已大获成功的 GU。它将首次海外亮相选择在淮海路旗舰店。GU 是一个比优衣库时尚度更高却更为低廉的品牌。990 日元的牛仔裤一度成为日本街头巷尾的热点话题，"难以置信的低价"正是 GU 的营销策略。

低价基础上保证盈利并非容易的事。在面料与缝制环节上，GU 成本较优衣库更低。同时，它沿用优衣库的数据系统，以此制定周密的生产计划。方法是把数据汇总起来预测，比如哪些颜色和尺寸需求量更大，就在销售过程中进一步调整生产量。"GU 和优衣库是同一套数据系统，可以精密地跟踪每天的销售数据并反馈到生产部门。这是迅销的优势。"GU 执行总监兼社长柚木治告诉《环球企业家》。

优衣库的核心竞争力之一在于数据分析能力。"这也是日企的一大特点。"上海睿雍企业投资有限公司总经理沈均说，"优衣库每天执行数据跟踪，一见数据问题马上应变，而中国企业仍无法实现。"沈均关注中国时尚行业已 14 年，曾于优衣库 2002 年进入中国时被猎头举荐，希望其加盟优衣库。

在 NHK 纪录片里的一段访问中，柳井正曾反复强调优衣库与国际品牌竞争时取胜关键在其日企 DNA，即品质与服务。聪明地绕开追逐时尚的 Zara 与 H&M，转而令产品质量大幅提升，不仅为每一项基本款多生产几种颜色，更重要的是持续开发功能性面料产品。这令优衣库在某种程度上更像一家科技公司。

在优衣库的历史上，令其骄傲的一款产品或许就是 Heattech。这款轻薄型的保暖内衣曾在 2011 年秋冬季节卖出 1 亿件。根据顾客的潜在需求，创造原本不存在的商品，正是优衣库研发部门的重点工作。在日本很早就有一种与 Heattech 类似的面料被做成了运动内衣，只在体育用品商店销售，其外形和质感均不佳。此时优衣库寻求纺织巨头东丽合作，克服工艺上障碍，令这款专业性面料迅速运用到大众商品中。

如今的 Heattech 已从内衣延伸到男装、女装、外套等多个领域。"在素材与版型上对优衣库产品不断改进。比如 Heattech 之前一直为素色，直到去年起出现印花。因为，Heattech 面料上印花是一项艰难的工艺。"优衣库研发总监胜田幸宏告诉《环球企业家》。拥有东京、纽约、上海三大研发中心的优衣库不仅在当地搜集一手资料，还在工厂内部搜集原料信息，以此判断哪些纤维、布料可能成为流行趋势。

Heattech 最新一季女装系列甚至加入化妆品原料山茶花油，使其兼具保湿功能。在保暖服装领域，Heattech 正变得无所不能。

早在 1998 年柳井正曾拜访东丽公司原会长前田胜之助。当时优衣库还是一家小型公司，东丽却没有拒绝合作，而是帮助其研发面料，陆续创造出摇粒绒、Heattech 等多款热销新品。2006 年优衣库和东丽签订战略合作协议，正式组建"次世代原料开发团队"。

此时，优衣库通过实用而畅销的产品已经被大众所识别，但它依旧不够时尚。潘宁将优衣库的品牌定位阐释为日用生活必需品与时尚服饰的中间路线。优衣库的时尚特色在于讲故事，比如优衣库 UT 系列总会透过 T-shirt 完整地告诉顾客设计师与产品或卡通形象之间的故事。优衣库除了贩卖商品，也要贩卖商品背后的信息，在柳井正看来这些都具有附加价值。"UT 要传达一种信息，通常是简单而有冲击力的主题。比如它很独特、很开心、很感动，背后有故事在其中。"胜田幸宏对《环球企业家》解释。

三、国际征程

与那些伟大的服装公司相比，优衣库短短不到 30 年的历史的确不算漫长。1984 年，柳井正从父亲手中接过家族事业，将一间小作坊式的服装店打造成位于家乡山口县的第一家优衣库街边店。

事实上柳井正从来不掩饰野心。他曾在多个公开场合表示要做世界第一，更是高调地把一连串数字目标反复提及。他的底气在于过去 20 多年间优衣库的奇迹成长，在 2012 年财报中，迅销集团创造了 9 280 亿日元的销售额，成为世界第四大服装零售集团，仅次于 Zara、H&M 和 GAP 品牌。

对于快时尚而言，库存的控制至关重要。"如果单纯比较优衣库和 Zara 的库存，Zara 已经是亏了。"沈均解释说这是因为走少量多款路线的 Zara 比优衣库拥有更多的 SKU，"某个款式卖断码了，那么就可以快速从另一家店铺调货，优衣库只需做尺码的组合，很快就可以消化掉库存。但是，Zara 款式不同就得分析背后卖得好或不好的原因。"

　　至于 Zara 的那套饥饿营销做法，当店铺扩张到一定程度时将不再奏效。消费者可以轻易转战到别家店铺买到自己钟意的衣服。

　　站在投资者的角度，沈均在 Zara 和优衣库的两种不同模式中选择了优衣库。"我更敢投优衣库。因为它的东西是基本必需品，经济的起伏对它的影响很小，有钱没钱都能穿，它的受众面很大。"因此，无论在中国扩张的是中等店，还是旗舰店，店铺都可以深入到不同物业及街区，因为需求并不会以款式的设计时尚程度而消失。

　　据说日本的涩谷地铁站还有一家不到 6 坪的袖珍型店铺。优衣库正像日本随处可见的便利店，高频次地充满着人们的生活，让人走路不到 10 分钟就随处见到一间优衣库门店。

　　随着商品设计能力和品牌形象的提升，优衣库在 2005 年之后实施大店化，以此满足大众消费者需求。虽然超过 500 坪大型店坪效低于 200 坪标准店，但为了在海外市场获得更强的品牌竞争力，优衣库不得不在国外繁华商业街上不断开出旗舰店。

　　在柳井正看来，"只有在中心地带加入国际化品牌的竞争，才能实现真正的生存。""目前优衣库在日本拥有超过 850 家店铺，但依旧没有让外界感到我们处在一个临界点。"潘宁认为按照国土面积的换算，中国目前的 200 多家店铺还存在巨大成长空间。

　　优衣库在中国发展初期将开店重点放在一线城市和部分二线城市，看重的是这些城市消费力和对国际品牌的接受度。如今在中国 40 个城市都已能看到"UNIQLO"标志。"随着中国城镇化的发展，优衣库在未来的发展过程中，将更大地关注二线、三线甚至是四线城市。"潘宁告诉《环球企业家》。

　　过去 10 年间，优衣库摸索出中国的生存法则。生产在中国、消费在中国皆令其在门店快速扩张时，拥有下沉二三线城市的独特优势。

　　一次日本月度朝礼大会上，柳井正提出民族大移动的人才策略。为开拓海外市场约 3 000 名日本管理干部将被委派到海外。与此同时，未来优衣库海外市场 3/4 的员工都将是外国人。

　　潘宁亦声明优衣库中国员工只须会说英文，日文并不是必须的。优衣库正像曾经的三星那样，在集团内部掀起学习英文狂潮。他希望优衣库成为一家真正的国际化大企业。柳井正怀揣征服世界的野心，又审慎保持居安思危的态度，源于其对企业的独特理解，"如果把握不住机会，企业只会衰退。"柳井正说，"最重要的是存活下去，我认为成长就是存活下去。"

　　生来便遭遇日本经济"失落二十年"，从未赚过一分快钱的优衣库，如今靠着生存本能不断快速吞食中国市场。

资料来源：侯佳．超级优衣库．环球企业家，2013（18）．

案例思考题

1. 你认为优衣库实现国际化的关键在哪里？
2. 定位混搭奢侈品的优衣库，除了一个"价签"之外，产品上找不到其LOGO，优衣库为什么这么做？

主要参考文献

1. 让-诺尔·卡菲勒. 战略性品牌管理. 王建平, 等, 译. 北京：商务印书馆, 2000.

2. 凯文·莱恩·凯勒. 战略品牌管理. 李乃和, 等, 译. 北京：中国人民大学出版社, 2003.

3. 大卫·艾克. 创建强势品牌. 沈云冲, 等, 译. 呼和浩特：内蒙古人民出版社, 1999.

4. 大卫·艾克. 品牌领导. 曾晶, 译. 北京：新华出版社, 2001.

5. 安德雷亚斯·布霍尔茨, 沃尔夫兰·维德曼. 营造名牌的21种模式. 肖键, 等, 译. 北京：中信出版社, 1999.

6. 斯图尔特·克莱纳德. 如何打造品牌的学问. 项东, 译. 西安：陕西师范大学出版社, 2003.

7. 约翰·菲利普·琼斯. 广告与品牌策划. 北京：机械工业出版社, 1999.

8. 克里·莱兹伯斯, 等. 品牌管理. 李家强, 译. 北京：机械工业出版社, 2004.

9. 理查德·J. 塞米尼克. 促销与整合营销传播. 北京：电子工业出版社, 2005.

10. 艾·里斯, 杰克·特劳特. 定位. 王恩冕, 等, 译. 北京：中国财政经济出版社, 2002.

11. 杰克·特劳特, 史蒂夫·瑞维金. 新定位. 李正栓, 等, 译. 北京：中国财政经济出版社, 2000.

12. 阿尔·里斯, 劳拉·里斯. 打造品牌的22条法则. 上海：上海人民出版社, 2002.

13. 林恩·阿普绍. 塑造品牌特性. 戴贤远, 译. 北京：清华大学出版社, 1999.

14. 菲利普·科特勒. 营销管理. 梅清豪, 译. 上海：上海人民出版社, 2003.

15. 保罗·A. 郝比格. 跨文化市场营销. 芮建伟, 等, 译. 北京：机械工业出版社, 2000.

16. Rajeev B, 等. 广告管理. 北京：清华大学出版社, 1999.

17. 乔治·贝尔齐, 麦克尔·贝尔齐. 广告与促销——整合营销传播展望. 大连：东北财经大学出版社, 2000.

18. 何佳讯. 品牌形象策划. 上海：复旦大学出版社, 2000.

19. 刘风军. 品牌运营论. 北京：经济科学出版社, 2000.

20. 黄静. 产品管理. 北京：高等教育出版社，2000.

21. 陆娟. 品牌资产价值评估方法评介. 统计研究，2001（9）.

22. Keller, K. L.（1993）"Conceptualizing, measuring, and managing customer-based brand equity", *Journal of Marketing*, Vol. 57.

23. Keller, K. L. and Acker, D. A.（1992）"The effects of sequential introductions on brand extensions", *Journal of Marketing Research*, Vol. 29.

24. Fournier, S.（1994）"A Consumer-Brand Relationship Framework for Strategy Brand Management", University of Florida. .

25. Fournier. Susan, Yao. Julie L.（1997）"Reviving Brand Loyalty：A Reconceptualization Within the Framework of Consumer-brand Relationships", Intern. J. of Research in Marketing, Vol. 14.

26. Fournier, S., Dobscha, S., Mick, D. G.（1998）"Preventing the Premature Death of Relationship Marketing", *Harvard Business Review*, Vol. 76.

27. Giffin. J.（1995）"Customer Loyalty：How to Earn it and How to Keep it", New York：Lexington Books.

28. Dick, A. S. and Basu, K.（1994）"Customer Loyalty：Toward and Integrated Conceptual Framework", *Journal of Academy of Marketing Science*, Vol. 22.

29. Blackston Max（1993）Beyond Brand Personality：Building Brand Relationships, In：David Acker and Alexander Biel, Hillsdale（ed.）*Brand Equity and Advertising*：*Advertising's Role in Building Strong Brands*, NJ：Erlbaum, pp. 113-124.

30. Blackston, M.（2000）"Observations：Building Brand Equity by Managing the Brand's Relationships", *Journal of Advertising Research*, Vol. 40.

31. Jillian C. Sweeney & Macy Chew（2002）"Understanding Consumer-Service Brand Relationships：A Case Study Approach", *Australasian Marketing Journal*, 10（2）, pp. 26-43.

32. Jennifer Acker, Susan Fournier（1995）"A Brand as a Character, A Partner and a Person：Three Perspectives on the Question of Brand Personality", *Advances in Consumer Research*. Vol. 22.

图书在版编目(CIP)数据

品牌管理/黄静主编 . —2 版.—武汉：武汉大学出版社,2015.11(2022.3 重印)

高等学校市场营销学系列教材

ISBN 978-7-307-16532-8

Ⅰ.品…　Ⅱ.黄…　Ⅲ.品牌—企业管理—高等学校—教材　Ⅳ.F273.2

中国版本图书馆 CIP 数据核字(2015)第 196583 号

责任编辑:范绪泉　　　责任校对:李孟潇　　　版式设计:韩闻锦

出版发行:**武汉大学出版社**　　(430072　武昌　珞珈山)
　　　　　(电子邮箱: cbs22@ whu.edu.cn　网址: www.wdp.com.cn)
印刷:湖北金海印务有限公司
开本:787×1092　1/16　印张:23.5　字数:487 千字　　插页:1
版次:2005 年 6 月第 1 版　　2015 年 11 月第 2 版
　　　2022 年 3 月第 2 版第 5 次印刷
ISBN 978-7-307-16532-8　　　定价:39.00 元